## 编委名单

**主　　审**　王良启

**主　　编**　谢双保　封颜辉

**执行主编**　田庆丰　时松和　霍振昂

**参与人员**　（按姓氏汉语拼音排序）

陈　岩　戴　歌　郭昱豪　何　燕
刘建涛　刘　敏　刘艺超　路　畅
倪伯艺　史　展　王林涛　徐伟龙
余欣玥　张静芳　张　倩

# 前 言

全球大多数国家正步入人口老龄化阶段。联合国《世界人口展望2019》报告显示,目前全球总人口77亿人,其中65岁以上老年人的比例为9%,到2050年全球总人口预计达到97亿人,其中65岁以上老人的比例将达到16%,而80岁以上人口的数量达到4.26亿,占全球人口的5.53%。伴随人口"老龄化",出现人口"高龄化"。高龄化的发展必然导致患慢性病、失能老年人口日益增多。养老与医疗问题成为全世界亟待解决的重要社会问题。1982年,联合国首次召开关于老龄问题的世界大会,就生活、住房、环境、消费权益、居住保障等老龄问题进行讨论并采取具体行动。20世纪90年代,联合国先后通过18项老年人应享权利的《联合国老年人原则》和《世界老龄问题宣言》。21世纪初,通过《马德里政治宣言》和《马德里老龄问题国际行动计划》,呼吁社会增加对老年人的优惠政策,增进老年的健康和福利,为老年人创造稳定、平和的生活环境。

我国在21世纪初已经步入"老龄化社会"。《2018年社会服务发展统计公报》显示,截至2018年年底,我国60岁及以上老年人口达到24949万人,占总人口的17.9%。预计2025年达到3亿人,占总人口的20%,将从轻度老龄化迈入中度老龄化。全国老龄办、民政部、财政部2016年10月共同发布的第四次中国城乡老年人生活状况抽样调查结果显示,我国失能、半失能老年人大致4063万人,占老年人口的18.3%。同时,老年人口高龄化趋势日益明显。80岁及以上高龄老人正以每年5%的速度增加,到2040年将达到7400多万人。由于高龄老人群体中失能率在50%以上,我国失能老人规模或从现阶段的625万人上升到2050年的1875万人,35年里增幅高达200%。

老龄化问题正在成为可持续发展的重要挑战之一。老年人口规模不断扩大,长寿带来的患慢性病,以及失能、失智老人增加,消费水平提升带来的老年人口医疗卫生、养老等的需求多样化,导致老年人对医养服务的需求持续增长。传统的养老模式下,养老院不能看病、医院不能养老,难以满足老年人日益上涨的医疗和养老服务需求。医养服务行业的供给与需求之间矛盾日益凸显。因此,应对人口老龄化,解决老年人对医疗、养老服务的需求问题,医养结合必将成为社会的发展趋势。

该书内容基于世界银行"中国经济改革促进与能力加强"项目(TCC6),"河南省医养结合政策、机制及模式研究"的4项研究课题。4项研究课题分别从"河南省医养结合试点评价""河南省医养结合医保政策和长期照护保险研究""河南省医疗卫生与养老服务衔接融合研究"以及"河南省医养结合机构筹资模式研究"4个领域对河南省医养结合开展了深入、全面的研究,取得了丰富的研究成果。为了使这些研究成果得以推广应用,课题组编撰了《河南省医养结合政策机制及模式研究》一书,全面介绍了"河南省医养结合政策、机制及模式研究"4项课题的研究成果,与读者分享。

本书适用于政府从事健康老龄化管理工作者,养老机构、医疗卫生构从业者、大专院校、科研机构相关领域的研究者。全书共分10章。第一部分介绍了课题研究背景(第一章)。第二部分介绍了研究方法。包括研究内容与指标、资料来源以及调查方法等(第二章)。第三部分介绍了河南省医养结合试点评估的研究成果(第三章、第四章、第五章)。第四部分介绍了河南省医疗卫生与养老服务衔接融合研究(第六章)。第五部分介绍了老年人能力评估(第七章)。第六部分介绍了河南省医养结合机构筹资模式研究(第八章)。第七部分介绍了河南省医养结合医保政策研究(第九章)。第八部分介绍了河南省老年长期照护险研究(第十章)。

本书在编写过程中,得到了河南省卫生健康委员会的大力支持,对此表示衷心的感谢。来自郑州大学公共卫生学院、河南医学高等专科学校的编委们对本书的编写工作倾注了大量的心血和精力,对他们的辛勤劳动表示诚挚的敬意。

由于编者水平有限,书中可能存在缺陷及不足之处,希望各位同行及广大读者们提出宝贵意见,以期不断完善。

2020年12月26日

# 目 录

## 第一章 研究背景 ... 1
### 第一节 国外情况 ... 1
一、美国医养结合研究现状 ... 1
二、日本医养结合研究现状 ... 2
三、澳大利亚医养结合研究现状 ... 3
四、英国医养结合研究现状 ... 4
五、德国医养结合研究现状 ... 5
六、韩国医养结合研究现状 ... 7
七、国外评估工具研究现状 ... 8

### 第二节 国内背景 ... 10
一、我国人口老龄化形势严峻 ... 10
二、我国医养结合现状 ... 11
三、国内医养结合养老机构试点的研究 ... 13
四、上海医养结合发展现状 ... 14
五、青岛医养结合发展现状 ... 15
六、南通医养结合发展现状 ... 17
七、成都医养结合发展现状 ... 19
八、广州医养结合发展现状 ... 19
九、国内评估工具研究现状 ... 19

### 第三节 河南省医养结合现状 ... 20
一、老龄化程度不断加深,抚养比下降 ... 21
二、失能老年人口众多 ... 22
三、家庭照护功能不足 ... 22
四、机构难以全面覆盖 ... 23

## 第二章　研究方法 ········································· 24
### 第一节　研究对象及方法 ································· 24
一、研究对象 ··········································· 24
二、研究方法 ··········································· 26
三、质量控制 ··········································· 30
四、工作范围 ··········································· 30
### 第二节　相关概念 ······································· 31
一、医养结合 ··········································· 31
二、老年人 ············································· 31
三、人口老龄化 ········································· 31
四、失能老年人 ········································· 31
五、医养结合服务 ······································· 31
六、卫生人力资源 ······································· 32
七、医养结合服务人员 ··································· 32
八、试点评估 ··········································· 32
九、老年综合评估 ······································· 33
十、老年人分级照护 ····································· 33
十一、长期照护 ········································· 33
十二、长期照护保险 ····································· 33

## 第三章　河南省医养结合试点机构人力资源现状研究 ········· 34
### 第一节　河南省医养结合机构人力资源整体现状 ············· 34
一、医养结合试点机构工作人员性别分布情况 ··············· 35
二、医养结合试点机构工作人员年龄分布情况 ··············· 36
三、医养结合试点机构工作人员职业分布情况 ··············· 38
四、医养结合试点机构工作人员职称分布情况 ··············· 42
五、医养结合试点机构工作人员学历分布情况 ··············· 46
### 第二节　河南省部分医养结合机构人力资源工作满意度 ······· 53
一、河南省医养结合试点机构人力资源情况 ················· 53
二、河南省医养结合试点机构人力资源分岗位比较 ··········· 57
### 第三节　河南省医养结合试点机构工作人员长期从业意愿影响因素分析 ··· 64
一、社会学人口特征与工作人员长期从业意愿的单因素分析 ··· 64
二、工作情况与工作人员长期从业意愿的单因素分析 ········· 65
三、满意度与工作人员长期从业意愿的单因素分析 ··········· 66
四、工作人员长期从业意愿的多因素分析 ··················· 67
### 第四节　河南省医养结合机构人力资源配置现状 ············· 69
一、河南省医养结合试点机构人力资源配置现状分析 ········· 69
二、河南省医养结合试点机构工作人员长期从业意愿影响因素分析 ··· 71

三、关于改善河南省医养结合试点机构人力资源配置的建议 ............ 73

# 第四章 机构与设施现况 ............ 75
## 第一节 河南省医养结合试点机构基本情况 ............ 75
一、医养结合试点机构所在区域情况 ............ 75
二、医养结合试点机构类别情况 ............ 75
三、医养结合试点地区机构性质情况 ............ 76
四、医养结合试点地区机构主办部门及级别情况 ............ 77
五、医养结合试点地区机构主管部门及级别情况 ............ 78

## 第二节 河南省医养结合试点机构设施现状 ............ 79
一、机构成立时间 ............ 79
二、机构环境设施现状 ............ 80
三、机构生活设施现状 ............ 83
四、机构医疗保健设施现状 ............ 87
五、机构安全设施现状 ............ 95
六、机构娱乐设施现状 ............ 98

## 第三节 河南省医养结合试点机构养老设施分析 ............ 100
一、河南省医养结合试点机构的环境设施差距明显 ............ 100
二、河南省医养结合试点机构生活设施相对完善 ............ 101
三、河南省医养结合试点机构医疗保健设施配置差别明显 ............ 101
四、河南省医养结合试点机构安全设施相对完善 ............ 101
五、河南省医养结合试点机构室内娱乐设施优于室外 ............ 102

## 第四节 对策与建议 ............ 102
一、政府层面 ............ 102
二、机构层面 ............ 103

# 第五章 河南省医养结合试点机构服务能力现况 ............ 105
## 第一节 河南省基本情况 ............ 105
一、社会人口情况 ............ 105
二、经济发展情况 ............ 105
三、机构情况 ............ 105

## 第二节 河南省医养结合工作进展 ............ 106
一、河南省医养结合工作机制建立情况 ............ 106
二、相关配套政策措施 ............ 106

## 第三节 河南省医养结合试点机构服务开展情况 ............ 107
一、河南省医养结合试点机构服务开展基本情况 ............ 107
二、不同地区医养结合试点机构服务情况 ............ 110
三、不同类型医养结合试点机构服务情况 ............ 118

### 第四节　服务满意度情况 ·················································· 122
一、医疗服务整体满意度情况 ············································ 122
二、生活服务整体满意度情况 ············································ 126
三、收费情况满意度情况 ················································ 132
四、投诉与建议受理情况满意度状况 ······································ 132
五、老年人对机构整体满意度 ············································ 134

### 第五节　结论与建议 ························································ 134
一、持续完善河南省医养结合服务体系建设,提高机构服务水平 ·············· 134
二、提高养老机构办医疗卫生机构的医疗水平,保证老人就医需求 ············ 135
三、河南省医养结合试点机构服务水平地区发展不均衡 ······················ 135
四、加强机构之间合作,提高综合服务水平 ································ 135
五、加强临终关怀服务宣传,引导机构开展临终关怀服务 ···················· 136
六、在政策制定上提高社会对护理人员认可度 ······························ 136
七、落实惠老养老政策 ·················································· 136

### 第六节　目前存在的问题 ···················································· 137
一、医养结合发展相对缓慢且发展不均衡 ·································· 137
二、"医"和"养"衔接存在障碍 ········································ 137
三、养老就医报销等相关政策存在欠缺 ···································· 138
四、专业人才队伍短缺且素质偏低 ········································ 138

### 第七节　医养结合面临的困境 ················································ 139
一、人才困境 ·························································· 139
二、经济困境 ·························································· 139
三、制度与政策困境 ···················································· 140
四、其他困境 ·························································· 140

## 第六章　河南省医疗卫生与养老服务衔接融合研究 ·············· 142
### 第一节　河南省医养结合模式 ················································ 142
一、河南省医养结合模式 ················································ 142
二、河南省医养结合分工协作机制 ········································ 144

### 第二节　医养结合养老模式发展面临的困境 ···································· 147
一、我国医养结合主要问题 ·············································· 147
二、河南省医养结合机构养老存在的主要问题 ······························ 150

### 第三节　河南省老年人医养结合机构养老服务供需求研究 ························ 158
一、河南省老年人医养结合机构养老服务需求现状 ·························· 158
二、河南省老年人医养结合机构养老服务供给现状 ·························· 168
三、河南省老年人医养结合机构养老服务利用现状 ·························· 177
四、讨论 ······························································ 187

### 第四节　建议 ······························································ 189

一、国内外的医养结合经验给我们的启示 …………………………………… 189
　　二、河南省医疗卫生与养老服务分工协作机制对策与建议 …………………… 194
　　三、基层(社区)医养结合问题研究的对策建议 ……………………………… 196
　　四、基于供需研究提出以下建议 ……………………………………………… 198

## 第七章　老年人能力评估报告 …………………………………………………… 200
### 第一节　河南省老年人的基本情况 …………………………………………… 200
　　一、老年人的人口社会学特征 ………………………………………………… 200
　　二、老年人的健康相关情况 …………………………………………………… 201
　　三、河南省老年人的能力状况 ………………………………………………… 202
### 第二节　讨论 …………………………………………………………………… 223
　　一、河南省老年人能力现状分析 ……………………………………………… 223
　　二、老年人能力状况的影响因素分析 ………………………………………… 224
　　三、对策与建议 ………………………………………………………………… 227

## 第八章　河南省医养结合机构筹资模式研究 …………………………………… 230
### 第一节　医养结合机构经济运行现状 ………………………………………… 230
　　一、河南省医养结合机构基本情况 …………………………………………… 230
　　二、经济运行状况分析 ………………………………………………………… 232
　　三、讨论与建议 ………………………………………………………………… 253
### 第二节　河南省医养结合机构补偿机制 ……………………………………… 255
　　一、河南省医养结合机构补偿现状 …………………………………………… 255
　　二、完善河南省医养结合机构补偿机制的政策建议 ………………………… 260

## 第九章　河南省医养结合医保政策研究 ………………………………………… 263
### 第一节　老年人医疗需求特点 ………………………………………………… 263
　　一、老年人的生理特点 ………………………………………………………… 263
　　二、老年人的心理特点 ………………………………………………………… 264
　　三、老年人的健康特征 ………………………………………………………… 264
### 第二节　河南省医养结合医保政策研究 ……………………………………… 266
　　一、指导思想 …………………………………………………………………… 266
　　二、基本原则 …………………………………………………………………… 267
　　三、政策措施 …………………………………………………………………… 267
　　四、支付方式 …………………………………………………………………… 270
　　五、基金管理 …………………………………………………………………… 273
　　六、职责与任务 ………………………………………………………………… 275
　　七、监督与管理 ………………………………………………………………… 276
### 第三节　对策与建议 …………………………………………………………… 276

- 一、建议设立专业医养结合评估监管机构 …… 276
- 二、借助社会力量,深化医养结合发展 …… 276
- 三、大力加强医养专业人才队伍建设 …… 277
- 四、提高医保定点覆盖率,开设护理保险 …… 277
- 五、医保目录和药品纳入调整 …… 277

## 第十章 河南省老年长期照护险研究 …… 279

### 第一节 河南省样本地区社会经济与卫生事业状况 …… 279
- 一、样本地区基本情况 …… 279
- 二、样本地区医养结合试点机构情况 …… 282
- 三、河南省医养结合试点机构收费标准现状 …… 283
- 四、河南省老年人现况调查 …… 293

### 第二节 河南省老年长期照护保险收费标准分级分类管理 …… 298
- 一、老年长期护理分级现状 …… 298
- 二、老年长期护理分级的理论基础 …… 300
- 三、河南省失能老人规模预测 …… 300

### 第三节 长期照护保险分级护理标准 …… 302
- 一、老年人分级护理标准 …… 302
- 二、护理分级服务范围 …… 303

### 第四节 河南省长期照护保险筹资机制设计 …… 306
- 一、长期照护保险筹资框架探讨 …… 306
- 二、长期照护保险筹资水平测算 …… 307

### 第五节 研究结论与政策建议 …… 315
- 一、建立健全长期照护保险法律法规体系 …… 315
- 二、建立安全储备金,防范基金风险 …… 315
- 三、实现多元化筹资,鼓励非营利组织参与 …… 316
- 四、倡导社会保险为主,商业长期照护保险作为补充 …… 317
- 五、构建统一失能等级评价指标体系 …… 320
- 六、规范长期护理服务市场 …… 320
- 七、以法定形式从顶层设计规范长期护理保险运行机制 …… 321
- 八、建立健全长期护理保险监管体系 …… 321
- 九、合理的费用支付,推动居家与机构照护平衡发展 …… 322

# 第一章 研究背景

## 第一节 国外情况

全球大多数国家正步入人口老龄化阶段,世界上几乎每个国家的老龄人口数量和比例在逐渐增加。国际上将 65 岁以上人口占总人口的比重达到 7% 作为国家和地区进入老龄化的标准。1982 年,联合国首次召开关于老龄问题的世界大会,就生活、住房、环境、消费权益、居住保障等老龄问题进行讨论并采取具体行动。20 世纪 90 年代,联合国先后通过 18 项老年人应享权利的《联合国老年人原则》和《老龄问题宣言》。21 世纪初,通过《政治宣言》和《马德里老龄问题国际行动计划》,以期呼吁社会各阶层人们改变对老年人的态度,增加对老年人的优惠政策,增进老年的健康和福利,为老年人创造稳定、平和的生活环境。联合国《世界人口展望 2019》报告显示,目前全球总人口 77 亿人,其中 65 岁以上老年人的比例为 9%。预测到 2050 年全球总人口预计会达到 97 亿人,其中 65 岁以上老人的比例将达到 16%,80 岁以上老人的比例将达到 5.53%。世界人口老龄化报告(2019 年)显示,2019 年全球老年人 7.03 亿人,预计 2050 年达到 15 亿人,65 岁及以上的人口将从 9% 升至 16%。人口"老龄化"的同时也在"高龄化"。2019 年全球人均预期寿命为 72.6 岁,比 1990 年提高了 8 岁,预计到 2050 将增至 77.1 岁。

高龄化的发展必然导致患慢性病、失能、半失能老年人口日益增多。面对这一问题,如何更好地解决老年人的养老与医疗问题,成为全世界亟待解决的重要社会问题。国外一些国家先于我国率先步入老龄化社会,在应对人口老龄化问题上,尤其在生活和医疗两方面的服务上有着丰富的政策和经验,为我国提供宝贵的参考依据。

### 一、美国医养结合研究现状

美国的养老事业起步相对较早,20 世纪 40 年代,美国进入人口老龄化社会。历经多年发展,目前养老服务体系和相应配套设施均配置较为完善。美国的养老产业特点是高度市场化,不同人群均能在其养老服务体系中得到优质服务。为老年人提供优质、全面和具有成本效益的服务一直是长期护理服务所追求的目标。美国自 20 世纪 70 年代建立了以社区为导向的全面的养老医疗护理模式(program of all-inclusive care for the elderly,PACE),该模式能够向社区老年人提供医疗照护和生活服务。PACE 模式为有资格获得养老院护理但希望留在社区中生活居住的老年人提供连续的医疗服务和社会服务。PACE 模式主要以政府管理为核心,以项目规划为抓手,以财政上相关的医疗资金为保障,通过大数据和专业系统,与商业保险连接,共同为社区内大龄患病和失能老人提供全面的基础养老服务,并通过检测服务质量和服务效率进行自我完善和自我改进。针对在 PACE 服务区内生活的年龄在 55 岁以上、符合入住护理院标准、需要护理院级别照顾的老年人,给予其医疗、康复、护理、日常照料等个性化、全面化、持久化的综合性救助服务,体弱、患病、行动不便的老年人,为其提供一切服务。该模式不仅使老年人能够继续在家中生活并参与家庭生活,并且使护理人员能够继续其职业生涯。当患者需要住院治疗时,PACE 模式将与医院合作并承担全部费用。在患者健康状况恶化的情况下,PACE 模式可为其在养老院提供短期或长期的护理。实际调查中发现,PACE 模式的参与者主要是 80 岁以上的高龄老人,他们通常患有多种急性或慢性病,如心脏病、糖尿病、呼吸道疾病等,且日常生活能力受限,如穿衣、洗澡、行走、进食等需要他人帮助,在精神状况方面,近半数的老年人患有老年痴呆。尽管这些高龄且身体健康状况差的老人需要高度依赖他人提供的较高级别照护服务,但参与 PACE 模式后绝大多数人仍能够在社区生活。截至 2017 年底,美国 32 个州都有 PACE 中心,每个中心的注册人数通常在 100 人以上,人数最多的有 3374 人。

PACE 模式的组织结构包括一个跨学科团队(interdisciplinary team,IDT),IDT 团队成员包括管理人员、医生、护理医生、护士、营养师、治疗师、护工、社会工作者、病例管理人员,有些州甚至包括神职人员。通常是每个团队配置 1 名医生,1~2 名护理医生,1~2 名治疗师,若干护士。医生作为核心成员,担任团队决策领导者,通常是经过职业培训的老年科医生或者有丰富临床经验的医生。团队成员通常经验丰富,对患者身体状况、居住环境、生活习惯等比较了解,团队会结合患者的健康、心理和环境需求,共同决定患者生活的各个方面。该团队每 6 个月对老年人进行一次评估,为老年人制订个人护理计划。然而,该模式下同样面临护理等人力资源短缺问题。受过培训的老年科医生以及老年人初级保健医师每年供应有限,PACE 计划必须与大型管理型护理系统和学术医疗中心竞争合格的候选人。据调查,1/3 的 PACE 计划将劳动力短缺视为其发展的重要障碍。相关研究结果证实养老机构的护理水平较低的主要原因就是护理人员配备不足。

## 二、日本医养结合研究现状

日本作为世界上老龄化最严重的国家之一,在所有养老服务的制度上,政府提供了重要的财政支撑,使得日本在养老服务的程度、广泛性和质量上,有重要保障。1997 年 12 月,通过《护理保险法》,包括居住在本国的外国人在内的 40 岁以上者强制纳入长期护理保险中。从 2000 年 4 月起,日本政府开始以《介护保险法》为核心执行介护保险体系,从而保障老人的介护服务有足够的资金支持。介护保险制度多次修改并通过政府购买服务的形式向 65 周岁及以上的所有人员以及 40~64 周岁的医疗保险参保者提供介护服务,目前介护服务主要有居家介护服务和设施介护服务两大类。其中,居家介护服务主要包括日常生活服务和专业人员提供的医疗、疗养管理指导服务。设施服务则是针对需要长期照顾的老人，代替家人为其提供全方位的照料和健康服务。日本医养结合特点主要有：①具有完善的法律制度。《老人福利法》《老年人保健法》《高龄老人保健福利推进10年战略计划》以及《护理保险法》等相关政策、法规。正因为有这些法律政策，老年人得到了福利、保健、保险等方面强有力的制度保证和法律支持。老年照护的费用重要来源于保险费用和公费，他们承担90%，老年人只承担剩余的10%。②以居家照护服务为主。居家服务内容是指上门的生活护理（看护、洗浴等），上门医疗（康复训练、居家养老管理指导），以及日托服务等服务内容。因为千百年来的家庭观念的形成，日本65岁以上老人当中，有78%愿意接受居家养老，有22%的老年人接受机构照护服务。

日本养老产业的发展离不开政策的大力支持。早在20世纪60年代，日本就开始了养老制度改革方面的探索，旨在改善老年人生活、介护和医疗体制。2000年实施介护保险，覆盖人群包括两类：一类位为65岁以上老年人，另一类是年龄在40~64岁且身患疾病的中老年人。提供介护保险，实现了医疗服务和照护服务的高度融合。介护保险制度实施后，老年人只需支付12.3%的医疗照护费用，大大降低老人在医疗健康方面的财务压力。日本的老年长期照护社会保险由地方政府负责实施和管理。但受益资格条件是全国统一的。各都道府县、市、町、村甚至社区内设有卫生管理员。这些人根据照护需求评估结果制订老年长期照护服务计划。日本老年长期照护需求依次分为5个等级，由政府指派专人负责跟踪老年长期照护服务计划的落实情况，若长期照护服务的使用者身体状况发生变化，则根据其实际需求及时调整变更照护方案。日本的养老产业依赖于高质量和健全的养老服务体系，在医养结合方面，能够为老年人提供科学全面、优质专业的护理服务。

日本从事老年长期照护服务的人员种类较多，对从业资质均有要求。护理福祉师、社会福祉师、理学疗法师、作业疗法师、护士等均须取得国家职业资格，家庭访问护理员、准护士等在完成民间组织和行政部门组织的培训课程后即可获得从业资质。日本政府将介护人才的培养纳入正规学历教育系统，足以体现其对介护服务的重视程度。对学员的课程内容和课时均有明确规定，课程内容包括介护工作的基础知识、沟通技巧和介护方法等。要求授课时不仅注重技术层面教学，同时注重心理学方面的知识和沟通技巧的教学。学员要按照规定修完相应的课时，包括理论知识学习和实践操作学习。介护人员正式入职前要通过相应的资格考试，获得从初级到高级的不同级别的资质，介护人员的薪资水平和资格考试的级别相关联，但普遍都在较高水平。在日本介护服务居于首位的日医学馆中，仅工作人员工资支出费用就占项目总费用的70%。服务对象能够享受专业性强且质量高的介护服务，归根究底是对介护人员提供高薪资和严格的培训制度体系等层面的保障。同时日本先后出台了相关法律，为人才的经济和社会地位提供法律保障。

## 三、澳大利亚医养结合研究现状

澳大利亚的养老保障体系经历了2次重大调整：第一次是在20世纪60年代，将医院内有长期照护需求的患者分流到护理院；第二次是在20世纪80年代，政府在全国开展"家庭和社区照护"计划，着重强调家庭与社区照护的重要性。澳大利亚医养结合养老模式的特点主要体现在提供机构养老方面。政府引入市场化竞争机制,将医养一体化服务与私人机构有机结合起来,资金支持采取竞标的方式,从而为私立养老机构的运行提供资金保障,在降低政府财政压力的同时也可以对机构进行择优筛选。澳大利亚医养结合养老模式主要分为两类:一类是居住式护理服务,另一类是居家式护理服务。居住式护理服务主要针对有特殊护理需求的老年人,老年人需通过专业的护理级别认定,评定其可以居住在养老院、养老公寓等养老机构。居家式护理服务主要提供社区居家护理,是传统家庭养老模式的延伸,服务对象为可以居家养老无特殊护理需求的老年人。澳大利亚对老年人健康状况的评定由专门的老年照护评估组负责,由评估组判定老年人护理级别以及是否需要特殊护理。养老机构配备有专业营养师,在老年人入住养老机构时,由专业物理治疗师对其健康状况进行评估,根据评估结果为其制订个人康复计划。除机构养老外,澳大利亚还十分注重家庭养老,由家庭医生对老年人的健康负责。家庭医生需每周探望老年人一次,对老年人的身体健康状况进行评估。若有家庭护理人员配备需求的,政府为其提供现金补贴,同时保障其休假等福利。

澳大利亚的养老护理行业自20世纪40年代兴起以来,逐步建立了完善的专业老年护理人员培训体系,由最初简单的生活照料发展成如今的专业养老护士培训。澳大利亚注册养老护士分为3个级别,分别是养老护理助理(6~8周的培训)、登记养老护士(12~18个月的学习)、注册养老护士(3年的大学学习)。除此以外,全科护士、临床护士、精神卫生护士、老年保健护士和心理治疗护士等高级养老护理人员还需要经过各种专职护士培训。澳大利亚的养老院管理人员通常为注册护士,注册护士需要在澳大利亚护理委员会注册,并且需具备3级以上的老年护理证书。养老院中注册护士需要全天值班,注册护士和护理员根据床位进行分配,工作时间同医院一样实行轮班制。

## 四、英国医养结合研究现状

英国20世纪30年代进入老龄化社会。20世纪90年代在社区养老的基础上进行"整合照料"模式,整合照料即在体系层次、机构层面和个人层面,针对有需要或相似需要的一类人,提供周密、详细的服务和照料。1963年,通过《社会福利法》,以期通过设立老年人长期照护机构满足老年人的长期照护需要。针对老年人,整合照料包括急诊医疗照顾、长期照料、社会关怀、日常起居、餐饮、交通、住宿等服务。整合照料实现了医疗和养老资源高度整合,且保障资金基本源于税收,对政府财政依赖性较低,但能够更好地将具有法定强制性的管理系统进行整合,同时也能保证服务的公平性。整合保健和支持试点项目是2013年提出的一项计划,是目前英国医养结合方面最重要的项目。试点的目的是寻找最佳实践,提供试点经验,为推广医养结合提供政策依据。2013年项目确定了14家试点地区,2015年又确定了11家试点地区。试点采用来自整合保健和支持合作组织统一的整合保健定义"我的保健是由这些人计划的,他们协同工作来理解我和我的保健需求,将我置于核心地位,协调和提供服务来实现对我最好的结果"。试点只有很少的资金支持,包括每个试点2万英镑的启动资金和第一批试点9万英镑的启动资金,此外参加项目还可以获得5年的专家支持。项目的参与者主要是基于以下考虑:①是当地整合保健的创新和进步获得国家认可的标志。②当地保健转型计划获得通过的促进因素。

③一种管理安排,例如一个委员会,将所有涉及组织及其领导召集在一起。④一种工作机制,通常覆盖许多不同系统的用户和基础设施项目(例如信息共享、人力资源开发等)。⑤开展一种新的整合服务,例如虚弱照顾。⑥思考和服务提供的一种新的视角,而不仅仅是一项具体的计划。大部分的试点地区都将试点项目作为一种完善当地原来就有的整合保健项目的方式。试点一般由地方涉及整合保健的所有机构共同参与,牵头单位一般是卫生和社会服务组织方,例如CCGs,而不是提供方,采用的治理结构一般包括项目委员会和小规模的项目管理小组,项目委员会由项目的各方代表组成,项目委员会一般向HWBs汇报,决策权则在HWBs。

## 五、德国医养结合研究现状

德国是目前欧洲最"老"的国家,也是世界上第一个立法实施社会保障制度的国家。德国自1930年进入老龄化社会。随着时间的推移,德国的社会老龄化程度逐步加深。数据显示,20世纪60年代,德国65岁以上老年人口比例为11.6%,1990年已经增长到14.9%,而照护风险也随着年龄的增加而提高:75~85岁老年人中产生照护需求的比例为14.1%,85~90岁为39.7%,90岁以上则高达66.1%。人口快速老龄化所带来的对长期护理服务的膨胀性需求增长。德国自20世纪90年代中期开始,在全社会范围内建立起了一套统一的、多层次的长期照护保险制度。在德国,长期照护指的是一个人由于生理和心理疾病或者残疾,至少需要6个月以上固定的、频繁的照护,以帮助其完成"日常活动"和"日常的工具性活动"。它是一项独立的社会保险制度,其中蕴含着强制性转移支付的特点。首先,由于保费支出为雇员总收入的固定比例,保费支出的绝对金额将随收入增加而增加,而受益水平却与保费支出规模无关,由此产生了一种由高收入者向低收入者进行财富转移的收入再分配效应。其次,没有收入的家庭和失业人员将被免费投保。若一个雇员的家庭中存在没有收入来源,或收入水平低于规定收入门槛的家庭成员,这些家庭成员将不需要额外交纳保费,体现社会公平性。德国长期照护保险制度经过20年的运行和完善,实现了社会成员全覆盖、评估机制完善、质量监管规范等多重可持续性制度目标。由于其良好的设计,该制度在实现德国长期护理社会保险基金运作可持续性的同时,促进了家庭护理的发展,增加了护理行业的就业机会,不同程度地降低了州政府和个人家庭对长期护理支出的沉重财务负担。

2012年德国将退休年龄由65岁调至67岁。2010年,德国65岁以上老年人口为1600千万,占总人口的19.6%。2013年65岁以上人口占总人口的21%,预测2030年将到达26%。在这种情况下,德国成了世界上最早开始建立公共养老体系的国家。1883—1889年,德国先后颁布了《疾病保险法》《意外伤害保险法》以及《伤残老年保险法》,这也为以后德国医疗保险体系的发展奠定了基础。但是经过一百多年的发展,随着人口的老龄化,同很多发达国家一样,德国进入了医保机构入不敷出的阶段,2006年财政额外补贴高达42亿欧元,德国医保不得不大刀阔斧地进行改革,开始推行政府为主体、私人医疗保险为补充的医疗保险政策,随后几年引入市场机制,形成个人、社会和国家相互协作的医保体系。在这种体系下,法定的医保机构有权同市场竞争下的医院、医生和制药厂进行合作,形成联合医疗。这样就大大地节约了成本,减轻了财政的负担,改革的这种收权和放权也体现了政府的宏观调控和市场的自我约束。目前德国的长期照护主要遵循"以居家养老为基础,社会服务为依托,机构养老为支撑"的原则。在1995年颁布了《长期照护保险》,鼓励居家养老,目前德国需要护理的老年人230万人,其中居家养老150万人。在长期照护和家庭养老方面,德国在养老发展中最有特色的就是通过"储蓄时间"计划获得社区养老及居家养老的上门护理时间。长期照护的问题除了财政的压力以外还有照护人员的缺失。为了解决照护人员短缺的问题,政府规定凡是在德国年满18周岁的公民可以通过培训申请对老年人提供无偿的照料服务,这种照料时间的积累由社区及相关机构进行记录,将用于未来个人的照料服务时间积累。这项计划在德国广受欢迎,大量义工的加入也缓解了德国医疗人员短缺的现状。

虽然德国长期护理保险体系实现了受益范围的全覆盖,但是否获得保险受益,取决于受益人是否具有真实的护理需求。法定的受益资格门槛为:因个人身体或精神方面的问题会导致其需要在一段较长的时间内(至少6个月以上),在包括卫生、饮食、行动、家务4个方面的日常生活行为中,至少有两个方面需要提供经常性或实质性的帮助。如果申请人通过了受益资格审核被确认为具有长期照护服务需求,需要进一步被认定需要什么程度的护理需求,进而被划归为不同程度的受益级别。受益级别划分主要取决于其所需要的护理时间和护理频率:一级护理每天至少需要1次、至少90 min的日常生活护理服务;二级护理每天至少需要3次、至少3 h的日常生活护理服务;三级护理是最高级别的护理,需要24 h不定次数、至少5 h的日常生活护理服务。受益资格的审核和受益级别的确定,由德国健康保险疾病基金的医疗审查委员会派专业员工到申请人家中进行观察后执行识别、验证和评估的程序。为使审核程序尽可能统一规范,德国国内达成了一套全国适用的现场评估标准。

服务方式包括居家照护和机构照护两种,基本原则是"家庭照护优先于护理院照护"。其中居家照护分为居家自行照护和居家专业照护两种,主要是由照护服务人员等提供上门照护,包括对卫生清洁项目(牙齿清洗与护理、梳头、刮胡、洗澡、盥洗等项目)、营养项目(食物准备、喂食等项目)、行动项目(翻身、穿衣、脱衣、站立、行走、爬楼、住所出入等项目)、家务项目(采购、衣物清洗、整理住所等项目)等服务。参保人可自主选择家庭照护或护理院机构照护的受益方式。为了鼓励参保人选择居家照护,德国规定,接受居家照护相比于机构照护可以享受更多方面的优惠政策,主要包括额外的护理津贴和照护保险金额,为参保人提供居家护理的家庭成员或亲属每周的照护服务达14 h以上,可以享受获得免费的照护培训课程和不低于每年460欧元的护理津贴等。当居家照护不能满足参保人的长期照护需求时,可以申请接受机构照护服务。机构照护包括日间照护、夜间照护、短时照护与全机构式照护,其中全机构式照护既包括基本日常照护服务,又包括社会照护服务和医疗照护服务。但是,如果医疗审查委员会评估认为,参保人没必要接受机构照护时,除了最高参照居家专业护理等级的标准给付外,其余部分需要自付。相比以上两种照护方式,居家照护是长期照护服务的主要递送方式。数据显示,大约49%的参保人选择居家自行照护方式。

德国长期照护保险的运作模式主要依附于原有的健康保险制度,长期照护保险基金(long term care insurance fund)属于健康保险基金(health insurance funds)的子部分。依据政府的"强制投保"规定,属于法定健康保险的被保险人必须加入州政府经营的公立机构提供的法定长期照护保险(soziale pflegeversicherung),其他属于私人健康保险的被保险人须加入民营保险公司提供的私人长期照护保险(private pflegeversicheurng)。职工可自由选择加入公立或私立保险公司提供的长期照护保险。若收入高于德国社会保险规定的职工(2006年为每月3937.50欧元)则只能选择私立保险公司提供的个人保险计划。德国联邦劳工部作为长照照护保险的主要管理部门,负责对长期照护保险进行政策指导和运营管理。政府负责制定服务类型的费用,而不是由市场决定。

需要指出的是,在运行状况良好的同时,德国长期照护保险制度还存在着费率偏低的问题,保险基金面对庞大的照护服务需求,经常出现入不敷出的局面。另外,很多照护人员没有经过严格的培训和业务指导,只能从事简单的照护服务工作,因此存在着满足不了参保人对高难度照护服务日益增加的需求等问题。

## 六、韩国医养结合研究现状

韩国从2000年老龄人口达到总人口的7.2%,开始进入老龄化社会,同时老年人医疗费用也出现大幅上涨,老龄化速度较快。老年人的医疗利用率也随之大幅上升,从1990年的8.2%升至2000年的21.2%,老年人群医疗费用是其他人群的2~3倍。韩国政府为了抑制医疗费用的大幅增长,保障政府财政稳定,开始研究建立长期照护制度。2004年8月公布《老年人照护保障体系试行案》,2005年开始分阶段进行试点,并逐步扩大适用地区和给付对象。2008年7月1日,韩国《老年人长期护理保险法案》开始实施。韩国在启动护理保险制度前,老年人的照护服务主要是非营利性民间机构提供,照护服务供给严重不足。2005年,韩国政府颁布一系列的政策鼓励民间机构参与照护服务市场,包括降低养老机构设置条件、根据养老机构规模和服务对象数量提供资金支持等措施,使照护服务向多主体参与的市场化形态转化。宽松的市场准入使照护服务机构迅速发展,由2008年的8300多家增加到2012年的15000家。2013年,韩国营利性照护组织市场份额达82%,非营利性组织占比18%,而政府设立的公共机构只占0.1%。

韩国长期护理保险的资金来源包括3个部分:政府、保险基金、个人支付。长期护理保险费被纳入国民健康保险的范围内,在健康保险费基础上加收,目前按6.55%比例加收,即长期护理保险费=国民健康保险×6.55%,长期护理保险基金采用独立账户管理。长期护理使用者需经政府的严格筛选,主要有两类人群:65岁及以上者和65岁以下但患有脑出血、脑梗死、帕金森病等老年性疾病人群。符合条件的申请人向政府相关部门提出申请,由其上门调查申请人的身心功能障碍程度,评定护理等级,并判定申请人是否能享受长期照护服务。照护服务费用由政府负担总支出的20%,保险基金负担总支出的60%,个人在接受机构照护服务时支付20%,利用居家照护服务时支付15%。护理机构服务收费以时间和护理等级为标准,采用定额制,超出上限部分由护理服务使用者负担。另外,接受社会救助者不需付费,收入仅高于低收入群体者需负担个人支付费用的一半,接受机构服务者为10%,接受居家服务者为7.5%。

韩国长期护理保险制度实施初期,采取了严格的护理等级评定制度限制受益人群,同时采用了较低的筹资比例以获得更多人支持。长期照护保险制度在实施中也不断完善,2014年7月,韩国将长期护理等级由3个等级调整为5个等级,放宽了护理等级认定的标准,认定符合护理条件的老人由2009年的5.4%上升到2014年的6.6%,使更多的老年人口能够获得长期照护,此项改革扩大了受益人群的同时也增加了基金支出,基金结余出现下降。从民众家庭负担来看,2008—2015年,韩国长期护理保险费率由最初的4.05%增加到6.55%,人均保费也呈现增长趋势,但其在家庭收入中所占比重几乎无变化,见表1-1。

表1-1 韩国长期照护保险制度月平均保费 （单位:韩元）

| 年份 | 职工参保者人均保费 | 居民参保者每家庭保费 | 长期照护保险费率/% | 职工参保者人均保费占每家庭劳动型收入比例/% |
| --- | --- | --- | --- | --- |
| 2010 | 4700 | 4400 | 6.55 | 0.22 |
| 2012 | 5792 | 4916 | 6.55 | 0.22 |
| 2013 | 6244 | 5135 | 6.55 | 0.22 |
| 2015 | 6472 | 5279 | 6.55 | 0.22 |

资料来源:鲜于德.老人长期护理保险的运行成果评价及制度改革方案[R].韩国保健社会研究报告书,2016.

除此之外,瑞典20世纪70年代开始为居家或机构养老的老年人提供个人基本照顾和社会机构的医疗护理照顾;加拿大1970年颁布《医疗服务于社会服务法案》,提出由社区服务中心为老年人提供日常生活照料和医疗卫生服务;意大利1992年提出"老年人健康促进项目",此项目依托社区专门负责评估老年病的组织,为失能老人提供医疗卫生服务和社会生活服务。

从发达国家社区养老经验我们可以看出:社区养老已经达成共识,社区医养结合也会逐渐成为趋势,机构养老投入再多,也很难满足老年人对于家庭温暖和子女亲情的向往,必须高度重视社区养老,提供完善的多样化的养老服务;在服务内容上:要涉及老年人生活的方方面面,大致可以概括为日常照料、文化娱乐、预防保健、医疗护理、心理咨询等,建立了比较齐全的医养结合服务体系和相关的医疗保险制度,向老年人提供多样化的服务;需求评估上:建立了科学合理的老年人照护需求评估体系,结合不同年龄层的老年人的实际需求,提供多样化的有针对性的健康养老服务,以合理利用社会资源;在服务质量上:整合社会资源并且引入竞争机制,提高并加强对服务质量的监控,同时还要健全人才培养体系,建立严格的服务资格准入制度。

## 七、国外评估工具研究现状

回顾国外关于老年人能力状况的评估标准,主要分为单项指标和复合指标两大类。通过对相关文献的整理,发现单项指标分为两类:日常生活活动能力(activities of daily living,ADL)评估和认知功能评估。ADL是指老年人在日常生活中照顾和管理自己的最基础的动作和能力。它包括基础性日常生活活动能力(basic activities of daily living,BADL)和工具性日常生活活动能力(instrumental activities of daily living,IADL)。BADL

常见的评估工具有以下几种。Katz 指数。评定日常生活的吃饭、穿衣、大小便控制、如厕、洗澡和床椅转移6个方面的独立能力,分为 A～G 7个等级。Barthel 指数主要包括进食、修饰、如厕等基本功能和上下楼梯、平地行走等活动能力。PULSES 评定包括躯体状况、上肢功能及日常生活自理情况、下肢功能及行动、感觉与语言交流功能、排泄功能、精神和情感状况6个方面的内容,分为正常、严重受限、严重残疾3个等级。IADL 常见的测量工具有 FAQ 量表,该量表主要包括做家务、单独外出、自行购物、书写使用等10项内容。Nottingham 量表,共包括活动能力、厨房工作、家务活动及休闲活动4个方面,分为不能完成、需要帮助等4个等级。认知功能评估是指老年人注意、知觉、思维、记忆及执行等的能力。常见的测评工具有 MMSE,是国际上最具影响力的认知缺损筛查工具,包括定向力、注意力和计算力、记忆力、语言能力、视觉空间5个维度。MoCA 量表,是筛查认知障碍老年人的工具,包括空间能力、命名、数学广度、注意力、计算力、语言重复、语言流畅性、抽象能力、延迟记忆、定向力10项。

复合指标专门为长期照护计划实施而设计,依据各国国情及医疗、养老服务水平,由权威的评定机构,在统一的评估标准指导下,运用照护评估工具,对老年人的照护等级进行科学划分,从而为不同级别的老年人提供针对性的照护项目。国际居民长期照护评估工具(interRAI-LTCF)作为一个完整的评估体系,对于老年人身体状况、认识能力进行充分的评估。评估内容包括被评估者的基本信息、认知、交流和视觉、情绪和行为、心理健康、身体功能、排泄控制、疾病诊断、健康状况、口腔和营养状况、皮肤状况、参与活动能力等。目前已被40多个国家和地区使用。作为率先进入老龄化社会的发达国家之一,美国的分级照护体系已相当健全。早在20世纪80年代末,美国就建立了基于纽曼的健康照顾系统模式的长期照护评估工具最小数据集(MDS)。它在身体功能、心理健康、认知、沟通和情感等7个方面对老年人进行一对一评估。日本作为世界上第一个实行长期介护保险的国家,能力评估标准经过长时间的完善,涵盖内容极其广泛。在日本,老年人需要利用"要介护认定调查表",进行对肢体与关节功能、活动能力、复杂动作、特别介护、日常生活照料、言语沟通能力、行为障碍、特殊事项8个方面的测评。老年人能力等级被划分为自立、要支援Ⅰ～Ⅱ、要照护Ⅰ～Ⅴ。2008年,德国开始使用新型长期照护评估工具(NBA)对申请家庭护理和机构养老的老年人进行能力评估。NBA 从移动、认知与联系技能、行为和心理问题、自理能力、就医需求及负担、日常生活和社会接触、户外活动、家务能力8个维度对老人进行评估,将结果分为"0～3级护理"和"特别严重"5个等级。澳大利亚政府对申请居家养老和院所式养老的老年人进行统一评估。评估人员采用老年护理评估表(ACFI),对老年人的生活自理能力、精神行为问题、复杂健康问题3个方面进行综合评估,并分为无、低、中、高4个等级来制订相应的护理计划和申请政府相关补贴。韩国是亚洲老龄化最快的国家之一。老年人能力评估标准在借鉴日本、德国的基础上,建立了躯体功能(ADL)、认知功能、行动变化、看护处理、复健5个维度,能力水平分为Ⅰ～Ⅴ 5个级别。

## 第二节　国内背景

### 一、我国人口老龄化形势严峻

我国在21世纪初已经步入"老龄化社会"。第6次全国人口普查数据显示,2010年我国60岁及以上的老年人口数量达到了17759万,占总人口比重的13.32%,老年抚养比占总抚养人口比重的19.02%。《2018年社会服务发展统计公报》显示,截至2018年年底,我国60岁及以上老年人口达到24949万人,占总人口比重的17.9%。预测数据显示,到2020年,我国60岁及以上老年人口将增加到2.55亿人左右,占总人口比重约17.8%;高龄老人、独居和空巢老人将分别增加到2900万和1.18亿左右,老年抚养比占到28%左右;2025年全国60岁及以上老年人口的比重将会达到20%,老年人将达到3亿;预计到2040年,65岁及以上老年人口占总人口的比例将超过20%。同时,老年人口高龄化趋势日益明显:80岁及以上高龄老人正以每年5%的速度增加,到2040年将增加到7400多万人。见图1-1。

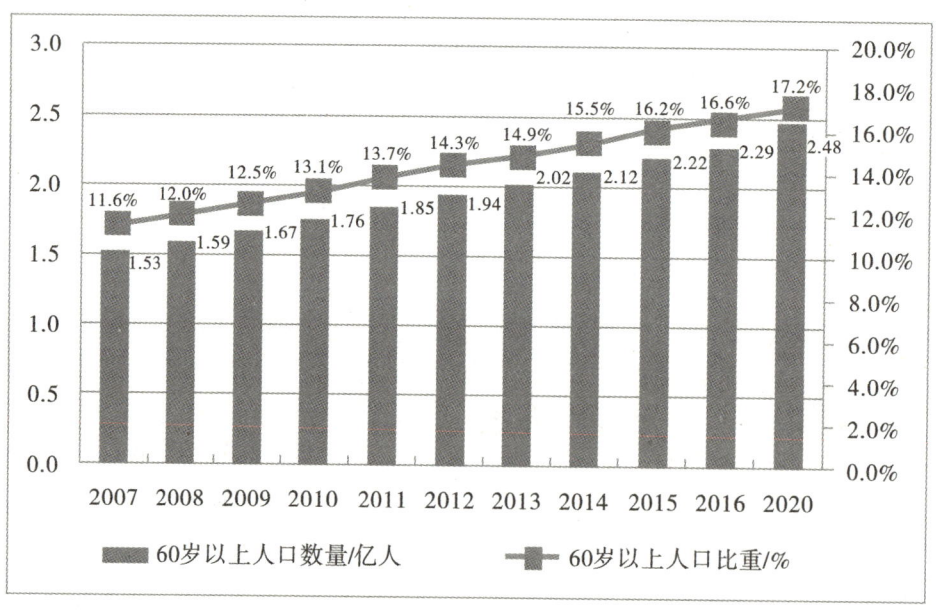

图1-1　2007—2020年中国60岁以上人口数量级比重

迅速发展的人口老龄化趋势,与人口生育率和出生率下降,以及死亡率下降、预期寿命提高密切相关。目前中国的生育率已经降到更替水平以下,人口预期寿命和死亡率也接近发达国家水平。随着20世纪中期出生高峰的人口陆续进入老年,可以预见,21世纪前期将是中国人口老龄化发展最快的时期。从人口结构的角度来看,中国的高龄老人数量2010—2050年持续增长。由于高龄老人群体中失能率在50%以上,我国失能老人规模或从现阶段的 625 万人上升到 2050 年的 1875 万人,35 年里增幅高达 200%。

## 二、我国医养结合现状

传统的居家养老模式难以满足老年人日益上涨的医疗和养老服务需求。然而由于养老院不能看病、医院不能养老的局限,老年人的实际需求不能够得到真正满足。因此,医养结合模式是人口老龄化背景下的一个必然发展趋势。我国医养结合工作开展虽起步较晚,但已取得显著成效。2015 年 11 月,国务院下发的《关于推进医疗卫生与养老服务相结合的指导意见》指出:我国计划到 2020 年,基本建立符合国情的医养结合体制和政策法规体系,实现医药卫生与养老服务资源共享、融合发展,基本适应健康养老服务需求。国家卫健委公布的《2018 年中国卫生健康事业发展统计公报》显示,我国已经在 90 个城市开展医养结合试点。医养结合机构可为老年人提供基本生活照料、常用临床护理、疾病诊疗、康复护理、疾病康复治疗、健康教育、健康管理、精神慰藉、临终关怀、陪同代办、休闲娱乐等服务,部分机构还可以提供远程服务和上门服务。

老年人口规模不断扩大导致老年人对医养服务的需求持续扩大,与此同时,对医养服务人才的需求也随之上涨。然而实际上医养服务行业的人才供给与需求之间的不平衡长久存在。根据国家民政局基本建设的标准要求,医养结合养老机构医务室至少应配备 1 名工作 5 年以上的执业医师,若执业医师超过 1 人,至少应配备 1 名执业中医师;至少配备 1 名执业注册护士,每增加 100 张床位,至少应增配 1 名执业注册护士;至少配备 1 名康复治疗员;护理人员的数量与注册护士比例应为 1∶2.5。但实际上大多数医养结合机构人员配置达不到该标准,机构内的老年人护理工作基本由年龄较大、学历层次低、技能有限的非专业护工承担。曹蕾研究结果显示,全国的养老机构中仅有 13% 配备 3 个以上全职注册医务人员。人社部于 2015 年废止了《招用技术工种从业人员规定》,不再强制要求养老护理员从业必须取得养老护理员资格证,在一定程度上解决了养老护理员缺口大、入行门槛高、养老机构用工难的问题。但即便如此,我国养老护理员数量距国际标准每 3 个老人配备 1 名养老护理员仍相差甚远。大多数医养结合机构都面临医护人员短缺、层次低、人才引进困难、人员流失等问题,影响其服务质量。

由于医养结合行业尚处于发展阶段,医养结合机构普遍工资低、待遇差、晋升空间小,医务人员往往更倾向于在大型医院就职。我国对于养老服务行业人才缺乏规范化培养,开设养老护理服务相关专业的高校较少,培养层次低。养老护理员仅通过短期的培训即可获得从业资质,在知识和技能方面仍然存在欠缺,护理服务质量得不到保障。

在 20 世纪 80 年代,我国实行计划生育制度,提倡一对夫妇只生育一个孩子,该政策在政府的强力主导下,加之 20 世纪 90 年代正值改革开放初期,社会经济繁荣发展,年轻人将精力忙于事业,主观上选择晚婚晚育并生育一个子女以降低家庭负担,使得我国 80 年代至 90 年代人口生育率大幅下降。另一方面,现阶段随着我国社会的不断发展,医疗技术的日益改进,人民的生活质量逐步提高,老年人口寿命有了较大幅度提升,我国老年人口数持续增长,老龄人口比例呈逐年上升趋势,并且上升速度正在加快。我国于 1999 年正式迈入老龄化时代,2014 年之后老龄化进程加剧。据国家统计局报告显示,我国近十年来老年人口数呈逐渐上升趋势,2008—2018 年,65 岁以上老年人口从 1.09 亿人增至1.66亿人,占总人口的比重从8.30%上升至11.9%,老年人口抚养系数从11.30%上升至16.80%。预计到2050年,65岁及以上老年人口数将达到3.9亿人,老龄化率达到26.1%。目前,80岁及以上高龄老人正以每年5%的速度增加,到2040年将增加到7400多万人。老年人群是神经性疾病、脑血管疾病和代谢紊乱等高风险疾病的主要发病群体,因此老年人更需要疾病防治、健康护理等医疗保健。我国2011年颁布《中国老龄事业"十二五"规划》,统筹机构养老发展;《社会养老服务体系建设规划(2011—2015年)》开启我国社会养老服务体系建设;《中国护理事业发展规划纲要(2011—2015年)》提出设立老年病、临终关怀病房,为老年患者提供医疗护理服务。2015年发布《关于推进医疗卫生与养老服务相结合的指导意见》,我国开始全面部署医养结合工作。2017年国务院印发《"十三五"国家老龄事业发展和养老体系建设规划》,明确提出健全养老体系,完善医养结合机制,推动老龄事业全面协调可持续发展的意见。党的十九大报告中提出,要全面实施健康中国战略,积极应对人口老龄化,构建养老、孝老、敬老政策体系和社会环境,推进医养结合,加快老龄事业和产业发展。随着国家对医养结合越来越重视,各地区的医养结合服务相关政策广泛推行,国内对此领域的相关研究也日益增多。

政府正在积极出台一系列政策和措施来提高老龄群体的生活质量、满足其多样化的养老需求,政府针对特困、三无、低保、高龄、空巢等特殊困难老年群体积极探索补贴机制。但《中国健康与养老追踪》的调查结果显示,当前我国"补救型"养老保障政策不能增加养老资源,养老服务缺位现象依旧普遍存在。

2011年9月17日国务院印发《中国老龄事业发展"十二五"规划》(国发〔2011〕28号),提出统筹发展机构养老服务,加大财政投入和社会筹资力度,推进供养型、养护型、医护型养老机构建设。2011年12月底,国务院办公厅印发《社会养老服务体系建设规划(2011—2015年)》(国办〔2011〕60号),开启了我国社会养老服务体系建设的步伐。原卫生部于2011年12月31日颁发《中国护理事业发展规划纲要(2011—2015年)》(卫医政发〔2011〕96号),提出探索建立针对老年、慢性病、临终关怀患者的长期医疗护理服务模式。

2013年9月出台的《国务院关于加快发展养老服务业的若干意见》(国发〔2013〕35号)提出,推动医养结合发展,探索医疗机构与养老机构合作新模式。"十二五"时期我国老龄事业和养老体系建设取得长足发展。《中国老龄事业发展"十二五"规划》《社会养老服务体系建设规划(2011—2015年)》确定的目标任务基本完成。老年人权益保障和养老服务业发展等方面的法规政策不断完善,基本养老、基本医疗保障覆盖面不断扩大,保障水平逐年提高,以居家为基础、社区为依托、机构为补充、医养相结合的养老服务体系初步形成,养老床位数量达到672.7万张,老年宜居环境建设持续推进,老年人社会参与条件继续优化,老年文化、体育、教育事业快速发展,老年人精神文化生活日益丰富,老年人优待项目更加丰富、范围大幅拓宽,敬老、养老、助老社会氛围日益浓厚,老年人的获得感和幸福感明显增强。

2016年6月和9月,国家卫计委联合民政部发布了《关于确定第一批国家级医养结合试点单位的通知》和《关于确定第二批国家级医养结合试点单位的通知》,确定了北京市朝阳区等40个单位作为国家级医养结合试点单位。要求各试点单位结合实际情况,统筹各方资源,全面落实医养结合工作重点任务;要在各省级卫生计生和民政部门的指导下,制订年度工作计划,建立部门协作、经费保障、人员保障机制,加强管理,确保试点取得积极进展,收到良好效果。各省辖市、县(市、区)积极探索地方医养结合的不同模式,并积极协调解决存在的困难和问题。

## 三、国内医养结合养老机构试点的研究

2017年2月28日国务院印发了《"十三五"国家老龄事业发展和养老体系建设规划》(国发〔2017〕13号),对我国今后一段时间的养老事业发展提出了新的目标和新的要求。同时也提出了要健全健康支持体系,进一步推进医养结合建设,完善医养结合机制。统筹落实好医养结合优惠扶持政策,深入开展医养结合试点,建立健全医疗卫生机构与养老机构合作机制,建立养老机构内设医疗机构与合作医院间双向转诊绿色通道,为老年人提供治疗期住院、康复期护理、稳定期生活照料以及临终关怀一体化服务。2017年10月18日,习总书记在党的十九大报告中提出,要全面实施健康中国战略,为人民提供全方位、全生命周期健康服务,积极应对人口老龄化,构建养老、孝老、敬老政策体系和社会环境,推进医养结合,加快老龄事业和产业发展。目前各级政府及医疗机构迫切需要在政策指引下结合自身特点开展医养结合试点工作,将健康养老服务转型发展作为一个重要的方面来抓。

医养合作模式是指养老机构与医疗机构通过合作达到资源利用率最优。例如医疗机构与养老机构开通双向转诊的"绿色通道",医疗机构与社区养老合作等。代表案例有河南省老年医养协作联盟,由郑州市第九人民医院与河南省36家养老机构共同成立;长沙馨园老年人关爱中心,是长沙天心区坡子街社区与天心区人民医院合作建立的集生活照料、医疗护理、康复服务等为一体的医养结合养老机构;以及深圳渔邨社区老年人日间照料中心通过合作的方式将罗湖区人民医院的医疗护理服务引入日间照料中心,并明确双方养老与医疗职责。

以医融养模式是指以医疗机构为运行主体,延伸养老服务。具体形式包括:一是医疗机构开办养老机构,代表案例有由青杠老年护养中心,由重庆医科大学附属第一医院兴建,并充分利用其医疗资源,实现了养老与医疗、护理、康复等无缝连接。二是医疗机构开办社区养老中心,代表案例是大连中心医院开办壹品星海社区养老中心,将健康检查、疾病治疗康复以及临终关怀等医疗康复保健服务纳入居家养老中。三是医疗机构设置老年科与老年病房,代表案例有合肥市滨湖医院老年科,用运行经验验证了医养结合养老模式在公立医院的可行性。四是医疗机构转化为养老机构,一些基层医院易出现亏损、医疗资源闲置等现象,转型成医养结合的养老机构是一种新尝试,代表案例有北京市炼焦化学厂医院,原为一级甲等企业医院,门诊量与住院量较低,后转化为医养结合养老院,实现良性运转。

以养融医模式是指以养老机构为运行主体,有条件的养老机构内设医疗机构。代表案例有北京市第一社会福利院开设福利医院;天津康泰老年公寓新建近1000平方米的门诊部,开设了国医堂、内科、检验科、心电图室、康复理疗室等。

## 四、上海医养结合发展现状

上海是我国最先迈入老龄化社会的地区,也是老龄化程度最高的城市。改革开放以来,上海市经历了家庭为主和社会化相结合的养老服务阶段,发展到了目前以居家养老为基础、社区服务为依托、机构照料为补充的社会化养老服务体系。期间,上海市政府出台了一系列扶持养老服务发展的文件,如2001年《关于全面开展居家养老服务的意见》要求全面构建社区居家养老服务体系,2006年《关于进一步促进本市养老服务事业发展的意见》规划建设以社区居家养老服务为主、机构养老为辅的养老服务体系。经过多年实践,上海市不断加大财政投入,引导民间投资兴办养老机构,逐渐形成了多元化的养老服务格局。

### (一)上海医养结合机构供方筹资

对政府投资新建或改造并形成产权的保基本养老机构,根据养老机构所在区域每平方米给予2300~3450元补贴,每床位补贴上限8万~12万元不等;对符合条件的社会投资举办并形成产权的保基本养老机构,对其承诺提供的保基本床位给予每平方米2300元补助,每张保基本床位补助上限为8万元;对利用存量资源实施改扩建新增的养老机构,投资补贴据实计算,不超过改造投资的50%,补贴上限按照相应的新建养老机构补助标准控制。建设补贴资金分两个阶段拨付。项目可行性研究报告批复后,拨付补助资金的80%,项目获得养老机构设立许可后,拨付补助资金的20%。

运营补贴上,床位补贴按入住老人数量补,每人每月200元,租赁补贴每平方米每月5元,还包括以奖代补的形式减少房屋租金、机构运行5年后一次性20%的修理补贴、为养老机构购买意外责任险等。员工补贴按护理员级别每月补贴100~400元不等,院长奖励补贴每月300~500元不等。

### (二)上海医养结合机构需方筹资

上海市于2017年1月1日发布实施了《上海市长期护理保险试点办法》(沪府发〔2016〕110号),在上海市徐汇、普陀、金山3个区开展为期1年的试点。2018年1月1日发布实施修订后的《上海市长期护理保险试点办法》(沪府发〔2017〕97号)。该办法定义的长期护理保险制度是指以社会互助共济方式筹集资金,对经评估达到一定护理需求等级的长期失能人员,为其基本生活照料和与基本生活密切相关的医疗护理提供服务或资金保障的社会保险制度。

1. 参保人群　规定凡参加职工基本医疗保险人员(第一类人员)或参加城乡居民基本医疗保险的60周岁及以上的人员(第二类人员),均应参加长期护理保险。

2. 资金筹集　职工医保的参保人,按照用人单位缴纳职工医保缴费基数1%的比例,从职工医保统筹基金中按季调剂资金,作为长期护理保险筹资;城乡居民医保的参保人,根据60周岁以上居民医保的参保人员人数,按照略低于第一类人员的人均筹资水平,从居民医保统筹基金中按季调剂资金,作为长期护理保险筹资。

3. 待遇享受对象　该办法规定60周岁及以上者、经评估失能程度达到评估等级二级至六级且在评估有效期内的参保人员方可享受长期护理保险待遇。

4. 保险基金支付  在评估有效期内发生的符合规定的服务费用由长期护理保险基金按比例支付,社区居家养老服务费用由支付90%;养老机构照护服务费根据参保人员评估等级约定每天支付的服务价格(评估二、三级的为20元,评估四级的为25元,评估五、六级的为30元),在此基础上,长期护理保险基金支付85%。第一类人员发生的住院医疗护理服务费用,超过最高支付限额部分由长护险基金支付80%,其余部分由个人自负。

5. 个人自负费用  在评估有效期内发生的符合规定的服务费用,社区居家养老服务费用由个人支付10%,养老机构照护费用由个人支付15%。第一类人员发生的住院医疗护理服务费用,超过最高支付限额部分由个人自负20%。

上海市还针对低保、低收入老年人个人长期护理保险服务自负费用,由财政分别给予全额和按照50%比例补贴。

上海基本形成了"居家+社区+机构"养老服务格局。经过10余年探索实践,上海初步建立起以居家养老为基础、社区服务为依托、机构照料为补充的社会养老服务体系的基本框架,满足了各个层次人群的照护需求。

初步建立了养老服务多元化的筹资渠道。开展社会化养老服务以来,上海市注重养老机构能力建设的公共筹资,扩增了养老服务的供给,以社会需求为导向,积极鼓励和引导民间资本参与兴办养老机构,上海部分区(县)民办养老机构的数量已超过政府办养老机构,成为养老服务体系的重要力量。

## 五、青岛医养结合发展现状

青岛1987年开始步入老龄化,随之而来的是失能老龄人口增加,家庭、社会的医疗、护理压力持续加大。为适应老龄化趋势,2006年,青岛市下发了《关于将退休参保人员老年医疗护理纳入社区医疗保险管理的试点意见》,将家庭病床和入住社区医疗机构的失能老人的医疗护理费纳入医保结算。医保基金的定向注入,使社区医疗机构和医养结合养老机构得到了迅速发展。青岛市于2012年在全国率先建立城镇长期医疗护理保险制度,凡参加医保的人均强制参加护理保险。通过调整基本医保统筹基金和个人账户基金比例来筹集资金,残疾、半失能和失能等需要长期护理的参保老年人经评估达到标准后,由医疗需求产生的医疗费和护理费可享受护理保险支付。医保与养老结合,解决老年人异地就医结算问题。

### (一)青岛医养结合机构供方筹资

建设补贴上对新建养老机构按照每张床位12000元的标准给予一次性补助,分3年拨付到位;通过改造或租赁用房(租用期须达到5年以上)形式建设的养老机构,按照每张床位6000元的标准给予一次性补助,分2年拨付到位;对符合标准的护理型(医养结合型)养老机构的一次性建设补助标准在上述基础上相应提高20%。

运营补贴上,针对收住本市户籍老年人的养老机构,按照收住老年人失能程度补贴,自理老人每人220元/月,失能半失能老人(含失智老人)每人350元/月。收住本市户籍城市"三无"老年人、低保老年人,收费不高于当地最低生活保障标准的,按照当地普惠性养老机构平均收费标准的80%给予补助。

对养老机构实施星级管理,以奖代补,4年一个周期,被认定为三星、四星、五星级的养老机构,分别给予10万元、15万元、20万元的一次性奖励补贴。

另外,民营养老服务机构与公办养老服务机构享受同等扶持政策,对依法设立登记的养老机构符合规定的服务项目免征增值税,医养结合养老机构享受与医疗机构同等的用地优惠政策。

对养老护理人员,按照初级、中级、高级、技师不同等级,分别给予每人每月100元、120元、140元、160元岗位津贴;大中专院校毕业生在养老机构护理、医疗、康复、社工一线岗位上实际工作每满5年,给予最高3万元的一次性入职年限补贴。养老护理员(含外地户籍)在本市养老机构累积服务时间满3年,并获得初级养老护理员以上证书的,在申请公租房、落户时给予政策优惠。

### (二)青岛医养结合机构需方筹资

2012年青岛市发布《关于建立长期医疗护理保险制度的意见(试行)的通知》,规定凡参加城镇职工基本医疗保险、城镇居民基本医疗保险的参保人,均应参加护理保险。2015年发布实施《青岛市长期医疗护理保险管理办法》(青人社发〔2014〕23号),将参加职工社会医疗保险、居民社会医疗保险的参保人纳入长期医疗护理保险覆盖范围。2017年将重度失智老人纳入长期护理保险保障范围。2018年2月发布《青岛市长期护理保险暂行办法》(青政发〔2018〕12号),并于2018年4月1日开始执行。

1. 参保人群 青岛市的长期护理保险参保人跟从社会医疗保险,职工社会医疗保险参保人应同步参加职工护理保险,居民社会医疗保险参保人应同步参加居民护理保险。

2. 资金筹集 青岛市的长期护理保险资金主要通过调整基本医疗保险统筹金和个人账户的结构来筹集。护理保险分为职工护理保险和居民护理保险。职工和居民护理保险基金列入财政专户,由社保机构统一管理和支付,分别核算。

职工长期护理保险资金通过5种渠道筹集:按照不超过基本医疗保险历年结余基金的20%一次性划转;按照基本医疗保险缴费基数总额0.5%的比例,从职工基本医疗保险统筹基金中按月划转;按照基本医疗保险个人缴费基数0.2%的比例,从应划入在职职工本人医疗保险个人账户的资金中按月代扣;按照每人每年30元标准,财政予以补贴;接受社会捐赠。

居民长期护理保险资金,按照不超过当年居民社会医疗保险费筹资总额的10%,从居民社会医疗保险基金中划转。

3. 待遇享受对象 因年老、疾病、伤残等导致丧失自理能力的完全失能人员和重度失智人员,经长期照护需求等级评估确认后,可享受相应基本生活照料及与基本生活密切相关的医疗护理服务或者资金保障。

4. 保险基金支付 参保职工发生的医疗护理和基本生活照料费用报销比例为90%。不同评估等级有月度限额,评估等级为三、四、五级的,月度限额标准分别为660元/月(22元/d)、1050元/月(35元/d)和1500元/月(50元/d),重度失智参保职工对应评估等级五级标准结算。

参保居民发生的符合规定的医疗护理费用,一档缴费成年居民、少年儿童和大学生报销比例为80%,二档缴费成年居民报销比例为70%。

5. 个人自负费用　参保职工发生的医疗护理和基本生活照料费用自负10%,不同评估等级有月度限额,超过部分由个人自负。

参保居民发生的符合规定的医疗护理费用按缴费档次不同需自负20%或30%。

青岛社会养老服务自2012年护理保险制度实施以来,覆盖范围、照护内容逐步扩大,照护形式多样化,实践过程中不断完善,护理保险制度的实施分阶段有序推进,确保与当地经济社会发展阶段相适应。2018年4月发布《青岛市长期护理保险暂行办法》开始,资金筹集也由单一的医保基金划拨转向"医保基金+个人自负+财政补贴+社会捐助"的多元化筹资机制。

促进了医疗资源的合理利用,提高了照护基金使用效率。青岛市长期照护保险制度的实施,较好地解决了失能患者"社会性住院"问题,实现了以较低支付成本购买较高医疗护理服务的目标,提高了社保基金的使用效益。

## 六、南通医养结合发展现状

江苏省南通市1982年进入老龄化社会,截至2017年底,南通市户籍老年人222.84万,占户籍总人口的29.12%,其中80周岁以上的高龄老人达35.63万,占全市老年人口总数的15.99%。

为积极应对人口老龄化趋势,完善社会保障体系,市政府于2013年启动社会化养老服务的调研。2015年10月发布《关于建立基本照护保险制度的意见(试行)》,2016年1月开始在3个区实行基本照护保险制度。2018年末,南通市再次发布《关于建立全市统一基本照护保险制度的意见》(通人社医〔2018〕28号),拟于2019年在全市实现照护保险制度全覆盖。

经过近年来的实践,南通市充分发挥公办养老机构的示范和托底作用,通过公建民营、民办公助、政府补贴、购买服务等多种途径,鼓励社会资本参与养老服务,使养老机构迅速发展壮大。

### (一)南通医养结合机构供方筹资

建设补贴上,符合新增床位资助条件,以自建产权用房举办的护理院、护理型养老机构,每张护理型床位给予不低于1万元标准一次性建设补助;以租赁用房举办且租期5年以上的护理院、护理型养老机构,每张护理型床位给予不低于5000元标准一次性改造补助;对以自建产权用房举办的非护理型养老机构,以租赁用房举办且租期5年以上的非护理型养老机构,其新增床位建设补贴标准适当提高。凡市区经市、区民政局评定为一、二等级的民办养老机构,按每张床位分别给予3000元、2400元补贴,分3年拨付。

运营补贴上,凡市区符合床位补贴发放条件的民办养老机构,按入住6个月以上的市区户籍年满60周岁的非政府供养老人实有数,按自理、介助、介护分别给予养老机构每月每张床位40元、50元、60元的运营补贴。另外,符合条件的养老机构还可享受政府的贴息贷款政策。

员工补贴上,在养老机构工作满1年以上的医护专业人员,按初级工、中级工、高级工、技师分别给予每月300元、500元、700元、1000元的专业岗位补贴。在同一级别专业岗位服务享受岗位补贴满3年后,岗位补贴标准上浮30%。持有《国家职业资格证书》并在同一养老服务机构工作1年以上的服务人员,每月给予特殊公益性岗位补贴200元。

### (二)南通医养结合机构需方筹资

1. 参保人群　职工基本医疗保险和居民基本医疗保险的参保人员。

2. 资金筹集　照护保险基金按照南通市上年城镇居民人均可支配收入的3‰左右确定,每人每年100元,其中个人缴纳每人30元、医保统筹基金筹集每人30元、政府补助每人40元。基金筹资标准参照城镇常住居民人均可支配收入增长情况和基金收支情况,由市政府适时调整。逐步提高个人缴费、政府补助在筹资总额中的比重。

照护保险基金按年度筹集,参加照护保险的人员按年度一次性缴纳。

(1)个人缴纳部分:参加职工医保人员,由市医保经办机构统一从医保个人医疗账户中划转;参加居民医保人员,与医疗保险费一并缴纳,其中未成年人(含在校学生)以及城镇最低生活保障家庭、特困职工家庭、完全或大部分丧失劳动能力的重残人员(1~2级)由政府全额补助。

(2)医保统筹基金筹集部分:每年年初按照参加照护保险的职工医保和居民医保人数分别从职工医保统筹基金和居民医保统筹基金筹集。

政府财政补助部分:由市财政于每年年初一次性划入。

(3)照护保险基金建立动态稳定的筹资机制,多渠道筹集资金,接受企业、单位、慈善机构等社会团体和个人的捐助。市财政每年从福利彩票公益金中安排一定数量的资金用于充实基本照护保险基金。

3. 待遇享受对象　参保人员因年老、疾病、伤残导致失能,经过不少于6个月的治疗后,经评定符合重度失能标准可以享受照护保险待遇。

4. 保险基金支付　符合享受待遇条件的人员在定点照护服务机构照护床位发生的属于照护保险支付的费用,照护保险基金支付标准为:在医疗机构照护床位接受照护服务的重度失能人员,照护保险基金按每人每天70元标准支付,中度失能人员按每人每天30元标准支付;在养老服务机构照护床位接受照护服务的,重度失能人员由照护保险基金按每人每天50元标准支付,中度失能人员按每人每天30元标准支付。

5. 个人自负方面　符合享受长期照护待遇条件的参保人员,发生符合规定的照护费用,医疗机构照护床位照护服务费用个人支付40%;养老服务机构照护床位照护服务费用个人支付50%;超出月度限额部分由参保人自负。

基本照护保险制度的独立险种设计。南通市基本照护保险制度设计的定位在于建立新的独立的社会保险制度,解决失能人员的长期照护问题。保险基金管理和运行机制运用医疗保险的现有框架,但并不依附于基本医疗保险,与基本医保相对独立、相互衔接。

构建多元化动态筹资模式。南通市的照护保险基金筹资由个人、医保基金、政府3

方分担,并计划逐步提高个人、政府筹资比例,根据居民人均可支配收入增长和基金收支情况适时调整筹资比例,实行了多元化的动态筹资模式,在实践中探索出了基本照护保险的南通经验。

## 七、成都医养结合发展现状

《成都市长期照护保险制度试点方案》规定参保人员的保险支付条件为:①参保人员因年老、疾病、伤残等导致长期失能,生活不能自理、需要长期照护,并经认定和评定失能等级的重度失能人员。②参保人员已连续参保缴费2年(含)以上并累计缴费满15年。申请待遇时未缴足15年的,可按标准一次性补足缴费年限后享受相关待遇。长期照护保险制度启动前已参加我市基本医疗保险,并在启动后连续缴费的参保人员,不受该项条件限制。

支付范围:长期失能人员按照失能等级对应的照护内容,接受照护服务机构提供的清洁照料、饮食照料、排泄照料等基本照护服务,所发生的与基本照护服务相关的服务费、耗材费、设备使用费等费用,按标准纳入长期照护保险基金支付。

支付方式:长期照护保险基金支付范围内的照护费用不设起付标准,由长期照护保险基金按标准进行定额支付。①在机构进行长期照护的,其定额支付标准按照失能等级对应照护费用的70%进行确定。②在居家进行长期照护的,其定额支付标准按照失能等级对应照护费用的75%进行确定。③长期照护保险参保缴费年限累计达到15年后,累计缴费时间每增加2年,支付标准提高1%。长期照护保险基金支付比例累计不超过100%。长期照护保险制度启动前,参加市基本医疗保险的实际缴费年限视作长期照护保险缴费年限。

## 八、广州医养结合发展现状

广州已落实医养结合养老机构中的养老机构内设医疗机构模式,达到基本医疗保险和新型农村合作医疗定点机构标准,按规定纳入定点范围;并完善医保报销制度,解决老年人异地就医结算问题。《广州市长期护理保险试行办法》规定失能参保人员接受长护定点机构提供的护理服务,发生的床位费、鉴定评估费以及服务项目范围内的基本生活照料费、医疗护理费等符合规定的费用纳入长期护理保险基金支付范围。

《广州市长期护理保险试行办法》规定属于长期护理保险基金支付范围和支付标准以内的基本生活照料费用及经核定的医疗护理费用,不设起付线,由长期护理保险基金按机构护理75%、居家护理90%的比例支付,支付限额如下:①入住长护定点机构的(机构护理),其基本生活照料费用按不高于每人每天120元(含床位费,床位费不高于每人每天35元)的标准按比例支付。居家接受长护定点机构提供服务的(居家护理),其基本生活照料费用按不高于每人每天115元的标准按比例支付。②对经核定的医疗护理费用按项目及相应支付比例支付,最高支付限额为每人每月1000元。

## 九、国内评估工具研究现状

从单一指标来看,我国已有多数学者对老年人的能力状况进行了评估。在日常生活活动能力方面,许瑞雪采用 ADL 量表对湖南省下洞村老年人的生活能力进行了研究。李萍采用 Katz-ADL 探讨了老年人的健康状况对长期照顾者的影响。胡丹采用 Barthel-ADL 分析了养老机构不同能力等级老年人的服务需求。在认知功能评估方面,郑俊侃采用 MoCA 量表探讨了城乡老年人认知能力与负面情绪的相关性。艾亚婷应用 MMSE 量表研究了武汉老年人的认知功能与抑郁症状的相关性。

在复合指标的研究中,刘娜娜构建了包括 4 项一级指标、13 项二级指标和 48 项三级指标的养老机构老年人评估体系。其中一级指标分别为:生理功能、精神心理功能、活动功能和社会功能。杨敏从自理和活动、精神状态、感知觉和情感、社会支持和参与 4 个方面对老年人能力进行评估。张子薇建议从日常生活活动能力、精神功能、感知觉与沟通、社会参与与社会支持、疾病护理与特殊照护 5 个维度开展老年人能力评估。从等级分类来看,赵元萍经过两轮专家咨询构建了基于 ICF 功能分类的能力评估工具。它包括自理能力与活动、情感与精神、认知与感知 3 个维度和 20 个条目。根据评估总分,将老年人能力分为完全正常、轻度失能、中度失能、中重度失能和重度失能 5 个等级。王菲从基本日常生活活动、工具性日常生活活动、认知、行为和精神症状、视听功能、患病与治疗 6 个角度确定老年人护理服务等级,且将其分为一般、轻、中和重度 4 个等级。从政府层面,2013 年民政部出台了《老年人能力评估》行业标准,包括日常生活活动、精神状态、感知觉与沟通、社会参与 4 项一级指标和 22 项二级指标。根据 4 项一级指标的分级和等级变更依据,将老年人能力划分为能力完好、轻度失能、中度失能、重度失能 4 个等级。2013 年南京市发布《南京市老年人能力评估标准(试行)》通过日常生活活动、认知能力、情绪行为、视听觉 4 个角度评估老年人能力,并将其分为自理、半失能、失能 3 个等级。2019 年上海市发布《老年照护统一需求评估标准(试行)》,从自理能力、疾病轻重 2 个维度,将老年人从低到高划分为正常、照护一级、照护二级、照护三级、照护四级、照护五级、照护六级 7 个等级。

## 第三节 河南省医养结合现状

随着社会老龄化趋势的加剧,越来越多的老年人在生理和心理上走下坡,生活能力下降,因此对于医疗护理的需求更为迫切。近年来随着家庭结构的变迁,家庭规模小型化,家庭中能够为老年人提供生活照料的成员减少,而随着越来越多的年轻人离开父母外出就业或居住,可以为老年人提供的日常生活照料就更为缺失,困扰空巢家庭老人的核心问题是生活照料、精神慰藉和经济支持。空巢家庭老人大多没有子女或子女长期不在身边,生活照料方面的需求常常无法得到满足。在这些形势下,老年护理保险的出现对解决人口老龄化问题起到重大作用。这意味着老年护理将成为一种必要的护理方式,而老年护理保险则是为解决老年护理的高额费用而形成的保险形式。

长期护理保险(long-term care insurance)又称为老年护理健康保险或长期看护保险。长期护理保险(以下简称护理保险)为因年老、疾病、伤残等导致丧失自理能力的完全失能人员和重度失智人员提供基本生活照料及与基本生活密切相关的医疗护理服务或者资金保障;为半失能人员、轻中度失智人员和高危人群,以项目的形式提供身体功能维护等训练和指导,延缓失能、失智。

然而现有阶段老年护理保险由于多方面原因导致需求不足。因此,本研究认为研究老年护理保险现状非常迫切并具有重要的现实意义。老年长期护理分级制度是许多发达国家在老年护理保障中提供护理服务与支付护理补偿费用时的主要依据。合理制定老年护理分级标准,不仅可以使残障老人得到应有的护理服务,保证护理服务的质量,更可以使国家护理资源得到合理有效的配置。人均预期寿命的延长、家庭结构的变化,老年人长期照护需求问题得到我国政策层面的高度关注。"十三五"规划中提出要探索建立长期护理保险制度,2016年7月人社部出台了《关于开展长期护理保险制度试点的指导意见》启动试点。通过对试点城市政策文本的分析发现,长期照护受益人群的选定主要使用基本日常生活活动(basic activities of daily living, BADL)量表,长期护理保险的主要内容是通过对老年人医疗护理需求的评估以提供医院专护。

## 一、老龄化程度不断加深,抚养比下降

目前,人口老龄化已经成为我国一个极为严峻的社会问题,严重影响着我国社会、经济等各方面的发展。总体来看,人口老龄化问题成因复杂,一方面,计划生育政策的实行使我国人口的生育率降低;另一方面,由于社会经济的快速发展,人民生活水平不断提高,老年人有着更好的养老条件;此外,由于现代医学水平的进步,老年人的平均寿命有了很大的提高。2016—2030年,65岁及以上老年人口比重将从10.25%上升到16.12%;0~14岁少儿人口占比将从20.04%下降到16.89%,总抚养比从45%提高到49.27%,接近一人养一人的水平。诸多因素导致我国新生儿逐渐减少,青壮年人口数量减少,而老年人口比例不断上升,造成日趋严峻的人口老龄化问题。

2018年底,中国65岁及以上老年人共计1.66亿,超出联合国预测的1.58亿,老龄化速度超出预期。2018年,中国80岁以上老年人大约有2500万,到21世纪中叶将过亿。"一人失能,全家失衡。"随着中国老龄化的加深,到2027年前后,也就是中国进入深度老龄化(65岁及以上老年人占比超过14%)之时,将有超过2000万失能人员需要长期护理,预计2050年,这个比重将达到22%,也即世界上每5人中就有一位60岁以上的老人。由此估算,因照护失能家人而丧失的劳动力至少在4000万人以上。慢性病高患病率导致我国老年人的失能发生率居高不下,失能老人占比持续攀升,失能老年人的长期护理成为日益严峻的社会问题。人类在迈入老年之后,身体功能、健康状况也逐渐走下坡路,因而高龄化社会的特点,就是老年人的慢性疾病以及疾病所导致的失能发生率的增加。超过75岁的老年人对于医疗和社会照护的消耗非常高。老年人口比重的日益攀升给社会的政治、经济、健康管理等各个维度都带来了严峻的挑战。

随着人口老龄化程度的不断加深,我省已进入未富先老的状态,对我省经济社会发展和稳定带来明显的负面影响。我省老龄化的加深以及失能、半失能群体的增加,对长期照护服务的需求快速增长,导致失能老人的长期照护问题成为我国养老照护的焦点和难点。减轻失能和半失能老人家庭的照料和经济负担,维护失能和半失能老人的生活质量和尊严,需要社会各界共同发力。老龄化社会的到来,以及中国独生子女政策对家庭

养老的影响日渐彰显,加快发展老年长期护理服务,是积极应对人口老龄化的重要内容,也是实施健康中国战略的客观要求。

## 二、失能老年人口众多

老年人尤其是高龄老人,是失能的高发群体。一般65~70岁的老年人失能发生率在3%以内,85~90岁就会超过30%,即使收紧失能评估条件,高龄失能发生率也会是低龄群体的数倍。老年人口持续增加,老龄化程度持续加深;老年人收入总体水平虽然有较大程度提高,但是,贫困和低收入老年人口数量依然较多;老年人健康状况不容乐观,失能、半失能老年人口数量较大,全国失能、半失能老年人大致有4063万人,占老年人口的18.3%,老龄服务发展不平衡,供求矛盾依然严峻;老年居住环境建设滞后,农村老年人住所和城镇公共设施不适老问题突出;老年人精神慰藉服务严重不足,农村老年人精神孤独问题尤为突出,空巢老年人(老年夫妇户、独居老人)占老年人口的比例为51.3%,其中农村为51.7%。

由于卫生医疗水平的不断提高,我国人口的平均预期寿命不断延长,高龄老人的数量和比重也不断上升,85岁以上的高龄群体是总人口中增速最快的部分。有关预测数据显示,我国目前85岁以上高龄老年人以每年百万人的速度增加,到2020年,85岁以上高龄老年人口总数将达到2900万人,2030年达到4300万人,2050年达到1.08亿人。然而,长寿并不意味着健康,年龄的增长导致身体功能不断下降,患病风险增高,老年群体中慢性病更为普遍。中国老年社会追踪调查(CLASS)数据显示,老年人的失能状况随年龄的增长而快速恶化,60~64岁年龄组的日常生活活动能力失能比例为3.1%,其后随着年龄的增长,失能比例不断上升,到85岁以后,老年人的失能比例上升到34.02%。老年人工具性日常生活活动能力功能障碍也随着年龄的增长而逐步上升,75~79岁年龄组的老年人明显功能障碍比例为11.68%,80~84岁年龄组上升到23.12%,90岁以上年龄组上升到60.13%。也即90岁以上年龄组中6成老年人IADL处于较严重失能状态。

## 三、家庭照护功能不足

在中国人的传统观念中,赡养和孝顺父母是基本的家庭伦理准则,失能老人的长期照护是家庭不可推卸的义务和责任,也是子女心中无法推卸的"爱的劳务"。然而,社会的变迁和家庭结构的变化,家庭自身的照护资源不足、照护能力弱化,使得失能老人的家庭照护成了一项沉重的负担。人口老龄化对家庭养老带来的冲击不仅是由于老年人口增多带来的养老经济负担的加重,更多的还有因为罹患慢性疾病和功能障碍导致失能老年人口日常照护需求的增加。在当前的社会环境下,家庭照护面临着巨大的压力与挑战。

家庭中老年人年龄的增长和身体的衰退并不一定会给家庭带来额外的养老负担,但是一旦老年人失能,整个家庭就会陷入一种全家忙乱的状态。老年人的生理老化是一个缓慢而持续的过程,因此照护失能老人的工作必定是一个"永无止息"的工作。照护失能老人的经济负担,日常照护、家务操劳、医院检查护理等各项烦琐的事务所带来的负担和压力,可能会压垮因为长期照护而疲惫不堪的亲人,对于整个家庭系统的稳定和谐带来不利的影响。

## 四、机构难以全面覆盖

我国的养老服务事业近年来发展迅猛,取得了巨大的成绩,但面对日益增长的失能老人的长期照护需求,依旧显得力不从心。我国失能老人机构照护目前尚存在诸多问题。截至2018年,我国有各类养老服务机构近3万个,各类养老床位数746.4万张,每千名老人拥有床位数30.9张。养老机构能为老年人提供更加专业的服务和更加完善的基础设施,但由于整体水平较低,相关法律法规不尽完善,在为失能老人提供长期照护方面还存在很多问题。首先,机构照护成本过高,失能老人购买力不足,难以承担机构照护的高额收费。养老机构的前期规划、基础设施的建设、服务设备的购买等需要大量的资金投入,民办养老机构相对公办养老机构缺乏政府的资金支持,为了维持经营,大都收费较高,尤其对于需要专门护理的失能老人收费更高。其次,机构照护存在专业护理人才匮乏的问题。失能老人大多需要的专业护理人才匮乏,而且流动性强,难以满足机构内部失能老人的照护需求。再次,机构照护模式自身存在一些弊端。

失能老人护理,要求护理人员拥有一定的护理知识和技能,但是相关的人社区照护服务起步较晚,难以满足需求。一方面,社区照护作为新的养老方式被大家广为接受,成为养老服务发展的新趋势,但是其发展起步较晚,整体服务供给水平有限。截至2018年年底,我国社区养老服务机构和设施有29792个,社区养老床位数353.52万张。但是,面对需要专业照护的失能老人的服务需求时,社区照护在机构数量、床位数量、照护专业人才、照护专业水平等方面存在明显不足。另一方面,社区照护服务内容单一,缺乏满足失能老人需求的专业服务。目前的社区服务大多是一般性的家政服务,缺乏日常照护、康复训练、心理疏导等深层次服务,难以满足失能老人的照护需求。

综上所述,国外政府和相关机构非常重视"医养结合"的相关研究和政策实践,在探索的过程中形成适合本国国情的对策和方法,无论是美国PACE服务、日本介护服务、还是英国整合照料服务。这些经验为我国解决人口老龄化,推进医养结合相关政策提供相应的借鉴。但是,由于各国国情的不同,还要求我国根据实际情况探索出适合本国的医养结合相关政策,我国解决人口老龄化之路还任重而道远。

# 第二章 研究方法

## 第一节 研究对象及方法

### 一、研究对象

#### (一)河南省医养结合试点机构调查

调查对象:河南省 18 个省辖市和 10 个省直管县的所有开展医养结合服务的试点机构。医养结合试点机构类型包括养老机构办医疗、医疗卫生机构办养老以及医疗机构和养老机构合作 3 种医养结合试点类型。

样本含量:本次调查采用多阶段分层整群抽样法。采用 2019 年《河南省统计年鉴》中的 2018 年的人均 GDP、常住人口数,以及河南省卫生健康委的第三批试点机构名单、各省辖市和省直管县的试点机构上报率 4 项指标进行聚类。将河南省 18 个省辖市分为三类地区,一类地区为经济发达地区,即郑州市;二类地区为经济较发达地区,包括焦作市、三门峡市、洛阳市、许昌市和济源市;三类地区为经济欠发达地区,包括南阳市、信阳市、商丘市、驻马店市、周口市、安阳市、濮阳市、漯河市、开封市、新乡市、平顶山市和鹤壁市。详见图 2-1。

将河南省 10 个省直管县归为一类。

抽样方法:根据每类地区的医养结合机构数量,按该地区机构数量的 70% 左右的比例进行抽取,从而对该类地区所抽取的医养结合机构进行调查。

#### (二)老年人能力评估调查

研究对象:于 2019 年 1~9 月,对河南省 18 个省辖市 60 岁及以上常住老年人进行现场访谈式问卷调查。调查对象纳入标准:①年龄≥60 岁;②为河南省户籍且居住时间在 6 个月以上;③本人或家属知情同意且愿意配合调查。

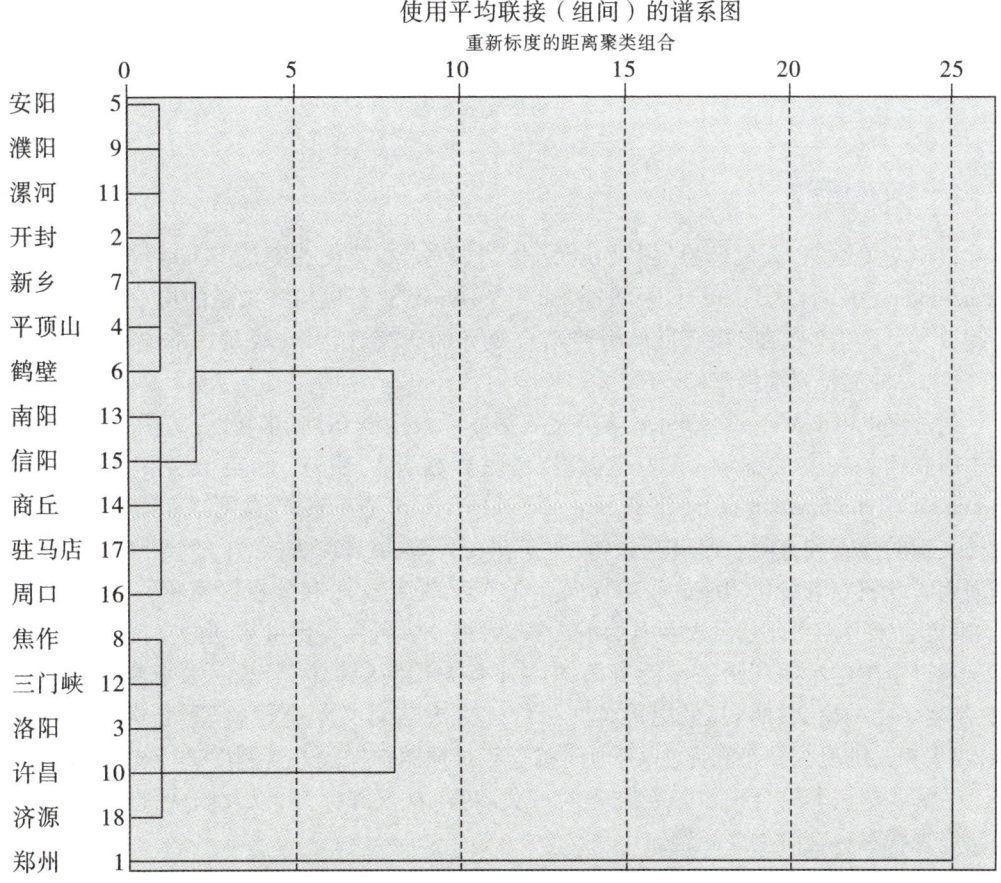

图 2-1　河南省按 4 项指标聚类结果

抽样方法：采用多阶段分层整群随机抽样方法，对河南省60岁及以上老年人进行现场问卷调查。第一阶段，按照我省18个省辖市的分布，选取所有省辖市作为初级抽样单位；第二阶段，采用分层抽样方法，根据经济水平在每个省辖市按照城市：农村为4∶6的比例分别抽取城区和乡镇；第三阶段依据河南省60岁、70岁、80岁3个年龄段老年人的比例（5.0∶3.5∶1.5）将抽样人群分为3层，并进行抽样调查。

### （三）河南省医养结合入住老年人调查

研究对象：河南省医养结合试点机构入住老年人。根据医养结合机构的所在地，将其分为市本级、县本级以及乡镇级。调查时间为2019年6~9月。纳入标准为：①自愿参与调查；②思维清晰；③本人或者每日身边照顾的护理人员能够正确清楚地表达被调查者的态度。

抽样方法：在河南省抽取的6个省辖市，每个省辖市抽取1个区，2个县。按照机构类型，每个区抽取4个医养结合试点机构，包括1个医养型机构，1个养医型机构，1个医养联合型机构，1个社区卫生服务中心/站；每个县抽取2个医养结合机构，包括1个县级医院,1个乡镇卫生院。对57家养老机构老年人采取多阶段整群抽样的方法进行面对面的问卷调查。

## 二、研究方法

### (一)文献研究

以中文关键词"人口老龄化""医养结合""服务"和英文关键词"aging of population""combination of medical care and elderly care""service"进行国内外文献的检索和查阅。通过阅读大量国内外文献,探究目前医养结合服务的研究现状,并收集医养结合的相关政策文件,为本文研究提供基础。

通过 PubMed、Web of Science 等英文数据库以及中国知网、维普、万方等中文数据库对本研究相关中文关键词"人口老龄化""医养结合""服务"和英文关键词"aging of population""combination of medical care and elderly care""service"在网络和图书馆进行国内外文献的检索和查阅。通过互联网、书刊、期刊等媒体查阅方式,了解当下我国卫健委和河南省政府在老龄化领域的政策导向。在整理、总结文献和分析国家相关政策的基础上,确定老年人能力评估量表及其影响因素,为进一步研究提供可靠理论支持。

通过中国学术期刊网络广泛查阅国内外有关长期照护保险筹资水平测算、机制研究、制度建立的论文、期刊,采用传统文献综述等方法对文献进行整理、分析、归纳和总结,收集相关的研究结果和方法,对河南省老年长期照护保险筹资制度进行初步设计。

了解我国医养结合机构养老服务的有关政策、规定和标准,以及国内外机构养老服务研究现状和存在的主要问题。

### (二)问卷调查

河南省医养结合试点机构工作人员调查问卷和调查方案。调查问卷的内容主要分为3个部分,第一部分为调查工作人员基本信息,包括性别、年龄、职业、学历、专业以及职称等;第二部分为调查工作人员实际工作情况,包括收入、在职培训等;第三部分为调查工作人员满意度以及遇到的问题,包括工作环境、职业前景以及工作中遇到的困难等。

通过文献分析法和专家咨询法,最终形成河南省医养结合试点机构调查问卷。本问卷由两部分组成,第一部分是机构的基本情况,包括机构的区域、类型、性质等内容;第二部分是基本生活照料服务、常用临床护理服务、疾病诊疗服务、康复护理服务、疾病康复治疗服务、健康教育服务、上门服务、远程服务、健康管理服务、临终关怀服务、陪同代办服务、精神慰藉服务、休闲娱乐服务共计13个服务类别共112个服务项目。

此外,获取河南省城市和农村地区60岁及以上老年人的基本情况、日常活动能力评估和养老需求资料,以分析老年人对机构养老服务的需求以及人口学特征、家庭情况、经济状况、健康水平等对需求的影响。对医养结合机构进行抽样调查,调查机构内入住老年人基本情况、医疗服务利用、健康管理服务利用及生活服务利用情况,分析医养结合机构服务提供与利用的差异。

老年人基本情况:采用自行编制的个人基本情况调查表采集信息,内容包括性别、年龄、文化程度、居住情况、经济来源、医疗费用支付方式等一般信息和残疾、痴呆、精神疾病的患病情况、患慢性病病种数、近1个月内是否发生过意外事件等疾病相关信息。其中在数据整理阶段,根据调查对象目前婚姻状态的分布情况,将婚姻状况进行合并及分类:已婚归为有配偶;未婚、丧偶和离婚归为无配偶。职业分类根据2015年《中华人民共和国职业分类大典》,将选择国家机关等八大职业的人员归为有职业,选择无职业的分为无职业。居住情况分为独居、与配偶/伴侣居住、与子女居住、其他四大类。其中将与父母居住、与兄弟姐妹居住、与其他亲属居住、与非亲属关系的人居住、养老机构归为其他。慢性疾病包括高血压、糖尿病、冠心病、慢性阻塞性肺疾病、恶性肿瘤、脑卒中、其他共七项。

老年人能力等级评估:采用2013年民政部发布的《老年人能力评估》评估老年人能力,该标准是目前我国老年人能力评估唯一的行业标准,包括老年人基本信息表和能力评估表两个部分。

1. 老年人基本信息表　包括老年人性别、年龄、文化程度、婚姻状况、经济收入、慢性病患病状况等。

2. 老年人能力评估表　包括4个一级指标和22个二级指标,具体如下。

(1)日常生活活动评估表:从进食、洗澡、修饰、穿衣、大便控制、小便控制、如厕、床椅转移、平地行走和上下楼梯10个方面进行评定。总分为0~100分,得分越高,表示日常生活活动能力越好。"100分"为能力完好;"61~99分"为轻度受损;"41~60分"为中度受损;"≤40分"为重度受损。

(2)精神状态评估表:从认知功能、攻击行为和抑郁症状3个方面进行评定。总分为0~6分,得分越高,表示精神状态越差。"0分"为能力完好;"1分"为轻度受损;"2~3分"为中度受损;"4~6分"为重度受损。

(3)感知觉与沟通评估表:从意识水平、视力、听力和沟通交流4个方面进行评定,总分为0~14分,得分越高,表示感知觉与沟通能力越差。"意识水平、沟通交流0分,且视力和听力0或1分"为能力完好;"意识水平0分,但视力、听力至少一项2分或沟通交流1分"为轻度受损;"意识水平0分,视力或听力至少有一项3分,或沟通交流为2分、意识水平1分,视力或听力3分及以下或沟通交流2分及以下"为中度受损;"意识水平2~3分,或意识水平1分但视力或听力至少一项4分或沟通交流3分"为重度受损。

(4)社会参与评估表:从生活能力、工作能力、时间/空间定向、人物定向、社会交往能力5个方面进行评定,总分20分,得分越高,表示社会适应能力越差。"0~2分"为能力完好;"3~7分"为轻度受损;"8~13分"为中度受损;"≥14分"为重度受损。

综合能力根据上述4个维度的能力等级及等级变更依据进行评定,划分为0~3级,分别为能力完好、轻度失能、中度失能和重度失能。本次调查各维度及总的Cronbach'α系数分别为0.9180、0.6984、0.7900、0.8630、0.7510。

### (三)比较分析法

通过对国外典型国家和国内医养结合试点地区养老机构的设施配置现况,找出河南省在医养结合机构养老设施配置中存在的不足,根据河南省实际情况,提出可借鉴的理论经验,为完善河南省医养结合试点机构养老设施配置提出建设性参考。

### (四)专家咨询

邀请医养结合相关政府部门(卫生局、财政局、民政局以及人力资源和社会保障局)负责人、医养结合试点机构管理人员进行现场访谈,了解河南省医养结合试点工作开展的整体状况,工作中遇到的困难和对今后工作的展望,以及在医养结合工作开展方面的问题和建议,探讨医养结合试点机构建设的现状及发展趋势,为调查方案和问卷的设计、修改、完善提供参考。

### (五)访谈法

主要采用以深入访问为主,结构观察为辅的访谈法。研究团队在征得访谈对象的同意后,对此次访谈进行录音。研究团队对51家医养结合试点机构的管理人员就机构的基本情况、机构的资金来源、服务等级的划分、机构在医养方面的特色、本机构在运行过程中值得推广的经验以及面临的困境等问题进行深度的访谈。将现场访谈笔记全部输入计算机进行整理并且建立档案。

### (六)ILO模型构建

研究文通过国际劳工组织(International Labour Office, ILO)向卫生保健领域推广的筹资建模思路,模型的核心原则是遵循基金总体均衡,某一特定时期内社会健康保险计划以支定收。按照此原则,可以给出 $1 \sim t$ 年的基金平衡等式如下:

$$R(0) + \sum_{t=1}^{T} CR(t) \times TAB(t) \times v^t = \sum_{t=1}^{T} TE(t) \times v^t \qquad 公式(2-1)$$

可解释为:第0年的储备金+∑(第 $t$ 年的保险缴费率×第 $t$ 年的总收入×折现率的 $t$ 次方)=∑(第 $t$ 年的总支出×折现率的 $t$ 次方)。河南采取现收现付的筹资模式,故公式(2-1)中的 $t$ 取值为1,建立1年期的健康保险精算模型。并通过建立人口与经济模型、收入估计模型、成本估计模型和结果模型4个模型来估计当年期保险的筹资水平。

### (七)人口与经济模型

人口模型是用来统计和确定缴费人数。目前河南的长期照护保险未建立,第一类参保人数为参加城镇职工基本医疗保险的人数包括在职和退休人员;第二类为城乡居民医疗保险参保人数。$LFi(t)$ 表示第 $t$ 年长期照护保险的 $i$ 类参保总人数,$POPACT1(t)$ 表示第 $t$ 年的劳动年龄人口数,$r(t)$ 表示第 $t$ 年的城镇职工医疗保险参保比例;$POPACT2(t)$ 为城乡居民医疗保险参保人数。具体模型表达如下:

$$LF(t) = LF1(t) + LF2(t) \qquad 公式(2-2)$$

$$LF1(t) = POPACT1(t) \times r(t) \qquad 公式(2-3)$$

$$LF2(t) = POPACT2(t) \qquad 公式(2-4)$$

经济模型用来估计参保人群的经济水平和社会收入情况。长期照护保险筹资机制合理与否关键是能否和当地的经济社会发展水平相适应。$E(t)$ 代表第 $t$ 年的河南省的就业人口数,$LPROD(t)$表示第$t$年的河南全省的劳动生产率,$ws(t)$表示第$t$年的就业人员工资总额占GDP的比例。其中$W(t)$表示第$t$年的就业人员平均工资水平,此数据和GDP都可从河南政府公布的数据直接获得,无须计算。其模型如下:

$$E(t) = GDP(t)/LPROD(t) \quad\quad 公式(2-5)$$
$$ws(t) = W(t)/GDP(t) \times E(t) \quad\quad 公式(2-6)$$

### (八)收入估计模型

收入估计模型是估计长期照护保险总收入,并且结合经济和人口变动因素。因为是社会保险,需要多方筹资,通过政府财政补助、单位和个人缴费、社会及公益捐助等路径来筹资。要从参缴人群数量、缴费基数来构建收入估计模型。

参缴人数的确定。$CONT(t)$表示河南第$t$年度长期照护保险参缴总人数;$CONT_i(t)$表示第$t$年第$i$类人群的缴费人数,本文涉及两类;$covr_i(t)$表示第$t$年在第$i$类人群中的覆盖率;$contr_i(t)$表示第$t$年第$i$类人群中按照规定应缴费人数的比例。

$$CONT(t) = CONT_1(t) + CONT_2(t) + \cdots\cdots + CONT_i(t) \quad\quad 公式(2-7)$$
$$CONT_i(t) = E(t) \times covr_i(t) \times contr_i(t) \quad\quad 公式(2-8)$$

河南省缴费基数总和。国际常见和国内现行的社会保险都将职工的工资总和作为社会保险的缴费基数。$AB_i(t)$表示第$t$年河南省第$i$类参保人群的平均缴费基数;$compr_i(t)$表示实际的缴费人数比例,社会保险的强制性一般为100%;$TAB(t)$表示第$t$年河南省总体参保人群缴费基数总和;$CI(t)$表示第$t$年河南全省预算保费收入;$CR(t)$表示$t$年河南省长期照护保险的筹资比例。公式如下:

$$AB_i(t) = W(t) \times compr_i(t) \quad\quad 公式(2-9)$$
$$TAB(t) = CONT_i(t) \times AB_i(t) \quad\quad 公式(2-10)$$
$$CI(t) = TAB(t) \times CR(t) \quad\quad 公式(2-11)$$

### (九)成本估计模型

长期照护保险的成本以基金支出为主进行计算。一般来说,基金支出主要用于照护费用支出、管理费用及其他费用支出。照护费用为长期照护保险的成本的主要构成部分,通过对不同程度的失能老人的生活照顾和医疗护理产生的费用。管理费用则主要包括政府筹集资金过程中的人力消耗、人员培训及基金管理等。

成本估计模型如下,其中$COVPOP(t)$表示第$t$年河南省长期照护保险覆盖人群数,$j$代表照护服务项目,$BE_j(t)$表示第$t$年河南省第$j$项照护项目的补偿支出,$ur_j(t)$表示第$t$年河南省第$j$项照护项目的平均成本,$TE(t)$表示第$t$年河南长期照护保险总成本,$BE(t)$表示第$t$年河南省长期照护保险的补偿支出,$AE(t)$表示第$t$年河南省长期照护保险的管理费用,$OE(t)$表示第$t$年河南省长期照护保险的其他费用支出。

$$COVPOP(t) = CONT(t) \quad\quad 公式(2-12)$$
$$BE(t) = BE_j(t) \quad\quad 公式(2-13)$$
$$TE(t) = BE(t) + AE(t) + OE(t) \quad\quad 公式(2-14)$$
$$BE_j(t) = COVPOP_j(t) \times ur_j(t) \times UC_j(t) \quad\quad 公式(2-15)$$

## (十)结果模型

根据已经建立的人口与经济模型、收入估计模型和成本估计模型,让收入和支出成本相平衡。$PAYGR(t)$为该保险第$t$年的河南省长期照护保险现收现付缴费率,$TE(t)$为河南省长期照护保险计划的总成本,$TAB(t)$为该保险的总缴费基数。

$$PAYGR(t) = TE(t)/TAB(t) \qquad 公式(2-16)$$

## 三、质量控制

### (一)问卷设计

通过阅读中/外文数据库大量文献以及相关政策,了解国内外医养结合服务的研究现状以及分析方法,为问卷设计提供一个清晰明了的思路。结合河南省实际情况与医养结合试点机构服务的特点初步完成问卷初稿,之后多次召开卫生部门、民政部门以及医养结合方面的专家会,对已经设计好的问卷进行论证,确保问卷的科学性与合理性。最后,对问卷进行预调查,将结果进行信效度分析,证明问卷具有良好的信效度。

### (二)问卷填写

由于问卷调查范围广、医养结合试点机构多、调查内容多,安排专人管理网络平台,如QQ群等,邀请各地卫生健康行政部门和试点机构联络人加入,由项目组成员负责解答疑问和问题。

### (三)资料收集与整理

数据通过医养结合相关部门下发通知,进行收集、汇总,邮递至本研究团队负责人手中,避免了数据处理过程中可能出现的误差,保证数据的统一性。

通过Epidata3.1软件进行双录入,并派专人对数据进行核查,若发现异常值则对数据进行回访,以确保数据的真实性。

## 四、工作范围

1. 成立专家组,编制河南省医养结合试点评估方案和评估计划,设计相关调查表和访谈提纲等,提交河南省卫健委项目办审核。
2. 筛选和培训调查员,按照评估方案和评估计划开展现场调研评估,汇总分析相关数据和材料。
3. 承办河南省卫健委项目办交办的有关会议和工作。
4. 发现医养结合试点存在的问题,挖掘好的经验、模式和做法,提出相关政策建议,提交河南省卫健委项目办审核。

## 第二节　相关概念

### 一、医养结合

"医养结合"顾名思义，指依据老年群体现实需求，将养老、医疗相关服务结合，以此在养老命题下优化整合各类服务资源。"医"指代老年群体在养老生活中所需的一切医疗服务，包括医疗诊断、健康检查、医疗照护和临终照护等服务；"养"则包括老年群体所需的一切养老照护服务，具体包括日常护理、交流活动、康复保健、精神照护等服务。其"结合"在于提高医疗、养老服务在对方服务范围内的重要程度，将两者紧密联系起来。"医养结合"模式以各种形式将相关的医疗、养老服务整合于一体，统一于为满足老年群体生活需求、提高老人生活质量中，并以此应对人口老龄化问题的资源整合与优化。

### 二、老年人

国际上，大多数国家认为超过65岁即为老年人，而我国《老年人权益保障法》规定：年满60岁的中华人民共和国公民都属于老年人。

### 三、人口老龄化

人口老龄化是指某一国家或地区的人口生育率降低和人均寿命延长，且年轻人口数量减少，年老人口数量增加，从而导致老年人口的比重在相应增长的现象。人口老龄化有两个具体的含义：其一是指老年人口逐渐增多，在总人口中的比例不断增加的过程；其二是指社会人口结构呈老年状态，进入老龄化社会。国际上认为"当一个国家或地区60岁以上老年人口占人口总数的10%，或65岁以上老年人口占人口总数的7%，即意味着这个国家或地区的人口处于老龄化社会。"

### 四、失能老年人

由于衰老、疾病、残疾等原因导致部分或完全丧失生活自理能力的老年人。通常将失能老年人划分为轻度失能、中度失能、重度失能，也会分为半失能和完全失能两类。国际上最常采用日常生活活动能力（ADL）和工具性日常生活活动能力（IADL）来评估老年人的失能等级。我国学者的研究大多选取吃饭、穿衣、上厕所、上下床、在室内走动和洗澡6项日常生活活动能力（ADL）指标，每项以不费力、有些困难、做不了从易到难3个等级测评，有1~2项需要他人协助的称为轻度失能；3~4项，称为中度失能；5项以上无法自理称为重度失能。

### 五、医养结合服务

主要以基本的养老服务为基础，把医疗照护服务为重点，为其增加维护健康所需要的临床护理、疾病诊治、康复护理、疾病康复、临终关怀等服务,是集养、医、护为一体的健康养老服务业态。医养结合服务注重的是老年人健康生命年的延长,是实现健康老龄化的养老模式。

医养结合服务类型主要有5种,分别为养老机构办医疗、医疗卫生机构办养老、医疗卫生机构和养老机构合作、社区/居家养老服务以及社区居家养老与医疗卫生机构共建的医养联合体。

## 六、卫生人力资源

人力资源(human resource,HR)通常是指能够推动国家或地区发展的,能够创造财富的,具有劳动能力的能够创造价值的人们的总和,具有物质性、可用性和有限性的特征,是组织能力提升的关键所在。而作为医疗卫生领域内概念,卫生人力资源(human resource for health),是指在一定时间和区域范围内,存在与卫生行业内部的具有一定数量、质量和医疗卫生服务能力的各类卫生工作者的总称。既具有人力资源的共性,同时具有不可剥夺、受特殊行业限制和影响、需长期学习和积累、周期长、专业性强、与先进科学仪器和设备相结合、服务对象是人或人群的特性。卫生人力资源不仅是卫生资源重要组成部分,也是地区和国家卫生系统的重要组成部分,是衡量一个地区和国家卫生服务水平的重要指标。卫生人力资源配置通常被定义为人力资源在卫生系统中的分配及各医疗卫生机构中卫生人力资源的分配,也可被定义为确保有适当的卫生人员在适当的地方和时间拥有适当的技能为人们服务。本研究中卫生人力资源指在医养结合机构内从事医养工作的所有工作人员,包括医生、护士、养老护理人员及管理工勤人员等。

## 七、医养结合服务人员

本研究中的医养结合服务人员,主要是指在医养结合机构中,依靠其专业所长从事医疗或养老服务的人员,其岗位职能上划分为3类:其一是在机构中担任主要职位,为机构运营和发展承担主要责任的各级管理人员,如院长、副院长、办公室主任等。其主要职责是确立机构发展目标和工作计划,组织落实和协调各部门工作,完善各项工作制度和规范,使机构得以良好运行。其二是指在机构中承担医疗卫生工作的专业技术人员,包括临床医师、康复医师、检验师、药剂人员、营养师、心理医师等。其主要职责是为老年人诊疗疾病,恢复身心健康,满足老年人的医疗卫生需求。其三是在机构中承担养老服务具体工作的各部门专业技术人员,他们与老年人接触最直接、最密切,且具有一定的专业知识和技能,能为老年人提供生活照料、专业护理以及临终关怀等。

## 八、试点评估

试点评估就是依据一定的价值标准和事实标准,通过一定的程序和步骤,对试点实施过程中的价值因素和实施因素进行分析,目的在于利用这些试点相关信息,对试点工作的未来走向做出基本的判断。

将上述的"试点评估"含义延伸并应用到卫生领域,本研究将医养结合试点评估界定为:依据一定的价值标准和事实标准,利用科学合理的评价方法,对医养结合试点建立以来的成效与问题进行多维度综合评估,以此作为完善医养结合试点工作的事实依据。

## 九、老年综合评估

老年综合评估是指在多学科团队的共同参与下,通过对老年人进行生理功能、心理功能和活动能力等多维度评估后进行分级护理的过程。它有两个核心特点:一是多学科团队合作,包括医生、护士、营养师、心理师等共同参与。二是多维度综合评估,包括医疗评估、躯体功能评估、认知和心理功能评估,以及社会/环境因素评估等。

## 十、老年人分级照护

由于目前学术界对"分级照护"还没有明确的概念界定,本研究在查阅大量国内外文献的基础上,将分级照护定义为在构建科学、规范的能力状况量化评估指标体系的前提下,通过专业的第三方评估机构对老年人进行综合、客观、动态的评估,将老年人能力状况分为不同等级,对不同级别的老年人实施不同的精准照护服务。

## 十一、长期照护

长期照护(long term care,LTC)的概念最早出现在西方国家。以英国为代表的一些发达国家进入老龄化比较早,半个世纪前,就提出了医疗和养老相结合的养老模式,并提出长期照护的概念。世界卫生组织(WHO)对其定义为:长期照护是健康和社会的整合系统,由家属、专业人士、护理人员和志愿者,为需要照顾的老年人提供服务,使生活不能自理的老年人,得到最大程度的自助、独立及有尊严的晚年生活,提高他们的生活质量。其又有很多称呼,如"长期护理""长期介护""长期照料""长期养护"等,习近平总书记在多个场合发言都提出最主要的长期照护的内容应当包括日常生活照料和医疗护理,以及具有社会支持性的照护类公共服务。习近平总书记在中共中央政治局第三十二次集体学习时讲话指出,要着力完善老龄政策制度中明确提出建立老年人长期照护保障制度。

## 十二、长期照护保险

长期照护保险(long term care insurance,LTCI),2006年的《健康保险管理办法》明确指出其为健康保险的一种。美国人寿管理协会(LOMA)指出,LTCI单是为由于年老、疾病、意外影响,需在家或护理机构接受稳定护理的被保险人,补偿医疗或者其他服务费用时使用的一种保险。国内学者认为长期照护保险是身体部分或全部功能丧失,主要由伤残、年老和疾病等原因最终生活无法自理,为在家人的长期照护下或者在护理机构接受照护的被保险人按约定提供护理费用或护理服务的保险。也就是说,长期护理险侧重于为被保险人在丧失生活自理能力时,提供护理保障和经济补偿的制度安排。因此,综合国情建立长期照护保险,是完善多层次社会保障体系的重要发展方向。

# 第三章 河南省医养结合试点机构人力资源现状研究

## 第一节 河南省医养结合机构人力资源整体现状

"医养结合"模式是在我国人口老龄化持续快速发展的背景下提出的养老服务业的新型养老服务发展模式。目前国内"医养结合"相关的研究,研究对象大多数聚焦于典型的一线、二线城市,较少关注于一些经济欠发达地区的医养结合发展状况,缺乏对医养结合从宏观层面的整体研究。本研究以河南省医养结合试点机构工作人员为研究对象,从人力资源的角度对其进行调查分析,探究如何完善当前医养结合试点机构人力资源的配置,从而丰富我国关于医养结合人力资源的研究成果,有利于进一步梳理、构建和丰富医养结合试点机构人力资源研究的理论体系。面对老龄人口持续快速增长、老年人的医疗和养老服务需求多元化发展,而居家养老和传统的机构养老难以满足老年人实际需求等问题,结合老年人多层次的医疗、养老方面需求和医养结合机构人力资源的供给情况,探究如何完善医养结合人力资源的配置,通过改善其人力资源的数量和质量,从而提高医养结合机构服务的质量,改善老年人健康状况,能够在一定程度上缓解养老压力。同时,也为其他地区在推进医养结合工作发展的探索实践中提供一些借鉴。

本研究中的医养结合服务人员,主要是指在医养结合机构中,依靠其专业所长从事医疗或养老服务的人员,其岗位职能划分为三类:其一是在机构中担任主要职位,为机构运营和发展承担主要责任的各级管理人员,如院长、副院长、办公室主任等。其主要职责是确立机构发展目标和工作计划,组织落实和协调各部门工作,完善各项工作制度和规范,使机构得以良好运行。其二是指在机构中承担医疗卫生工作的专业技术人员,包括临床医师、康复医师、检验师、药剂人员、营养师、心理医师等。其主要职责是为老年人诊疗疾病,恢复身心健康,满足老年人的医疗卫生需求。其三是在机构中承担养老服务具体工作的各部门专业技术人员,他们与老年人接触最直接、最密切,且具有一定的专业知识和技能,能为老年人提供生活照料、专业护理以及临终关怀等。

# 一、医养结合试点机构工作人员性别分布情况

## (一)一类地区医养结合试点机构工作人员性别分布情况

一类地区医养结合试点机构工作人员中,男性 10530 人,占比 36.33%,女性 18457人,占比 63.67%。见表 3-1。

表 3-1　一类地区医养结合试点机构工作人员性别分布情况

| 类别 | 男性 | | 女性 | | 合计 | |
| --- | --- | --- | --- | --- | --- | --- |
| | 人数 | 构成比/% | 人数 | 构成比/% | 人数 | 构成比/% |
| 养医 | 1241 | 32.89 | 2532 | 67.11 | 3773 | 100.00 |
| 医养 | 3666 | 33.68 | 7220 | 66.32 | 10886 | 100.00 |
| 医养合作 | 5623 | 39.24 | 8705 | 60.76 | 14328 | 100.00 |
| 合计 | 10530 | 36.33 | 18457 | 63.67 | 28987 | 100.00 |

## (二)二类地区医养结合试点机构工作人员性别分布情况

二类地区医养结合试点机构工作人员中,男性 771 人,占比 28.59%,女性 1926 人,占比 71.41%。见表 3-2。

表 3-2　二类地区医养结合试点机构工作人员性别分布情况

| 类别 | 男性 | | 女性 | | 合计 | |
| --- | --- | --- | --- | --- | --- | --- |
| | 人数 | 构成比/% | 人数 | 构成比/% | 人数 | 构成比/% |
| 养医 | 91 | 27.66 | 238 | 72.34 | 329 | 100.00 |
| 医养 | 466 | 27.19 | 1248 | 72.81 | 1714 | 100.00 |
| 医养合作 | 214 | 32.72 | 440 | 67.28 | 654 | 100.00 |
| 合计 | 771 | 28.59 | 1926 | 71.41 | 2697 | 100.00 |

## (三)三类地区医养结合试点机构工作人员性别分布情况

三类地区医养结合试点机构工作人员中,男性 5444 人,占比 35.57%,女性9859人,占比 64.43%。见表 3-3。

表 3-3　三类地区医养结合试点机构工作人员性别分布情况

| 类别 | 男性 | | 女性 | | 合计 | |
|---|---|---|---|---|---|---|
| | 人数 | 构成比/% | 人数 | 构成比/% | 人数 | 构成比/% |
| 养医 | 644 | 38.49 | 1029 | 61.51 | 1673 | 100.00 |
| 医养 | 1390 | 31.90 | 2967 | 68.10 | 4357 | 100.00 |
| 医养合作 | 3410 | 36.77 | 5863 | 63.23 | 9273 | 100.00 |
| 合计 | 5444 | 35.57 | 9859 | 64.43 | 15303 | 100.00 |

#### (四)省直管县地区医养结合试点机构工作人员性别分布情况

省直管县地区医养结合试点机构工作人员中,男性1034人,占比40.90%,女性1494人,占比59.10%。见表3-4。

表 3-4　省直管县地区医养结合试点机构工作人员性别分布情况

| 类别 | 男性 | | 女性 | | 合计 | |
|---|---|---|---|---|---|---|
| | 人数 | 构成比/% | 人数 | 构成比/% | 人数 | 构成比/% |
| 养医 | 30 | 38.46 | 48 | 61.54 | 78 | 100.00 |
| 医养 | 833 | 42.11 | 1145 | 57.89 | 1978 | 100.00 |
| 医养合作 | 171 | 36.23 | 301 | 63.77 | 472 | 100.00 |
| 合计 | 1034 | 40.90 | 1494 | 59.10 | 2528 | 100.00 |

## 二、医养结合试点机构工作人员年龄分布情况

### (一)一类地区医养结合试点机构工作人员年龄分布情况

一类地区医养结合试点机构工作人员中20岁以下356人,占比4.21%,20~29岁3190人,占比37.73%,30~39岁2465人,占比29.15%,40~49岁1319人,占比15.60%,50~59岁686人,占比8.12%,60岁及以上439人,占比5.19%。见表3-5。

表 3-5　一类地区医养结合试点机构工作人员年龄分布情况

| 类别 | 20 岁以下 | | 20~29 岁 | | 30~39 岁 | | 40~49 岁 | | 50~59 岁 | | 60 岁及以上 | | 合计 | |
| --- | --- | --- | --- | --- | --- | --- | --- | --- | --- | --- | --- | --- | --- | --- |
| | 人数 | 构成比/% | 人数 | 构成比/% | 人数 | 构成比/% | 人数 | 构成比/% | 人数 | 构成比/% | 人数 | 构成比/% | 人数 | 构成比/% |
| 养医 | 16 | 0.96 | 718 | 42.92 | 461 | 27.56 | 291 | 17.39 | 144 | 8.61 | 43 | 2.57 | 1673 | 100.00 |
| 医养 | 39 | 1.37 | 1113 | 39.21 | 1001 | 35.26 | 440 | 15.50 | 217 | 7.64 | 29 | 1.02 | 2839 | 100.00 |
| 医养合作 | 301 | 7.63 | 1359 | 34.47 | 1003 | 25.44 | 588 | 14.91 | 325 | 8.24 | 367 | 9.31 | 3943 | 100.00 |
| 合计 | 356 | 4.21 | 3190 | 37.73 | 2465 | 29.15 | 1319 | 15.60 | 686 | 8.12 | 439 | 5.19 | 8455 | 100.00 |

### (二)二类地区医养结合试点机构工作人员年龄分布情况

二类地区医养结合试点机构工作人员中 20 岁以下 10 人,占比 0.37%,20~29 岁 599 人,占比 22.30%,30~39 岁 729 人,占比 27.14%,40~49 岁 691 人,占比 25.73%,50~59 岁 486 人,占比 18.09%,60 岁及以上 171 人,占比 6.37%。见表 3-6。

表 3-6　二类地区医养结合试点机构工作人员年龄分布情况

| 类别 | 20 岁以下 | | 20~29 岁 | | 30~39 岁 | | 40~49 岁 | | 50~59 岁 | | 60 岁及以上 | | 合计 | |
| --- | --- | --- | --- | --- | --- | --- | --- | --- | --- | --- | --- | --- | --- | --- |
| | 人数 | 构成比/% | 人数 | 构成比/% | 人数 | 构成比/% | 人数 | 构成比/% | 人数 | 构成比/% | 人数 | 构成比/% | 人数 | 构成比/% |
| 养医 | 2 | 0.61 | 31 | 9.48 | 71 | 21.71 | 103 | 31.50 | 65 | 19.88 | 55 | 16.82 | 327 | 100.00 |
| 医养 | 3 | 0.17 | 407 | 23.72 | 511 | 29.78 | 421 | 24.53 | 287 | 16.72 | 87 | 5.08 | 1716 | 100.00 |
| 医养合作 | 5 | 0.78 | 161 | 25.04 | 147 | 22.86 | 167 | 25.97 | 134 | 20.84 | 29 | 4.51 | 643 | 100.00 |
| 合计 | 10 | 0.37 | 599 | 22.30 | 729 | 27.14 | 691 | 25.73 | 486 | 18.09 | 171 | 6.37 | 2686 | 100.00 |

### (三)三类地区医养结合试点机构工作人员年龄分布情况

三类地区医养结合试点机构工作人员中 20 岁以下 97 人,占比 0.63%,20~29 岁 4116 人,占比 26.64%,30~39 岁 5103 人,占比 33.03%,40~49 岁 3661 人,占比 23.70%,50~59 岁 2088 人,占比 13.52%,60 岁及以上 383 人,占比 2.48%。见表 3-7。

表 3-7 三类地区医养结合试点机构工作人员年龄分布情况

| 类别 | 20岁以下 | | 20~29岁 | | 30~39岁 | | 40~49岁 | | 50~59岁 | | 60岁及以上 | | 合计 | |
|---|---|---|---|---|---|---|---|---|---|---|---|---|---|---|
| | 人数 | 构成比/% | 人数 | 构成比/% | 人数 | 构成比/% | 人数 | 构成比/% | 人数 | 构成比/% | 人数 | 构成比/% | 人数 | 构成比/% |
| 养医 | 39 | 2.33 | 312 | 18.66 | 575 | 34.39 | 389 | 23.27 | 258 | 15.43 | 99 | 5.92 | 1672 | 100.00 |
| 医养 | 32 | 0.72 | 1196 | 27.06 | 1284 | 29.06 | 1085 | 24.56 | 657 | 14.87 | 165 | 3.73 | 4419 | 100.00 |
| 医养合作 | 26 | 0.28 | 2608 | 27.87 | 3244 | 34.67 | 2187 | 23.37 | 1173 | 12.54 | 119 | 1.27 | 9357 | 100.00 |
| 合计 | 97 | 0.63 | 4116 | 26.64 | 5103 | 33.03 | 3661 | 23.70 | 2088 | 13.52 | 383 | 2.48 | 15448 | 100.00 |

### (四)省直管县地区医养结合试点机构工作人员年龄分布情况

省直管县地区医养结合试点机构工作人员中20岁以下23人,占比0.96%,20~29岁739人,占比30.82%,30~39岁783人,占比32.65%,40~49岁445人,占比18.56%,50~59岁349人,占比14.55%,60岁及以上59人,占比2.46%。见表3-8。

表 3-8 省直管县地区医养结合试点机构工作人员年龄分布情况

| 类别 | 20岁以下 | | 20~29岁 | | 30~39岁 | | 40~49岁 | | 50~59岁 | | 60岁及以上 | | 合计 | |
|---|---|---|---|---|---|---|---|---|---|---|---|---|---|---|
| | 人数 | 构成比/% | 人数 | 构成比/% | 人数 | 构成比/% | 人数 | 构成比/% | 人数 | 构成比/% | 人数 | 构成比/% | 人数 | 构成比/% |
| 养医 | 0 | 0.00 | 11 | 14.10 | 23 | 29.49 | 8 | 10.26 | 24 | 30.77 | 12 | 15.38 | 78 | 100.00 |
| 医养 | 22 | 1.19 | 552 | 29.87 | 592 | 32.03 | 391 | 21.16 | 278 | 15.04 | 13 | 0.71 | 1848 | 100.00 |
| 医养合作 | 1 | 0.24 | 176 | 37.29 | 168 | 35.59 | 46 | 9.75 | 47 | 9.96 | 34 | 7.21 | 472 | 100.00 |
| 合计 | 23 | 0.96 | 739 | 30.82 | 783 | 32.65 | 445 | 18.56 | 349 | 14.55 | 59 | 2.46 | 2398 | 100.00 |

## 三、医养结合试点机构工作人员职业分布情况

### (一)一类地区医养结合试点机构工作人员职业分布情况

一类地区医养结合试点机构工作人员职业分布中,西医师1610人,占比20.14%,中医师447人,占比5.59%,药师368人,占比4.60%,医技604人,占比7.56%,康复医师82人,占比1.03%,康复治疗师135人,占比1.69%,营养师17人,占比0.21%,心理咨

询师17人,占比0.21%,公卫医师115人,占比1.44%,工勤管理人员1188人,占比14.86%,注册护士2894人,占比36.21%,护工68人,占比0.85%,养老护理员(职业)116人,占比1.46%,社工332人,占比4.15%。见表3-9。

### (二)二类地区医养结合试点机构工作人员职业分布情况

二类地区医养结合试点机构工作人员职业分布中,西医师232人,占比25.75%,中医师50人,占比5.55%,药师35人,占比3.88%,医技70人,占比7.77%,康复医师15人,占比1.66%,康复治疗师24人,占比2.66%,营养师1人,占比0.11%,心理咨询师5人,占比0.55%,公卫医师8人,占比0.89%,工勤管理人员33人,占比3.66%,注册护士326人,占比36.18%,养老护理员(职业)67人,占比7.44%,护工31人,占比3.46%,社工4人,占比0.44%。见表3-10。

### (三)三类地区医养结合试点机构工作人员职业分布情况

三类地区医养结合试点机构工作人员职业分布中,西医师2161人,占比23.25%,中医师624人,占比6.71%,药师397人,占比4.27%,医技589人,占比6.34%,康复医师100人,占比1.08%,康复治疗师93人,占比1.00%,营养师39人,占比0.42%,心理咨询师39人,占比0.42%,公卫医师38人,占比0.41%,工勤管理人员892人,占比9.60%,注册护士3489人,占比37.53%,养老护理员(职业)513人,占比5.52%,护工309人,占比3.31%,社工13人,占比0.14%。见表3-11。

### (四)省直管县地区医养结合试点机构工作人员职业分布情况

省直管县地区医养结合试点机构工作人员职业分布中,西医师439人,占比27.20%,中医师253人,占比15.68%,药师68人,占比4.21%,医技100人,占比6.20%,康复医师12人,占比0.74%,康复治疗师26人,占比1.61%,营养师7人,占比0.43%,心理咨询师3人,占比0.19%,公卫医师2人,占比0.12%,工勤管理人员153人,占比9.48%,注册护士465人,占比28.81%,养老护理员(职业)26人,占比1.61%,护工0人,社工60人,占比3.72%。见表3-12。

表 3-9 一类地区医养结合试点机构工作人员职业分布情况

| 类别 | 西医师 频数 | 构成比/% | 中医师 频数 | 构成比/% | 药师 频数 | 构成比/% | 医技 频数 | 构成比/% | 康复医师 频数 | 构成比/% | 康复治疗师 频数 | 构成比/% | 营养师 频数 | 构成比/% | 心理咨询师 频数 | 构成比/% | 公卫医师 频数 | 构成比/% | 工勤管理人员 频数 | 构成比/% | 注册护士 频数 | 构成比/% | 养老护理员(职业) 频数 | 构成比/% | 护工 频数 | 构成比/% | 社工 频数 | 构成比/% | 合计 频数 | 构成比/% |
|---|---|---|---|---|---|---|---|---|---|---|---|---|---|---|---|---|---|---|---|---|---|---|---|---|---|---|---|---|---|---|
| 养医 | 303 | 20.63 | 184 | 12.53 | 68 | 4.63 | 97 | 6.60 | 28 | 1.91 | 19 | 1.29 | 1 | 0.07 | 0 | 0.00 | 1 | 0.07 | 151 | 10.28 | 575 | 39.14 | 13 | 0.88 | 13 | 0.88 | 16 | 1.09 | 1469 | (100.00) |
| 医养 | 585 | 25.82 | 129 | 5.69 | 105 | 4.63 | 272 | 12.00 | 19 | 0.84 | 31 | 1.37 | 0 | 0.00 | 2 | 0.09 | 3 | 0.13 | 292 | 12.89 | 771 | 34.02 | 55 | 2.43 | 0 | 0.00 | 2 | 0.09 | 2266 | (100.00) |
| 医养合作 | 722 | 16.96 | 134 | 3.15 | 195 | 4.58 | 235 | 5.52 | 35 | 0.82 | 85 | 2.00 | 16 | 0.38 | 15 | 0.35 | 111 | 2.61 | 745 | 17.50 | 1548 | 36.36 | 48 | 1.13 | 55 | 1.29 | 314 | 7.35 | 4258 | (100.00) |
| 合计 | 1610 | 20.14 | 447 | 5.59 | 368 | 4.60 | 604 | 7.56 | 82 | 1.03 | 135 | 1.69 | 17 | 0.21 | 17 | 0.21 | 115 | 1.44 | 1188 | 14.86 | 2894 | 36.21 | 116 | 1.46 | 68 | 0.85 | 332 | 4.15 | 7993 | (100.00) |

表 3-10 二类地区医养结合试点机构工作人员职业分布情况

| 类别 | 西医师 频数 | 构成比/% | 中医师 频数 | 构成比/% | 药师 频数 | 构成比/% | 医技 频数 | 构成比/% | 康复医师 频数 | 构成比/% | 康复治疗师 频数 | 构成比/% | 营养师 频数 | 构成比/% | 心理咨询师 频数 | 构成比/% | 公卫医师 频数 | 构成比/% | 工勤管理人员 频数 | 构成比/% | 注册护士 频数 | 构成比/% | 养老护理员(职业) 频数 | 构成比/% | 护工 频数 | 构成比/% | 社工 频数 | 构成比/% | 合计 频数 | 构成比/% |
|---|---|---|---|---|---|---|---|---|---|---|---|---|---|---|---|---|---|---|---|---|---|---|---|---|---|---|---|---|---|---|
| 养医 | 7 | 9.72 | 4 | 5.56 | 1 | 1.39 | 2 | 2.78 | 2 | 2.78 | 0 | 0.00 | 0 | 0.00 | 0 | 0.00 | 0 | 0.00 | 3 | 4.17 | 13 | 18.04 | 9 | 12.50 | 31 | 43.06 | 0 | 0.00 | 72 | (100.00) |
| 医养 | 180 | 31.63 | 30 | 5.27 | 17 | 2.99 | 36 | 6.33 | 9 | 1.58 | 15 | 2.64 | 0 | 0.00 | 4 | 0.70 | 7 | 1.23 | 8 | 1.41 | 253 | 44.46 | 10 | 1.76 | 0 | 0.00 | 0 | 0.00 | 569 | (100.00) |
| 医养合作 | 45 | 48.78 | 16 | 16.69 | 17 | 10.57 | 32 | 20.29 | 4 | 1.72 | 9 | 3.86 | 1 | 0.43 | 1 | 0.43 | 1 | 0.43 | 22 | 25.82 | 60 | 48.68 | 48 | 20.60 | 0 | 0.00 | 4 | 1.70 | 233 | (100.00) |
| 合计 | 232 | 25.75 | 50 | 5.55 | 35 | 3.88 | 70 | 7.77 | 24 | 2.66 | 15 | 1.66 | 1 | 0.11 | 5 | 0.55 | 8 | 0.89 | 33 | 3.66 | 326 | 36.18 | 67 | 7.44 | 31 | 3.46 | 4 | 0.44 | 901 | (100.00) |

# 第三章　河南省医养结合试点机构人力资源现状研究

表3-11　三类地区医养结合试点机构工作人员职业分布情况

| 类别 | 西医师 频数 | 构成比/% | 中医师 频数 | 构成比/% | 药师 频数 | 构成比/% | 医技 频数 | 构成比/% | 康复医师 频数 | 构成比/% | 康复治疗师 频数 | 构成比/% | 营养师 频数 | 构成比/% | 心理咨询师 频数 | 构成比/% | 公卫医师 频数 | 构成比/% | 工勤管理人员 频数 | 构成比/% | 注册护士 频数 | 构成比/% | 养老护理员(职业) 频数 | 构成比/% | 护工 频数 | 构成比/% | 社工 频数 | 构成比/% | 合计 频数 | 构成比/% |
|---|---|---|---|---|---|---|---|---|---|---|---|---|---|---|---|---|---|---|---|---|---|---|---|---|---|---|---|---|---|---|
| 养医 | 115 | 14.09 | 102 | 12.50 | 36 | 4.41 | 69 | 8.46 | 9 | 1.10 | 16 | 1.96 | 4 | 0.49 | 3 | 0.37 | 2 | 0.25 | 113 | 13.84 | 246 | 30.15 | 56 | 6.86 | 38 | 4.66 | 7 | 0.86 | 816 | (100.00) |
| 医养 | 342 | 19.43 | 62 | 3.52 | 72 | 4.09 | 103 | 5.85 | 14 | 0.80 | 12 | 0.68 | 4 | 0.23 | 17 | 0.97 | 16 | 0.91 | 185 | 10.51 | 635 | 36.08 | 215 | 12.22 | 81 | 4.60 | 2 | 0.11 | 1760 | (100.00) |
| 医养合作 | 1704 | 26.00 | 460 | 6.85 | 289 | 4.41 | 417 | 6.36 | 77 | 1.17 | 65 | 0.99 | 31 | 0.47 | 19 | 0.29 | 20 | 0.31 | 594 | 9.06 | 2608 | 38.81 | 242 | 3.60 | 190 | 2.83 | 4 | 0.06 | 6720 | (100.00) |
| 合计 | 2161 | 23.25 | 624 | 6.71 | 397 | 4.27 | 589 | 6.34 | 100 | 1.08 | 93 | 1.00 | 39 | 0.42 | 39 | 0.42 | 38 | 0.41 | 892 | 9.60 | 3489 | 37.53 | 513 | 5.52 | 309 | 3.31 | 13 | 0.14 | 9296 | (100.00) |

表3-12　省直管县地区医养结合试点机构工作人员职业分布情况

| 类别 | 西医师 频数 | 构成比/% | 中医师 频数 | 构成比/% | 药师 频数 | 构成比/% | 医技 频数 | 构成比/% | 康复医师 频数 | 构成比/% | 康复治疗师 频数 | 构成比/% | 营养师 频数 | 构成比/% | 心理咨询师 频数 | 构成比/% | 公卫医师 频数 | 构成比/% | 工勤管理人员 频数 | 构成比/% | 注册护士 频数 | 构成比/% | 养老护理员(职业) 频数 | 构成比/% | 护工 频数 | 构成比/% | 社工 频数 | 构成比/% | 合计 频数 | 构成比/% |
|---|---|---|---|---|---|---|---|---|---|---|---|---|---|---|---|---|---|---|---|---|---|---|---|---|---|---|---|---|---|---|
| 养医 | 439 | 27.71 | 223 | 14.08 | 68 | 4.29 | 100 | 6.31 | 12 | 0.76 | 26 | 1.64 | 7 | 0.44 | 3 | 0.19 | 2 | 0.13 | 153 | 9.66 | 465 | 29.36 | 26 | 1.64 | 0 | 0.00 | 60 | 3.79 | 1584 | (100.00) |
| 医养 | — | — | 30 | (100.00) | — | — | — | — | — | — | — | — | — | — | — | — | — | — | — | — | — | — | — | — | — | — | — | — | 30 | (100.00) |
| 医养合作 | — | — | — | — | — | — | — | — | — | — | — | — | — | — | — | — | — | — | — | — | — | — | — | — | — | — | — | — | — | — |
| 合计 | 439 | 27.20 | 253 | 15.68 | 68 | 4.21 | 100 | 6.20 | 12 | 0.74 | 26 | 1.61 | 7 | 0.43 | 3 | 0.19 | 2 | 0.12 | 153 | 9.48 | 465 | 28.81 | 26 | 1.61 | 0 | 0.00 | 60 | 3.72 | 1614 | (100.00) |

## 四、医养结合试点机构工作人员职称分布情况

河南省医养结合试点机构工作人员职称分布中,西医师高级职称 1101 人,占比 20.12%,中级职称 1693 人,占比 30.93%,初级职称 2135 人,占比 39.01%,无职称 544 人,占比 9.44%。见表 3-13。

表 3-13 河南省医养结合试点机构西医师职称分布情况

| 类别 | 高级职称 | | 中级职称 | | 初级职称 | | 无职称 | | 合计 | |
|---|---|---|---|---|---|---|---|---|---|---|
| | 人数 | 构成比/% | 人数 | 构成比/% | 人数 | 构成比/% | 人数 | 构成比/% | 人数 | 构成比/% |
| 养医 | 110 | 17.35 | 222 | 35.02 | 285 | 44.95 | 17 | 2.68 | 634 | 100.00 |
| 医养 | 261 | 12.76 | 591 | 28.90 | 973 | 47.58 | 220 | 10.76 | 2045 | 100.00 |
| 医养合作 | 730 | 26.13 | 880 | 31.50 | 877 | 31.39 | 307 | 10.99 | 2794 | 100.00 |
| 合计 | 1101 | 20.12 | 1693 | 30.93 | 2135 | 39.01 | 544 | 9.94 | 5473 | 100.00 |

河南省医养结合试点机构工作人员职称分布中,中医师高级职称 216 人,占比 11.93%,中级职称 577 人,占比 31.88%,初级职称 860 人,占比 47.52%,无职称 157 人,占比 8.67%。见表 3-14。

表 3-14 河南省医养结合试点机构中医师职称分布情况

| 类别 | 高级职称 | | 中级职称 | | 初级职称 | | 无职称 | | 合计 | |
|---|---|---|---|---|---|---|---|---|---|---|
| | 人数 | 构成比/% | 人数 | 构成比/% | 人数 | 构成比/% | 人数 | 构成比/% | 人数 | 构成比/% |
| 养医 | 52 | 14.13 | 101 | 27.45 | 207 | 56.25 | 8 | 2.17 | 368 | 100.00 |
| 医养 | 63 | 10.21 | 209 | 33.87 | 281 | 45.54 | 64 | 10.38 | 617 | 100.00 |
| 医养合作 | 101 | 12.24 | 267 | 32.36 | 372 | 45.09 | 85 | 10.31 | 825 | 100.00 |
| 合计 | 216 | 11.93 | 577 | 31.88 | 860 | 47.52 | 157 | 8.67 | 1810 | 100.00 |

河南省医养结合试点机构工作人员职称分布中,药师高级职称 68 人,占比 5.90%,中级职称 324 人,占比 28.13%,初级职称 568 人,占比 49.31%,无职称 192 人,占比 16.66%。见表 3-15。

河南省医养结合试点机构工作人员职称分布中,医技高级职称 60 人,占比 3.34%,中级职称 453 人,占比 25.22%,初级职称 1024 人,占比 57.02%,无职称 259 人,占比 14.42%。见表 3-16。

表3-15　河南省医养结合试点机构药师职称分布情况

| 类别 | 高级职称 | | 中级职称 | | 初级职称 | | 无职称 | | 合计 | |
|---|---|---|---|---|---|---|---|---|---|---|
| | 人数 | 构成比/% | 人数 | 构成比/% | 人数 | 构成比/% | 人数 | 构成比/% | 人数 | 构成比/% |
| 养医 | 8 | 6.06 | 31 | 23.48 | 73 | 55.31 | 20 | 15.15 | 132 | 100.00 |
| 医养 | 12 | 3.12 | 90 | 23.38 | 236 | 61.30 | 47 | 12.20 | 385 | 100.00 |
| 医养合作 | 48 | 7.56 | 203 | 31.96 | 259 | 40.79 | 125 | 19.69 | 635 | 100.00 |
| 合计 | 68 | 5.90 | 324 | 28.13 | 568 | 49.31 | 192 | 16.66 | 1152 | 100.00 |

表3-16　河南省医养结合试点机构医技职称分布情况

| 类别 | 高级职称 | | 中级职称 | | 初级职称 | | 无职称 | | 合计 | |
|---|---|---|---|---|---|---|---|---|---|---|
| | 人数 | 构成比/% | 人数 | 构成比/% | 人数 | 构成比/% | 人数 | 构成比/% | 人数 | 构成比/% |
| 养医 | 7 | 3.24 | 62 | 28.70 | 124 | 57.41 | 23 | 10.65 | 216 | 100.00 |
| 医养 | 17 | 2.27 | 144 | 19.23 | 425 | 56.74 | 163 | 21.76 | 749 | 100.00 |
| 医养合作 | 36 | 4.33 | 247 | 29.72 | 475 | 57.17 | 73 | 8.78 | 831 | 100.00 |
| 合计 | 60 | 3.34 | 453 | 25.22 | 1024 | 57.02 | 259 | 14.42 | 1796 | 100.00 |

河南省医养结合试点机构工作人员职称分布中,康复医师高级职称17人,占比5.50%,中级职称77人,占比24.92%,初级职称160人,占比51.78%,无职称55人,占比17.80%。见表3-17。

表3-17　河南省医养结合试点机构康复医师职称分布情况

| 类别 | 高级职称 | | 中级职称 | | 初级职称 | | 无职称 | | 合计 | |
|---|---|---|---|---|---|---|---|---|---|---|
| | 人数 | 构成比/% | 人数 | 构成比/% | 人数 | 构成比/% | 人数 | 构成比/% | 人数 | 构成比/% |
| 养医 | 4 | 5.19 | 20 | 25.97 | 45 | 58.45 | 8 | 10.39 | 77 | 100.00 |
| 医养 | 1 | 1.12 | 30 | 33.71 | 51 | 57.30 | 7 | 7.87 | 89 | 100.00 |
| 医养合作 | 12 | 8.39 | 27 | 18.88 | 64 | 44.36 | 40 | 27.97 | 142 | 100.00 |
| 合计 | 17 | 5.50 | 77 | 24.92 | 160 | 51.78 | 55 | 17.80 | 309 | 100.00 |

河南省医养结合试点机构工作人员职称分布中,康复治疗师高级职称7人,占比1.48%,中级职称72人,占比15.19%,初级职称324人,占比68.35%,无职称71人,占比14.98%。见表3-18。

表3-18　河南省医养结合试点机构康复治疗师职称分布情况

| 类别 | 高级职称 | | 中级职称 | | 初级职称 | | 无职称 | | 合计 | |
|---|---|---|---|---|---|---|---|---|---|---|
| | 人数 | 构成比/% | 人数 | 构成比/% | 人数 | 构成比/% | 人数 | 构成比/% | 人数 | 构成比/% |
| 养医 | 0 | 0.00 | 8 | 10.26 | 70 | 89.74 | 0 | 0.00 | 78 | 100.00 |
| 医养 | 0 | 0.00 | 29 | 14.28 | 149 | 73.40 | 25 | 12.32 | 203 | 100.00 |
| 医养合作 | 7 | 3.63 | 35 | 18.13 | 105 | 54.41 | 46 | 23.83 | 191 | 100.00 |
| 合计 | 7 | 1.48 | 72 | 15.19 | 324 | 68.35 | 71 | 14.98 | 474 | 100.00 |

河南省医养结合试点机构工作人员职称分布中,营养师高级职称7人,占比5.93%,中级职称26人,占比22.03%,初级职称65人,占比55.08%,无职称20人,占比16.96%。见表3-19。

表3-19　河南省医养结合试点机构营养师职称分布情况

| 类别 | 高级职称 | | 中级职称 | | 初级职称 | | 无职称 | | 合计 | |
|---|---|---|---|---|---|---|---|---|---|---|
| | 人数 | 构成比/% | 人数 | 构成比/% | 人数 | 构成比/% | 人数 | 构成比/% | 人数 | 构成比/% |
| 养医 | 1 | 5.88 | 4 | 23.53 | 12 | 70.59 | 0.00 | 0.00 | 17 | 100.00 |
| 医养 | 2 | 5.13 | 7 | 17.95 | 23 | 58.97 | 7 | 17.95 | 39 | 100.00 |
| 医养合作 | 4 | 6.45 | 15 | 24.19 | 30 | 48.39 | 13 | 20.97 | 62 | 100.00 |
| 合计 | 7 | 5.93 | 26 | 22.03 | 65 | 55.08 | 20 | 16.96 | 118 | 100.00 |

河南省医养结合试点机构工作人员职称分布中,心理咨询师高级职称9人,占比8.74%,中级职称27人,占比26.21%,初级职称51人,占比49.51%,无职称16人,占比15.53%。见表3-20。

表3-20　河南省医养结合试点机构心理咨询师职称分布情况

| 类别 | 高级职称 | | 中级职称 | | 初级职称 | | 无职称 | | 合计 | |
|---|---|---|---|---|---|---|---|---|---|---|
| | 人数 | 构成比/% | 人数 | 构成比/% | 人数 | 构成比/% | 人数 | 构成比/% | 人数 | 构成比/% |
| 养医 | 0 | 0.00 | 4 | 50.00 | 4 | 50.00 | 0 | 0.00 | 8 | 100.00 |
| 医养 | 1 | 2.04 | 12 | 24.49 | 31 | 63.27 | 5 | 10.20 | 49 | 100.00 |
| 医养合作 | 8 | 17.39 | 11 | 23.91 | 16 | 34.79 | 11 | 23.91 | 46 | 100.00 |
| 合计 | 9 | 8.74 | 27 | 26.21 | 51 | 49.51 | 16 | 15.54 | 103 | 100.00 |

河南省医养结合试点机构工作人员职称分布中,公卫医师高级职称3人,占比

1.35%,中级职称27人,占比12.16%,初级职称56人,占比25.23%,无职称136人,占比61.26%。见表3-21。

表3-21 河南省医养结合试点机构公卫医师职称分布情况

| 类别 | 高级职称 | | 中级职称 | | 初级职称 | | 无职称 | | 合计 | |
|---|---|---|---|---|---|---|---|---|---|---|
| | 人数 | 构成比/% | 人数 | 构成比/% | 人数 | 构成比/% | 人数 | 构成比/% | 人数 | 构成比/% |
| 养医 | 0 | 0.00 | 2 | 20.00 | 6 | 60.00 | 2 | 20.00 | 10 | 100.00 |
| 医养 | 3 | 4.41 | 12 | 17.65 | 28 | 41.18 | 25 | 36.76 | 68 | 100.00 |
| 医养合作 | 0 | 0.00 | 13 | 9.03 | 22 | 15.28 | 109 | 75.69 | 144 | 100.00 |
| 合计 | 3 | 1.35 | 27 | 12.16 | 56 | 25.23 | 136 | 61.26 | 222 | 100.00 |

河南省医养结合试点机构工作人员职称分布中,工勤管理人员高级职称86人,占比3.17%,中级职称392人,占比14.46%,初级职称784人,占比28.92%,无职称1449人,占比53.45%。见表3-22。

表3-22 河南省医养结合试点机构工勤管理人员职称分布情况

| 类别 | 高级职称 | | 中级职称 | | 初级职称 | | 无职称 | | 合计 | |
|---|---|---|---|---|---|---|---|---|---|---|
| | 人数 | 构成比/% | 人数 | 构成比/% | 人数 | 构成比/% | 人数 | 构成比/% | 人数 | 构成比/% |
| 养医 | 8 | 2.06 | 48 | 12.34 | 198 | 50.90 | 135 | 34.70 | 389 | 100.00 |
| 医养 | 18 | 2.16 | 136 | 16.31 | 317 | 38.01 | 363 | 43.52 | 834 | 100.00 |
| 医养合作 | 60 | 4.03 | 208 | 13.98 | 269 | 18.08 | 951 | 63.91 | 1488 | 100.00 |
| 合计 | 86 | 3.17 | 392 | 14.46 | 784 | 28.92 | 1449 | 53.45 | 2711 | 100.00 |

河南省医养结合试点机构工作人员职称分布中,注册护士高级职称333人,占比3.68%,中级职称2489人,占比27.47%,初级职称5972人,占比65.92%,无职称266人,占比2.94%。见表3-23。

表3-23 河南省医养结合试点机构注册护士职称分布情况

| 类别 | 高级职称 | | 中级职称 | | 初级职称 | | 无职称 | | 合计 | |
|---|---|---|---|---|---|---|---|---|---|---|
| | 人数 | 构成比/% | 人数 | 构成比/% | 人数 | 构成比/% | 人数 | 构成比/% | 人数 | 构成比/% |
| 养医 | 35 | 3.35 | 240 | 22.97 | 711 | 68.04 | 59 | 5.64 | 1045 | 100.00 |
| 医养 | 84 | 2.57 | 744 | 22.82 | 2335 | 71.60 | 98 | 3.01 | 3261 | 100.00 |
| 医养合作 | 214 | 4.50 | 1505 | 31.66 | 2926 | 61.55 | 109 | 2.29 | 4754 | 100.00 |
| 合计 | 333 | 3.68 | 2489 | 27.47 | 5972 | 65.92 | 266 | 2.94 | 9060 | 100.00 |

河南省医养结合试点机构工作人员职称分布中,护工高级职称19人,占比3.02%,中级职称30人,占比4.77%,初级职称103人,占比16.38%,无职称477人,占比75.83%。见表3-24。

表3-24　河南省医养结合试点机构护工职称分布情况

| 类别 | 高级职称 | | 中级职称 | | 初级职称 | | 无职称 | | 合计 | |
|---|---|---|---|---|---|---|---|---|---|---|
| | 人数 | 构成比/% | 人数 | 构成比/% | 人数 | 构成比/% | 人数 | 构成比/% | 人数 | 构成比/% |
| 养医 | 1 | 0.93 | 18 | 16.82 | 39 | 36.46 | 49 | 45.79 | 107 | 100.00 |
| 医养 | 12 | 6.28 | 11 | 5.76 | 43 | 22.51 | 125 | 65.45 | 191 | 100.00 |
| 医养合作 | 6 | 1.81 | 1 | 0.30 | 21 | 6.34 | 303 | 91.55 | 331 | 100.00 |
| 合计 | 19 | 3.02 | 30 | 4.77 | 103 | 16.38 | 477 | 75.83 | 629 | 100.00 |

河南省医养结合试点机构工作人员职称分布中,养老护理员(职业)高级职称162人,占比12.09%,中级职称397人,占比29.63%,初级职称530人,占比39.55%,无职称251人,占比18.73%。见表3-25。

表3-25　河南省医养结合试点机构养老护理员(职业)职称分布情况

| 类别 | 高级职称 | | 中级职称 | | 初级职称 | | 无职称 | | 合计 | |
|---|---|---|---|---|---|---|---|---|---|---|
| | 人数 | 构成比/% | 人数 | 构成比/% | 人数 | 构成比/% | 人数 | 构成比/% | 人数 | 构成比/% |
| 养医 | 19 | 7.36 | 81 | 31.40 | 94 | 36.43 | 64 | 24.81 | 258 | 100.00 |
| 医养 | 42 | 7.24 | 153 | 26.38 | 295 | 50.86 | 90 | 15.52 | 580 | 100.00 |
| 医养合作 | 101 | 20.12 | 163 | 32.47 | 141 | 28.09 | 97 | 19.32 | 502 | 100.00 |
| 合计 | 162 | 12.09 | 397 | 29.63 | 530 | 39.55 | 251 | 18.73 | 1340 | 100.00 |

## 五、医养结合试点机构工作人员学历分布情况

河南省医养结合试点机构工作人员学历分布中,西医师硕士及以上386人,占比7.26%,本科2650人,占比49.86%,大专1914人,占比36.01%,中专及中技317人,占比5.96%,技校2人,占比0.04%,高中7人,占比0.13%,初中及以下39人,占比0.73%。见表3-26。

表3-26　河南省医养结合试点机构西医师学历分布情况

| 类别 | 硕士及以上 | | 本科 | | 大专 | | 中专及中技 | | 技校 | | 高中 | | 初中及以下 | | 合计 | |
|---|---|---|---|---|---|---|---|---|---|---|---|---|---|---|---|---|
| | 人数 | 构成比/% | 人数 | 构成比/% | 人数 | 构成比/% | 人数 | 构成比/% | 人数 | 构成比/% | 人数 | 构成比/% | 人数 | 构成比/% | 人数 | 构成比/% |
| 养医 | 10 | 1.57 | 236 | 37.11 | 339 | 53.30 | 41 | 6.45 | 0 | 0.00 | 0 | 0.00 | 10 | 1.57 | 636 | 100.00 |
| 医养 | 94 | 4.53 | 971 | 46.82 | 835 | 40.26 | 173 | 8.34 | 1 | 0.05 | 0 | 0.00 | 0 | 0.00 | 2074 | 100.00 |
| 医养合作 | 282 | 10.83 | 1443 | 55.39 | 740 | 28.41 | 103 | 3.95 | 1 | 0.04 | 7 | 0.27 | 29 | 1.11 | 2605 | 100.00 |
| 合计 | 386 | 7.26 | 2650 | 49.86 | 1914 | 36.02 | 317 | 5.96 | 2 | 0.04 | 7 | 0.13 | 39 | 0.73 | 5315 | 100.00 |

河南省医养结合试点机构工作人员学历分布中,中医师硕士及以上209人,占比11.50%,本科803人,占比44.17%,大专589人,占比32.40%,中专及中技159人,占比8.73%,技校3人,占比0.17%,初中及以下55人,占比3.03%。见表3-27。

表3-27　河南省医养结合试点机构中医师学历分布情况

| 类别 | 硕士及以上 | | 本科 | | 大专 | | 中专及中技 | | 技校 | | 初中及以下 | | 合计 | |
|---|---|---|---|---|---|---|---|---|---|---|---|---|---|---|
| | 人数 | 构成比/% | 人数 | 构成比/% | 人数 | 构成比/% | 人数 | 构成比/% | 人数 | 构成比/% | 人数 | 构成比/% | 人数 | 构成比/% |
| 养医 | 88 | 23.85 | 172 | 46.61 | 86 | 23.31 | 18 | 4.88 | 0 | 0.00 | 5 | 1.35 | 369 | 100.00 |
| 医养 | 47 | 8.05 | 265 | 45.38 | 220 | 37.67 | 50 | 8.56 | 2 | 0.34 | 0 | 0.00 | 584 | 100.00 |
| 医养合作 | 74 | 8.55 | 366 | 42.31 | 283 | 32.72 | 91 | 10.52 | 1 | 0.12 | 50 | 5.78 | 865 | 100.00 |
| 合计 | 209 | 11.50 | 803 | 44.17 | 589 | 32.40 | 159 | 8.73 | 3 | 0.17 | 55 | 3.03 | 1818 | 100.00 |

河南省医养结合试点机构工作人员学历分布中,药师硕士及以上39人,占比3.31%,本科400人,占比33.96%,大专438人,占比37.18%,中专及中技146人,占比12.39%,技校8人,占比0.68%,高中23人,占比1.95%,初中及以下124人,占比10.53%。见表3-28。

表 3-28　河南省医养结合试点机构药师学历分布情况

| 类别 | 硕士及以上 | | 本科 | | 大专 | | 中专及中技 | | 技校 | | 高中 | | 初中及以下 | | 合计 | |
|---|---|---|---|---|---|---|---|---|---|---|---|---|---|---|---|---|
| | 人数 | 构成比/% | 人数 | 构成比/% | 人数 | 构成比/% | 人数 | 构成比/% | 人数 | 构成比/% | 人数 | 构成比/% | 人数 | 构成比/% | 人数 | 构成比/% |
| 养医 | 7 | 5.11 | 68 | 49.64 | 49 | 35.76 | 6 | 4.38 | 0 | 0.00 | 0 | 0.00 | 7 | 5.11 | 137 | 100.00 |
| 医养 | 10 | 2.69 | 110 | 29.57 | 181 | 48.66 | 59 | 15.85 | 0 | 0.00 | 12 | 3.23 | 0 | 0.00 | 372 | 100.00 |
| 医养合作 | 22 | 3.29 | 222 | 33.18 | 208 | 31.09 | 81 | 12.11 | 8 | 1.20 | 11 | 1.64 | 117 | 17.49 | 669 | 100.00 |
| 合计 | 39 | 3.31 | 400 | 33.96 | 438 | 37.18 | 146 | 12.39 | 8 | 0.68 | 23 | 1.95 | 124 | 10.53 | 1178 | 100.00 |

河南省医养结合试点机构工作人员学历分布中，医技硕士及以上42人，占比2.29%，本科679人，占比37.08%，大专877人，占比47.90%，中专及中技214人，占比11.69%，技校13人，占比0.71%，高中4人，占比0.22%，初中及以下2人，占比0.11%。见表3-29。

表 3-29　河南省医养结合试点机构医技人员学历分布情况

| 类别 | 硕士及以上 | | 本科 | | 大专 | | 中专及中技 | | 技校 | | 高中 | | 初中及以下 | | 合计 | |
|---|---|---|---|---|---|---|---|---|---|---|---|---|---|---|---|---|
| | 人数 | 构成比/% | 人数 | 构成比/% | 人数 | 构成比/% | 人数 | 构成比/% | 人数 | 构成比/% | 人数 | 构成比/% | 人数 | 构成比/% | 人数 | 构成比/% |
| 养医 | 8 | 3.28 | 137 | 56.15 | 79 | 32.37 | 20 | 8.20 | 0 | 0.00 | 0 | 0.00 | 0 | 0.00 | 244 | 100.00 |
| 医养 | 0 | 0.00 | 187 | 26.45 | 427 | 60.40 | 90 | 12.73 | 3 | 0.42 | 0 | 0.00 | 0 | 0.00 | 707 | 100.00 |
| 医养合作 | 34 | 4.02 | 355 | 41.49 | 371 | 40.43 | 104 | 12.17 | 10 | 1.18 | 4 | 0.47 | 2 | 0.24 | 880 | 100.00 |
| 合计 | 42 | 2.29 | 679 | 37.08 | 877 | 47.90 | 214 | 11.69 | 13 | 0.71 | 4 | 0.22 | 2 | 0.11 | 1831 | 100.00 |

河南省医养结合试点机构工作人员学历分布中，康复医师硕士及以上6人，占比1.79%，本科121人，占比36.12%，大专150人，占比44.78%，中专及中技36人，占比10.75%，技校1人，占比0.30%，初中及以下21人，占比6.26%。见表3-30。

表 3-30　河南省医养结合试点机构康复医师学历分布情况

| 类别 | 硕士及以上 | | 本科 | | 大专 | | 中专及中技 | | 技校 | | 初中及以下 | | 合计 | |
|---|---|---|---|---|---|---|---|---|---|---|---|---|---|---|
| | 人数 | 构成比/% | 人数 | 构成比/% | 人数 | 构成比/% | 人数 | 构成比/% | 人数 | 构成比/% | 人数 | 构成比/% | 人数 | 构成比/% |
| 养医 | 1 | 1.05 | 37 | 38.95 | 53 | 55.79 | 4 | 4.21 | 0 | 0.00 | 0 | 0.00 | 95 | 100.00 |
| 医养 | 2 | 2.13 | 37 | 39.36 | 44 | 46.81 | 10 | 10.64 | 1 | 1.06 | 0 | 0.00 | 94 | 100.00 |
| 医养合作 | 3 | 2.06 | 47 | 32.19 | 53 | 36.30 | 22 | 15.07 | 0 | 0.00 | 21 | 14.38 | 146 | 100.00 |
| 合计 | 6 | 1.79 | 121 | 36.12 | 150 | 44.78 | 36 | 10.75 | 1 | 0.30 | 21 | 6.26 | 335 | 100.00 |

河南省医养结合试点机构工作人员学历分布中,康复治疗师硕士及以上9人,占比1.90%,本科141人,占比29.75%,大专274人,占比57.81%,中专及中技45人,占比9.49%,技校2人,占比0.42%,高中1人,占比0.21%,初中及以下2人,占比0.42%。见表3-31。

表 3-31　河南省医养结合试点机构康复治疗师学历分布情况

| 类别 | 硕士及以上 | | 本科 | | 大专 | | 中专及中技 | | 技校 | | 高中 | | 初中及以下 | | 合计 | |
|---|---|---|---|---|---|---|---|---|---|---|---|---|---|---|---|---|
| | 人数 | 构成比/% | 人数 | 构成比/% | 人数 | 构成比/% | 人数 | 构成比/% | 人数 | 构成比/% | 人数 | 构成比/% | 人数 | 构成比/% | 人数 | 构成比/% |
| 养医 | 8 | 10.39 | 22 | 28.57 | 37 | 48.05 | 10 | 12.99 | 0 | 0.00 | 0 | 0.00 | 0 | 0.00 | 77 | 100.00 |
| 医养 | 0 | 0.00 | 41 | 19.90 | 146 | 70.88 | 17 | 8.25 | 2 | 0.97 | 0 | 0.00 | 0 | 0.00 | 206 | 100.00 |
| 医养合作 | 1 | 0.52 | 78 | 40.84 | 91 | 47.64 | 18 | 9.43 | 0 | 0.00 | 1 | 0.52 | 2 | 1.05 | 191 | 100.00 |
| 合计 | 9 | 1.90 | 141 | 29.75 | 274 | 57.81 | 45 | 9.49 | 2 | 0.42 | 1 | 0.21 | 2 | 0.42 | 474 | 100.00 |

河南省医养结合试点机构工作人员学历分布中,营养师硕士及以上3人,占比2.61%,本科25人,占比21.74%,大专59人,占比51.30%,中专及中技13人,占比11.30%,技校3人,占比2.61%,高中4人,占比3.48%,初中及以下8人,占比6.96%。见表3-32。

表3-32　河南省医养结合试点机构营养师学历分布情况

| 类别 | 硕士及以上 | | 本科 | | 大专 | | 中专及中技 | | 技校 | | 高中 | | 初中及以下 | | 合计 | |
|---|---|---|---|---|---|---|---|---|---|---|---|---|---|---|---|---|
| | 人数 | 构成比/% | 人数 | 构成比/% | 人数 | 构成比/% | 人数 | 构成比/% | 人数 | 构成比/% | 人数 | 构成比/% | 人数 | 构成比/% | 人数 | 构成比/% |
| 养医 | 0 | 0.00 | 1 | 5.56 | 14 | 77.77 | 2 | 11.11 | 0 | 0.00 | 0 | 0.00 | 1 | 5.56 | 18 | 100.00 |
| 医养 | 0 | 0.00 | 2 | 6.45 | 21 | 67.74 | 3 | 9.68 | 1 | 3.23 | 4 | 12.90 | 0 | 0.00 | 31 | 100.00 |
| 医养合作 | 3 | 4.55 | 22 | 33.33 | 24 | 36.36 | 8 | 12.12 | 2 | 3.03 | 0 | 0.00 | 7 | 10.61 | 66 | 100.00 |
| 合计 | 3 | 2.61 | 25 | 21.74 | 59 | 51.30 | 13 | 11.30 | 3 | 2.61 | 4 | 3.48 | 8 | 6.96 | 115 | 100.00 |

河南省医养结合试点机构工作人员学历分布中,心理咨询师硕士及以上3人,占比3.06%,本科49人,占比50.00%,大专36人,占比36.73%,中专及中技2人,占比2.04%,技校1人,占比1.02%,高中1人,占比1.02%,初中及以下6人,占比6.12%。见表3-33。

表3-33　河南省医养结合试点机构心理咨询师学历分布情况

| 类别 | 硕士及以上 | | 本科 | | 大专 | | 中专及中技 | | 技校 | | 高中 | | 初中及以下 | | 合计 | |
|---|---|---|---|---|---|---|---|---|---|---|---|---|---|---|---|---|
| | 人数 | 构成比/% | 人数 | 构成比/% | 人数 | 构成比/% | 人数 | 构成比/% | 人数 | 构成比/% | 人数 | 构成比/% | 人数 | 构成比/% | 人数 | 构成比/% |
| 养医 | 1 | 11.11 | 3 | 33.33 | 5 | 55.56 | 0 | 0.00 | 0 | 0.00 | 0 | 0.00 | 0 | 0.00 | 9 | 100.00 |
| 医养 | 0 | 0.00 | 26 | 53.06 | 20 | 40.82 | 1 | 2.04 | 1 | 2.04 | 1 | 2.04 | 0 | 0.00 | 49 | 100.00 |
| 医养合作 | 2 | 5.00 | 20 | 50.00 | 11 | 27.50 | 1 | 2.50 | 0 | 0.00 | 0 | 0.00 | 6 | 15.00 | 40 | 100.00 |
| 合计 | 3 | 3.06 | 49 | 50.00 | 36 | 36.74 | 2 | 2.04 | 1 | 1.02 | 1 | 1.02 | 6 | 6.12 | 98 | 100.00 |

河南省医养结合试点机构工作人员学历分布中,公卫医师硕士及以上1人,占比0.49%,本科24人,占比11.71%,大专56人,占比27.32%,中专及中技35人,占比17.07%,技校2人,占比0.98%,初中及以下87人,占比42.43%。见表3-34。

表3-34 医养结合试点机构公卫医师学历分布情况

| 类别 | 硕士及以上 | | 本科 | | 大专 | | 中专及中技 | | 技校 | | 初中及以下 | | 合计 | |
|---|---|---|---|---|---|---|---|---|---|---|---|---|---|---|
| | 人数 | 构成比/% | 人数 | 构成比/% | 人数 | 构成比/% | 人数 | 构成比/% | 人数 | 构成比/% | 人数 | 构成比/% | 人数 | 构成比/% |
| 养医 | 0 | 0.00 | 1 | 11.11 | 5 | 55.56 | 1 | 11.11 | 0.00 | 0.00 | 2 | 22.22 | 9 | 100.00 |
| 医养 | 0 | 0.00 | 17 | 25.36 | 30 | 44.78 | 18 | 26.87 | 2 | 2.99 | 0.00 | 0.00 | 67 | 100.00 |
| 医养合作 | 1 | 0.78 | 6 | 4.65 | 21 | 16.28 | 16 | 12.40 | 0.00 | 0.00 | 85 | 65.89 | 129 | 100.00 |
| 合计 | 1 | 0.49 | 24 | 11.71 | 56 | 27.32 | 35 | 17.07 | 2 | 0.98 | 87 | 42.43 | 205 | 100.00 |

河南省医养结合试点机构工作人员学历分布中,工勤管理人员硕士及以上45人,占比1.47%,本科458人,占比14.98%,大专1230人,占比40.24%,中专及中技689人,占比22.54%,技校64人,占比2.09%,高中246人,占比8.05%,初中及以下325人,占比10.63%。见表3-35。

表3-35 河南省医养结合试点机构工勤管理人员学历分布情况

| 类别 | 硕士及以上 | | 本科 | | 大专 | | 中专及中技 | | 技校 | | 高中 | | 初中及以下 | | 合计 | |
|---|---|---|---|---|---|---|---|---|---|---|---|---|---|---|---|---|
| | 人数 | 构成比/% | 人数 | 构成比/% | 人数 | 构成比/% | 人数 | 构成比/% | 人数 | 构成比/% | 人数 | 构成比/% | 人数 | 构成比/% | 人数 | 构成比/% |
| 养医 | 3 | 0.62 | 95 | 19.59 | 186 | 38.35 | 106 | 21.86 | 12 | 2.47 | 42 | 8.66 | 41 | 8.45 | 485 | 100.00 |
| 医养 | 7 | 0.68 | 166 | 16.05 | 472 | 45.65 | 274 | 26.50 | 21 | 2.02 | 81 | 7.84 | 13 | 1.26 | 1034 | 100.00 |
| 医养合作 | 35 | 2.28 | 197 | 12.81 | 572 | 37.19 | 309 | 20.09 | 31 | 2.02 | 123 | 8.00 | 271 | 17.61 | 1538 | 100.00 |
| 合计 | 45 | 1.47 | 458 | 14.98 | 1230 | 40.24 | 689 | 22.54 | 64 | 2.09 | 246 | 8.05 | 325 | 10.63 | 3057 | 100.00 |

河南省医养结合试点机构工作人员学历分布中,注册护士硕士及以上113人,占比1.27%,本科2845人,占比32.16%,大专4749人,占比54.69%,中专及中技1097人,占比12.40%,技校36人,占比0.41%,高中6人,占比0.07%。见表3-36。

表 3-36　河南省医养结合试点机构注册护士学历分布情况

| 类别 | 硕士及以上 | | 本科 | | 大专 | | 中专及中技 | | 技校 | | 高中 | | 合计 | |
|---|---|---|---|---|---|---|---|---|---|---|---|---|---|---|
| | 人数 | 构成比/% | 人数 | 构成比/% | 人数 | 构成比/% | 人数 | 构成比/% | 人数 | 构成比/% | 人数 | 构成比/% | 人数 | 构成比/% |
| 养医 | 79 | 7.19 | 339 | 30.85 | 557 | 50.68 | 123 | 11.19 | 1 | 0.09 | 0 | 0.00 | 1099 | 100.00 |
| 医养 | 16 | 0.52 | 813 | 26.39 | 1739 | 56.44 | 506 | 16.42 | 7 | 0.23 | 0 | 0.00 | 3081 | 100.00 |
| 医养合作 | 18 | 0.38 | 1703 | 36.50 | 2453 | 52.57 | 468 | 10.02 | 28 | 0.60 | 6 | 0.13 | 4666 | 100.00 |
| 合计 | 113 | 1.27 | 2845 | 32.16 | 4749 | 53.69 | 1097 | 12.40 | 36 | 0.41 | 6 | 0.07 | 8846 | 100.00 |

河南省医养结合试点机构工作人员学历分布中,护工本科1人,占比0.10%,大专70人,占比7.25%,中专及中技222人,占比22.98%,技校96人,占比9.94%,高中195人,占比20.19%,初中及以下382人,占比39.54%。见表3-37。

表 3-37　河南省医养结合试点机构护工学历分布情况

| 类别 | 本科 | | 大专 | | 中专及中技 | | 技校 | | 高中 | | 初中及以下 | | 合计 | |
|---|---|---|---|---|---|---|---|---|---|---|---|---|---|---|
| | 人数 | 构成比/% | 人数 | 构成比/% | 人数 | 构成比/% | 人数 | 构成比/% | 人数 | 构成比/% | 人数 | 构成比/% | 人数 | 构成比/% |
| 养医 | 0 | 0.00 | 1 | 0.59 | 80 | 47.34 | 7 | 4.14 | 20 | 11.84 | 61 | 36.09 | 169 | 100.00 |
| 医养 | 1 | 0.25 | 43 | 10.70 | 66 | 16.42 | 72 | 17.91 | 98 | 24.37 | 122 | 30.35 | 402 | 100.00 |
| 医养合作 | 0 | 0.00 | 26 | 6.58 | 76 | 19.24 | 17 | 4.31 | 77 | 19.49 | 199 | 50.38 | 395 | 100.00 |
| 合计 | 1 | 0.10 | 70 | 7.25 | 222 | 22.98 | 96 | 9.94 | 195 | 20.19 | 382 | 39.54 | 966 | 100.00 |

河南省医养结合试点机构工作人员学历分布中,养老护理员(职业)硕士以及上2人,占比0.15%,本科37人,占比2.80%,大专120人,占比9.09%,中专及中技272人,占比20.61%,技校114人,占比8.64%,高中336人,占比25.45%,初中及以下439人,占比33.26%。见表3-38。

表 3-38　河南省医养结合试点机构养老护理员(职业)学历分布情况

| 类别 | 硕士及以上 | | 本科 | | 大专 | | 中专及中技 | | 技校 | | 高中 | | 初中及以下 | | 合计 | |
|---|---|---|---|---|---|---|---|---|---|---|---|---|---|---|---|---|
| | 人数 | 构成比/% | 人数 | 构成比/% | 人数 | 构成比/% | 人数 | 构成比/% | 人数 | 构成比/% | 人数 | 构成比/% | 人数 | 构成比/% | 人数 | 构成比/% |
| 养医 | 2 | 0.80 | 13 | 5.18 | 11 | 4.38 | 92 | 36.65 | 18 | 7.17 | 56 | 22.31 | 59 | 23.51 | 251 | 100.00 |
| 医养 | 0 | 0.00 | 0 | 0.00 | 75 | 13.61 | 58 | 10.53 | 67 | 12.16 | 188 | 34.12 | 163 | 29.58 | 551 | 100.00 |
| 医养合作 | 0 | 0.00 | 24 | 4.63 | 34 | 6.56 | 122 | 23.55 | 29 | 5.61 | 92 | 17.76 | 217 | 41.89 | 518 | 100.00 |
| 合计 | 2 | 0.15 | 37 | 2.80 | 120 | 9.09 | 272 | 20.61 | 114 | 8.64 | 336 | 25.45 | 439 | 33.26 | 1320 | 100.00 |

## 第二节　河南省部分医养结合机构人力资源工作满意度

### 一、河南省医养结合试点机构人力资源情况

#### (一)工作人员社会学人口特征分布情况

本研究共调查 153 个医养结合试点机构,2074 名工作人员,其中男性 582 人,占比 28.06%,女性 1492 人,占比 71.94%。工作人员年龄分布中,20～30 岁共 435 人,占比 20.97%,30～40 岁共 561 人,占比 27.05%,40～50 岁共 422 人,占比 20.35%,50～60 岁共 472 人,占比 22.76%,60 岁及以上共 184 人,占比 8.87%。

工作人员学历分布中,硕士及以上 15 人,占比 0.72%,本科 459 人,占比 22.13%,大专 738 人,占比 35.58%,中专及中技 243 人,占比 11.72%,技校 9 人,占比 0.43%,高中 209 人,占比 10.08%,初中及以下 401 人,占比 19.34%。

工作人员职业分布中,卫生技术人员 1185 人,占比 57.14%,管理工勤人员 192 人,占比 9.26%,养老护理人员 654 人,占比 31.53%,其他人员 43 人,占比 2.07%。见表 3-39。

表 3-39　工作人员社会学人口特征分布情况

| 变量 | 分类 | 频数 | 构成比/% |
|---|---|---|---|
| 性别 | 男性 | 582 | 28.06 |
| | 女性 | 1492 | 71.94 |
| 年龄/岁 | 20～ | 435 | 20.97 |

续表3-39

| 变量 | 分类 | 频数 | 构成比/% |
|---|---|---|---|
| | 30~ | 561 | 27.05 |
| | 40~ | 422 | 20.35 |
| | 50~ | 472 | 22.76 |
| | 60及以上 | 184 | 8.87 |
| 学历 | 硕士及以上 | 15 | 0.72 |
| | 本科 | 459 | 22.13 |
| | 大专 | 738 | 35.58 |
| | 中专及中技 | 243 | 11.72 |
| | 技校 | 9 | 0.43 |
| | 高中 | 209 | 10.08 |
| | 初中及以下 | 401 | 19.34 |
| 职业 | 卫生技术人员 | 1185 | 57.14 |
| | 管理工勤人员 | 192 | 9.26 |
| | 养老护理人员 | 654 | 31.53 |
| | 其他人员 | 43 | 2.07 |

### (二)工作人员工作分布情况

工作人员职称分布中,高级职称55人,占比2.65%,副高级职称59人,占比2.84%,中级职称433人,占比20.88%,初级职称788人,占比37.99%,无职称659人,占比31.77%,其他80人,占比3.87%。

工作人员工龄分布中,在机构工作时间不足2年共706人,占比34.04%,2~4年共740人,占比35.68%,4~6年共266人,占比12.83%,6~8年共120人,占比5.79%,8年及以上共77人,占比3.71%,工作时间在10年以上的共165人,占比7.95%。

工作人员保险缴纳情况分布中,未缴纳任何保险710人,占比34.23%,缴纳有保险1364人,占比65.77%。其中,缴纳养老保险1016人,占比48.99%,缴纳医疗保险881人,占比42.48%,缴纳工伤保险744人,占比35.87%,缴纳生育保险579人,占比27.92%,缴纳住房公积金505人,占比24.35%,缴纳其他保险133人,占比6.41%。

工作人员平均收入为(2825.07±1186.04)元,工作人员收入分布中,不足1000元8人,占比0.39%,1000~元共239人,占比11.52%,2000~元共932人,占比44.94%,3000~元共572人,占比27.58%,4000~元共224人,占比10.80%,5000元及以上共99人,占比4.77%。

工作人员在职培训情况分布中,178人未参加过在职培训,占比8.58%,805人参加过医疗方面培训,占比38.81%,1226人参加过护理方面培训,占比59.11%,1110人参加过养老方面培训，占比53.52%，579人参加过预防医学（慢病防治）方面培训，占比27.92%，有129人参加过其他方面培训，占比6.22%。

工作人员对岗位工作量评价情况分布中，141人认为工作量非常多，占比6.80%，779人认为工作量比较多，占比37.56%，1122人认为工作量一般，占比54.10%，32人认为工作量比较少，占比1.54%，无工作人员认为工作量非常少。

工作人员面临困难情况分布中，944人认为工资待遇低，占比45.52%，1294人表示服务对象户家属不理解，占比62.39%，928人表示精神压力大，占比44.74%，702人表示工作任务繁重，占比33.85%，389人表示培训不能满足需求占比18.76%，226人表示职业晋升困难，占比10.9%，566人表示社会地位低，占比27.29%，154人表示工作环境不好，占比7.43%，307人表示负面情绪多，占比14.80%，66人表示存在其他方面困难，占比3.18%。由此可见，工作人员面临困难主要问题为服务对象或家属不理解、工资待遇低以及精神压力大。见表3-40。

表3-40 工作人员工作分布情况

| 变量 | 分类 | 频数 | 构成比/% |
| --- | --- | --- | --- |
| 职称 | 高级 | 55 | 2.65 |
|  | 副高级 | 59 | 2.84 |
|  | 中级 | 433 | 20.88 |
|  | 初级 | 788 | 37.99 |
|  | 无 | 659 | 31.77 |
|  | 其他 | 80 | 3.87 |
| 工龄/年 | <2 | 706 | 34.04 |
|  | 2~ | 740 | 35.68 |
|  | 4~ | 266 | 12.83 |
|  | 6~ | 120 | 5.79 |
|  | 8~ | 77 | 3.71 |
|  | 10及以上 | 165 | 7.95 |
| 保险缴纳 | 未缴纳 | 710 | 34.23 |
|  | 养老保险 | 1016 | 48.99 |
|  | 医疗保险 | 881 | 42.48 |
|  | 工伤保险 | 744 | 35.87 |
|  | 生育保险 | 579 | 27.92 |
|  | 住房公积金 | 505 | 24.35 |
|  | 其他 | 133 | 6.41 |

续表 3-40

| 变量 | 分类 | 频数 | 构成比/% |
| --- | --- | --- | --- |
| 月工资水平(元) | <1000 | 8 | 0.39 |
| | 1000~ | 239 | 11.52 |
| | 2000~ | 932 | 44.94 |
| | 3000~ | 572 | 27.58 |
| | 4000~ | 224 | 10.80 |
| | 5000~ | 99 | 4.77 |
| 在职培训 | 未参加培训 | 178 | 8.58 |
| | 医疗 | 805 | 38.81 |
| | 护理 | 1226 | 59.11 |
| | 养老 | 1110 | 53.52 |
| | 预防医学(慢病防治) | 579 | 27.92 |
| | 其他 | 129 | 6.22 |
| 岗位工作量 | 非常多 | 141 | 6.80 |
| | 比较多 | 779 | 37.56 |
| | 一般 | 1122 | 54.10 |
| | 比较少 | 32 | 1.54 |
| 工作面临困难 | 工资待遇低 | 944 | 45.52 |
| | 服务对象或家属不理解 | 1294 | 62.39 |
| | 精神压力大 | 928 | 44.74 |
| | 工作任务繁重 | 702 | 33.85 |
| | 培训不能满足需求 | 389 | 18.76 |
| | 职业晋升困难 | 226 | 10.90 |
| | 社会地位低 | 566 | 27.29 |
| | 工作环境不好 | 154 | 7.43 |
| | 负面情绪多 | 307 | 14.80 |
| | 其他 | 66 | 3.18 |

### (三)工作人员满意度分布情况

工作人员目前薪资水平满意度得分为(2.73±0.69),工作环境满意度得分为(3.78±0.78),工作整体情况满意度得分为(3.65±0.73)。工作人员对薪资水平满意度情况显示,127人表示满意,占比6.13%;对工作环境满意度情况显示,1302人表示满意,占比

62.78%；对工作整体情况满意度显示，1184人表示满意，占比57.08%。工作人员工作环境满意度最高，其次为工作整体情况，对薪资水平满意度最低。见表3-41。

表3-41 工作人员满意度分布情况

| 变量 | 分类 | 频数 | 构成比/% |
| --- | --- | --- | --- |
| 薪资水平满意度 | 非常满意 | 18 | 0.87 |
|  | 比较满意 | 109 | 5.26 |
|  | 一般 | 1359 | 65.53 |
|  | 比较不满意 | 468 | 22.57 |
|  | 非常不满意 | 120 | 5.77 |
| 工作环境满意度 | 非常满意 | 380 | 18.32 |
|  | 比较满意 | 922 | 44.46 |
|  | 一般 | 720 | 34.72 |
|  | 比较不满意 | 43 | 2.07 |
|  | 非常不满意 | 9 | 0.43 |
| 工作整体满意度 | 非常满意 | 245 | 11.81 |
|  | 比较满意 | 939 | 45.27 |
|  | 一般 | 827 | 39.88 |
|  | 比较不满意 | 55 | 2.65 |
|  | 非常不满意 | 8 | 0.39 |

## 二、河南省医养结合试点机构人力资源分岗位比较

### (一)工作人员社会人口学特征分岗位比较

本研究调查的2074个医养结合机构工作人员中，卫生技术人员1185个，占总人数57.14%，管理工勤人员192个，占总人数9.26%，养老护理人员654个，占总人数31.53%，其他人员43个，占总人数2.07%。

不同岗位工作人员性别分布之间差异有统计学意义（$P<0.05$），均为女性多于男性，养老护理人员性别分布差异最大，女性人数约为男性的3.3倍，管理工勤人员性别分布差异最小，女性人数约为男性的1.2倍。见表3-42。

表3-42 不同岗位工作人员性别分布情况

| 类别 | 男 | | 女 | | $\chi^2$ | $P$ |
|---|---|---|---|---|---|---|
| | 人数 | 构成比/% | 人数 | 构成比/% | | |
| 卫生技术人员 | 328 | 27.68 | 857 | 72.32 | | |
| 管理工勤人员 | 87 | 45.31 | 105 | 54.69 | | |
| 养老护理人员 | 153 | 23.39 | 501 | 76.61 | 35.877 | <0.001 |
| 其他人员 | 14 | 32.56 | 29 | 67.44 | | |

### (二)工作人员工作情况分岗位比较

不同岗位工作人员年龄分布之间差异有统计学意义($P<0.05$),卫生技术人员、管理工勤人员和其他人员中均为30~岁占比最多,养老护理人员中50~岁占比最多。见表3-43。

表3-43 不同岗位工作人员年龄分布情况

| 类别 | 20~岁 | | 30~岁 | | 40~岁 | | 50~岁 | | 60~岁 | | $\chi^2$ | $P$ |
|---|---|---|---|---|---|---|---|---|---|---|---|---|
| | 人数 | 构成比/% | 人数 | 构成比/% | 人数 | 构成比/% | 人数 | 构成比/% | 人数 | 构成比/% | | |
| 卫生技术人员 | 374 | 31.56 | 429 | 36.2 | 213 | 17.97 | 124 | 10.46 | 45 | 3.80 | | |
| 管理工勤人员 | 28 | 14.58 | 68 | 35.42 | 42 | 21.88 | 37 | 19.27 | 17 | 8.85 | | |
| 养老护理人员 | 27 | 4.13 | 50 | 7.65 | 159 | 24.31 | 301 | 46.02 | 117 | 17.89 | 628.372 | <0.001 |
| 其他人员 | 6 | 13.95 | 14 | 32.56 | 8 | 18.60 | 10 | 23.26 | 5 | 11.63 | | |

不同岗位工作人员学历分布之间差异有统计学意义($P<0.05$),卫生技术人员、管理工勤人员和其他人员中人数占比最多均为大专,养老护理人员中超过半数为初中及以下。见表3-44。

## 第三章 河南省医养结合试点机构人力资源现状研究

表3-44 不同岗位工作人员学历分布情况

| 类别 | 硕士及以上 人数 | 构成比/% | 本科 人数 | 构成比/% | 大专 人数 | 构成比/% | 中专及中技 人数 | 构成比/% | 技校 人数 | 构成比/% | 高中 人数 | 构成比/% | 初中及以下 人数 | 构成比/% | $\chi^2$ | $P$ |
|---|---|---|---|---|---|---|---|---|---|---|---|---|---|---|---|---|
| 卫生技术人员 | 10 | 0.84 | 393 | 33.16 | 594 | 50.13 | 164 | 13.84 | 1 | 0.08 | 15 | 1.27 | 8 | 0.68 | | |
| 管理工勤人员 | 2 | 1.04 | 45 | 23.44 | 75 | 39.06 | 32 | 16.67 | 1 | 0.52 | 27 | 14.06 | 10 | 5.21 | | |
| 养老护理人员 | 3 | 0.46 | 16 | 2.45 | 52 | 7.95 | 45 | 6.88 | 6 | 0.92 | 159 | 24.31 | 373 | 57.03 | 1372.159 | <0.001 |
| 其他人员 | 0 | 0.00 | 5 | 11.63 | 17 | 39.53 | 2 | 4.65 | 1 | 2.33 | 8 | 18.60 | 10 | 23.26 | | |

不同岗位工作人员职称分布之间差异有统计学意义($P<0.05$),卫生技术人员中初级职称人数占比最多,半数以上拥有初级职称,管理工勤人员、养老护理人员和其他人员中均为无职称人数占比最多。卫生技术人员的职称分布整体优于其他岗位工作人员。见表3-45。

表3-45 不同岗位工作人员职称分布情况

| 类别 | 高级 人数 | 构成比/% | 副高级 人数 | 构成比/% | 中级 人数 | 构成比/% | 初级 人数 | 构成比/% | 无 人数 | 构成比/% | 其他 人数 | 构成比/% | $\chi^2$ | $P$ |
|---|---|---|---|---|---|---|---|---|---|---|---|---|---|---|
| 卫生技术人员 | 24 | 2.03 | 55 | 4.64 | 301 | 25.40 | 629 | 53.08 | 161 | 13.59 | 15 | 1.27 | | |
| 管理工勤人员 | 4 | 2.07 | 3 | 1.56 | 30 | 15.63 | 43 | 22.40 | 94 | 48.96 | 18 | 9.38 | | |
| 养老护理人员 | 25 | 3.82 | 1 | 0.15 | 101 | 15.44 | 115 | 17.58 | 375 | 57.34 | 37 | 5.67 | 614.505 | <0.001 |
| 其他人员 | 2 | 4.65 | 0 | 0.00 | 1 | 2.33 | 1 | 2.33 | 29 | 67.43 | 10 | 23.26 | | |

不同岗位工作人员工龄分布之间差异有统计学意义($P<0.05$),绝大多数集中于4年以内,卫生技术人员工龄在2年以内人数占比最多,管理工勤人员、养老护理人员和其他人员均为2~年人数占比最多。见表3-46。

表 3-46　不同岗位工作人员工龄分布情况

| 类别 | <2 年 | | 2~年 | | 4~年 | | 6~年 | | 8~年 | | 10~年 | | $\chi^2$ | $P$ |
| --- | --- | --- | --- | --- | --- | --- | --- | --- | --- | --- | --- | --- | --- | --- |
| | 人数 | 构成比/% | 人数 | 构成比/% | 人数 | 构成比/% | 人数 | 构成比/% | 人数 | 构成比/% | 人数 | 构成比/% | | |
| 卫生技术人员 | 433 | 36.54 | 398 | 33.59 | 131 | 11.05 | 53 | 4.47 | 41 | 3.46 | 129 | 10.89 | | |
| 管理工勤人员 | 52 | 27.08 | 73 | 38.02 | 32 | 16.67 | 15 | 7.81 | 7 | 3.65 | 13 | 6.77 | | |
| 养老护理人员 | 203 | 31.04 | 251 | 38.38 | 97 | 14.83 | 52 | 7.95 | 28 | 4.28 | 23 | 3.52 | 64.584 | <0.001 |
| 其他人员 | 18 | 41.86 | 18 | 41.86 | 6 | 13.95 | 0 | 0.00 | 1 | 2.33 | 0 | 0.00 | | |

不同岗位工作人员保险缴纳情况分布之间差异有统计学意义（$P<0.05$），卫生技术人员中73.84%的工作人员至少缴纳一种保险，管理工勤人员中73.96%的工作人员至少缴纳一种保险，养老护理人员中49.54%的工作人员至少缴纳一种保险，其他人员中53.49%的工作人员至少缴纳一种保险。根据不同保险缴纳情况显示，医疗保险和养老保险缴纳情况优于其他保险缴纳情况。见表3-47。

表 3-47　不同岗位工作人员保险缴纳分布情况

| 类别 | 未缴纳 | | 养老保险 | | 医疗保险 | | 工商保险 | | 生育保险 | | 住房公积金 | | 其他 | |
| --- | --- | --- | --- | --- | --- | --- | --- | --- | --- | --- | --- | --- | --- | --- |
| | 人数 | 构成比/% | 人数 | 构成比/% | 人数 | 构成比/% | 人数 | 构成比/% | 人数 | 构成比/% | 人数 | 构成比/% | 人数 | 构成比/% |
| 卫生技术人员 | 310 | 26.16 | 741 | 62.53 | 672 | 56.71 | 516 | 43.54 | 467 | 39.41 | 425 | 35.86 | 66 | 5.57 |
| 管理工勤人员 | 50 | 26.04 | 107 | 55.73 | 94 | 48.96 | 85 | 44.27 | 59 | 30.73 | 45 | 23.44 | 24 | 12.57 |
| 养老护理人员 | 330 | 50.46 | 151 | 23.09 | 99 | 15.14 | 132 | 20.18 | 43 | 6.57 | 27 | 4.13 | 41 | 6.29 |
| 其他人员 | 20 | 46.51 | 17 | 39.53 | 16 | 37.21 | 11 | 25.58 | 10 | 23.26 | 8 | 18.60 | 2 | 4.65 |
| $\chi^2$ | 119.379 | | 267.557 | | 302.077 | | 108.163 | | 227.021 | | 231.338 | | 13.649 | |
| $P$ | <0.001 | | <0.001 | | <0.001 | | <0.001 | | <0.001 | | <0.001 | | 0.003 | |

不同岗位工作人员工资水平分布之间差异有统计学意义（$P<0.05$），卫生技术人员平均收入为（2974.25±1397.99）元，管理工勤人员平均收入为（2860.36±943.32）元，养

老护理人员平均收入为(2573.87±709.95)元,其他人员平均收入为(2376.74±793.98)元。不同岗位的工作人员工资水平均为2000~元占比最多。见表3-48。

表3-48 不同岗位工作人员工资水平分布情况

| 类别 | <1000元 | | 1000~元 | | 2000~元 | | 3000~元 | | 4000~元 | | 5000~元 | | $\chi^2$ | P |
| --- | --- | --- | --- | --- | --- | --- | --- | --- | --- | --- | --- | --- | --- | --- |
| | 人数 | 构成比/% | 人数 | 构成比/% | 人数 | 构成比/% | 人数 | 构成比/% | 人数 | 构成比/% | 人数 | 构成比/% | | |
| 卫生技术人员 | 5 | 0.42 | 138 | 11.65 | 449 | 37.89 | 349 | 29.45 | 159 | 13.42 | 85 | 7.17 | | |
| 管理工勤人员 | 1 | 0.52 | 10 | 5.21 | 89 | 46.35 | 63 | 32.81 | 22 | 11.46 | 7 | 3.65 | | |
| 养老护理人员 | 2 | 0.31 | 80 | 12.23 | 374 | 57.18 | 150 | 22.94 | 42 | 6.42 | 6 | 0.92 | 116.361 | <0.001 |
| 其他人员 | 0 | 0.00 | 11 | 25.57 | 20 | 46.51 | 10 | 23.26 | 1 | 2.33 | 1 | 2.33 | | |

不同岗位工作人员在职培训情况分布之间差异有统计学意义($P<0.05$),管理工勤人员和养老护理人员未参加在职培训人数占比高于10%,卫生技术人员和养老护理人员未参加在职培训人数占比均在10%以下。卫生技术人员中参加医疗方面培训人数占比最多,管理工勤人员和其他人员中参加养老方面培训人数占比最多,预防医学(慢病防治)方面和其他培训情况相对较差。见表3-49。

表3-49 不同岗位工作人员在职培训分布情况

| 类别 | 未参加 | | 医疗 | | 护理 | | 养老 | | 预防医学 | | 其他 | |
| --- | --- | --- | --- | --- | --- | --- | --- | --- | --- | --- | --- | --- |
| | 人数 | 构成比/% | 人数 | 构成比/% | 人数 | 构成比/% | 人数 | 构成比/% | 人数 | 构成比/% | 人数 | 构成比/% |
| 卫生技术人员 | 78 | 6.58 | 681 | 57.47 | 660 | 55.70 | 564 | 47.59 | 421 | 35.53 | 50 | 4.22 |
| 管理工勤人员 | 27 | 14.06 | 39 | 20.31 | 91 | 47.40 | 122 | 63.54 | 54 | 28.13 | 31 | 16.15 |
| 养老护理人员 | 65 | 9.94 | 80 | 12.23 | 458 | 70.03 | 405 | 61.93 | 95 | 14.53 | 42 | 6.42 |
| 其他人员 | 8 | 18.60 | 5 | 11.63 | 17 | 39.53 | 19 | 44.19 | 9 | 20.93 | 6 | 13.95 |
| $\chi^2$ | 29.430 | | 409.272 | | 55.702 | | 44.561 | | 93.431 | | 45.015 | |
| P | <0.001 | | <0.001 | | <0.001 | | <0.001 | | <0.001 | | <0.001 | |

不同岗位工作人员对岗位工作量评价分布之间差异有统计学意义（$P<0.05$），不同岗位工作人员均为表示工作量一般的人数占比最多，卫生技术人员表示工作量多人数占比46.07%，管理工勤人员中表示工作量多人数占比41.14%，养老护理人员中表示工作量多人数占比43.12%，其他人员中表示工作量多工作人员人数占比30.23%。见表3-50。

表3-50　不同岗位工作人员岗位工作量分布情况

| 类别 | 非常多 | | 比较多 | | 一般 | | 比较少 | | 非常少 | | $\chi^2$ | $P$ |
| --- | --- | --- | --- | --- | --- | --- | --- | --- | --- | --- | --- | --- |
| | 人数 | 构成比/% | 人数 | 构成比/% | 人数 | 构成比/% | 人数 | 构成比/% | 人数 | 构成比/% | | |
| 卫生技术人员 | 82 | 6.92 | 464 | 39.16 | 610 | 51.48 | 29 | 2.45 | 0 | 0.00 | | |
| 管理工勤人员 | 5 | 2.60 | 74 | 38.54 | 113 | 58.86 | 0 | 0.00 | 0 | 0.00 | 29.857 | <0.001 |
| 养老护理人员 | 52 | 7.95 | 230 | 35.17 | 369 | 56.42 | 3 | 0.46 | 0 | 0.00 | | |
| 其他人员 | 2 | 4.65 | 11 | 25.58 | 30 | 69.77 | 0 | 0.00 | 0 | 0.00 | | |

不同岗位工作人员面临困难情况中，除培训不能满足需求、职业晋升困难和其他外，不同岗位工作人员面临困难分布之间差异有统计学意义（$P<0.05$），均为表示服务对象或家属不理解人数占比最多。卫生技术人员、管理工勤人员和其他人员面临困难前3位依次为服务对象或家属不理解、工资待遇低和精神压力大，养老护理人员面临困难前3位依次服务对象或家属不理解、精神压力大和工资待遇低。见表3-51。

### （三）工作人员满意度情况分岗位比较

不同岗位工作人员满意度之间差异有统计学意义（$P<0.05$），卫生技术人员工作人员对薪资水平、工作环境和工作整体情况满意度得分分别为$2.68\pm0.71$、$3.64\pm0.79$及$3.57\pm0.73$，满意率分别为5.99%、54.18%及51.90%，管理工勤人员对薪资水平、工作环境和工作整体情况满意度得分分别为$2.87\pm0.71$、$4.03\pm0.67$及$3.89\pm0.65$，满意率分别为8.86%、79.17%及74.48%，养老护理人员对薪资水平、工作环境和工作整体情况满意度得分分别为$2.79\pm0.60$、$3.97\pm0.74$及$3.74\pm0.74$，满意率分别为5.65%、73.39%及61.47%，其他人员对薪资水平、工作环境和工作整体情况满意度得分分别为$2.51\pm0.88$、$3.72\pm0.77$及$3.60\pm0.66$，满意率分别为4.66%、65.12%及55.82%。由此可见，工作人员对薪资水平满意度均相对较低，管理工勤人员薪资水平、工作环境及工作整体满意度情况均优于其他岗位工作人员。见表3-52。

第三章 河南省医养结合试点机构人力资源现状研究

表3-51 不同岗位工作人员面临困难分布情况

| 人员类别 | 工资待遇低 | | 服务对象或家属不理解 | | 精神压力大 | | 工作任务繁重 | | 培训不能满足需求 | | 职业晋升困难 | | 社会地位低 | | 工作环境不好 | | 负面情绪多 | | 其他 | |
|---|---|---|---|---|---|---|---|---|---|---|---|---|---|---|---|---|---|---|---|---|
| | 人数 | 构成比/% | 人数 | 构成比/% | 人数 | 构成比/% | 人数 | 构成比/% | 人数 | 构成比/% | 人数 | 构成比/% | 人数 | 构成比/% | 人数 | 构成比/% | 人数 | 构成比/% | 人数 | 构成比/% |
| 卫生技术人员 | 585 | 49.37 | 724 | 61.10 | 555 | 46.84 | 422 | 35.61 | 238 | 20.08 | 142 | 11.98 | 283 | 23.88 | 108 | 9.11 | 182 | 15.36 | 45 | 3.80 |
| 管理工勤人员 | 70 | 36.46 | 82 | 42.71 | 68 | 35.42 | 47 | 24.48 | 41 | 21.35 | 21 | 10.94 | 20 | 10.42 | 3 | 1.56 | 21 | 10.94 | 6 | 3.13 |
| 养老护理人员 | 271 | 41.44 | 465 | 71.10 | 296 | 45.26 | 225 | 34.40 | 105 | 16.06 | 58 | 8.87 | 257 | 39.30 | 41 | 6.27 | 104 | 15.90 | 14 | 2.14 |
| 其他人员 | 18 | 41.86 | 23 | 53.49 | 9 | 20.93 | 8 | 18.60 | 5 | 11.63 | 5 | 11.63 | 6 | 13.95 | 2 | 4.65 | 0 | 0.00 | 1 | 2.33 |
| $\chi^2$ | 18.058 | | 55.142 | | 18.786 | | 13.726 | | 6.788 | | 4.235 | | 85.854 | | 16.270 | | 10.663 | | 8.877 | |
| $P$ | <0.001 | | <0.001 | | <0.001 | | 0.003 | | 0.079 | | 0.237 | | <0.001 | | 0.001 | | 0.014 | | 0.277 | |

表 3-52　不同岗位工作人员满意度分布情况

| 类别 | 薪资水平 | 工作环境 | 工作整体情况 |
| --- | --- | --- | --- |
| 卫生技术人员 | 2.68±0.71 | 3.64±0.79 | 3.57±0.73 |
| 管理工勤人员 | 2.87±0.71 | 4.03±0.67 | 3.89±0.65 |
| 养老护理人员 | 2.79±0.60 | 3.97±0.74 | 3.74±0.74 |
| 其他人员 | 2.51±0.88 | 3.72±0.77 | 3.60±0.66 |
| $F$ | 7.876 | 33.314 | 14.835 |
| $P$ | <0.001 | <0.001 | <0.001 |

## 第三节　河南省医养结合试点机构工作人员长期从业意愿影响因素分析

### 一、社会学人口特征与工作人员长期从业意愿的单因素分析

从社会人口学特征分析工作人员的长期从业意愿影响因素,工作人员的长期从业意愿在地区方面的差异有统计学意义($P<0.05$)。地区分布中,三类地区工作人员愿意长期从事医养结合行业人数占比最高为93.95%,其次为四类地区90.72%,一类地区87.75%,二类地区最低为77.68%。见表3-53。

表 3-53　社会学人口特征与工作人员长期从业意愿的单因素分析

| 变量 | 分类 | 是 | | 否 | | $\chi^2$ | $P$ |
| --- | --- | --- | --- | --- | --- | --- | --- |
| | | 频数 | 构成比/% | 频数 | 构成比/% | | |
| 区域 | 一类地区 | 351 | 87.75 | 49 | 12.25 | 84.802 | <0.001 |
| | 二类地区 | 341 | 77.68 | 98 | 22.32 | | |
| | 三类地区 | 978 | 93.95 | 63 | 6.05 | | |
| | 四类地区 | 176 | 90.72 | 18 | 9.28 | | |
| 性别 | 男性 | 527 | 90.55 | 55 | 9.45 | 1.969 | 0.161 |
| | 女性 | 1319 | 88.40 | 173 | 11.60 | | |
| 年龄/岁 | 20~ | 379 | 87.13 | 56 | 12.87 | 4.424 | 0.352 |
| | 30~ | 509 | 90.73 | 52 | 9.27 | | |
| | 40~ | 376 | 89.10 | 46 | 10.90 | | |
| | 50~ | 415 | 87.92 | 57 | 12.08 | | |
| | 60~ | 167 | 90.76 | 17 | 9.24 | | |

续表3-53

| 变量 | 分类 | 是 | | 否 | | $\chi^2$ | $P$ |
| --- | --- | --- | --- | --- | --- | --- | --- |
| | | 频数 | 构成比/% | 频数 | 构成比/% | | |
| 学历 | 硕士及以上 | 14 | 93.33 | 1 | 6.67 | 7.692 | 0.262 |
| | 本科 | 411 | 89.54 | 48 | 10.46 | | |
| | 大专 | 646 | 87.53 | 92 | 12.47 | | |
| | 中专及中技 | 226 | 93.00 | 17 | 7.00 | | |
| | 技校 | 8 | 88.89 | 1 | 11.11 | | |
| | 高中 | 190 | 90.91 | 19 | 9.09 | | |
| | 初中及以下 | 351 | 87.53 | 50 | 12.47 | | |
| 职业 | 卫生技术人员 | 1042 | 87.93 | 143 | 12.07 | 5.288 | 0.152 |
| | 管理工勤人员 | 179 | 93.23 | 13 | 6.77 | | |
| | 养老护理人员 | 587 | 89.76 | 67 | 10.24 | | |
| | 其他 | 38 | 88.37 | 5 | 11.63 | | |

## 二、工作情况与工作人员长期从业意愿的单因素分析

从工作人员工作情况分析工作人员的长期从业意愿影响因素,工作人员的长期从业意愿在工龄、保险缴纳和岗位工作量方面的差异有统计学意义($P<0.05$)。工龄分布中,工龄为8~年的工作人员愿意长期从事医养结合行业人数占比最高为96.10%,工龄为2年以内的最低为86.12%。保险缴纳情况分布中,缴纳保险的工作人员愿意长期从事医养结合行业人数占比为90.40%,高于未缴纳保险86.34%。岗位工作量分布中,认为工作量表比较少的工作人员愿意长期从事医养结合行业人数占比最高为96.88%,认为工作量非常多的最低为72.34%。见表3-54。

表3-54 工作情况与工作人员长期从业意愿的单因素分析

| 变量 | 分类 | 是 | | 否 | | $\chi^2$ | $P$ |
| --- | --- | --- | --- | --- | --- | --- | --- |
| | | 频数 | 构成比/% | 频数 | 构成比/% | | |
| 职称 | 高级 | 53 | 96.36 | 2 | 3.64 | 3.665 | 0.599 |
| | 副高级 | 52 | 88.14 | 7 | 11.86 | | |
| | 中级 | 385 | 88.91 | 48 | 11.09 | | |
| | 初级 | 704 | 89.34 | 84 | 10.66 | | |
| | 无 | 581 | 88.16 | 78 | 11.84 | | |
| | 其他 | 71 | 88.75 | 9 | 11.25 | | |
| 工龄/年 | <2 | 608 | 86.12 | 98 | 13.88 | 16.072 | 0.007 |
| | 2~ | 663 | 89.59 | 77 | 10.41 | | |

续表 3-54

| 变量 | 分类 | 是 | | 否 | | $\chi^2$ | $P$ |
|---|---|---|---|---|---|---|---|
| | | 频数 | 构成比/% | 频数 | 构成比/% | | |
| | 4 ~ | 242 | 90.98 | 24 | 9.02 | | |
| | 6 ~ | 104 | 86.67 | 16 | 13.33 | | |
| | 8 ~ | 74 | 96.10 | 3 | 3.90 | | |
| | 10 及以上 | 155 | 93.94 | 10 | 6.06 | | |
| 保险缴纳 | 未缴纳 | 613 | 86.34 | 97 | 13.66 | 7.858 | 0.005 |
| | 缴纳 | 1233 | 90.40 | 131 | 9.60 | | |
| 岗位工作量 | 非常多 | 102 | 72.34 | 39 | 27.66 | 68.567 | <0.001 |
| | 比较多 | 669 | 85.88 | 110 | 14.12 | | |
| | 一般 | 1044 | 93.05 | 78 | 6.95 | | |
| | 比较少 | 31 | 96.88 | 1 | 3.12 | | |

## 三、满意度与工作人员长期从业意愿的单因素分析

从工作人员满意度分析工作人员的长期从业意愿影响因素,工作人员的长期从业意愿在薪资水平、工作环境和整体工作情况满意度方面的差异有统计学意义($P<0.05$)。薪资水平满意度分布中,对薪资水平非常满意的工作人员愿意长期从事医养结合行业的人数占比最高为100.00%,对薪资水平非常不满意的最低为66.67%。工作环境满意度分布中,对工作环境非常满意的工作人员愿意长期从事医养结合行业的人数占比最高为94.74%,对工作环境比较不满意的最低为62.79%。工作整体情况满意度分布中,对工作整体情况比较满意的工作人员愿意长期从事医养结合行业的人数占比最高为96.59%。对工作整体情况比较不满意的最低为58.18%。见表3-55。

表 3-55 工作情况与工作人员长期从业意愿的单因素分析

| 变量 | 分类 | 是 | | 否 | | $\chi^2$ | $P$ |
|---|---|---|---|---|---|---|---|
| | | 频数 | 构成比/% | 频数 | 构成比/% | | |
| 薪资水平 | 非常满意 | 18 | 100.00 | 0 | 0.00 | 156.778 | <0.001 |
| | 比较满意 | 106 | 97.25 | 3 | 2.75 | | |
| | 一般 | 1275 | 93.82 | 84 | 6.18 | | |
| | 比较不满意 | 367 | 78.42 | 101 | 21.58 | | |
| | 非常不满意 | 80 | 66.67 | 40 | 33.33 | | |
| 工作环境 | 非常满意 | 360 | 94.74 | 20 | 5.26 | 112.649 | <0.001 |
| | 比较满意 | 867 | 94.03 | 55 | 5.97 | | |

续表 3-55

| 变量 | 分类 | 是 | | 否 | | $\chi^2$ | $P$ |
|---|---|---|---|---|---|---|---|
| | | 频数 | 构成比/% | 频数 | 构成比/% | | |
| 工作整体 | 一般 | 584 | 81.11 | 136 | 18.89 | 186.093 | <0.001 |
| | 比较不满意 | 27 | 62.79 | 16 | 37.21 | | |
| | 非常不满意 | 8 | 88.89 | 1 | 11.11 | | |
| | 非常满意 | 236 | 96.33 | 9 | 3.67 | | |
| | 比较满意 | 907 | 96.59 | 32 | 3.41 | | |
| | 一般 | 665 | 80.41 | 162 | 19.59 | | |
| | 比较不满意 | 32 | 58.18 | 23 | 41.82 | | |
| | 非常不满意 | 6 | 75.00 | 2 | 25.00 | | |

## 四、工作人员长期从业意愿的多因素分析

为探究影响工作人员长期从业意愿的影响因素,本研究将工作人员是否愿意长期从事医养结合工作为因变量(愿意为参照),将地区分布、性别、年龄、学历、职业、职称、工龄、目前薪资水平、保险缴纳、工作环境、岗位工作量、工作整体满意情况作为自变量进行二分类 logistic 逐步回归分析。

回归方程的纳入标准及剔除协变量标准 α 分别为 0.05 和 0.10,逐步回归结果显示:地区分布、年龄、工龄、岗位工作量、工作整体满意度对工作人员的长期从业意愿有影响。

从地区分布来看,与一类地区工作人员从业意愿相比,三类地区的工作人员更愿意长期从事医养结合行业,三类地区 $OR=0.405(95\%CI=0.260\sim0.633)$,二类地区和四类地区工作人员长期从业意愿与一类地区差异无统计学意义($P>0.05$)。

从年龄分布来看,相比之下年龄较大的工作人员更不愿意长期从事医养结合行业,$OR=1.016(95\%CI=1.003\sim1.029)$。

从工龄分布来看,与工龄不足 2 年的工作人员长期从业意愿相比,工龄在 8 年及以上的工作人员更愿意长期从事医养结合行业,工龄 8~年 $OR=0.235(95\%CI=0.068\sim0.809)$,工龄 10~年 $OR=0.279(95\%CI=0.133\sim0.586)$,工龄 2~6 年与工龄不足 2 年的工作人员长期从业意愿差异无统计学意义($P>0.05$)。

从目前薪资水平来看,表示薪资水平非常高、比较高、一般、比较低以及非常低的工作人员长期从业意愿差异无统计学意义($P>0.05$)。

从工作环境来看,表示工作环境非常好、比较好、一般、比较差和非常差的工作人员长期从业意愿差异无统计学意义($P>0.05$)。

从岗位工作量来看,与表示岗位工作量非常多的工作人员长期从业意愿相比,表示岗位工作量比较多、一般、比较少的工作人员更愿意长期从事医养结合行业,表示岗位工作量比较多 $OR=0.593(95\%CI=0.358\sim0.981)$,表示岗位工作量一般 $OR=0.296(95\%CI=0.178\sim0.495)$,表示岗位工作量比较少 $OR=0.055(95\%CI=0.007\sim0.446)$。

从工作整体满意度情况来看,与表示对工作整体情况非常满意的工作人员长期从业意愿相比,表示对工作整体情况满意度一般和比较不满意的工作人员更不愿意长期从事医养结合行业,表示对工作整体情况一般满意 $OR=3.225(95\% CI=1.472\sim7.065)$,表示对工作整体情况比较不满意 $OR=7.198(95\% CI=2.560\sim20.239)$,表示对工作整体情况非常不满意与表示对工作整体情况非常满意的工作人员长期从业意愿差异无统计学意义($P>0.05$)。见表3-56。

表3-56 工作人员长期从业意愿影响因素的二元logistic逐步回归分析结果

| 变量 | 回归系数 | 标准误差 | Wald $\chi^2$ | $P$ | OR | 95% CI | |
|---|---|---|---|---|---|---|---|
| | | | | | | 下限 | 上限 |
| 地区分布 | | | | | | | |
| 一类地区 | — | — | 39.515 | <0.001 | — | — | — |
| 二类地区 | 0.278 | 0.221 | 1.587 | 0.208 | 1.321 | 0.857 | 2.036 |
| 三类地区 | -0.903 | 0.227 | 15.771 | <0.001 | 0.405 | 0.260 | 0.633 |
| 四类地区 | 0.273 | 0.330 | 0.687 | 0.407 | 1.314 | 0.689 | 2.509 |
| 年龄 | 0.016 | 0.007 | 5.546 | 0.019 | 1.016 | 1.003 | 1.029 |
| 工龄/年 | | | | | | | |
| <2 | | | 15.783 | 0.007 | | | |
| 2~ | -0.190 | 0.190 | 1.008 | 0.315 | 0.827 | 0.570 | 1.199 |
| 4~ | -0.298 | 0.273 | 1.190 | 0.275 | 0.743 | 0.435 | 1.268 |
| 6~ | -0.132 | 0.334 | 0.157 | 0.692 | 0.876 | 0.456 | 1.685 |
| 8~ | -1.450 | 0.632 | 5.270 | 0.022 | 0.235 | 0.068 | 0.809 |
| 10~ | -1.277 | 0.379 | 11.370 | 0.001 | 0.279 | 0.133 | 0.586 |
| 目前薪资水平 | | | | | | | |
| 非常高 | | | 34.062 | <0.001 | | | — |
| 比较高 | 17.482 | 9289.482 | 0.000 | 0.998 | 39101577.753 | 0.000 | — |
| 一般 | 17.802 | 9289.482 | 0.000 | 0.998 | 53879142.025 | 0.000 | — |
| 比较低 | 18.734 | 9289.482 | 0.000 | 0.998 | 136793675.688 | 0.000 | — |
| 非常低 | 19.012 | 9289.482 | 0.000 | 0.998 | 180557774.302 | 0.000 | — |
| 工作环境 | | | | | | | |
| 非常好 | | | 10.135 | 0.038 | | | |
| 比较好 | -0.022 | 0.303 | 0.005 | 0.942 | 0.978 | 0.540 | 1.772 |
| 一般 | 0.516 | 0.296 | 3.032 | 0.082 | 1.675 | 0.937 | 2.992 |
| 比较差 | 0.640 | 0.473 | 1.828 | 0.176 | 1.896 | 0.750 | 4.792 |
| 非常差 | -1.042 | 1.332 | 0.612 | 0.434 | 0.353 | 0.026 | 4.803 |

续表 3-56

| 变量 | 回归系数 | 标准误差 | Wald $\chi^2$ | P | OR | 95% CI | |
|---|---|---|---|---|---|---|---|
| | | | | | | 下限 | 上限 |
| 岗位工作量 | | | | | | | |
| 非常多 | | | 31.909 | <0.001 | | | |
| 比较多 | −0.523 | 0.257 | 4.145 | 0.042 | 0.593 | 0.358 | 0.981 |
| 一般 | −1.216 | 0.261 | 21.659 | <0.001 | 0.296 | 0.178 | 0.495 |
| 比较低 | −2.893 | 1.064 | 7.398 | 0.007 | 0.055 | 0.007 | 0.446 |
| 工作整体满意度 | | | | | | | |
| 非常满意 | | | 50.665 | <0.001 | | | |
| 比较满意 | −0.273 | 0.414 | 0.433 | 0.510 | 0.761 | 0.338 | 1.715 |
| 一般 | 1.171 | 0.400 | 8.563 | 0.003 | 3.225 | 1.472 | 7.065 |
| 不满意 | 1.974 | 0.527 | 14.001 | <0.001 | 7.198 | 2.560 | 20.239 |
| 非常不满意 | 1.337 | 1.064 | 1.581 | 0.209 | 3.809 | 0.474 | 30.628 |
| 常量 | −20.593 | 9289.482 | 0.000 | 0.998 | 0.000 | | |

# 第四节 河南省医养结合机构人力资源配置现状

## 一、河南省医养结合试点机构人力资源配置现状分析

### (一)河南省医养结合试点机构人力资源总量及素质分析

医养结合的发展对人力资源需求较大,由于老年人身体健康状况和需求较为特殊,需要医生、护士及养老护理员等提供专业的服务,但目前行业专业人才缺乏仍然是突出问题。未来随着人口老龄化程度的不断加深,老年市场需求进一步扩大,人力资源问题将在一定程度上制约医养结合行业的发展进程。

河南省医养结合工作仍在发展阶段,随着老年人口数量的持续增加,对医疗和养老服务的需求迅速增长,对相关人才的需求也相应逐步增大。自2016年河南省首次启动医养结合试点工作以来,至今审批通过的医养结合机构已超过200家。本研究调查的153个医养结合试点机构中,多数机构人员配备未能达到国家民政局基本建设标准要求,包括执业医师和养老护理人员的配备。工作人员短缺的原因可能为:一是机构刚刚取得医养结合试点机构资质,各项工作仍在探索发展阶段,人力资源配置尚未完善。二是医养结合机构本身规模有限,入住老人较少,工作人员数量相对较少。三是由于人们对医

养结合机构的固有认知往往是环境差、工作压力大、工资待遇低等,导致医养结合机构招聘工作人员困难、人员流失等问题。

本次调查显示,河南省医养结合机构中卫生技术人员大专以上学历人数占比84.13%,本科及以上人数占比34.00%,研究生及以上人数占比0.84%,大专及以上学历人员占比高于全国平均水平(73.2%)。管理工勤人员大专及以上学历人数占比63.54%,本科及以上人数占比24.48%,研究生及以上学历人数占比1.04%,大专及以上学历人员占比低于全国平均水平(77.5%)。从事养老护理工作人员大专及以上学历人数仅占比10.86%,超过半数以上学历为初中及以下。工作人员学历结构有待提高,说明相关部门应加强对高学历人才的重视,进一步引进高层次人才,鼓励在职工作人员继续学习深造。

河南省医养结合机构中医护人员中无职称人数占比13.59%,初级职称人数占比53.08%,中级及以上职称人数占比32.07%,中级及以上职称人数略高于全国平均水平(27.4%)。管理工勤人员中无职称人数占比48.96%,初级职称人数占比22.40%,中级及以上职称人数占比19.27%,低于全国平均水平(23.2%)。从事养老护理工作人员无职称人数占比57.34%,初级职称人数占比17.58%,中级及以上职称人数占比19.41%。河南省医养结合机构工作人员中高级职称人员严重短缺,缺乏学术带头人,导致老年人难以享受高水平医养服务。造成工作人员职称水平偏低的原因可能为:①医养结合机构基层单位较多,工作人员接触的服务对象有限,知识技能方面提升缓慢,影响其职称晋升。②医养结合机构尚未发展完善,工作人员数量有限且工作量繁多,导致其没有时间准备职称考试。③从事护理工作的学历门槛较低,入职后无继续学习深造提升自我的意识,学习氛围不够浓厚,导致职称层次普遍偏低。

### (二)河南省医养结合试点机构工作人员保障分析

河南省医养结合工作人员保险缴纳情况显示,有34.23%的工作人员未缴纳任何保险,二类地区甚至超过了40%。工作人员较为关注的养老保险与医疗保险也只有一类地区超过了50%。尤其是养老护理人员,超过50%未缴纳任何保险,养老和医疗保险的缴纳也仅在20%左右。基本的养老与医疗得不到保障不但使得工作人员的引进工作困难,也影响工作人员的工作积极性,难以留住人才。工作人员福利待遇差,基本的生活和医疗得不到保障,严重制约人力资源的发展。当前河南省医养结合工作仍然处于探索发展阶段,为推进医养结合工作的顺利进展,各级政府部门出台了多种政策,联合卫生、民政、人社部门等多个部门,然而各个地区医养结合工作的进展不尽相同,政策往往难以落实,致使医养结合的发展相对滞后,医养结合机构工作人员的保障不健全。

### (三)河南省医养结合试点机构工作人员工资水平分析

河南省医养结合机构工作人员对目前薪资水平的评价结果显示,28.36%的工作人员表示目前薪资水平低,二类地区甚至达44.42%。65.53%的工作人员表示目前薪资水平一般,仅6.13%的工作人员表示目前薪资水平高。河南省医养结合机构工作人员平均工资为(2825.07±1186.04)元,一类地区平均工资为(3272.81±992.88)元,二类地区平均工资为(2468.35±766.34)元,三类地区平均工资为(2749.52±1051.35)元,四类地区平均工资为(3114.51±2227.58)元。不同岗位的工作人员平均工资均在2000~3000元范围内,卫生技术人员、管理工勤人员、养老护理人员及其他人员平均工资依次降低,对目前薪资水平的满意度均在10%以内。河南省医养结合机构工作人员工资收入均低于当地平均工资水平。医养结合机构大多数为公办公营,收入主要是依靠财政补助和机构本身的经营收入。财政投入有限,医养结合机构自身盈利收入少,导致工作人员基本工资较低,绩效收入不能激起工作人员的工作积极性。

### (四)河南省医养结合试点机构工作人员岗位工作量分析

河南省医养结合机构工作人员中44.36%表示工作量大,在对工作人员面临困难调查时,结果显示33.85%的工作人员认为工作任务繁重。不同岗位工作人员中,卫生技术人员表示岗位工作量多的占比最高,46.08%的卫生技术人员表示工作量大。在一些"养医型"和"医养合作型"机构中,医务工作者提供专业医疗服务就已经应接不暇,扩展养老服务更是徒增负担。卫生技术人员数量相对较少,而服务对象众多,部分医养结合机构还提供上门服务,对工作人员而言负担沉重。在对医养结合机构入住老年人失能情况的调查中显示,医养结合机构入住老年人超过60%存在失能状况,尤其是重度失能老人衣食住行均需要人帮助,在对医养结合机构实际走访调查过程中发现,一名护理员实际工作中往往需要照顾多个不同失能程度的老人,与国际标准每3个失能老人配备1个养老护理员仍相距甚远,目前养老护理员方面仍然供不应求,存在较大缺口。

## 二、河南省医养结合试点机构工作人员长期从业意愿影响因素分析

### (一)不同地区及年龄工作人员长期从业意愿之间存在显著差异

本研究结果显示,与一类地区工作人员的长期从业意愿相比,三类地区工作人员更愿意长期从事医养结合行业。可能原因为,一类地区相对其他地区经济水平较高,外来人口多,生活开销相对较大,而医养结合机构普遍工资较低,工作人员更倾向于在大型医疗机构中就业。而三类地区经济水平较低,工作人员的生活压力相对较小,工作单位离家近,因此,对比一类地区工作人员长期从业意愿更高。研究结果显示,与年龄较小的工作人员长期从业意愿相比,年龄越大的工作人员更不愿意长期从事医养结合行业。可能原因为,一方面年轻的工作人员体能相对较好,医养结合工作需要工作人员对待工作要更有耐心、责任心,一个人要同时照顾几个老人,对工作人员的体能有一定的要求。另一方面年轻的工作人员家庭责任、家庭负担较轻,对于长期在医养结合机构工作的接受度较年长者高。一些年长的工作人员表示,在医养结合行业工作工资并不高,而且需要长时间待在机构中,与外界接触少,工资待遇得不到保障,需要处理可能出现的各种突发状况,甚至还要面临老年人或其家属不理解等情况。代欣蕊在对医疗机构从业人员职业倦怠调查研究中发现,工作人员年龄越大,其在生活方面阅历更丰富,工作中的不如意更多,相应情绪衰竭越严重。而较为年轻的工作人员刚步入职场,对工作充满期待,往往工作激情较高,与本研究结果相一致。因此,年龄较大的工作人员长期从业意愿更低,更不

愿意长期从事医养结合行业。

### (二)不同岗位工作量的工作人员长期从业意愿之间存在显著差异

本研究结果显示,与表示岗位工作量非常多的工作人员长期从业意愿相比,表示岗位工作量比较多、一般、比较少的人更愿意长期从事医养结合行业。邢艳菲等人研究发现,工作人员压力大,工作时长与离职意愿之间存在正相关关系。从事医养结合工作的工作人员普遍面临工作量大、压力大、睡眠不足等情况。因老年人身体健康状况特殊,可能出现疾病突然发作或其他突发意外情况,其工作人员需要时刻留意老年人各项身体健康指标变化情况,长期如此不仅对工作人员身心损耗较大,同时也会影响其家庭和社会层面的正常人际交往。调查结果显示,超过90%的工作人员参加过在职培训,50%以上的工作人员参加过养老和护理方面的培训,工作人员入职后仍要接受培训学习提升自身职业技能。因此,面临较大的岗位工作量,工作人员往往不愿意长期从事医养结合工作。

### (三)不同工龄工作人员长期从业意愿之间存在显著差异

本研究结果显示,不同工龄工作人员的长期从业意愿存在差异,对比工龄不足2年的工作人员,工龄在8年及以上的工作人员更愿意长期从事医养结合行业。侯福妍研究发现不同从业时间的工作人员在成就感低落维度表现之间的差异显著,工作人员的从业时间越长,在成就感低落维度的得分相对越低。大多数护理员在从业初期都会出现不适应现象,有的护理员甚至需要长达半年的时间适应。原因为一方面护理员与老年人相互熟悉、相互信任需要时间,另一方面是对工作环境的不适应,与老年人交流相处与平时有所不同,需要注意说话方式,更需要耐心与爱心。新入职工作人员如果不能顺利度过适应期,很可能会选择离职,而顺利度过适应期的工作人员便会对于工作更加得心应手。杨梦皎在对基层医疗机构中护士从事养老医疗护理工作的意愿研究中发现,随着从事工作时间的增长,护士的工作经验更加丰富,实践操作能力更强,从事养老医疗护理的意愿也更强,与本研究结果相一致。相关研究指出,以高年资护士为医养结合机构引进人才的优先选择,高年资护士不仅在临床方面具有丰富经验,在老年人的病情观察、心理疏导、人文关怀以及健康教育方面均具有较大优势,在医养结合行业更替体现其价值。因此,从业时间越久,工作人员工龄越长,其工作成就感越高,相应地更愿意长期从事该行业。

### (四)不同工作整体情况满意度工作人员长期从业意愿之间存在显著差异

本研究结果显示,对工作整体情况满意度较低的工作人员更不愿意长期从事医养结合行业。对工作整体满意度综合了目前薪资水平、工作环境、职业发展前景、社会地位、工作保障等多个方面。孙婷等人在对护理人员的从业意愿研究中发现,对工作满意度更高的人拥有更强的从业意愿,与本研究结果相一致。杨玉洁等人研究发现,考虑到从事老年护理工作薪资水平低、福利待遇差,且社会认可度低等因素,护士从事老年护理工作意愿较低,与本研究结果一致。基层工作人员大都表示晋升缓慢,在一定程度上影响其工作积极性。刘瑶在研究工作环境对从业意愿的影响中发现,多数调查对象认为养老机构的卫生环境差,不利于工作人员放松心情,难以留住人才。代欣蕊认为整洁、良好的工作环境是提高工作效率的前提。目前医养结合机构尚处于发展阶段,没有规范完善的管理制度体系,关系到其切身利益,直接影响了工作人员的从业意愿。我国老龄化形势严峻,医养结合机构必然有较大的发展空间,虽然目前国家颁布了一系列政策鼓励医养结合行业发展,但具体的落实情况仍不太乐观,加之受传统养老观念的影响,机构养老并非大多数人的首要选择,导致部分工作人员对自己在医养结合机构的发展前景并不持积极态度。陶骏贤等人认为通过提高薪酬待遇和晋升空间等可以提高工作人员满意度,降低离职意愿。

## 三、关于改善河南省医养结合试点机构人力资源配置的建议

### (一)加强政府主导,完善相应法律法规

医养结合服务的资源整合与供给是影响医养结合发展进程的重要因素。医养结合工作开展需要多个部门之间协同合作,因此要加强政府主导,打破各部门之间的壁垒,明确各部门职责,避免出现责任推诿、缺位等问题。完善的法律体系是医养结合人才队伍建设与发展的保障,是推动医养结合人力资源发展规范化的必要条件。在为人才发展提供法律层面的保障中,政府应发挥主导作用,结合国家政策要求和医养结合行业发展需求制定人才发展规划,进一步推动医养结合人才管理规范化、科学化以及制度化,为人才发展创造良好的法制环境。加大对医养结合机构的资金投入,完善相应政策补贴,一方面鼓励民营机构的发展,对民营机构提供适当的财政补贴,可通过降低领取补贴门槛或提供医疗器械等方式扶持民营机构发展。另一方面对人才培养和引进、服务培训等提供专项经费,解决医养结合机构人才引进困难、人员流失等问题。

### (二)加强在职工作人员培训,提升整体素质

加强在职工作人员培训是提高工作人员整体素质切实有效的措施。可借鉴发达国家相应的分级培训模式,根据不同职业不同的职责范围,为其安排针对性的培训内容。完善医养结合机构工作人员在职培训体系,严格制定并执行准入、培训和考核等环节的规章制度,保障医养结合工作人员良好的素质。培训内容应及时调整和更新,要符合当下的工作需求,能够根据服务对象的不同状况进行区分操作。培训方式可以鼓励在职工作人员继续深造,定期安排工作人员到相应专业机构进行知识和技能学习,也可邀请其他有经验、发展较好的医养结合机构的工作人员以讲座或者会谈的方式,分享其经验供本机构学习和改进。建立科学完善的考核制度以及合理的激励制度,定期对工作人员的理论知识和实践技能进行考核,将考核结果公示并与其本人的工资绩效挂钩,逐渐提升医养结合机构人力资源的整体素质。

### (三)完善人才优惠政策,提高福利待遇

针对医养结合机构工作人员招聘困难,人员流失量大等问题,可通过制定相应的人才优惠补贴政策,从政策层面保障医养结合机构工作人员福利待遇。鼓励高校毕业生在

医养行业就业,对拥有专业技能并选择在医养结合行业就业的毕业生提供人才补贴、评优评先、职称晋升方面等优惠政策。对有丰富经验有资质的医师、护士、管理工勤人员及养老护理人员等选择医养结合机构从业的,保障其薪资待遇,确保其职业发展空间,从而吸引更多人才到医养结合机构就业。建立纠纷调解和维权机制,当工作人员与老年人或其家属发生纠纷事件时,保障工作人员合法的应有的权益,为其解决后顾之忧使其能够专心于工作中。建立健全工作人员薪酬保障制度,打破传统养老行业低水平、低收入的固有恶性循环,并鼓励医养结合机构为工作人员购买相应保险,切实提高工作人员社会保障水平。改善医养结合机构工作人员工作环境、生活环境,定期举办文艺娱乐活动、团建活动等,能够一定程度上提高工作人员工作满意度,进而提高其在医养结合机构长期从业意愿。

# 第四章 机构与设施现况

## 第一节 河南省医养结合试点机构基本情况

### 一、医养结合试点机构所在区域情况

本次研究共调查196家医养结合试点机构,剔除无效问卷,有效问卷187份,占问卷总数的95.41%。本文对187家试点机构按聚类地区进行分析。其中,一类地区20家,占调查总机构数的10.70%;二类地区34家,占调查总机构数的18.18%;三类地区120家,占调查总机构数的64.17%;省直管县13家,占调查总机构数6.95%,所在区域为市辖区的医养结合机构61家,占调查总机构数的32.62%;所在区域为县城的63家,占调查总机构数的33.69%;所在区域为乡的57家,占调查总机构数的30.48%;所在区域为农村的6家,占调查总机构数的3.21%。

一类地区医养结合试点机构所在区域分布中,所在区域为县的医养结合机构最多,为11家,占该类地区总机构数的55.00%,其中没有农村的医养结合机构;二类地区医养结合试点机构所在区域分布中,所在区域为市辖区的医养结合机构最多,为12家,占该类地区总机构数的35.29%,其中农村的医养结合机构最少;三类地区医养结合试点机构所在区域分布中,所在区域为乡的医养结合机构最多,为41家,占该类地区总机构数的34.17%;省直管县地区的医养结合试点机构所在区域分布中,所在区域为县城的医养结合机构最多,为63家,占该类地区总机构数的33.69%,其中农村的医养结合机构最少。

### 二、医养结合试点机构类别情况

医养结合试点机构按医养结合类型分布中,养老机构办医疗32家,占调查总机构数的11.11%;医疗卫生机构办养老87家,占调查总机构数的46.52%;医疗卫生机构与养老机构合作68家,占调查总机构数的36.36%。其中,一类地区中,医疗卫生机构办养老

的机构最多,为9家,占该类地区总机构数的45.00%,养老机构办医疗的机构最少;二类地区中,医疗卫生机构办养老的机构最多,为16家,占该类地区总机构数的47.06%,养老机构办医疗的机构最少;三类地区中,医疗卫生机构办养老的机构最多,为52家,占该类地区总机构数的43.33%,养老机构办医疗的机构最少;省直管县地区中,医疗卫生机构办养老的机构最多,为10家,占该类地区总机构数的76.92%,养老机构办医疗的机构最少。见表4-1。

表4-1 河南省医养结合试点机构类型分布情况

| 地区 | 养老机构办医疗 | | 医疗卫生机构办养老 | | 医疗卫生机构和养老机构合作 | | 总计 | |
|---|---|---|---|---|---|---|---|---|
|  | 机构数 | 构成比/% | 机构数 | 构成比/% | 机构数 | 构成比/% | 机构数 | 构成比/% |
| 一类地区 | 3 | 15.00 | 9 | 45.00 | 8 | 40.00 | 20 | 100.00 |
| 二类地区 | 6 | 17.65 | 16 | 47.06 | 12 | 35.29 | 34 | 100.00 |
| 三类地区 | 23 | 17.29 | 62 | 46.62 | 48 | 36.09 | 133 | 100.00 |
| 总计 | 32 | 17.11 | 87 | 46.53 | 68 | 36.36 | 187 | 100.00 |

## 三、医养结合试点地区机构性质情况

河南省医养结合试点机构单位性质为公办公营96家,占调查总机构数的51.34%,公建民营的18家,占调查总机构数的9.63%,民建民营的73家,占调查总机构数的39.04%。其中,一类地区中,公办公营的医养结合机构最多,为14家,占该类地区总机构数的70.00%,公建民营和民建民营的最少;二类地区中,公办公营的医养结合机构最多,为18家,占该类地区总机构数的52.94%,公建民营的最少;三类地区中,公办公营的医养结合机构最多,为61家,占该类地区总机构数的50.83%,公建民营的最少;省直管县地区中,民建民营的医养结合机构最多,为9家,占该类地区总机构数的69.23%,公建民营的最少。见表4-2。

表4-2 河南省医养结合试点机构单位性质分布情况(家)

| 地区 | 公办公营 | | 公建民营 | | 民建民营 | | 总计 | |
|---|---|---|---|---|---|---|---|---|
|  | 机构数 | 构成比/% | 机构数 | 构成比/% | 机构数 | 构成比/% | 机构数 | 构成比/% |
| 一类地区 | 14 | 70.00 | 3 | 15.00 | 3 | 15.00 | 20 | 100.00 |
| 二类地区 | 18 | 52.94 | 4 | 11.76 | 12 | 36.30 | 34 | 100.00 |
| 三类地区 | 64 | 48.12 | 11 | 8.27 | 58 | 43.61 | 133 | 100.00 |
| 总计 | 96 | 51.34 | 18 | 9.63 | 73 | 39.04 | 187 | 100.00 |

## 四、医养结合试点地区机构主办部门及级别情况

### (一)医养结合试点地区机构主办部门情况

河南省医养结合试点机构主办部门为卫生部门 117 家,占调查总机构数的 62.57%,民政部门 50 家,占调查总机构数的 26.74%,企业 15 家,占调查总机构数的 8.02%,非政府组织 5 家,占调查总机构数的 2.67%。其中,一类地区中,主办部门为卫生部门的医养结合机构最多,为 14 家,占该类地区总机构数的 70.00%,没有主办部门为非政府组织的医养结合机构;二类地区中,主办部门为卫生部门的医养结合机构最多,为 21 家,占该类地区总机构数的 61.76%,主办部门为非政府组织的医养结合机构最少;三类地区中,主办部门为卫生部门的医养结合机构最多,为 75 家,占该类地区总机构数的 62.50%,主办部门为非政府组织的医养结合机构最少;省直管县地区中,仅有主办部门为卫生部门和民政部门的医养结合机构,卫生部门最多,而民政部门最少。见表 4-3。

表 4-3 医养结合试点机构主办部门分布情况(家)

| 地区 | 卫生部门 | | 民政部门 | | 企业 | | 非政府组织 | | 总计 | |
|---|---|---|---|---|---|---|---|---|---|---|
| | 频数 | 构成比/% | 频数 | 构成比/% | 频数 | 构成比/% | 频数 | 构成比/% | 频数 | 构成比/% |
| 一类地区 | 14 | 70.00 | 4 | 20.00 | 2 | 10.00 | 0 | 0.00 | 21 | 100.00 |
| 二类地区 | 21 | 61.76 | 10 | 29.42 | 2 | 5.88 | 1 | 2.94 | 34 | 100.00 |
| 三类地区 | 82 | 61.65 | 36 | 27.07 | 11 | 8.27 | 4 | 3.01 | 133 | 100.00 |
| 总计 | 117 | 62.57 | 50 | 26.74 | 15 | 8.02 | 5 | 2.67 | 187 | 100.00 |

### (二)医养结合试点地区机构主办部门级别情况

河南省医养结合试点机构主管部门级别为省级 1 家,占调查总机构数的 0.53%,市级 47 家,占调查总机构数的 25.13%,县级 127 家,占调查总机构数的 67.92%,乡级 12 家,占调查总机构数的 6.42%。其中,一类地区中,主办部门为县级的医养结合机构最多,为 15 家,占该类地区总机构数的 75.00%,没有主办部门为省级的医养结合机构;二类地区中,主办部门为县级的医养结合机构最多,为 20 家,占该类地区总机构数的 58.82%,主办部门为省级的医养结合机构最少;三类地区中,主办部门为县级的医养结合机构最多,为 82 家,占该类地区总机构数的 68.33%,没有主办部门为省级的医养结合机构;省直管县地区中,主办部门为县级的医养结合机构最多,为 10 家,占该类地区总机构数的 76.92%,没有主办部门为省级和乡级的医养结合机构。见表 4-4。

表4-4 医养结合试点地区机构主办部门级别情况（家）

| 地区 | 省级 | | 市级 | | 县级 | | 乡级 | | 总计 | |
|---|---|---|---|---|---|---|---|---|---|---|
| | 频数 | 构成比/% | 频数 | 构成比/% | 频数 | 构成比/% | 频数 | 构成比/% | 频数 | 构成比/% |
| 一类地区 | 0 | 0.00 | 5 | 25.00 | 15 | 75.00 | 0 | 0.00 | 20 | 100.00 |
| 二类地区 | 1 | 2.94 | 9 | 26.47 | 20 | 58.82 | 4 | 11.77 | 34 | 100.00 |
| 三类地区 | 0 | 0.00 | 33 | 24.39 | 92 | 66.67 | 11 | 8.94 | 136 | 100.00 |
| 总计 | 1 | 0.53 | 47 | 25.13 | 127 | 67.92 | 12 | 6.42 | 187 | 100.00 |

## 五、医养结合试点地区机构主管部门及级别情况

### （一）医养结合试点地区机构主管部门情况

河南省医养结合试点机构主管部门为卫生部门132家，占调查总机构数的70.59%，民政部门51家，占调查总机构数的27.27%，企业4家，占调查总机构数的2.14%。其中，一类地区中，主管部门为卫生部门的医养结合机构最多，为15家，占该类地区总机构数的75.00%，主管部门为企业的医养结合机构最少；二类地区中，主管部门为卫生部门的医养结合机构最多，为23家，占该类地区总机构数的67.65%，主管部门为企业的医养结合机构最少；三类地区中，主管部门为卫生部门的医养结合机构最多，为86家，占该类地区总机构数的71.67%，主管部门为企业的医养结合机构最少；省直管县地区中，主管部门为卫生部门的医养结合机构最多，为8家，占该类地区总机构数的61.54%，没有主管部门为企业的医养结合机构。见表4-5。

表4-5 医养结合试点地区机构主管部门情况（家）

| 地区 | 卫生部门 | | 民政部门 | | 企业 | | 总计 | |
|---|---|---|---|---|---|---|---|---|
| | 频数 | 构成比/% | 频数 | 构成比/% | 频数 | 构成比/% | 频数 | 构成比/% |
| 一类地区 | 15 | 75.00 | 3 | 15.00 | 2 | 10.00 | 20 | 100.00 |
| 二类地区 | 23 | 67.65 | 10 | 29.41 | 1 | 2.94 | 34 | 100.00 |
| 三类地区 | 94 | 71.67 | 38 | 27.50 | 1 | 0.83 | 133 | 100.00 |
| 总计 | 132 | 70.59 | 51 | 27.27 | 4 | 2.14 | 187 | 100.00 |

### （二）医养结合试点地区机构主管部门级别情况

河南省医养结合试点机构主管部门级别为省级的3家，占调查总机构数的1.60%，市级45家，占调查总机构数的24.06%，县级的134家，占调查总机构数的71.66%，乡级5家，占调查总机构数的2.68%。其中，一类地区中，主管部门级别为县级的医养结合机构最多，为14家，占该类地区总机构数的70.00%，没有主管部门级别为乡级的医养结合机构；二类地区中，主管部门为县级的医养结合机构最多，为24家，占该类地区总机

构数的70.59%,没有主管部门为省级的医养结合机构;三类地区中,主管部门为县级的医养结合机构最多,为86个,占该类地区总机构数的71.67%,主管部门为省级的医养结合机构最少;省直管县地区中,主管部门为县级的医养结合机构最多,为10家,占该类地区总机构数的76.92%,没有主管部门为省级的医养结合机构。见表4-6。

表4-6 医养结合试点地区机构主管部门级别情况(家)

| 地区 | 省级 | | 市级 | | 县级 | | 乡级 | | 总计 | |
| --- | --- | --- | --- | --- | --- | --- | --- | --- | --- | --- |
| | 频数 | 构成比/% | 频数 | 构成比/% | 频数 | 构成比/% | 频数 | 构成比/% | 频数 | 构成比/% |
| 一类地区 | 2 | 10.00 | 4 | 20.00 | 14 | 70.00 | 0 | 0.00 | 20 | 100.00 |
| 二类地区 | 0 | 0.00 | 8 | 23.53 | 24 | 70.59 | 2 | 5.88 | 34 | 100.00 |
| 三类地区 | 1 | 0.75 | 33 | 24.81 | 96 | 72.18 | 3 | 2.26 | 133 | 100.00 |
| 总计 | 3 | 1.60 | 45 | 24.06 | 134 | 71.66 | 5 | 2.67 | 187 | 100.00 |

## 第二节 河南省医养结合试点机构设施现状

### 一、机构成立时间

201家医养结合试点机构中,成立时间最早的是在1932年,只有1家,占机构总数的0.50%,成立时间最长的是88年,成立时间最短的是1年,特别是在2017年成立的机构最多,有23家,占机构总数的11.44%,见图4-1。

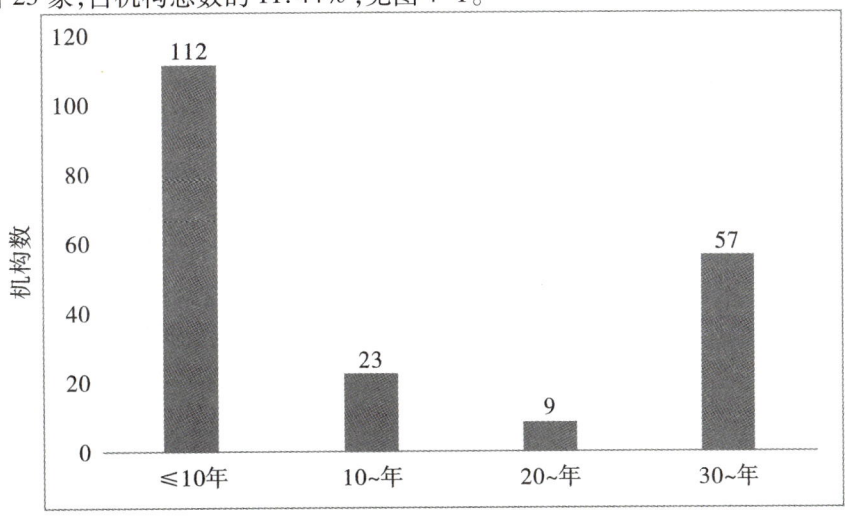

图4-1 河南省医养结合试点机构成立时间

## 二、机构环境设施现状

### (一)机构总占地面积现况

随着年龄的增加,身体各方面功能都存在一定程度的衰退,尤其环境对老人的影响就更加明显。老人的生活离不开环境,适老环境能够给老人的生活带来安全便捷,能够使老人们心情愉悦,带来好的生活品质,而非适老环境给老人们的生活造成影响,甚至直接影响身心健康。为了使老年人能够获得更舒适的养老生活,我们需要为老人营造出适老的居养生活环境。

河南省Ⅰ类地区医养结合试点机构平均占地面积是22017.30 $m^2$。其中,医疗功能平均占地面积是22017.30 $m^2$;养老功能平均占地面积是6442.29 $m^2$。

河南省Ⅱ类地区医养结合试点机构平均占地面积是12779.98 $m^2$。其中,医疗功能平均占地面积为6237.98 $m^2$;养老功能平均占地面积是5651.35 $m^2$。

河南省Ⅲ类地区医养结合试点机构平均占地面积是14697.07 $m^2$。其中,医疗功能平均占地面积为7791.85 $m^2$;养老功能平均占地面积是6297.69 $m^2$。

河南省医养结合试点机构平均占地面积为15643.97 $m^2$。其中,医疗功能平均占地面积为8750.92 $m^2$;养老功能平均占地面积是6304.50 $m^2$。

4种不同类型医养结合试点机构平均占地面积由大到小分别为:医养型、养医型、联合型、社区居家型,平均占地面积依次为15716.69 $m^2$、15658.40 $m^2$、15623.49 $m^2$、15161.32 $m^2$。联合型和社区居家型医养结合试点机构的平均占地面积均低于河南省内平均面积。

采用方差分析对不同类型医养结合试点机构占地面积进行比较,结果显示,$F=1.612$,$P=0.043$,差异均有统计学意义,不同类型医养结合试点机构平均占地面积存在差异。

不同单位性质的医养结合试点机构平均占地面积由大到小分别为:社会办、公建民营、政府办,平均面积依次为:15716.69 $m^2$、15680.69 $m^2$、15561.95 $m^2$。政府办医养结合试点机构的平均占地面积均低于河南省内平均面积。

采用方差分析比较不同单位性质间医养结合试点机构占地面积之间的差异,结果显示,$F=0.633$,$P=0.973$,差异均无统计学意义,不同单位性质医养结合试点机构平均面积没有差异见表4-7。

第四章 机构与设施现况

表4-7 不同类型、性质医养结合试点机构占地面积差异

| 类型/性质 | | 平均值/m² | $F$ | $P$ |
| --- | --- | --- | --- | --- |
| 不同类型 | 医养型 | 15716.69 | | |
| | 养医型 | 15658.40 | 1.612 | 0.043 |
| | 联合型 | 15623.49 | | |
| | 社区居家 | 15161.32 | | |
| 不同性质 | 政府办 | 15561.95 | | |
| | 公建民营 | 15680.69 | 0.633 | 0.973 |
| | 社会办 | 15716.69 | | |

### (二)机构建筑面积现况

河南省Ⅰ类地区医养结合试点地区平均建筑占地面积是15503.04 m²。其中,医疗功能平均建筑面积为9187.49 m²;养老功能平均建筑面积是5950.17 m²。

河南省Ⅱ类地区医养结合试点地区平均建筑占地面积是7835.31 m²。其中,医疗功能平均建筑面积为4772.84 m²;养老功能平均建筑面积是3055.93 m²。

河南省Ⅲ类地区医养结合试点地区机构平均建筑占地面积是9109.34 m²。其中,医疗功能平均建筑面积为5632.24 m²;养老功能平均建筑面积是3464.17 m²。

河南省医养结合试点地区机构平均建筑面积为9913.46 m²。其中,医疗功能平均建筑面积为6066.59 m²;养老功能平均建筑面积是3788.41 m²。

4种不同类型医养结合试点机构平均建筑面积由大到小分别为:养医型、社区居家型、医养型、联合型,平均建筑面积依次为:9971.93 m²、9966.32 m²、9957.52 m²、9937.03 m²。同时,所有类型的医养结合试点机构的平均建筑面积均高于河南省内平均面积。

采用单因素方差分析对不同类型医养结合试点机构建筑面积进行比较,结果显示,$F=1.725, P=0.019$,差异均有统计学意义,不同类型医养结合试点机构平均建筑面积存在差异。

不同单位性质的医养结合试点机构平均占地面积由大到小分别为:社会办、公建民营、政府办,平均面积依次为:9957.52 m²、9940.52 m²、9901.57 m²。同时,政府办医养结合试点机构的平均占地面积均低于河南省内平均面积。

采用方差分析比较不同性质间医养结合试点机构建筑面积之间的差异,结果显示,$F=0.635, P=0.976$,差异均无统计学意义,不同单位性质医养结合试点机构平均面积没有差异(表4-8)。

表4-8 不同类型、性质医养结合试点机构建筑面积差异

| 类型/性质 | | 平均值/m² | $F$ | $P$ |
|---|---|---|---|---|
| 不同类型 | 医养型 | 9957.52 | | |
| | 养医型 | 9971.93 | | |
| | 联合型 | 9937.03 | 1.725 | 0.019 |
| | 社区居家 | 9966.32 | | |
| 不同性质 | 政府办 | 9901.57 | | |
| | 公建民营 | 9940.52 | 0.635 | 0.976 |
| | 社会办 | 9957.52 | | |

## （三）机构周边配套设施现况

医院、公交站、商场超市、广场公园等这些公共设施都是生活的必要设施,对于提高老年人的生活环境有重要意义,既可以方便老人,又可以方便子女探望。

河南省医养结合试点地区机构周边设施相对比较齐全,周边都有大型综合超市、公交站点、政府职能部门、商场超市、广场公园。河南省医养结合试点地区养老机构在周边配套设施中大型综合医院所占比重最低,为14.52%,公交站点所占比重最高,为25.81%。见表4-9。

表4-9 河南省三类地区医养结合试点机构周边设施现状

| 地区 | 大型综合医院 | | 公交站点 | | 政府职能部门 | | 商场超市 | | 广场公园 | | 合计 | |
|---|---|---|---|---|---|---|---|---|---|---|---|---|
| | 频数 | 构成比/% | 频数 | 构成比/% | 频数 | 构成比/% | 频数 | 构成比/% | 频数 | 构成比/% | 频数 | 构成比/% |
| Ⅰ类地区 | 15 | 16.48 | 21 | 23.08 | 15 | 16.48 | 21 | 23.08 | 19 | 20.88 | 91 | 100.00 |
| Ⅱ类地区 | 16 | 15.53 | 29 | 28.16 | 16 | 15.53 | 23 | 22.33 | 19 | 18.45 | 103 | 100.00 |
| Ⅲ类地区 | 59 | 13.85 | 110 | 25.82 | 85 | 19.95 | 93 | 21.83 | 79 | 18.55 | 426 | 100.00 |
| 合计 | 90 | 14.52 | 160 | 25.81 | 116 | 18.70 | 137 | 22.10 | 117 | 18.87 | 620 | 100.00 |

对201家医养结合试点机构周边配套设施进行分析显示,4种类型的医养结合试点机构周边都存在大型综合超市、公交站点、政府职能部门、商场超市、广场公园、其他设施。5种周边配套设施中数量由多到少的是:公交站点、商场超市、广场公园、政府职能部门、大型综合医院。医养型机构周边配套设施数量最多,其次是联合型机构,最少的是社区居家型机构。不同性质的医养结合试点机构周边都存在大型综合医院、公交站点、政府职能部门、商场超市、广场公园。周边配套设施公交站点最多,为25.81%,大型综合医院数量最少,仅占14.52%。见表4-10。

第四章　机构与设施现况

表4-10　不同类型、不同性质医养结合试点机构周边设施现状

| 地区 | | 大型综合医院 | | 公交站点 | | 政府职能部门 | | 商场超市 | | 广场公园 | | 合计 | |
|---|---|---|---|---|---|---|---|---|---|---|---|---|---|
| | | 频数 | 构成比/% | 频数 | 构成比/% | 频数 | 构成比/% | 频数 | 构成比/% | 频数 | 构成比/% | 频数 | 构成比/% |
| 不同类型 | 医养型 | 40 | 13.47 | 77 | 25.93 | 52 | 17.50 | 70 | 23.57 | 58 | 19.53 | 297 | 100.00 |
| | 养医型 | 15 | 16.48 | 27 | 29.67 | 16 | 17.58 | 13 | 14.29 | 20 | 21.98 | 91 | 100.00 |
| | 联合型 | 29 | 14.35 | 49 | 24.26 | 42 | 20.79 | 47 | 23.27 | 35 | 17.33 | 202 | 100.00 |
| | 社区居家型 | 6 | 20.00 | 7 | 23.33 | 6 | 20.00 | 7 | 23.33 | 4 | 13.34 | 30 | 100.00 |
| 不同性质 | 政府办 | 38 | 12.30 | 76 | 24.60 | 68 | 22.01 | 73 | 23.62 | 54 | 17.47 | 309 | 100.00 |
| | 公建民营 | 12 | 18.75 | 17 | 26.56 | 9 | 14.06 | 14 | 21.88 | 12 | 18.75 | 64 | 100.00 |
| | 社会办 | 40 | 16.19 | 67 | 27.13 | 39 | 15.79 | 50 | 20.24 | 51 | 20.65 | 247 | 100.00 |
| 合计 | | 90 | 14.52 | 160 | 25.81 | 116 | 18.70 | 137 | 22.10 | 117 | 18.87 | 620 | 100.00 |

通过分析比较不同类型间医养结合试点机构周边设施现状,结果显示,不同类型机构仅对商场超市存在统计学差异,其他周边设施均无统计学意义。

通过分析比较不同性质间医养结合试点机构周边设施现状,结果显示,不同性质机构对大型综合医院、公交站地差异有统计学意义、统计学差异,对政府职能部门、商场超市、广场公园差异均无统计学意义。见表4-11。

表4-11　不同类型、不同性质医养结合试点机构周边设施比较

| 设施 | 不同类型 | | 不同性质 | |
|---|---|---|---|---|
| | $\chi^2$ | $P$ | $\chi^2$ | $P$ |
| 大型综合医院 | 2.069 | 0.558 | 6.901 | 0.032 |
| 公交站点 | 6.714 | 0.082 | 7.157 | 0.028 |
| 政府职能部门 | 1.616 | 0.656 | 4.737 | 0.094 |
| 商场超市 | 17.514 | 0.001 | 0.318 | 0.853 |
| 广场公园 | 4.490 | 0.213 | 4.483 | 0.106 |

## 三、机构生活设施现状

### (一)机构居室生活设施

对调查的201家医养结合试点地区养老机构,根据不同类型,居室生活设施的数量由多到少分别是:医养型725个、联合型506个、养医型279个、社区居家型87个。按照性质不同进行比较,居室生活设施的数量由多到少分别是:政府办有765个、社会办有661个、公建民营171个。养老机构的各类居室生活设施中,数量由多到少分别是:床头

柜191个、床上用品185个、电视机181个、呼叫器172个、安全扶手160个、独立卫浴间159个、沙发衣柜等家具149个、洗衣机122个、陪护床116个、冰箱83个、电话79个。

根据对养老机构居室设施分析,不同类型养老机构中,医养型、养医型、联合型机构的居室生活设施数量分布相对较为均衡,但社区居家型养老机构在设施中数量都较少。不同性质养老机构中,政府办和社会办机构的居室生活设施数量分布相对较为均衡,公建民营的设施数量较少。见表4-12。

表4-12 不同类型、不同性质医养结合试点地区机构居室生活设施现状(个)

| 类型/性质 | | 独立卫浴间 | 电视机 | 冰箱 | 呼叫器 | 洗衣机 | 沙发衣柜 | 床上用品 | 陪护床 | 床头柜 | 电话 | 安全扶手 | 合计 |
|---|---|---|---|---|---|---|---|---|---|---|---|---|---|
| 不同类型 | 医养型 | 74 | 81 | 28 | 84 | 53 | 65 | 85 | 59 | 86 | 34 | 76 | 725 |
| | 养医型 | 30 | 32 | 16 | 30 | 20 | 29 | 32 | 15 | 33 | 11 | 31 | 279 |
| | 联合型 | 47 | 59 | 32 | 51 | 41 | 47 | 59 | 34 | 63 | 27 | 46 | 506 |
| | 社区居家型 | 8 | 9 | 7 | 7 | 8 | 8 | 9 | 8 | 9 | 7 | 7 | 87 |
| 不同性质 | 政府办 | 74 | 88 | 39 | 86 | 57 | 64 | 93 | 57 | 96 | 38 | 73 | 765 |
| | 公建民营 | 16 | 20 | 10 | 19 | 13 | 17 | 20 | 9 | 20 | 7 | 20 | 171 |
| | 社会办 | 69 | 73 | 34 | 67 | 52 | 68 | 72 | 50 | 75 | 34 | 67 | 661 |

通过分析比较不同类型间医养结合试点机构生活设施现状,结果显示,不同类型机构对独立卫浴间、冰箱、呼叫器、床上用品、陪护床、安全扶手存在统计学差异,对电视机、洗衣机、沙发衣柜、床头柜、电话均无统计学意义。

通过分析比较不同性质间医养结合试点机构生活设施现状,结果显示,不同性质机构对独立卫浴间、电视机、沙发衣柜、床头柜、安全扶手存在统计学差异,对冰箱、呼叫器、洗衣机、床上用品、陪护床、电话均无统计学意义。见表4-13。

表4-13 不同类型、不同性质医养结合试点地区机构居室生活设施差异显著性比较

| 设施 | 不同类型 | | 不同性质 | |
|---|---|---|---|---|
| | $\chi^2$ | $P$ | $\chi^2$ | $P$ |
| 独立卫浴间 | 10.242 | 0.017 | 11.107 | 0.004 |
| 电视机 | 5.445 | 0.142 | 9.830 | 0.007 |
| 冰箱 | 9.760 | 0.021 | 1.743 | 0.418 |
| 呼叫器 | 15.965 | 0.001 | 2.995 | 0.224 |
| 洗衣机 | 3.180 | 0.365 | 3.865 | 0.145 |
| 沙发衣柜 | 6.113 | 0.106 | 20.070 | <0.001 |

续表 4-13

| 设施 | 不同类型 | | 不同性质 | |
|---|---|---|---|---|
| | $\chi^2$ | $P$ | $\chi^2$ | $P$ |
| 床上用品 | 9.007 | 0.028 | 4.208 | 0.122 |
| 陪护床 | 10.697 | 0.013 | 3.861 | 0.145 |
| 床头柜 | 6.422 | 0.093 | 6.072 | 0.048 |
| 电话 | 6.139 | 0.105 | 1.522 | 0.467 |
| 安全扶手 | 14.349 | 0.002 | 15.119 | 0.001 |

### (二)机构照护设施

对河南省 201 家医养结合试点地区机构照护设施进行现状分析,坐式便器数量最多,翻身枕数量最少。在不同类型的养老机构中,医养型机构数量最多,其次是联合型,再次是养医型,最后是社区居家型。翻身枕占比在 4 种类型机构中都是最低。

在不同性质的养老机构中,政府办类型机构中数量最多,其次是社会办类型,最后是公建民营类型。翻身枕占比在 3 种性质机构中都是最低。见表 4-14。

表 4-14 不同类型、不同性质医养结合试点机构照护设施现状(个)

| 类型/性质 | | 老年坐椅 | | 坐式便器 | | 翻身枕 | | 合计 |
|---|---|---|---|---|---|---|---|---|
| | | 频数 | 构成比/% | 频数 | 构成比/% | 频数 | 构成比/% | |
| 不同类型 | 医养型 | 65 | 34.03 | 85 | 44.50 | 41 | 21.47 | 191 |
| | 养医型 | 31 | 41.89 | 31 | 41.89 | 12 | 16.22 | 74 |
| | 联合型 | 58 | 41.43 | 57 | 40.71 | 25 | 17.86 | 140 |
| | 社区居家型 | 8 | 40.00 | 7 | 35.00 | 5 | 25.00 | 20 |
| 不同性质 | 政府办 | 73 | 37.06 | 87 | 44.16 | 37 | 18.78 | 197 |
| | 公建民营 | 19 | 43.18 | 19 | 43.18 | 6 | 13.64 | 44 |
| | 社会办 | 70 | 38.04 | 74 | 40.22 | 40 | 21.74 | 184 |
| 合计 | | 162 | 38.12 | 180 | 42.35 | 83 | 19.53 | 425 |

### (三)机构清洁设施

在被调查的 201 家医养结合试点养老机构中,按照机构类型不同将清洁设施数量的多少由多到少排列依次为医养型、联合型、养医型、社区居家型,分别为 466 个、336 个、216 个、51 个;按照机构性质不同按设施数量多少排列分别为:社会办 476 个、政府办 467 个、公建民营 126 个。

根据不同清洁设施数量多少由多到少为：指甲剪、热水器、理发器具、洗澡凳、防滑沐浴垫、吹风机、沐浴推车、沐浴床。见表4-15。

表4-15 不同类型、不同性质医养结合试点机构清洁设施现状（个）

| 类型/性质 | | 理发器具 | 热水器 | 吹风机 | 洗澡凳 | 沐浴推车 | 沐浴床 | 防滑沐浴垫 | 指甲剪 | 合计 |
|---|---|---|---|---|---|---|---|---|---|---|
| 不同类型 | 医养型 | 62 | 80 | 57 | 66 | 31 | 31 | 58 | 81 | 466 |
| | 养医型 | 29 | 30 | 25 | 32 | 20 | 22 | 27 | 31 | 216 |
| | 联合型 | 48 | 54 | 37 | 43 | 30 | 26 | 42 | 56 | 336 |
| | 社区居家型 | 8 | 7 | 8 | 5 | 5 | 7 | 5 | 6 | 51 |
| 不同性质 | 政府办 | 63 | 80 | 51 | 66 | 32 | 31 | 60 | 84 | 467 |
| | 公建民营 | 17 | 19 | 13 | 17 | 15 | 13 | 14 | 18 | 126 |
| | 社会办 | 67 | 72 | 63 | 63 | 39 | 42 | 58 | 72 | 476 |
| | 合计 | 147 | 171 | 127 | 146 | 86 | 86 | 132 | 174 | 1069 |

通过分析比较不同类型间医养结合试点机构清洁设施现状，结果显示，不同类型机构对吹风机、洗澡凳、沐浴床、指甲剪存在统计学差异，对理发器具、热水器、沐浴推车、防滑沐浴垫均无统计学意义。

通过分析比较不同性质间医养结合试点机构生活设施现状，结果显示，不同性质机构对所有清洁设施均存在统计学差异。见表4-16。

表4-16 不同类型、不同性质医养结合试点地区机构清洁设施差异显著性比较

| 设施 | 不同类型 | | 不同性质 | |
|---|---|---|---|---|
| | $\chi^2$ | $P$ | $\chi^2$ | $P$ |
| 理发器具 | 6.076 | 0.108 | 19.383 | <0.001 |
| 热水器 | 6.354 | 0.096 | 13.666 | 0.001 |
| 吹风机 | 8.037 | 0.045 | 22.360 | <0.001 |
| 洗澡凳 | 15.680 | 0.001 | 10.614 | 0.005 |
| 沐浴推车 | 7.181 | 0.066 | 17.237 | <0.001 |
| 沐浴床 | 15.401 | 0.002 | 16.409 | <0.001 |
| 防滑沐浴垫 | 5.234 | 0.155 | 7.374 | 0.025 |
| 指甲剪 | 8.715 | 0.033 | 8.459 | 0.015 |

# 四、机构医疗保健设施现状

## （一）机构床位数现况

河南省医养结合试点地区201家养老机构的总床位有55066张，平均床位有273.96张，其中，医养结合床位有17056张，平均床位有84.86张；医疗床位有23772张，平均床位有118.27张；养老床位有14238张，平均床位有70.84张。

河南省试点地区中，床位数量由多至少分别是医疗床位数23772张、医养结合少分别是医疗床位数6855张、医养结合床位数3456张、养老床位数1720张，平均床位数是462.73张；Ⅱ类地区中，床位数量由多至少分别是医养结合床位数2642张、医疗床位数是1901张、养老床位数是1411张，平均床位数175.12张；Ⅲ类地区中，床位数量由多至少分别是医疗床位数15016张、养老床位数是11107张、医养结合床位数是10958张。见表4-17。

表4-17 河南省三类地区医养结合试点机构床位现状（n=201）

| 地区 | 医养结合床位 | | 医疗床位 | | 养老床位 | | 总计 | |
|---|---|---|---|---|---|---|---|---|
| | 频数 | 构成比/% | 频数 | 构成比/% | 频数 | 构成比/% | 频数 | 构成比/% |
| Ⅰ类地区 | 3456 | 28.72 | 6855 | 56.98 | 1720 | 14.30 | 12031 | 100.00 |
| Ⅱ类地区 | 2642 | 44.37 | 1901 | 31.93 | 1411 | 23.70 | 5954 | 100.00 |
| Ⅲ类地区 | 10958 | 29.55 | 15016 | 40.50 | 11107 | 29.95 | 37081 | 100.00 |
| 合计 | 17056 | 30.97 | 23772 | 43.17 | 14238 | 25.86 | 55066 | 100.00 |

对201家医养结合试点地区不同机构类型进行现况分析，总床位数量由多到少分别是：医养型、联合型、养医型、社区居家型。其中医养结合床位、医疗床位数量由多到少分别是：医养型、联合型、养医型、社区居家型；养老床位数量由多到少分别是：医养型、养医型、联合型、社区居家型。见表4-18。

表4-18 不同类型医养结合试点机构床位现状（张）

| 地区 | 医养结合床位 | | 医疗床位 | | 养老床位 | | 总床位 |
|---|---|---|---|---|---|---|---|
| | 频数 | 构成比/% | 频数 | 构成比/% | 频数 | 构成比/% | |
| 医养型 | 7813 | 29.37 | 12927 | 48.60 | 5859 | 22.03 | 26599 |
| 养医型 | 3246 | 31.67 | 2836 | 27.68 | 4166 | 40.65 | 10248 |
| 联合型 | 5606 | 32.22 | 7818 | 44.93 | 3976 | 22.85 | 17400 |
| 社区居家型 | 391 | 47.74 | 191 | 23.32 | 237 | 28.94 | 819 |
| 合计 | 17056 | 29.37 | 23772 | 48.60 | 14238 | 22.03 | 55066 |

## (二)机构医疗科室现况

河南省对不同地区养老机构的医疗科室进行对比,10个医疗科室中,内科科室数量最多,占比最高(14.52%),营养科科室的数量最少,占比最少(4.52%)。见图4-2。

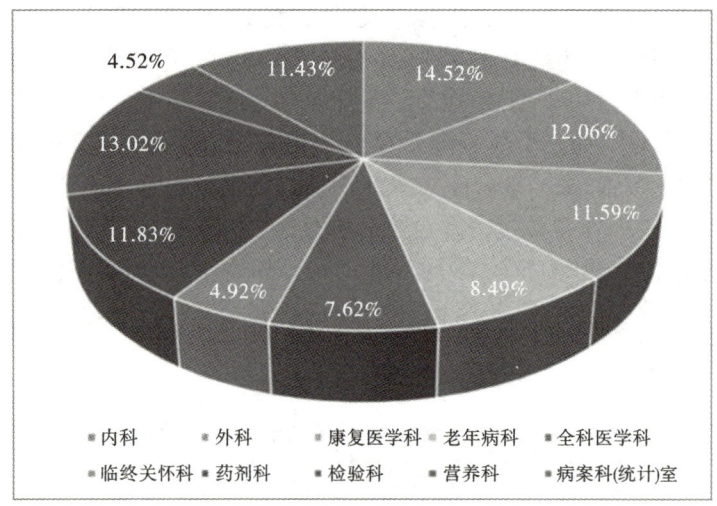

图4-2 河南省医养结合试点机构医疗科室分布

分析显示,10个医疗科室在4种类型机构之间存在一定的差异性。所有科室在医养型机构数量最多。其次是联合型机构,再次是养医型机构,最后是社区居家型机构。见图4-3。

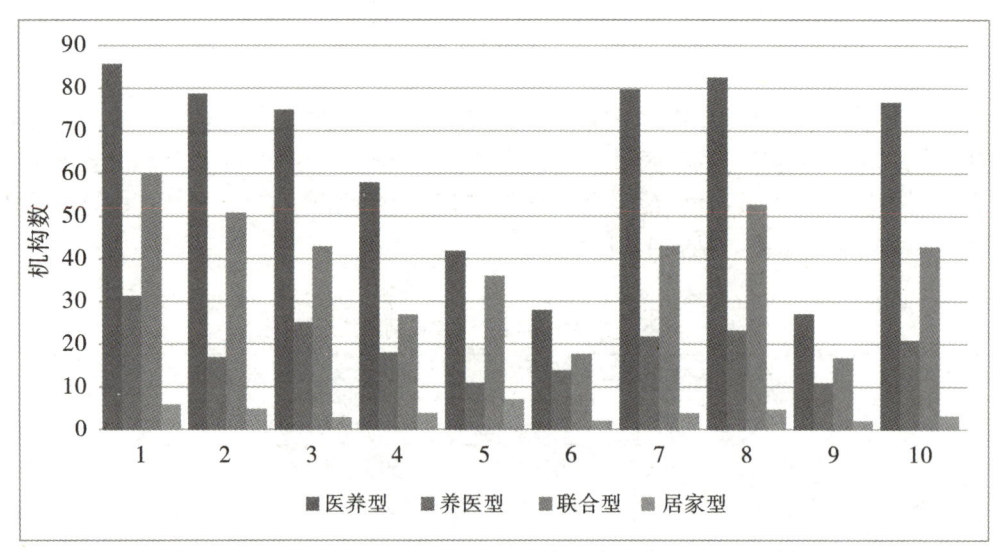

注:1.内科;2.外科;3.康复医学科;4.老年病科;5.全科医学科;6.临终关怀科;7.药剂科;8.检验科;9.营养科;10.病案(统计)室。

图4-3 河南省不同类型医养结合试点机构医疗科室

对不同单位性质养老机构的医疗科室进行对比,分析显示,10个医疗科室在政府办、公建民营、社会办之间存在一定的差异性。除临终关怀科和营养科以外,其余8个科室在政府办机构中数量最多。公建民营各类科室数量都最少。见图4-4。

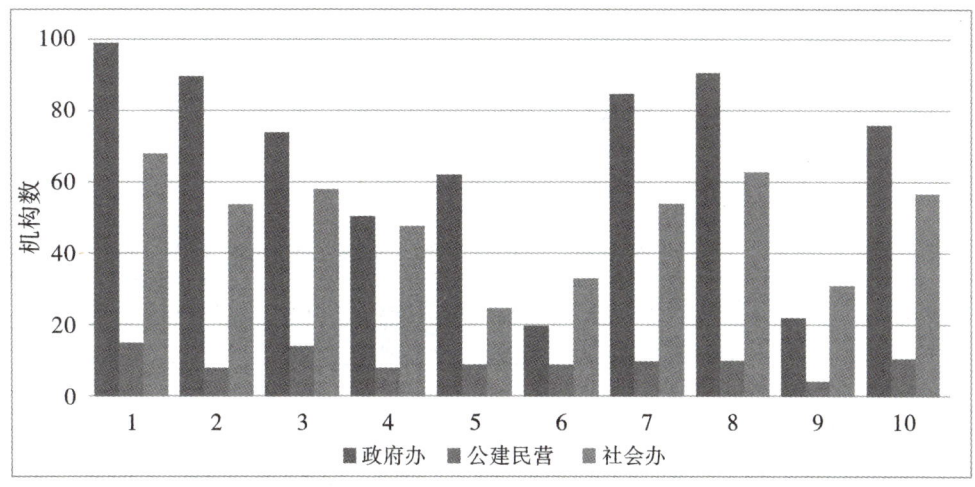

注:1.内科;2.外科;3.康复医学科;4.老年病科;5.全科医学科;6.临终关怀科;7.药剂科;8.检验科;9.营养科;10.病案(统计)室。

图4-4 河南省不同性质医养结合试点机构医疗科室

### (三)机构医疗功能区现况

对河南省201家医养结合机构进行调查显示,9种医疗功能区中,治疗室占比最多,占12.13%;诊室所占比例位于第2,为11.94%;药房在所有医疗功能区中,位居第3,占比11.63%。换药室占比最低,仅占9.82%。见图4-5。

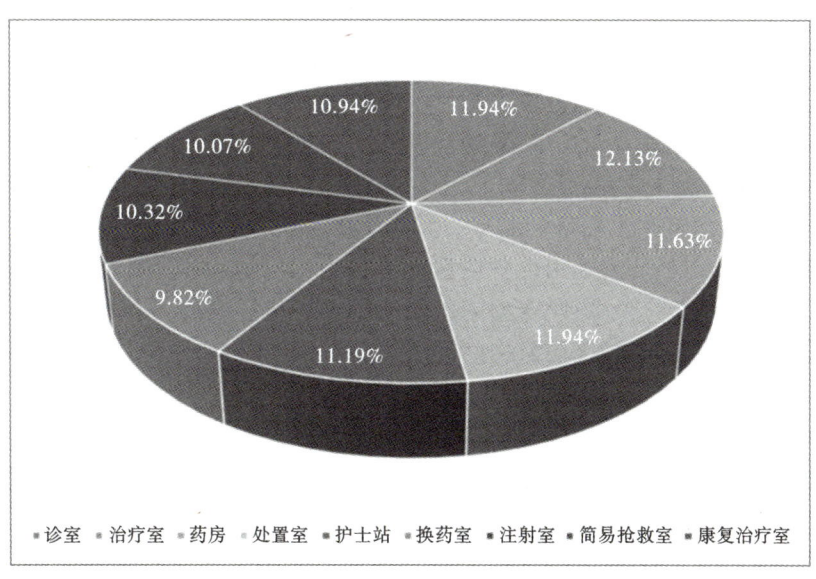

图4-5 河南省医养结合试点机构医疗功能区

### (四)机构医疗设施现况

医疗设施由多至少分别为:血压计、体温计、听诊器、急救药品箱、轮椅、便携式氧气瓶、防压疮床垫、功能轮椅。

不同类型的机构医疗设施比较,医养型机构的8类医疗设施的数量最多,社区居家型机构各类医疗设施最少。不同性质的医疗设施对比显示,医疗设施总数量由多至少分别为:政府办、社会办、公建民营。各类医疗设施中,除功能轮椅外,其他设施政府办机构均高于社会办。见表4-19。

表4-19 不同类型、不同性质医养结合试点机构医疗设施现状(个)

| | 类别 | 血压计 | 体温计 | 防压疮床垫 | 轮椅 | 功能轮椅 | 急救药品箱 | 便携式氧气瓶 | 听诊器 | 总计 |
|---|---|---|---|---|---|---|---|---|---|---|
| 不同类型 | 医养型 | 89 | 89 | 76 | 87 | 48 | 88 | 79 | 89 | 645 |
| | 养医型 | 33 | 32 | 29 | 32 | 24 | 32 | 30 | 32 | 244 |
| | 联合型 | 70 | 69 | 44 | 62 | 25 | 66 | 56 | 69 | 461 |
| | 社区居家型 | 9 | 9 | 5 | 6 | 5 | 9 | 8 | 8 | 59 |
| 不同性质 | 政府办 | 105 | 104 | 69 | 95 | 36 | 100 | 86 | 104 | 699 |
| | 公建民营 | 20 | 20 | 17 | 18 | 10 | 20 | 17 | 20 | 142 |
| | 社会办 | 76 | 75 | 68 | 74 | 56 | 75 | 70 | 74 | 568 |
| | 合计 | 201 | 199 | 154 | 187 | 102 | 195 | 173 | 198 | 1409 |

### (五)机构医用设备现况

河南省医养结合试点地区的养老机构中,医用设备的总数量为2927台,其中心电图机190台,电冰箱有180台,呼叫装置176台,吸痰器175台,心电监护仪174台,给氧装置173台,B超机172台,生化分析仪169台,血尿分析仪165台,抢救车156台,X光机152台,消毒供应装备145台,多普勒成像仪135台,呼吸机132台,开口器127台,心脏除颤仪117台,气管插管设备115台,CT 112台,恒温箱98台,MRI有64台。

对不同类型养老机构的医用设备数量进行对比,医养型的医用设备数量最多,其中心电图机最多,MRI数量最少;联合型的医用设备数量位居第二,其中,心电图机数量最多,MRI数量最少;最后是社区居家型的医用设备数量,其中心电图机数量最多,开口器数量最少。

对不同性质的养老机构的医用设备数量对比分析,政府办的医用设备数量最多,其中,心电图机数量最多,MRI数量最少;社会办的医用设备数量位居其次,其中,吸痰器数量最多,MRI数量最少;公建民营的医用设备数量最少,其中,给氧装置和电冰箱数量最多,MRI数量最少。见表4-20。

### 表4-20 不同类型、不同性质医养结合试点机构医用设备现状

| | 类别 | 呼叫装置 | 给氧装置 | 呼吸机 | 恒温箱 | 消毒供应装备 | 电冰箱 | 心电监护仪 |
|---|---|---|---|---|---|---|---|---|
| 不同类型 | 医养型 | 84 | 81 | 68 | 52 | 71 | 84 | 86 |
| | 养医型 | 31 | 29 | 20 | 17 | 20 | 30 | 24 |
| | 联合型 | 56 | 56 | 40 | 24 | 48 | 58 | 59 |
| | 社区居家型 | 5 | 7 | 4 | 5 | 6 | 8 | 5 |
| 不同性质 | 政府办 | 87 | 90 | 68 | 44 | 73 | 89 | 94 |
| | 公建民营 | 18 | 19 | 10 | 9 | 14 | 19 | 14 |
| | 社会办 | 71 | 64 | 54 | 45 | 58 | 72 | 66 |
| | 合计 | 176 | 173 | 132 | 98 | 145 | 180 | 174 |

| | 类别 | 心脏除颤仪 | 气管插管设备 | 抢救车 | 吸痰器 | 开口器 | 心电图机 | B超 |
|---|---|---|---|---|---|---|---|---|
| 不同类型 | 医养型 | 57 | 62 | 80 | 85 | 67 | 87 | 84 |
| | 养医型 | 17 | 15 | 24 | 28 | 19 | 30 | 26 |
| | 联合型 | 40 | 35 | 49 | 58 | 39 | 64 | 55 |
| | 社区居家型 | 3 | 3 | 3 | 4 | 2 | 9 | 7 |
| 不同性质 | 政府办 | 64 | 57 | 81 | 90 | 69 | 102 | 94 |
| | 公建民营 | 9 | 7 | 13 | 13 | 9 | 18 | 14 |
| | 社会办 | 44 | 51 | 62 | 72 | 49 | 70 | 64 |
| | 合计 | 117 | 115 | 156 | 175 | 127 | 190 | 172 |

| | 类别 | X光机 | 血尿分析仪 | 生化分析仪 | 多普勒成像仪 | CT | MRI | 合计 |
|---|---|---|---|---|---|---|---|---|
| 不同类型 | 医养型 | 82 | 82 | 84 | 69 | 70 | 43 | 1478 |
| | 养医型 | 18 | 21 | 21 | 16 | 11 | 2 | 419 |
| | 医养型 | 48 | 57 | 59 | 45 | 27 | 16 | 933 |
| | 社区居家型 | 4 | 5 | 5 | 5 | 4 | 3 | 97 |
| 不同性质 | 政府办 | 89 | 94 | 96 | 79 | 63 | 35 | 1558 |
| | 公建民营 | 10 | 11 | 11 | 6 | 7 | 4 | 235 |
| | 社会办 | 53 | 60 | 62 | 50 | 42 | 25 | 1134 |
| | 合计 | 152 | 165 | 169 | 135 | 112 | 64 | 2927 |

通过对养老机构常用的医用设备进行调查。不同类型、不同性质的养老机构医用设备数量采用$\chi^2$检验,当$P<0.05$时,表示差异具有统计学意义,说明不同类型和不同性质养老机构的医用设备数量存在差异。给氧装置、消毒供应装备、电冰箱、心脏除颤仪、心电图机在不同类型中$P_{均}>0.05$,表明这5种医用设备在不同类型中差异没有统计学意义;呼叫装置、给氧装置、呼吸机、恒温箱、消毒供应装备、电冰箱、心电监护仪、心脏除颤仪、抢救车、开口器、心电图机、B超、X光机、CT、MRI在不同性质中$P_{均}>0.05$,表明这些医用设备在不同性质中差异没有统计学意义。见表4-21。

表4-21 不同类型、不同性质机构医用设备差异显著性比较

| 设施 | 不同类型 | | 不同性质 | |
| --- | --- | --- | --- | --- |
| | $\chi^2$ | $P$ | $\chi^2$ | $P$ |
| 呼叫装置 | 17.174 | 0.001 | 4.639 | 0.098 |
| 给氧装置 | 4.570 | 0.206 | 1.560 | 0.458 |
| 呼吸机 | 8.981 | 0.030 | 3.194 | 0.203 |
| 恒温箱 | 9.465 | 0.024 | 5.410 | 0.067 |
| 消毒供应装备 | 5.343 | 0.148 | 1.063 | 0.588 |
| 电冰箱 | 5.642 | 0.130 | 5.393 | 0.067 |
| 心电监护仪 | 20.941 | 0.001 | 5.515 | 0.063 |
| 心脏除颤仪 | 4.176 | 0.243 | 1.176 | 0.414 |
| 气管插管设备 | 11.083 | 0.011 | 7.437 | 0.024 |
| 抢救车 | 20.661 | 0.001 | 2.532 | 0.282 |
| 吸痰器 | 21.391 | 0.001 | 12.788 | 0.002 |
| 开口器 | 14.216 | 0.003 | 3.186 | 0.203 |
| 心电图机 | 4.445 | 0.217 | 2.598 | 0.237 |
| B超 | 10.047 | 0.018 | 4.573 | 0.102 |
| X光机 | 27.749 | 0.001 | 3.655 | 0.161 |
| 血尿分析仪 | 18.082 | 0.001 | 8.417 | 0.015 |
| 生化分析仪 | 22.833 | 0.001 | 7.847 | 0.020 |
| 多普勒成像仪 | 10.369 | 0.016 | 7.682 | 0.021 |
| CT | 34.479 | 0.001 | 3.158 | 0.206 |
| MRI | 23.848 | 0.001 | 3.015 | 0.221 |

对201家养老机构的数据进行分析,不同类型养老机构之间医用设备的数量比较。大型设施包括:消毒设备、抢救车、血尿分析仪、生化分析仪、CT、MRI;中型设施包括:心脏除颤仪、B超、X光机、多普勒成像仪;小型设施包括:呼叫装置、给氧装置、呼吸机、恒温箱、心电图机、电冰箱、心电监护仪、气管插管设备、开口器。①大型设备方面,不同地区医用设备数量由多至少依次为:医养型、联合型、养医型、社区居家型。②中型设备方面,不同地区医用设备数量由多至少依次为:医养型、联合型、养医型、社区居家型。③小型设备方面,不同地区医用设备数量由多至少依次为:医养型、联合型、养医型、社区居家型。结果显示:除医养型、联合型机构外,其他类型机构低于养老机构医用设备机构平均数量。

不同性质养老机构之间医用设备的数量比较。①大型设备方面,不同性质医用设备数量由多至少依次为:政府办、社会办、公建民营。②中型设备方面,不同性质医用设备数量由多至少依次为:政府办、社会办、公建民营。③小型设备方面,不同性质医用设备数量由多至少依次为:政府办、社会办、公建民营。结果显示:除公建民营类型的机构外,政府办和社会办均高于养老机构医用设备机构平均数量。见表4-22。

表4-22　不同类型、不同性质医养结合试点机构医用设备的种类统计

| | 类别 | 大型设备 | 标准值 | 中型设备 | 标准值 | 小型设备 | 标准值 |
|---|---|---|---|---|---|---|---|
| 不同类型 | 医养型 | 430 | 2.12 | 379 | 1.98 | 500 | 2.01 |
| | 养医型 | 99 | 0.49 | 107 | 0.56 | 155 | 0.62 |
| | 联合型 | 256 | 1.26 | 252 | 1.32 | 309 | 1.24 |
| | 社区居家型 | 23 | 0.13 | 28 | 0.15 | 31 | 0.13 |
| 不同性质 | 政府办 | 35 | 1.64 | 428 | 1.68 | 598 | 1.53 |
| | 公建民营 | 4 | 0.19 | 57 | 0.22 | 105 | 0.27 |
| | 社会办 | 25 | 1.17 | 281 | 1.10 | 472 | 1.21 |
| | 合计 | 26.67 | 1.00 | 255.33 | 1.00 | 391.67 | 1.00 |

### (六)机构其他医用设备现况

对养老机构其他医用设备脉枕、针灸器具、火罐、电针仪、艾灸仪、助行器、电动直立床、训练阶梯、慢速医用跑台、言语治疗机进行调查。不同类型、不同性质的养老机构其他医用设备数量采用卡方检验,当$P<0.05$时,表示差异具有统计学意义,说明不同类型和不同性质养老机构的医用设备数量存在差异。

脉枕、艾灸仪、慢速医用跑台、言语治疗机在不同类型中$P_{均}>0.05$,表明这4种其他医用设备在不同类型中差异没有统计学意义;针灸器具、火罐、电针仪、艾灸仪、言语治疗机在不同性质中差异性均大于0.05,表明这5种其他医用设备在不同性质中差异没有统计学意义。见表4-23。

表4-23 不同类型、不同性质医养结合试点机构其他医用设备显著性比较

| 设施 | 不同类型 | | 不同性质 | |
|---|---|---|---|---|
| | $\chi^2$ | $P$ | $\chi^2$ | $P$ |
| 脉枕 | 4.183 | 0.242 | 9.222 | 0.010 |
| 针灸器具 | 8.724 | 0.033 | 2.611 | 0.271 |
| 火罐 | 8.864 | 0.031 | 0.213 | 0.899 |
| 电针仪 | 10.575 | 0.014 | 2.613 | 0.271 |
| 艾灸仪 | 5.899 | 0.117 | 0.375 | 0.829 |
| 助行器 | 11.957 | 0.008 | 8.607 | 0.014 |
| 电动直立床 | 8.739 | 0.033 | 8.211 | 0.016 |
| 训练阶梯 | 9.723 | 0.021 | 10.998 | 0.004 |
| 慢速医用跑台 | 3.549 | 0.314 | 7.225 | 0.027 |
| 言语治疗机 | 3.655 | 0.301 | 2.073 | 0.355 |

对201家养老机构的数据进行分析,不同类型养老机构之间其他医用设备的数量比较。中医药设备和康复设备方面,不同类型其他医用设备数量由多至少依次为:医养型、联合型、养医型、社区居家型。

不同性质养老机构之间其他医用设备的数量比较。①中医药设备方面,不同性质其他医用设备数量由多至少依次为:政府办、社会办、公建民营。②康复设备方面,不同性质其他医用设备数量由多至少依次为:政府办、社会办、公建民营。见表4-24。

表4-24 不同类型、不同性质医养结合试点机构其他医用设备的种类统计

| | 类型/性质 | 中医药设备 | 标准值 | 康复设备 | 标准值 |
|---|---|---|---|---|---|
| 不同类型 | 医养型 | 384 | 1.95 | 270 | 2.06 |
| | 养医型 | 123 | 0.62 | 84 | 0.64 |
| | 联合型 | 251 | 1.27 | 149 | 1.14 |
| | 社区居家型 | 31 | 0.16 | 21 | 0.16 |
| 不同性质 | 政府办 | 422 | 1.61 | 234 | 1.34 |
| | 公建民营 | 66 | 0.25 | 59 | 0.34 |
| | 社会办 | 301 | 1.14 | 231 | 1.33 |
| 合计 | | 789 | 1.00 | 524 | 1.00 |

为考察不同类型、不同性质养老机构之间其他医用设备的差异性。对其他医用设施平均数量进行标准化。标准值=该类型/性质其他医用设备数量/所有机构的总平均其他医用设备数量。不同类型间,养医结合型和社区居家型机构的其他医用设备低于总平均数量。不同性质间,只有公建民营机构的其他医用设备低于总平均数量。见图4-6,图4-7。

第四章　机构与设施现况

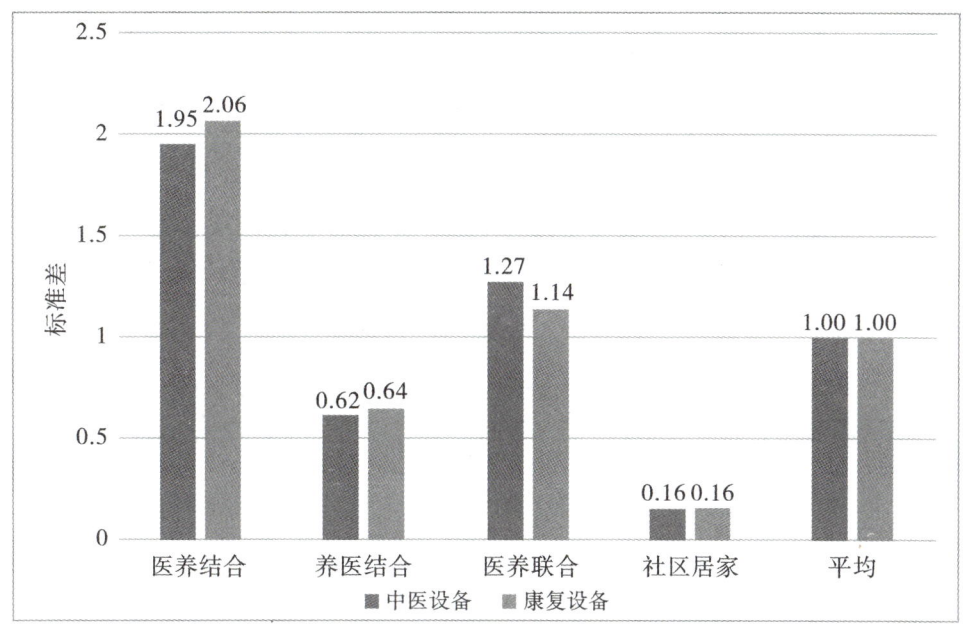

图4-6　河南省不同类型医养结合机构其他医疗设备平均数量

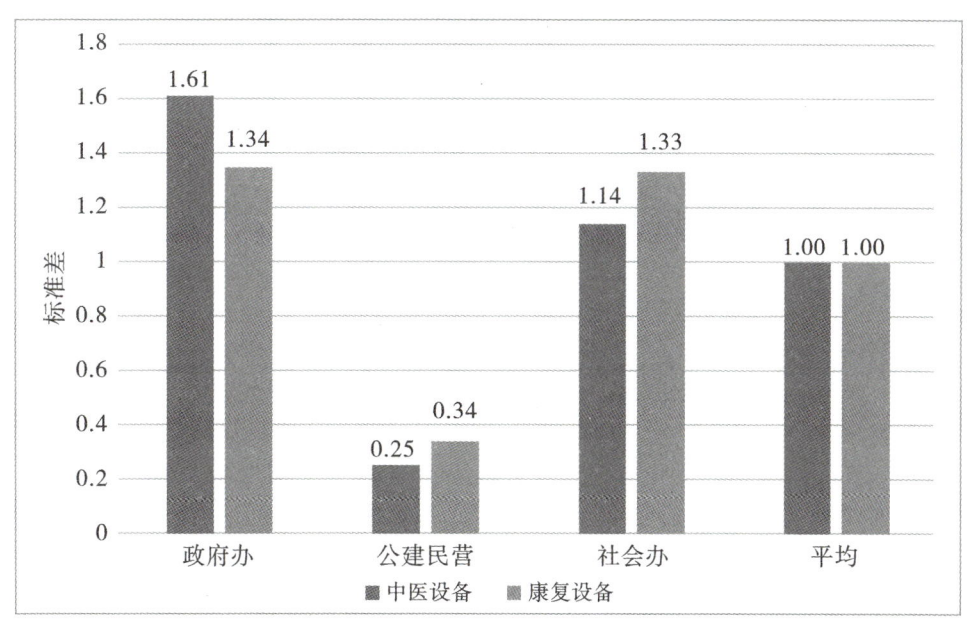

图4-7　河南省不同性质养老机构其他医疗设备平均数量

## 五、机构安全设施现状

### (一)日常安全设施现况

在养老机构发生意外事故的风险较高,包括烫伤、烧伤、噎食、自杀等突发事件。这些意外大多是由于护理员的疏忽和安全设施的不完善引起的。如何更好地规避这些风险的发生,对养老机构及其老人都非常重要。目前对养老机构的安全设施体系尚未有统一的标准。控制和防范不安全事件的发生,是养老机构安全管理的重要内容。

对不同类型、不同性质的养老机构安全设施采用 $\chi^2$ 检验,结果显示,不同类型和不同性质养老机构间部分安全设施差异有统计学意义。

防护垫、卫生间及浴室紧急呼叫按钮、可回放监控系统、消防控制室、灭火器、低拉照明灯在不同类型中差异;卫生间及浴室安全扶手、可回放监控系统、灭火器、应急照明灯、防漏电式安全电源在不同性质中差异没有统计学意义。见表4-25。

表4-25 不同类型、不同性质医养结合试点机构安全设施显著性比较

| 设施 | 不同类型 | | 不同性质 | |
|---|---|---|---|---|
| | $\chi^2$ | $P$ | $\chi^2$ | $P$ |
| 床位呼叫对讲系统 | 8.011 | 0.046 | 6.791 | 0.034 |
| 床头照明灯 | 7.927 | 0.048 | 8.167 | 0.017 |
| 防护垫 | 5.867 | 0.118 | 9.635 | 0.008 |
| 墙角、走廊扶手 | 12.732 | 0.005 | 9.457 | 0.009 |
| 床两侧护栏 | 19.238 | 0.001 | 13.122 | 0.001 |
| 紧急呼叫设备 | 10.100 | 0.018 | 9.603 | 0.008 |
| 卫生间及浴室安全扶手 | 14.431 | 0.002 | 4.136 | 0.126 |
| 卫生间及浴室紧急呼叫按钮 | 2.412 | 0.491 | 13.026 | 0.001 |
| 可回放监控系统 | 0.864 | 0.834 | 2.770 | 0.250 |
| 消防控制室 | 17.917 | 0.500 | 27.552 | 0.001 |
| 自动喷水灭火系统 | 15.285 | 0.002 | 25.847 | 0.001 |
| 灭火器 | 0.751 | 0.861 | 1.898 | 0.387 |
| 应急照明灯 | 9.038 | 0.025 | 5.188 | 0.075 |
| 低位照明灯 | 3.047 | 0.333 | 7.052 | 0.029 |
| 防漏电式安全电源 | 10.150 | 0.017 | 2.107 | 0.349 |

在河南省201家医养结合试点地区养老机构,不同类型中,日常安全设施数量由多到少分别是:医养型、联合型、养医型、社区居家型。不同性质中,日常安全设施数量由多到少分别是:政府办、社会办、公建民营。其中床两侧护栏配备数量最多,卫生间及浴室紧急呼叫按钮数量最少。见表4-26。

表4-26 不同类型、不同性质医养结合养老机构日常安全设施现状

| 类型/性质 | | 床位呼叫对讲系统 频数 | 床位呼叫对讲系统 构成比/% | 床头照明灯 频数 | 床头照明灯 构成比/% | 防护垫 频数 | 防护垫 构成比/% | 墙角、走廊扶手 频数 | 墙角、走廊扶手 构成比/% | 床两侧护栏 频数 | 床两侧护栏 构成比/% | 紧急呼叫设备 频数 | 紧急呼叫设备 构成比/% | 卫生间及浴室安全扶手 频数 | 卫生间及浴室安全扶手 构成比/% | 卫生间及浴室紧急呼叫按钮 频数 | 卫生间及浴室紧急呼叫按钮 构成比/% | 可回访监控系统 频数 | 可回访监控系统 构成比/% | 合计 |
|---|---|---|---|---|---|---|---|---|---|---|---|---|---|---|---|---|---|---|---|
| 不同类型 | 医养型 | 74 | 11.73 | 78 | 12.36 | 65 | 10.30 | 81 | 12.84 | 84 | 13.31 | 74 | 11.73 | 80 | 12.68 | 29 | 4.60 | 66 | 10.45 | 631 |
| | 养医型 | 24 | 10.57 | 26 | 11.45 | 19 | 8.37 | 31 | 13.66 | 31 | 13.66 | 27 | 11.89 | 29 | 12.78 | 14 | 6.17 | 26 | 11.45 | 227 |
| | 联合型 | 46 | 11.50 | 51 | 12.50 | 39 | 9.75 | 51 | 12.75 | 51 | 12.75 | 45 | 11.25 | 47 | 11.75 | 20 | 5.00 | 50 | 12.50 | 400 |
| | 社区居家型 | 5 | 9.43 | 9 | 16.98 | 6 | 11.32 | 7 | 13.21 | 6 | 11.32 | 5 | 9.43 | 7 | 13.21 | 2 | 3.77 | 6 | 11.33 | 53 |
| 不同性质 | 政府办 | 80 | 12.86 | 78 | 12.54 | 57 | 9.16 | 81 | 13.02 | 81 | 13.02 | 70 | 11.25 | 80 | 12.86 | 22 | 3.54 | 73 | 11.75 | 622 |
| | 公建民营 | 10 | 7.63 | 17 | 12.98 | 14 | 10.69 | 18 | 13.74 | 18 | 13.74 | 15 | 11.45 | 16 | 12.21 | 9 | 6.87 | 14 | 10.69 | 131 |
| | 社会办 | 59 | 10.57 | 69 | 12.37 | 58 | 10.39 | 71 | 12.72 | 73 | 13.08 | 66 | 11.83 | 67 | 12.01 | 34 | 6.10 | 61 | 10.91 | 558 |
| 合计 | | 149 | 11.37 | 164 | 14.50 | 129 | 9.84 | 170 | 12.97 | 172 | 13.12 | 151 | 11.52 | 163 | 12.43 | 65 | 4.96 | 148 | 11.29 | 1311 |

## (二)应急安全设施现况

河南省医养结合试点地区的养老机构中,共有 935 个应急安全设施,其中,灭火器数量最多,占总数的 21.18%;应急照明灯有 193 个,占总数的 20.64%;防漏电式安全电源 153 个,占总数的 16.36%;消防控制室 138 个,占总数的 14.76%;自动喷水灭火系统 136 个,占总数的 14.55%;低位照明灯 117 个,占总数的 12.51%。不同类型间,6 种应急安全设施在医养型机构中占比最多,远远高于其他类型机构。不同性质间,政府办机构的应急安全设施数量最多,其次是社会办机构,公建民营类型机构总体数量最少。政府办类型在灭火器、应急照明灯、低位照明灯、防漏电式安全电源多于公建民营和社会办机构。见表 4-27。

表 4-27 不同类型、不同性质医养结合试点机构应急安全设施现状

| 类型/性质 | | 消防控制室 | | 自动喷水灭火系统 | | 灭火器 | | 应急照明灯 | | 低位照明灯 | | 防漏电式安全电源 | | 合计 |
| --- | --- | --- | --- | --- | --- | --- | --- | --- | --- | --- | --- | --- | --- | --- |
| | | 频数 | 构成比/% | 频数 | 构成比/% | 频数 | 构成比/% | 频数 | 构成比/% | 频数 | 构成比/% | 频数 | 构成比/% | |
| 不同类型 | 医养型 | 65 | 15.22 | 64 | 14.99 | 88 | 20.61 | 86 | 20.14 | 55 | 12.88 | 69 | 16.16 | 427 |
| | 养医型 | 30 | 16.95 | 29 | 16.38 | 32 | 18.08 | 33 | 18.64 | 22 | 12.43 | 31 | 17.52 | 177 |
| | 联合型 | 40 | 13.38 | 40 | 13.38 | 69 | 23.07 | 67 | 22.41 | 35 | 11.71 | 48 | 16.05 | 299 |
| | 社区居家型 | 3 | 9.37 | 3 | 9.37 | 9 | 28.12 | 7 | 21.88 | 5 | 15.63 | 5 | 15.63 | 32 |
| 不同性质 | 政府办 | 55 | 12.39 | 55 | 12.39 | 104 | 23.42 | 98 | 22.07 | 55 | 12.39 | 77 | 17.34 | 444 |
| | 公建民营 | 16 | 17.59 | 14 | 15.38 | 19 | 20.88 | 19 | 20.88 | 9 | 9.89 | 14 | 15.38 | 91 |
| | 社会办 | 67 | 16.75 | 67 | 16.75 | 75 | 18.75 | 76 | 19.00 | 53 | 13.25 | 62 | 15.50 | 400 |
| 合计 | | 138 | 14.76 | 136 | 14.55 | 198 | 21.18 | 193 | 20.64 | 117 | 12.51 | 153 | 16.36 | 935 |

## 六、机构娱乐设施现状

对养老机构娱乐设施运动健身器材、康复训练器材、书刊和报纸、电视、音响等多媒体、益智手工器材、棋牌和麻将、运动健身器材、康复训练器材、凉亭花园进行调查。不同类型、不同性质的养老机构娱乐数量采用卡方检验,当 $P<0.05$ 时,表示差异具有统计学意义,说明不同类型和不同性质养老机构对大部分娱乐设施存在差异。

运动健身器材(室内)、电视和音响等多媒体、康复训练器材、凉亭花园在不同类型中差异性没有统计学意义;电视和音响等多媒体在不同性质中差异没有统计学意义。见表 4-28。

表4-28　不同类型、不同性质医养结合试点机构娱乐设施显著性比较

| 娱乐设施 | 不同类型 | | 不同性质 | |
|---|---|---|---|---|
| | $\chi^2$ | $P$ | $\chi^2$ | $P$ |
| 运动健身器材(室内) | 2.250 | 0.522 | 17.847 | <0.001 |
| 康复训练器材(室内) | 8.909 | 0.031 | 20.134 | <0.001 |
| 书刊和报纸 | 8.277 | 0.041 | 16.829 | <0.001 |
| 电视和音响等多媒体 | 1.142 | 0.767 | 4.563 | 0.102 |
| 益智手工器材 | 15.747 | 0.001 | 11.740 | 0.003 |
| 棋牌和麻将 | 8.737 | 0.033 | 31.801 | <0.001 |
| 运动健身器材(室外) | 8.734 | 0.033 | 16.115 | <0.001 |
| 康复训练器材(室外) | 4.998 | 0.172 | 15.367 | <0.001 |
| 凉亭花园 | 6.311 | 0.097 | 12.399 | 0.002 |

### (一)室内活动娱乐设施配置现况

河南省医养结合试点201家养老机构中,共调查了运动健身器材、康复训练器材、书刊和报纸、电视和音响等多媒体、益智手工器材、棋牌和麻将6种室内活动娱乐器材,其中,电视和音响等多媒体占比最多,占20.96%;其次是书刊和报纸占比18.83%,康复训练器材,占17.26%,棋牌和麻将占比16.82%,运动健身器材占比15.58%,益智手工器材数量最少,占10.54%。不同类型间,医养型机构娱乐设施数量最多,社区居家型最少。不同性质间,政府办机构娱乐设施数量最多,公建民营最少。见表4-29。

表4-29　不同类型、不同性质医养结合试点机构室内娱乐设施现状

| 类型/性质 | | 运动健身器材(室内) | | 康复训练器材(室内) | | 书刊和报纸 | | 电视和音响等多媒体 | | 益智手工器材 | | 棋牌、麻将 | | 合计 |
|---|---|---|---|---|---|---|---|---|---|---|---|---|---|---|
| | | 频数 | 构成比/% | 频数 | 构成比/% | 频数 | 构成比/% | 频数 | 构成比/% | 频数 | 构成比/% | 频数 | 构成比/% | |
| 不同类型 | 医养型 | 62 | 15.42 | 71 | 17.66 | 78 | 19.40 | 82 | 20.40 | 44 | 10.95 | 65 | 16.17 | 402 |
| | 养医型 | 26 | 14.94 | 30 | 17.24 | 31 | 17.82 | 32 | 18.39 | 24 | 13.79 | 31 | 17.82 | 174 |
| | 联合型 | 45 | 16.13 | 46 | 16.49 | 52 | 18.64 | 65 | 23.30 | 24 | 8.60 | 47 | 16.84 | 279 |
| | 社区居家型 | 6 | 16.22 | 7 | 18.92 | 7 | 18.92 | 8 | 21.62 | 2 | 5.40 | 7 | 18.92 | 37 |
| 不同性质 | 政府办 | 59 | 14.94 | 67 | 16.96 | 77 | 19.49 | 94 | 23.80 | 37 | 9.37 | 61 | 15.44 | 395 |
| | 公建民营 | 18 | 16.98 | 18 | 16.98 | 19 | 17.92 | 20 | 18.87 | 12 | 11.33 | 19 | 17.92 | 106 |
| | 社会办 | 62 | 15.86 | 69 | 17.65 | 72 | 18.41 | 73 | 18.67 | 45 | 11.51 | 70 | 17.90 | 391 |
| 合计 | | 139 | 15.58 | 154 | 17.27 | 168 | 18.83 | 187 | 20.96 | 94 | 10.54 | 150 | 16.82 | 892 |

## (二)室外活动娱乐设施配置现况

在对河南省201家养老机构的室外活动娱乐设施现况分析中显示共拥有413个室外娱乐设施。其中,运动健身器材(室外)数量最多,其次是凉亭花园数量,最后是康复训练器材(室外)的数量。

根据不同类型,数量由多至少分别为:医养型、联合型、养医型、社区居家型。不同性质中,数量由多至少分别为:社会办、政府办、公建民营机构。见表4-30。

**表4-30 不同类型、不同性质医养结合试点机构室外活动娱乐设施现状**

| 类型/性质 | | 运动健身器材（室外） | | 康复训练器材（室外） | | 凉亭花园 | | 合计 |
|---|---|---|---|---|---|---|---|---|
| | | 频数 | 构成比/% | 频数 | 构成比/% | 频数 | 构成比/% | |
| 不同类型 | 医养型 | 62 | 33.70 | 54 | 29.35 | 68 | 36.95 | 184 |
| | 养医型 | 31 | 37.80 | 25 | 30.49 | 26 | 31.71 | 82 |
| | 联合型 | 48 | 36.64 | 37 | 28.24 | 46 | 35.12 | 131 |
| | 社区居家型 | 7 | 43.75 | 5 | 31.25 | 4 | 25.00 | 16 |
| 不同性质 | 政府办 | 65 | 36.31 | 50 | 27.93 | 64 | 35.76 | 179 |
| | 公建民营 | 16 | 34.78 | 13 | 28.26 | 17 | 36.96 | 46 |
| | 社会办 | 67 | 35.64 | 58 | 30.85 | 63 | 33.51 | 188 |
| | 合计 | 148 | 35.84 | 121 | 29.30 | 144 | 34.86 | 413 |

# 第三节 河南省医养结合试点机构养老设施分析

## 一、河南省医养结合试点机构的环境设施差距明显

不同类型的机构在占地面积和建筑面积中都存在差异,主要是由于类型不同,机构本身的需求不同,因此在医疗或养老方面面积存在差异。占地面积反映出养老机构的规模,建筑面积反映养老机构的大小。在本次调查的201家养老机构中,医疗功能平均占地面积与养老功能平均占地面积差距不大,但医疗功能平均建筑面积远大于养老功能平均建筑面积。结果显示,医养结合试点地区在养老机构的占地规划上相对合理,但建筑面积在养老方面有欠缺,因此机构应扩大养老面积的建设,保证老年人有足够的活动娱乐场地,足够的养老面积是机构运营的关键因素。充足的养老面积与医疗面积对于入住养老机构老年人来说是必要条件。足够的养老面积有助于老年人进行日常活动、体育运动、娱乐活动等,足够的医疗面积有助于老年人有良好的就医环境。占地面积大、环境

好、配套设施完善有利于老年人有一个良好的养老环境。

河南省201家医养结合机构周边设施配置参差不齐。大多数机构中周围公交站点和商场超市居多,大型综合医院占比相对较少。根据机构类型不同,机构周边设施配置存在差异。医养型机构广场公园数量最多,养医型机构大型综合医院数量居多,联合型机构商场超市数量最多。整体而言,社区居家型机构周边设施配置情况较差。因此在今后的医养结合机构选址方面,合理选取位置,尤其是要注重大型综合医院和广场公园的配置,以便更好地满足老年人的医疗需求和娱乐需求。

## 二、河南省医养结合试点机构生活设施相对完善

生活设施是老年人在机构赖以生存中最重要的设施,也是老年人使用最为频繁的设施,直接影响到老年人的生活品质。调查发现,河南省医养结合机构生活设施配置水平总体良好,所有机构在居室设施、照护设施、清洁设施配备齐全。居室设施中冰箱仅占5%、电话仅占4%,照护设施中翻身枕仅占19%,清洁设施中沐浴推车和沐浴床仅占8%配置。相比之下,状况不太理想。因此,在今后的生活设施配置中,要加强对欠缺设施的补充,提高生活设施配置,提高老年人对机构设施的满意度,促进机构更好地发展。

## 三、河南省医养结合试点机构医疗保健设施配置差别明显

医疗设施主要针对需要长期护理的老人,重点主要放在医疗方面,保健设施主要面向的是为刚出院且病情稳定的老年人,提供复健、看护和医疗护理。调查发现,医疗床位的分配通常高于医养结合床位和养老床位。不同地区和类型之间的床位数量差距相对较大。要加大对医养床位的投入,保证床位数量的充足。河南省地区间机构医疗科室和医疗功能区设置齐全,但在不同地区和不同性质间科室设置数量差距较为明显,尤其是临终关怀科和专门的老年病科的配置率较低。

河南省在医疗设施和医用设备的配置中较为完善,基本医用设备数量充足,体温计、温度计和急救药品箱在配置水准中几乎高达100%,相反,功能性轮椅及防压疮床垫的配置率相对较低;在河南省医养结合机构在医用设备方面配置齐全,基本的医用设备中,恒温箱配置情况较差;诊疗设备中的MRI配置情况不理想;在其他医用设备中,在不同类型间,养医型和社区居家型其他医用设备数量均低于总平均数量。不同性质间,只有公建民营机构的其他医用设备低于总平均数量。随着慢性病患病率的提高,老年人对康复医疗的需求也不断增加,医疗设施的完善对于提高老年人生活质量非常重要。在今后医疗设施的配置中,应加大对诊疗设备的投入,实时对老年人的身体状况进行监测,以避免意外的发生,从而提高老年人生命质量。

## 四、河南省医养结合试点机构安全设施相对完善

养老机构老年人发生意外事故的风险较高,这些风险的发生大多是由于护理员的专业性欠缺和安全设施的不完善。河南省医养型机构在安全设施配置方面比较全面,但是防滑垫和卫生间及浴室紧急呼叫按钮的配置状况相对不理想,没有达到全面配置的标

准。不同类型间,养医型机构和社区居家型机构的安全设施配置数量相对较少;不同性质中,政府办机构的日常安全设施配置状况优于公建民营和社会办机构。

应急安全设施方面,机构的配置比例未达到100%,尤其是低位照明灯和应急照明灯的配置水平较差。不同类型间,6种应急安全设施在医养型机构中占比最多,远远高于其他类型机构。在不同性质间,公建民营机构的应急安全设施配置状况在3种之间最差,应加大对公建民营机构应急安全设施的投入。机构的配置中,不能只重视老年人的身心健康,也要消除外在的安全隐患,为老年人安全增加保障。

### 五、河南省医养结合试点机构室内娱乐设施优于室外

调查中发现,医养机构的娱乐设施多数都在室内,而室外娱乐设施种类和数量少。差异性结果表明,娱乐设施在不同类型中差异性没有统计学意义;但在不同性质中多数娱乐设施具有统计学意义。河南省医养结合机构中,室内设施的配置种类齐全且数量差异不大。不同类型和不同性质之间,室外设施数量差别较大。在之后的医养结合机构发展中,要注重娱乐设施的完善,增加老年人晚年生活的乐趣,促进医养结合事业的快速发展。

## 第四节 对策与建议

### 一、政府层面

#### (一)建立科学统一的设施配置标准

我国养老机构的设施配置上缺乏统一的标准和规范的指导。养老机构的设施建设需要政府的制度进行保障。医养结合机构的设施设备要充分考虑适老性设施和针对老年人的医用设备。但是河南省医养结合型养老机构中,由于缺乏指导性意见和规范性标准,导致在功能分区以及设施设备的配置方面没有经过充分、科学的考量,使得配置设施无法满足所有入住老人的需求。建立科学统一的机构设施配置标准对我国医养事业的发展具有重要意义。建立配置标准,首要是要民政部门出台老年人自理能力评定标准,对老年人的自理能力采取分级分类管理,根据不同需求安排老年人入住不同类型的养老机构。由于机构类型不同,养老机构的侧重点也不尽相同,对不同类型的养老机构提出不同的设施和服务要求,不同类型的养老机构在养老设施、医疗设施、医护人员配备等方面有不同的要求。其次,要根据机构规模大小,对机构的设施设备、床位数量、日常生活设施、医疗保健设施等方面做出具体要求,从而实现设备利用最大化。

#### (二)优化机构养老设施资源配置,加大对机构的财政支撑

我国医养结合机构面临最大的问题是缺乏财政支持。政府办机构依靠的主要是政

府财政拨款,民办机构则主要依靠投资者自身投资。养老机构在一定程度上具有公益性,将医疗与养老相结合,对于医养结合机构来说,更难盈利,由于缺乏资金支持,因此在机构设施的配置方面更难被改善,则会导致医养结合机构的整体环境状况较差。因此政府部门应对医养结合机构采取一定程度上的资金补贴,优惠水电费,减少税收等政策,使得机构将更多的资金用于养老设施的配置方面,从而更好地为老年人提供一个舒适安全的养老环境。

### (三)明确政府部门的监管职责,推动机构设施标准化建设

目前我国的医养结合机构处于尴尬境地,我国养老隶属于民政部门,医疗属于卫健委。医养结合属于新概念,因此在某些工作中,双方部门会出现责任推诿,政府部门间没有明确的职责分工,则会致机构缺乏有效监管。我国目前虽有相关机构环境建设与设备的规范,但由于监管不善,使多数医养结合机构的环境条件以及设施设备配置方面未达到标准要求。因此,需要明确医养管理部门的职责,对医养结合机构建立考核标准,对机构医疗康复设备、环境设施等方面纳入考核要求,对考核未达到标准要求的机构要进行处罚,对考核优秀的机构给予表彰。同时还可以将考核结果向全社会公开,以便为老年人选择适合的养老机构提供参考。

### (四)政府要发挥自身作用,促进养老机构与医疗机构相融合

养老机构在建设方面困难重重,一方面是医养结合中,医疗条件相对较差,养老水平相对较低,主要表现在无法满足老年人对医疗方面的高需求和缺乏提供康复治疗,养老保健等服务;另一方面是受经济状况的限制,没有足够的能力对医疗和养老设施进行更新。政府机构应发挥带头作用,积极两者结合,开辟绿色通道,为机构老人提供便利的医疗服务。此外,在加大政府财政投入的同时,可引入其他社会组织,拓宽筹资渠道,更好地保证医养结合的良好发展。

## 二、机构层面

### (一)科学合理改善老年人居住环境,改善养老质量

目前由于医养结合机构的效益相对较差,无法完全深入考虑老年人的需求,仅仅只考虑老年人的日常生活照料。大多数养老机构居住环境类似于集体宿舍,老年人无法拥有自己的私人空间,而且机构并未根据老年人身体状况不同而进行分区管理,因此造成老年人之间相互干扰。从而更不用谈论公共环境中一些娱乐设施及辅助设施的分类。因此建议机构首先对收住老年人进行分类居住,避免不必要的干扰,其次要注重老年人的私密性,可以在床与床之间设置床帘确保老年人拥有自己的私人空间。同时要考虑到老年人居住环境的改善,比如室内光照、温度、色彩等方面的因素,一定程度上,这些因素都会对老年人的心理和生理造成不同程度的影响。最后,居住环境一定要注重其安全性,无障碍设施的设置,方便老年人的生活出行;防滑地面的设置,有助于预防老年人跌倒情况;安全扶手装置有助于老年人停留依靠。

### (二)加强医疗康复设施的建设,保证老年人的用医便利

调查发现,除医中有养类型的养老机构医疗设施相对齐全外,其他类型的养老机构在医疗康复设施方面都相对匮乏,仅仅能满足老年人的基本用药,没有处理突发疾病的能力。老年群体会随着年龄的不断增长,慢性病种类及数量也会不断增加。而我国提出的医养结合则对养老机构提出了更高的要求标准,不能仅仅局限于日常生活照料及基本的医疗处理,同时要具备处理紧急医疗问题的能力。因此在医养结合机构的建设中,要不断加大对医疗康复设施的投入,在一定程度上可以处理老年人的突发情况,减少因延误治疗而导致的多种并发症的发生,保证老年人的就医便利。

### (三)加强对社区居家型机构配套设施的建设

社区居家型机构要吸引社会力量参与养老服务设施的建设。首先在土地规划上,要将养老用地、医疗用地和娱乐用地相区分,确保在空间方面能足够满足老年人的需求。其次要丰富日常生活、医疗保健方面的设施,完善社区的基本养老设施。最后,以需求为导向,根据老年人的特殊需求,提供更有针对性的养老服务。

# 第五章 河南省医养结合试点机构服务能力现况

## 第一节 河南省基本情况

### 一、社会人口情况

河南省是一个人口大省,截至 2018 年末全省总人口 10906 万人,比上年末增加 53 万人,常住人口 9605 万人,比上年末增加 46 万人,全年出生人口 127 万人,出生率 11.72‰;死亡人口 74 万人,死亡率 6.80‰;自然增长率 4.92‰。其中,65 岁以上老年人 1019 万人,占总人口的 10.61%,低于全国平均水平 1.3%;老年抚养系数为 15.60%,低于全国平均水平 1.2%。

### 二、经济发展情况

2018 年全省生产总值 48055.86 亿元,比上年增长 7.86%;人均生产总值(GDP) 50152 元,比上年增长 7.45%。2018 年河南省人均可支配收入 21963.5 元,其中,城镇居民人均可支配收入 31874.2 元,农村居民人均可支配收入 13803.7 元。

### 三、机构情况

河南省共有医疗卫生机构 71723 个,养老机构 3165 个。其中,二级以上医疗机构 445 个,开设老年病科的二级以上医院数量 209 个;开设康复保健科的医疗卫生机构 463 个;开设安宁疗护科的医疗卫生机构 3 个;护理院(卫生计生行政部门审批的医疗机构)38 个;护理中心(站)38 个;康复医院 30 个;康复医疗中心 63 个;安宁疗护中心(临终关怀机构)1 个;开设老年人绿色通道的医疗机构 3657 个,其中三级医院 78 个,二级医院 419 个,一级医院 3160 个。

## 第二节　河南省医养结合工作进展

### 一、河南省医养结合工作机制建立情况

在老龄化程度逐渐加深的背景下,河南省出台一系列政策推进养老和医疗相互促进、共同发展的相关政策。2014年发布《关于加快发展养老服务业的意见》,提出为有需求的老年人提供助餐、助浴、助医等定制服务。2016年公布《关于推进医疗卫生与养老服务相结合的实施意见》,确定开展医养结合试点地区,加强医养结合服务体系建设。目前河南省共有245家医养结合试点机构,设立老年医疗服务机构149家,80%以上的养老机构能开展医疗服务,医疗卫生机构为老年人设置的绿色通道开通率达到92%。因此,了解河南省医养结合服务现状至关重要。本文对河南省医养结合试点机构服务进行调查研究,分析河南省医养结合服务上的优势与不足,为提高我省医养结合服务水平提供建议。

根据《河南省医养结合部门联席会议纪要》[2017]1号,河南省建立了医养结合工作跨部门协调工作机制或跨部门综合领导小组。根据《河南省人民政府办公厅转发省卫生计生委等部门关于推进医疗卫生与养老服务相结合实施意见的通知》(豫政办[2016]133号),制定并印发了贯彻落实《国务院办公厅转发卫生计生委等部门关于推进医疗卫生与养老服务相结合的指导意见》(国办发[2015]84号)的实施意见。根据《河南省人民政府办公厅转发省卫生计生委等部门关于推进医疗卫生与养老服务相结合实施意见的通知》(豫政办[2016]133号),制定并出台了推进本地区医养结合的政策措施、规划制度和具体工作方案。根据《关于印发河南省"十三五"医疗卫生服务体系规划的通知》(豫政办[2016]226号)、《关于印发〈健康中原2030规划纲要〉的通知》(豫发[2017]2号)、《关于印发河南省"十三五"卫生与健康事业发展规划的通知》(豫政办[2017]10号)以及《关于印发河南省中医药发展战略规划(2016—2030年)的通知》(豫政办[2017]34号),把推进医养结合工作纳入了深化医药卫生体制改革和促进养老、健康服务业发展的总体部署中。

河南省共设立8个省级医养结合试点单位,并根据《河南省人民政府办公厅转发省卫生计生委等部门关于推进医疗卫生与养老服务相结合实施意见的通知》(豫政办[2016]133号),在土地利用总体规划和城乡规划中统筹考虑医养结合机构发展需要,做好用地规划布局。根据《关于印发河南省"十三五"医疗卫生服务体系规划的通知》(豫政办[2016]226号)、《关于印发〈健康中原2030规划纲要〉的通知》(豫发[2017]2号)、《关于印发河南省"十三五"卫生与健康事业发展规划的通知》(豫政办[2017]10号)以及《关于印发河南省中医药发展战略规划(2016—2030年)的通知》(豫政办[2017]34号),在制定医养结合机构设置规划或在卫生计生规划中涵盖医养结合规划内容。

### 二、相关配套政策措施

根据《关于开展医养结合试点督查评估工作的通知》(豫卫家庭[2017]18号),已建

立医养结合服务质量监管制度。

调查期内河南省安排的医养结合财政投入共1.77亿元,中央专项投入1000万元,省本级财政医养结合专项投入1.67亿元,且政府有相关产业基金支持医养结合发展。社会福利事业的彩票公益金用于支持开展医养结合服务1.67亿元。政府购买的医养结合服务项目有:机构供养、职业培训教育、养老评价,购买投入资金共9000万元,服务人群数量为15.9万人。

河南省出台了本级长期(医疗)护理(照护)保险制度,开展长期护理商业保险,广泛开展医养结合政策宣传工作,并设立2项医养结合有关科研项目,项目研发总额为15万元。设有医养结合重点项目库4个,项目总额43.13亿元,包括省职工医院、洛阳市医养结合健康养老基地、登封阳城养生苑、黄河三门峡医院项目,项目具有亮点及推广经验。

## 第三节 河南省医养结合试点机构服务开展情况

### 一、河南省医养结合试点机构服务开展基本情况

#### (一)河南省医养结合试点机构服务开展总体情况

一类地区不同类型医养结合机构项目开展情况中,所有地区开展的服务项目中位数为82.50项。二类地区不同类型医养结合机构项目开展情况中,所有地区开展的服务项目中位数为89.00项。三类地区不同类型医养结合机构项目开展情况中,所有地区开展的服务项目中位数为95.50项。省直管县的医养结合试点机构项目开展情况中,所有地区开展的服务项目中位数为109.00项,见表5-1。

表5-1 医养结合试点地区不同医养类型机构服务情况(项)

| 地区 | 养老机构办医疗 | 医疗机构办养老 | 医疗机构和养老机构合作 | 总计 |
| --- | --- | --- | --- | --- |
| 一类地区 | 111.00(54.00,-) | 85.00(55.00,103.50) | 69.50(16.50,98.50) | 82.50(42.75,108.50) |
| 二类地区 | 80.50(63.00,98.50) | 90.00(84.00,94.75) | 81.00(69.75,105.00) | 89.00(75.75,95.00) |
| 三类地区 | 98.00(88.50,111.00) | 96.00(79.00,105.00) | 86.00(68.50,102.50) | 95.50(76.50,104.00) |
| 省直管县 | 102.50(94.00,-) | 109.50(93.25,111.25) | 106.00(106.00,106.00) | 109.00(95.00,111.00) |
| 总计 | 96.00(77.25,110.75) | 94.50(81.00,105.00) | 86.00(68.00,102.00) | 93.00(76.00,105.00) |

注:表中"-"为调查机构未填写服务情况。

从调查结果可以看出来河南省医养结合试点机构服务项目完成较多,所有地区开展的服务项目中位数为93.00项。其中,一类地区中位数为82.50项;二类地区中位数为89.00项;三类地区中位数为95.50项;省直管县地区中位数为109.00项。究其原因可能是:河南省政府、民政部门、卫生部门等机构为应对人口老龄化,制定并颁布的相关政策,鼓励各地区、各机构积极开展医养结合服务。

河南省出台《河南省老龄事业发展"十三五"规划》,为老年人提供医养相结合、多方参与、服务优良的多层次养老服务体系;《河南省养老服务体系建设"十三五"规划》,并先后发布6个养老方面的省级地方标准,构建医养结合服务政策体系。

河南省出台《河南省民政事业发展第十三个五年规划》提出大力发展养老事业,推动医疗卫生和养老服务相结合,满足老年人养老服务需求。《河南省人民政府关于加快发展养老服务业的意见》,提出或指出要积极构建以居家养老为基础、社区养老为依托、机构养老为支撑的养老服务体系,全面开放养老服务市场,落实各项养老服务优惠政策,推进医疗卫生和养老服务相结合。河南省医养结合相关的十个部门联合下发《关于推进医疗卫生与养老服务相结合的实施意见》,从加强城乡医养结合服务体系建设、建立健全医疗卫生机构与养老机构合作机制、支持养老机构开展医疗服务、推动医疗卫生服务延伸至社区和家庭、支持养老机构优先开展中医药健康服务、鼓励社会力量兴办新型医养结合机构等"六大任务"规划未来发展蓝图,从规划布局、用地、人才建设等"五个保障"出台应对措施,从而保证医养结合能够完全"落地"实施。

### (二)养老机构办医疗的试点机构服务情况

养老机构办医疗的试点机构中,基本生活照料服务项目中位数为26.00项,疾病诊疗服务项目中位数为8.00项,康复护理服务项目中位数为9.00项,疾病康复治疗服务项目中位数为6.00项,上门服务项目中位数为6.50项,远程服务项目中位数为2.00项,健康管理服务项目中位数为7.00项,临终关怀服务项目中位数为4.00项,陪同代办服务项目中位数为4.00项,精神慰藉服务项目中位数为6.00项,休闲娱乐服务项目中位数为7.00项,见表5-2。

临终关怀,也称"安宁疗护""舒缓医疗",主要是为临终者提供特殊照护的医疗卫生服务,减轻患者痛苦和不适,使其能够平静、祥和、有尊严地离开世界。1994年我国卫生部首次将"临终关怀科"列入《医疗卫生机构诊疗科目名录》,2006年出台《全国爱心护理工程试点工作规程》,对临终关怀服务的宗旨和具体做法均做出了详细规定,这是临终关怀正式引入人口老龄事业的起点,同时也为临终关怀在老龄事业的发展奠定基础。自2011年以来,国家发布相关系列政策,推动临终关怀事业的发展,提出"为老年人提供临终关怀一体化服务;支持养老机构按规定开办临终关怀机构等;加强临终关怀机构建设"等,这些政策均能体现我国政府对临终关怀的逐渐重视,以及在发展医养结合事业中,推进临终关怀一体化建设的决心。河南省卫生健康委于2018年提出启动安宁疗护试点工作,探索临终关怀的相关内容和工作机制,积极应对人口老龄化。人口老龄化的严峻发展要求临终关怀服务是推进老龄事业重要的一部分。

通过调查结果可以看出，临终关怀服务在不同地区医养结合试点机构中 $P=0.103$，不同医养结合类型机构中 $P=0.304$，差异无统计学意义。说明不同地区和不同类型的医养结合试点机构之间开展的临终关怀服务无差异。临终关怀服务在养老机构办医疗的试点机构中，中位数为4.00项；在医疗卫生机构办养老的试点机构中，中位数为4.00项；在医疗卫生机构和养老机构合作的试点机构中，中位数为3.00项。说明不同地区、不同医养结合类型的临终关怀服务项目完成能力差异较大。究其原因可能是：①河南省的医养结合处于缓慢发展阶段，临终关怀的概念还未在基层全面普及，基层医养结合机构还未完全意识到临终关怀的重要性，未能为老人提供临终关怀服务。②受传统死亡观念的束缚，人们恐惧死亡，甚至害怕并排斥提及"死亡""临终"等词语，长此以往，人们会一味追求延长生命而忽视生命质量和尊严。③河南省为主要人口流动地，流出人口主要为青壮年，而留守老人则参与劳动的频率过高，损害自己的身体健康，导致身体状况较差，生命质量被影响，往往老年人在即将去世时，儿女才匆匆赶回身边，因此临终关怀服务的范围受到限制。虽然政府已经出台一系列提供临终关怀服务的政策，但成效并不显著，还须加大宣传力度，鼓励公众参与，为临终患者满足需求，为患者家属提供慰藉等。

### （三）医疗卫生机构办养老的试点机构服务情况

医疗卫生机构办养老的试点机构服务中，基本生活照料服务项目中位数为26.00项；常用临床护理服务项目中位数为14.00项；疾病诊疗服务项目中位数为8.00项；康复护理服务项目中位数为9.00项；疾病康复治疗服务项目中位数为6.00项；健康教育服务项目中位数为5.00项；上门服务项目中位数为4.50项；远程服务项目中位数为2.00项；健康管理服务项目中位数为7.00项；临终关怀服务项目中位数为4.00项；陪同代办服务项目中位数为4.00项；精神慰藉服务项目中位数为6.00项；休闲娱乐服务项目中位数为5.50项，见表5-3。

河南省医养结合机构主要开展14项医养结合服务。其中，康复开展142822人次，医疗护理开展151273人次，预防保健133579人次，生活照料开展291290人次，急诊急救开展19235人次，中医药服务开展143228人次，预约就诊开展65010人次，健康管理开展105178人次，保健咨询开展50972人次，心理关怀疏导开展28741人次，预约就诊绿色通道开展13611人次，安宁疗护开展1264人次，药事服务开展251551人次，健康教育开展91843人次。

服务的老年人中，平均住院454.4天/人，在院老年人21479人，其中完全失能/重度障碍老人2228人，部分失能/中轻度障碍老人3530人，自理老人15721人；入院老人53058人，出院老人（不包括死亡人）12605人，死亡老人342人。

门诊老年病人次均医药费用为5051.95元，住院老年病人人均医药费用为31122.58元，住院老年病人日均医药费82.44元。

### （四）医疗卫生机构和养老机构合作的试点机构服务情况

医疗卫生机构和养老机构合作的试点机构服务中，基本生活照料服务项目中位数为25.00项。常用临床护理服务项目中位数为14.00项。疾病诊疗服务项目中位数为

8.00项。康复护理服务项目中位数为9.00项。疾病康复治疗服务项目中位数为6.00项。健康教育服务项目中位数为5.00项。上门服务项目中位数为4.00项。远程服务项目中位数为2.00项。健康管理服务项目中位数为6.00项。临终关怀服务项目中位数为3.00项。陪同代办服务项目中位数为4.00项。精神慰藉服务项目中位数为5.00项。休闲娱乐服务项目中位数为5.00项,见表5-4。

## 二、不同地区医养结合试点机构服务情况

不同地区医养结合试点机构中,除临终关怀服务外,其他12项服务有差异具有统计学意义($P<0.05$)。其中,一类地区的试点机构服务在常用临床护理服务、疾病诊疗服务、陪同代办服务和休闲娱乐服务做得较多($P<0.05$);二类地区的试点机构服务做得较少,特别是疾病诊疗服务、陪同代办服务、精神慰藉服务和休闲娱乐服务($P<0.05$);三类地区的试点机构服务做得最少,特别是基本生活照料服务、常用临床护理服务、疾病康复治疗服务、上门服务和远程服务($P<0.05$);省直管县的试点机构服务除了常用临床护理服务、疾病诊疗服务、陪同代办服务和休闲娱乐服务外,其他服务做得均最多($P<0.05$),见表5-5。

河南省医养结合试点机构中,省直管县地区的试点机构完成得最多,其次为一类地区、二类地区,三类地区完成得最少。造成这一现象的原因可能是:①省直管县地区以基层医疗卫生机构、民营养老院为主,与省辖市的医养结合机构相比,医疗卫生机构现有床位、医疗设施即可满足医养结合养老需求,无须额外购置床位等设施,充分利用社会资源,并且医疗卫生人员不仅能为本辖区内普通居民提供医疗服务,还能为机构内老人提供养老日常照料和医疗健康服务,从而能够实现经济成本降低。②河南省多数老人,尤其农村老人,受传统观念的影响,认为机构养老是子女不孝顺,且机构养老会加重家庭经济负担,河南省2017年农村居民人均可支配收入13830.7元,每月几千块的机构养老费用无疑会增加负担,因此在省直管县地区中,选择机构养老的老人较少,需求量较少,均能有保障地提供医养结合服务。③老年人会随着受教育程度、收入状况、消费水平的提升,更倾向于选择医养结合养老模式。受经济发展水平的影响,老年人对医养结合机构的需求会有所不同,河南省一类地区、二类地区、三类地区的总体老年人受教育程度、收入状况、消费水平呈现下降的趋势,一类地区的老年人需求最大,而三类地区需求则最小。因此,机构面临较大的需求,难以提供有效医养结合服务。

### (一)一类地区的医养结合试点机构服务情况

一类地区试点机构中,基本生活照料服务、疾病诊疗服务、康复护理服务、健康教育服务、远程服务、精神慰藉服务和休闲娱乐服务有差异具有统计学意义($P<0.05$)。其中,养老机构办医疗的试点机构服务做得最多($P<0.05$);医疗卫生机构办养老的试点机构除休闲娱乐外,其他服务做得最少($P<0.05$);医疗卫生机构和养老机构合作的试点机构除休闲娱乐外,其他服务做得较多($P<0.05$),见表5-6。

表 5-2 养老机构办医疗的试点机构服务情况（项）

| 地区 | 基本生活照料服务 | 常用临床护理服务 | 疾病诊疗服务 | 康复护理服务 | 疾病康复治疗服务 | 健康教育服务 | 上门服务 | 远程服务 | 健康管理服务 | 临终关怀服务 | 陪同代办服务 | 精神慰藉服务 | 休闲娱乐服务 | 远程服务 |
|---|---|---|---|---|---|---|---|---|---|---|---|---|---|---|
| 一类地区 | 26.00 (26.00, 26.00) | 15.00 (5.00, −) | 8.00 (0.00, −) | 9.00 (0.00, −) | 6.00 (0.00, −) | 5.00 (0.00, −) | 9.00 (0.00, −) | 5.00 (0.00, −) | 7.00 (5.00, −) | 4.00 (1.00, −) | 4.00 (4.00, 4.00) | 6.00 (6.00, 6.00) | 7.00 (7.00, 7.00) | 5.00 (0.00, −) |
| 二类地区 | 26.00 (24.50, 26.00) | 13.50 (9.75, 14.25) | 6.00 (3.75, 7.25) | 9.00 (6.00, 9.00) | 5.50 (0.75, 6.00) | 3.00 (0.00, 5.00) | 1.00 (0.00, 7.75) | 0.50 (0.00, 2.00) | 6.00 (3.75, 7.00) | 0.50 (0.00, 4.00) | 3.00 (0.00, 4.00) | 4.50 (0.00, 5.00) | 6.00 (4.75, 7.00) | 0.50 (0.00, 2.00) |
| 三类地区 | 26.00 (26.00, 26.00) | 15.00 (12.00, 15.00) | 8.00 (5.50, 8.00) | 9.00 (9.00, 9.00) | 6.00 (5.50, 6.00) | 5.00 (4.00, 5.00) | 6.00 (0.00, 10.00) | 2.00 (1.00, 5.00) | 7.00 (2.00, 7.00) | 4.00 (3.50, 4.00) | 4.00 (2.50, 4.00) | 6.00 (4.50, 6.00) | 7.00 (4.50, 7.00) | 2.00 (1.00, 5.00) |
| 省直管县 | 26.00 (26.00, 26.00) | 14.00 (13.00, −) | 8.00 (8.00, 8.00) | 9.00 (9.00, 9.00) | 6.00 (6.00, 6.00) | 4.00 (3.00, −) | 9.50 (9.00, 10.00) | 5.00 (5.00, 5.00) | 6.50 (6.00, −) | 3.50 (3.00, −) | 3.50 (3.00, −) | 3.00 (0.00, −) | 4.50 (2.00, −) | 5.00 (5.00, 5.00) |
| 总计 | 26.00 (26.00, 26.00) | 14.00 (12.00, 15.00) | 8.00 (5.25, 8.00) | 9.00 (9.00, 9.00) | 6.00 (5.00, 6.00) | 5.00 (3.00, 5.00) | 6.50 (0.00, 10.00) | 2.00 (1.00, 5.00) | 7.00 (4.25, 7.00) | 4.00 (1.00, 4.00) | 4.00 (3.00, 4.00) | 6.00 (4.00, 6.00) | 7.00 (5.00, 7.00) | 2.00 (1.00, 5.00) |

注：表中"−"为调查机构未填写服务情况。

表 5-3 医疗卫生机构办养老的试点机构服务情况（项）

| 地区 | 基本生活照料服务 | 常用临床护理服务 | 疾病诊疗服务 | 康复护理服务 | 疾病康复治疗服务 | 健康教育服务 | 上门服务 | 远程服务 | 健康管理服务 | 临终关怀服务 | 陪同代办服务 | 精神慰藉服务 | 休闲娱乐服务 | 远程服务 |
|---|---|---|---|---|---|---|---|---|---|---|---|---|---|---|
| 一类地区 | 25.00 (16.00, 26.00) | 14.00 (6.50, 15.00) | 8.00 (7.00, 8.00) | 8.00 (5.00, 9.00) | 6.00 (3.00, 6.00) | 4.00 (3.00, 5.00) | 3.00 (0.00, 8.00) | 2.00 (1.50, 4.50) | 5.00 (1.50, 6.50) | 4.00 (0.00, 4.00) | 2.00 (0.00, 4.00) | 4.00 (0.00, 6.00) | 4.00 (0.00, 7.00) | 5.00 (1.50, 6.50) |
| 二类地区 | 26.00 (25.00, 26.00) | 15.00 (14.00, 15.00) | 8.00 (8.00, 8.00) | 9.00 (9.00, 9.00) | 6.00 (6.00, 6.00) | 5.00 (5.00, 5.00) | 0.00 (0.00, 8.75) | 2.00 (0.25, 5.00) | 7.00 (4.50, 7.00) | 2.00 (0.00, 4.00) | 2.00 (0.00, 4.00) | 6.00 (2.00, 4.00) | 5.00 (4.25, 7.00) | 7.00 (4.50, 7.00) |
| 三类地区 | 26.00 (24.00, 26.00) | 14.00 (13.00, 15.00) | 8.00 (8.00, 8.00) | 9.00 (8.00, 9.00) | 6.00 (5.00, 6.00) | 5.00 (5.00, 5.00) | 5.00 (0.00, 9.00) | 2.00 (1.00, 5.00) | 7.00 (4.00, 7.00) | 4.00 (3.00, 4.00) | 4.00 (1.00, 4.00) | 5.00 (4.00, 6.00) | 5.00 (2.00, 7.00) | 7.00 (4.00, 7.00) |
| 省直管县 | 26.00 (26.00, 26.00) | 14.00 (13.75, 15.00) | 8.00 (7.00, 8.00) | 9.00 (8.50, 9.00) | 6.00 (6.00, 6.00) | 5.00 (5.00, 5.00) | 10.00 (7.25, 10.00) | 5.00 (2.00, 5.00) | 7.00 (5.75, 7.00) | 4.00 (2.75, 4.00) | 4.00 (3.75, 4.00) | 6.00 (4.50, 6.00) | 7.00 (5.75, 7.00) | 7.00 (5.75, 7.00) |
| 总计 | 26.00 (24.00, 26.00) | 14.00 (13.00, 15.00) | 8.00 (8.00, 8.00) | 9.00 (8.00, 9.00) | 6.00 (5.75, 6.00) | 5.00 (5.00, 5.00) | 4.50 (0.00, 9.00) | 2.00 (1.00, 5.00) | 7.00 (4.00, 7.00) | 4.00 (2.00, 4.00) | 4.00 (0.00, 4.00) | 6.00 (3.00, 6.00) | 5.50 (3.00, 7.00) | 7.00 (4.00, 7.00) |

## 第五章 河南省医养结合试点机构服务能力现况

表5-4 医疗卫生机构和养老机构合作的试点机构服务情况（项）

| 地区 | 基本生活照料服务 | 常用临床护理服务 | 疾病诊疗服务 | 康复护理服务 | 疾病康复治疗服务 | 健康教育服务 | 上门服务 | 远程服务 | 健康管理服务 | 临终关怀服务 | 陪同代办服务 | 精神慰藉服务 | 休闲娱乐服务 | 远程服务 |
|---|---|---|---|---|---|---|---|---|---|---|---|---|---|---|
| 一类地区 | 25.50 (9.25, 26.00) | 12.50 (0.00, 15.00) | 8.00 (0.50, 8.00) | 7.00 (0.25, 9.00) | 4.00 (0.25, 6.00) | 4.00 (1.00, 5.00) | 0.00 (0.00, 4.00) | 0.50 (0.00, 3.00) | 4.00 (0.00, 6.50) | 1.00 (0.00, 4.00) | 2.00 (0.00, 4.00) | 2.00 (0.00, 6.00) | 2.50 (0.00, 6.75) | 4.00 (0.00, 6.50) |
| 二类地区 | 25.00 (25.00, 26.00) | 12.50 (6.00, 15.00) | 8.00 (5.50, 8.00) | 9.00 (5.00, 9.00) | 5.00 (3.00, 6.00) | 5.00 (4.00, 5.00) | 2.00 (0.00, 9.25) | 2.00 (0.25, 4.25) | 5.50 (3.25, 7.00) | 1.00 (0.00, 4.00) | 4.00 (1.25, 4.00) | 5.50 (2.25, 6.00) | 5.00 (5.00, 7.00) | 5.50 (3.25, 7.00) |
| 三类地区 | 25.00 (18.25, 26.00) | 14.00 (10.25, 15.00) | 8.00 (6.25, 8.00) | 9.00 (3.25, 9.00) | 6.00 (3.00, 6.00) | 5.00 (4.00, 5.00) | 4.50 (0.00, 8.00) | 2.00 (0.00, 4.00) | 6.00 (3.00, 7.00) | 3.00 (0.00, 4.00) | 3.00 (0.00, 4.00) | 5.00 (0.25, 6.00) | 5.00 (0.25, 7.00) | 6.00 (3.00, 7.00) |
| 省直管县 | 25.00 (25.00, 25.00) | 15.00 (15.00, 15.00) | 8.00 (8.00, 8.00) | 9.00 (9.00, 9.00) | 6.00 (6.00, 6.00) | 5.00 (5.00, 5.00) | 7.00 (7.00, 7.00) | 3.00 (3.00, 3.00) | 7.00 (7.00, 7.00) | 4.00 (4.00, 4.00) | 4.00 (4.00, 4.00) | 6.00 (6.00, 6.00) | 7.00 (7.00, 7.00) | 7.00 (7.00, 7.00) |
| 总计 | 25.00 (18.50, 26.00) | 14.00 (9.00, 15.00) | 8.00 (8.00, 8.00) | 9.00 (3.50, 9.00) | 6.00 (3.00, 6.00) | 5.00 (4.00, 5.00) | 4.00 (0.00, 8.00) | 2.00 (0.00, 4.00) | 6.00 (3.00, 7.00) | 3.00 (0.00, 4.00) | 4.00 (0.00, 4.00) | 5.00 (0.50, 6.00) | 5.00 (0.50, 7.00) | 6.00 (3.00, 7.00) |

表5-5 不同地区试点机构服务的秩和检验（秩均值）

| 地区 | 基本生活照料服务 | 常用临床护理服务 | 疾病诊疗服务 | 康复护理服务 | 疾病康复治疗服务 | 健康教育服务 | 上门服务 | 远程服务 | 健康管理服务 | 临终关怀服务 | 陪同代办服务 | 精神慰藉服务 | 休闲娱乐服务 |
|---|---|---|---|---|---|---|---|---|---|---|---|---|---|
| 一类地区 | 2144.23 | 1371.78 | 719.50 | 563.53 | 447.65 | 326.46 | 439.18 | 229.03 | 391.35 | 249.39 | 270.85 | 415.49 | 521.07 |
| 二类地区 | 2174.44 | 1191.28 | 604.90 | 710.56 | 448.95 | 389.69 | 475.27 | 246.55 | 488.05 | 224.20 | 222.60 | 366.41 | 412.99 |
| 三类地区 | 2149.64 | 1137.45 | 658.69 | 703.97 | 444.14 | 408.20 | 407.23 | 219.59 | 490.04 | 250.51 | 252.70 | 381.93 | 425.90 |
| 省直管县 | 2749.84 | 1230.41 | 692.03 | 731.10 | 520.33 | 450.12 | 527.93 | 286.62 | 518.75 | 235.36 | 251.59 | 454.97 | 508.30 |
| H | 90.410 | 27.480 | 16.377 | 41.211 | 13.171 | 24.997 | 27.886 | 14.409 | 16.659 | 6.178 | 11.381 | 12.588 | 21.417 |
| P | <0.001 | <0.001 | 0.001 | <0.001 | 0.004 | <0.001 | <0.001 | 0.002 | 0.001 | 0.103 | 0.010 | 0.006 | <0.001 |

表5-6 一类地区试点机构服务的秩和检验（秩均值）

| 地区 | 基本生活照料服务 | 常用临床护理服务 | 疾病诊疗服务 | 康复护理服务 | 疾病康复治疗服务 | 健康教育服务 | 上门服务 | 远程服务 | 健康管理服务 | 临终关怀服务 | 陪同代办服务 | 精神慰藉服务 | 休闲娱乐服务 |
|---|---|---|---|---|---|---|---|---|---|---|---|---|---|
| 养老机构办医疗 | 297.50 | 119.57 | 68.50 | 82.00 | 47.50 | 48.00 | 41.89 | 33.00 | 52.53 | 22.78 | 24.50 | 42.50 | 49.50 |
| 医疗卫生机构办养老 | 173.60 | 99.53 | 55.18 | 56.95 | 37.12 | 32.58 | 35.28 | 19.89 | 39.83 | 23.50 | 21.94 | 29.62 | 36.85 |
| 医疗卫生机构和养老机构合作 | 222.23 | 101.19 | 65.31 | 59.43 | 42.52 | 34.44 | 35.28 | 20.63 | 40.87 | 22.36 | 24.50 | 35.95 | 32.84 |
| H | 74.313 | 4.363 | 8.924 | 10.321 | 4.929 | 6.293 | 1.651 | 9.118 | 4.317 | 0.229 | 3.182 | 8.963 | 11.135 |
| P | <0.001 | 0.113 | 0.012 | 0.006 | 0.085 | 0.043 | 0.438 | 0.010 | 0.115 | 0.892 | 0.204 | 0.011 | 0.004 |

## (二)二类地区的医养结合试点机构服务情况

二类地区试点机构中,基本生活照料服务、常用临床护理服务、疾病诊疗服务、疾病康复治疗服务、健康教育服务、健康管理服务和精神慰藉服务有差异具有统计学意义($P<0.05$)。其中,养老机构办医疗的试点机构的服务做得最少,特别是常用临床护理服务、疾病诊疗服务、健康教育服务和精神慰藉服务($P<0.05$);医疗卫生机构办养老的试点机构除基本生活照料服务外,其他服务做得最多($P<0.05$);医疗卫生机构和养老机构合作的试点机构除基本生活照料、疾病康复治疗服务和健康管理服务外,其他服务做得较多($P<0.05$),见表5-7。

## (三)三类地区的医养结合试点机构服务情况

三类地区试点机构中,除健康教育服务和临终关怀服务外,其他服务有差异具有统计学意义($P<0.05$)。其中,养老机构办医疗的试点机构中,除疾病诊疗服务外,其他服务做得最多($P<0.05$);医疗卫生机构办养老的试点机构服务做得较多,特别是疾病诊疗服务和陪同代办服务($P<0.05$);医疗卫生机构和养老机构合作的试点机构的服务做得最少,包括基本生活照料服务、常用临床护理服务、疾病康复治疗服务、健康管理服务、陪同代办服务和精神慰藉服务($P<0.05$),见表5-8。

## (四)省直管县地区的医养结合试点机构服务情况

省直管县地区试点机构中,基本生活照料服务、常用临床护理服务、疾病诊疗服务、健康教育服务、上门服务、远程服务和陪同代办服务有差异具有统计学意义($P<0.05$)。其中,养老机构办医疗的试点机构服务做得较多,特别是基本生活照料服务、疾病诊疗服务和远程服务($P<0.05$);医疗卫生机构办养老的试点机构做得最少,尤其是疾病诊疗服务($P<0.05$);医疗卫生机构和养老机构合作的试点机构的服务做得最多,包括常用临床护理服务、疾病康复治疗服务、健康教育服务和陪同代办服务($P<0.05$),见表5-9。

表 5-7 二类地区试点机构服务的秩和检验（秩均值）

| 地区 | 基本生活照料服务 | 常用临床护理服务 | 疾病诊疗服务 | 康复护理服务 | 疾病康复治疗服务 | 健康教育服务 | 上门服务 | 远程服务 | 健康管理服务 | 临终关怀服务 | 陪同代办服务 | 精神慰藉服务 | 休闲娱乐服务 |
|---|---|---|---|---|---|---|---|---|---|---|---|---|---|
| 养老机构办医疗 | 457.00 | 148.86 | 65.20 | 125.77 | 78.63 | 56.31 | 52.34 | 35.64 | 91.26 | 36.22 | 34.07 | 32.11 | 95.39 |
| 医疗卫生机构办养老 | 420.95 | 253.32 | 136.29 | 139.26 | 91.17 | 80.87 | 60.11 | 39.24 | 100.83 | 33.17 | 40.21 | 79.36 | 87.35 |
| 医疗卫生机构和养老机构合作 | 382.31 | 186.71 | 114.33 | 126.87 | 72.11 | 66.20 | 60.50 | 33.70 | 81.31 | 32.90 | 42.25 | 70.46 | 95.00 |
| H | 12.837 | 57.956 | 43.415 | 5.916 | 12.776 | 13.299 | 1.120 | 1.627 | 7.778 | 0.417 | 2.265 | 28.952 | 1.228 |
| P | 0.002 | <0.001 | <0.001 | 0.052 | 0.002 | 0.001 | 0.571 | 0.443 | 0.020 | 0.812 | 0.322 | <0.001 | 0.541 |

表 5-8 三类地区试点机构服务的秩和检验（秩均值）

| 地区 | 基本生活照料服务 | 常用临床护理服务 | 疾病诊疗服务 | 康复护理服务 | 疾病康复治疗服务 | 健康教育服务 | 上门服务 | 远程服务 | 健康管理服务 | 临终关怀服务 | 陪同代办服务 | 精神慰藉服务 | 休闲娱乐服务 |
|---|---|---|---|---|---|---|---|---|---|---|---|---|---|
| 养老机构办医疗 | 1738.94 | 834.20 | 407.82 | 503.00 | 322.02 | 260.96 | 353.06 | 149.18 | 336.91 | 180.27 | 163.44 | 294.54 | 304.20 |
| 医疗卫生机构办养老 | 1354.37 | 772.51 | 455.61 | 432.66 | 294.43 | 266.70 | 261.62 | 146.82 | 322.99 | 165.71 | 174.72 | 249.31 | 256.36 |
| 医疗卫生机构和养老机构合作 | 1289.85 | 725.92 | 408.79 | 436.58 | 273.35 | 256.72 | 280.01 | 148.88 | 273.56 | 163.77 | 150.51 | 235.88 | 264.66 |
| H | 152.514 | 12.997 | 14.794 | 29.903 | 12.877 | 1.175 | 24.190 | 0.054 | 21.449 | 4.424 | 13.422 | 15.664 | 9.243 |
| P | <0.001 | 0.002 | 0.001 | <0.001 | 0.002 | 0.556 | <0.001 | 0.973 | <0.001 | 0.109 | 0.001 | <0.001 | 0.010 |

第五章 河南省医养结合试点机构服务能力现况

表5-9 省直管县地区试点机构服务的秩和检验(秩均值)

| 地区 | 基本生活照料服务 | 常用临床护理服务 | 疾病诊疗服务 | 康复护理服务 | 疾病康复治疗服务 | 健康教育服务 | 上门服务 | 远程服务 | 健康管理服务 | 临终关怀服务 | 陪同代办服务 | 精神慰藉服务 | 休闲娱乐服务 |
|---|---|---|---|---|---|---|---|---|---|---|---|---|---|
| 养老机构办医疗 | 192.50 | 82.57 | 57.50 | 59.00 | 37.50 | 21.69 | 53.79 | 30.50 | 36.69 | 17.50 | 16.64 | 35.50 | 40.39 |
| 医疗卫生机构办养老 | 175.76 | 87.19 | 46.21 | 53.00 | 36.84 | 33.50 | 57.94 | 25.61 | 43.08 | 23.08 | 24.53 | 30.54 | 38.67 |
| 医疗卫生机构和养老机构合作 | 37.00 | 135.50 | 57.50 | 59.00 | 37.50 | 33.50 | 9.00 | 7.50 | 54.00 | 26.50 | 26.50 | 35.50 | 51.50 |
| $H$ | 134.547 | 14.716 | 6.671 | 3.238 | 0.327 | 21.313 | 22.389 | 11.838 | 3.807 | 3.367 | 6.557 | 2.159 | 3.083 |
| $P$ | <0.001 | 0.001 | 0.036 | 0.198 | 0.849 | <0.001 | <0.001 | 0.003 | 0.149 | 0.186 | 0.038 | 0.340 | 0.214 |

## 三、不同类型医养结合试点机构服务情况

除远程服务和临终关怀外,不同类型试点机构服务有差异均有统计学意义($P<0.05$)。其中,养老机构办医疗的试点机构服务做得最多,特别是在基本生活照料、康复护理服务、疾病康复治疗、上门服务、健康管理服务、精神慰藉和娱乐服务($P<0.05$);医疗卫生机构办养老的试点机构服务做得较多,包括常用临床护理、疾病诊疗服务、健康教育和陪同代办服务($P<0.05$);医疗卫生机构和养老机构合作的试点机构中,除疾病诊疗和休闲娱乐外,其他服务做得最少($P<0.05$)。

本次调查显示,不同类型医养结合试点机构中,不同类型试点机构服务有差异均有统计学意义($P<0.05$)。养老机构办医疗的试点机构服务做得最多,医疗卫生机构办养老的试点机构服务做得较多,医疗卫生机构和养老机构合作的试点机构服务做得最少($P<0.05$)。同时养老机构办医疗的试点机构平均能完成的基本生活照料服务、上门服务、陪同代办服务、精神慰藉服务等养老服务最多,医疗卫生机构办养老的试点机构平均能完成的常用临床护理服务、疾病诊疗服务、康复护理服务、疾病康复治疗服务等医疗服务最多,见表5-10。

对老年人而言,养老是生存的基础,医疗则是生活的保障。养老机构办医疗的试点机构能够提供日常生活照料服务等养老服务,但其医疗水平有限,所提供的医疗护理服务层次较低,对老年人突发疾病,无法及时有效进行诊治。医疗卫生机构的医护人员专业水平则较强。医疗卫生机构办养老的试点机构能够提供专业的医疗护理,为老年人提供安静的护理环境,保障老年人的生命安全,缓解了医疗资源浪费的现象;而医疗卫生机构和养老机构合作的试点机构由于自身拥有服务的限制,服务水平往往偏低,且两者易产生冲突,老年人的权益难以得到有效的保障。

### (一)养老机构办医疗的试点机构服务情况

养老机构办医疗的试点机构中,除上门服务、健康管理服务外,其余11项服务在不同地区服务有差异均有统计学意义($P<0.05$)。其中,一类地区养老机构办医疗的试点机构中,除临终关怀服务外,其他服务均做得最多($P<0.05$);二类地区养老机构办医疗的试点机构中服务做得最少,包括基本生活照料服务、常用临床护理服务、疾病诊疗服务、康复护理服务、疾病康复治疗服务、健康教育服务、陪同代办服务、精神慰藉服务和休闲娱乐服务($P<0.05$);三类地区养老机构办医疗的试点机构服务做得较少,特别是远程服务($P<0.05$);省直管县地区养老机构办医疗的试点机构在基本生活照料服务、疾病诊疗服务、康复护理服务、疾病康复治疗服务、远程服务和精神慰藉服务6个服务做得较多($P<0.05$),见表5-11。

### (二)医疗卫生机构办养老的试点机构服务情况

医疗卫生机构办养老的试点机构中,除疾病诊疗服务、临终关怀服务外,其余11项服务在不同地区服务有差异均有统计学意义($P<0.05$)。其中,一类地区医疗卫生机构办养老的试点机构中,除上门服务、陪同代办服务和休闲娱乐外,其他服务做得最少($P<$

0.05);二类地区医疗卫生机构办养老的试点机构服务做得较多,特别是常用临床护理服务、康复护理服务和健康管理服务($P<0.05$);三类地区医疗卫生机构办养老的试点机构服务做得较少,尤其是常用临床护理服务和上门服务做得最少($P<0.05$);省直管县地区医疗卫生机构办养老的试点机构服务做得最多,包括基本生活照料服务、疾病康复治疗服务、健康教育服务、上门服务、远程服务、精神慰藉服务和休闲娱乐服务($P<0.05$),见表5-12。

### (三)医疗卫生机构和养老机构合作的试点机构服务情况

医疗卫生机构和养老机构合作的试点机构中,不同地区的基本生活照料服务、常用临床护理服务、疾病诊疗服务、健康教育服务和上门服务有差异均有统计学意义($P<0.05$)。一类地区的医疗卫生机构和养老机构合作的试点机构服务做得较少,特别是健康教育服务($P<0.05$);二类地区的医疗卫生机构和养老机构合作的试点机构服务做得最少,包括常用临床护理服务和疾病诊疗服务($P<0.05$);三类地区的医疗卫生机构和养老机构合作的试点机构所有服务均做得较多($P<0.05$);省直管县地区的医疗卫生机构和养老机构合作的试点机构服务中,除基本生活照料服务和健康教育服务,其他服务做得最多($P<0.05$),见表5-13。

表 5-10 不同类型试点机构服务的秩和检验（秩均值）

| 地区 | 基本生活照料服务 | 常用临床护理服务 | 疾病诊疗服务 | 康复护理服务 | 疾病康复治疗服务 | 健康教育服务 | 上门服务 | 远程服务 | 健康管理服务 | 临终关怀服务 | 陪同代办服务 | 精神慰藉服务 | 休闲娱乐服务 |
|---|---|---|---|---|---|---|---|---|---|---|---|---|---|
| 养老机构办医疗 | 2683.09 | 1189.02 | 600.53 | 770.65 | 484.90 | 391.43 | 503.66 | 251.23 | 515.81 | 257.54 | 240.32 | 414.17 | 489.88 |
| 医疗卫生机构办养老 | 2151.93 | 1217.27 | 691.19 | 681.04 | 461.52 | 416.46 | 425.83 | 234.83 | 505.47 | 243.45 | 260.90 | 391.58 | 423.02 |
| 医疗卫生机构和养老机构合作 | 2000.13 | 1104.16 | 633.80 | 674.20 | 417.94 | 382.99 | 408.36 | 216.64 | 436.38 | 241.45 | 239.12 | 368.40 | 428.74 |
| H | 210.291 | 15.378 | 22.001 | 30.509 | 18.883 | 8.400 | 17.907 | 4.563 | 22.080 | 2.383 | 7.873 | 6.160 | 11.778 |
| P | <0.001 | <0.001 | <0.001 | <0.001 | <0.001 | 0.015 | <0.001 | 0.102 | <0.001 | 0.304 | 0.020 | 0.046 | 0.003 |

表 5-11 养老机构办医疗的试点机构服务的秩和检验（秩均值）

| 地区 | 基本生活照料服务 | 常用临床护理服务 | 疾病诊疗服务 | 康复护理服务 | 疾病康复治疗服务 | 健康教育服务 | 上门服务 | 远程服务 | 健康管理服务 | 临终关怀服务 | 陪同代办服务 | 精神慰藉服务 | 休闲娱乐服务 |
|---|---|---|---|---|---|---|---|---|---|---|---|---|---|
| 一类地区 | 484.50 | 258.14 | 132.50 | 130.00 | 85.50 | 73.50 | 84.66 | 55.00 | 81.13 | 45.06 | 57.50 | 89.50 | 122.50 |
| 二类地区 | 351.24 | 146.00 | 57.69 | 107.18 | 66.04 | 49.50 | 67.45 | 40.14 | 76.08 | 45.06 | 37.14 | 19.53 | 82.93 |
| 三类地区 | 410.89 | 215.98 | 105.89 | 130.00 | 78.28 | 64.08 | 80.60 | 36.76 | 87.67 | 48.49 | 51.30 | 77.77 | 90.56 |
| 省直管县 | 484.50 | 206.21 | 132.50 | 130.00 | 85.50 | 49.50 | 84.66 | 55.00 | 71.65 | 31.21 | 37.14 | 89.50 | 95.83 |
| H | 49.865 | 32.703 | 42.042 | 38.721 | 8.547 | 9.305 | 2.256 | 12.419 | 4.189 | 11.388 | 12.054 | 65.122 | 11.584 |
| P | <0.001 | <0.001 | <0.001 | <0.001 | 0.036 | 0.026 | 0.521 | 0.006 | 0.242 | 0.010 | 0.007 | <0.001 | 0.009 |

表5-12 医疗卫生机构办养老的试点机构服务的秩和检验（秩均值）

| 地区 | 基本生活照料服务 | 常用临床护理服务 | 疾病诊疗服务 | 康复护理服务 | 疾病康复治疗服务 | 健康教育服务 | 上门服务 | 远程服务 | 健康管理服务 | 临终关怀服务 | 陪同代办服务 | 精神慰藉服务 | 休闲娱乐服务 |
|---|---|---|---|---|---|---|---|---|---|---|---|---|---|
| 一类地区 | 819.10 | 653.60 | 312.29 | 259.74 | 202.78 | 144.67 | 193.36 | 98.91 | 155.55 | 132.32 | 113.06 | 168.10 | 235.84 |
| 二类地区 | 1070.13 | 675.41 | 331.32 | 373.55 | 244.94 | 208.26 | 233.42 | 132.10 | 247.21 | 114.72 | 100.05 | 202.72 | 189.34 |
| 三类地区 | 994.89 | 542.24 | 328.37 | 342.65 | 222.43 | 199.92 | 176.78 | 109.64 | 239.90 | 128.49 | 120.27 | 179.37 | 193.35 |
| 省直管县 | 1370.20 | 568.61 | 307.12 | 357.59 | 258.73 | 228.00 | 263.45 | 144.51 | 240.96 | 125.74 | 116.90 | 211.52 | 236.52 |
| H | 142.117 | 38.663 | 2.791 | 36.134 | 16.656 | 30.454 | 41.112 | 13.987 | 25.333 | 3.257 | 10.043 | 9.433 | 12.360 |
| P | <0.001 | <0.001 | 0.425 | <0.001 | 0.001 | <0.001 | <0.001 | 0.003 | <0.001 | 0.354 | 0.018 | 0.024 | 0.006 |

表5-13 医疗卫生机构养老机构合作的试点机构服务的秩和检验（秩均值）

| 地区 | 基本生活照料服务 | 常用临床护理服务 | 疾病诊疗服务 | 康复护理服务 | 疾病康复治疗服务 | 健康教育服务 | 上门服务 | 远程服务 | 健康管理服务 | 临终关怀服务 | 陪同代办服务 | 精神慰藉服务 | 休闲娱乐服务 |
|---|---|---|---|---|---|---|---|---|---|---|---|---|---|
| 一类地区 | 814.46 | 463.69 | 274.88 | 132.37 | 160.30 | 110.78 | 145.06 | 67.46 | 146.31 | 73.50 | 99.50 | 148.77 | 156.26 |
| 二类地区 | 753.89 | 360.69 | 212.32 | 152.75 | 135.23 | 128.49 | 172.18 | 74.58 | 161.18 | 66.98 | 84.43 | 131.11 | 142.39 |
| 三类地区 | 743.56 | 379.22 | 228.00 | 144.52 | 145.11 | 145.55 | 150.80 | 74.85 | 168.1 | 74.37 | 82.65 | 125.85 | 141.24 |
| 省直管县 | 541.50 | 595.50 | 288.50 | 176.50 | 179.50 | 171.00 | 80.00 | 41.00 | 234.50 | 84.50 | 99.50 | 175.50 | 211.50 |
| H | 11.561 | 26.778 | 13.582 | 3.682 | 4.721 | 11.854 | 8.164 | 2.439 | 6.295 | 2.109 | 4.708 | 5.796 | 6.439 |
| P | 0.009 | <0.001 | 0.004 | 0.298 | 0.193 | 0.008 | 0.043 | 0.486 | 0.098 | 0.550 | 0.194 | 0.122 | 0.092 |

## 第四节 服务满意度情况

### 一、医疗服务整体满意度情况

6个省辖市中医养结合试点机构老年人对医疗服务整体满意度情况为,19.24%的老年人对机构医疗服务非常满意,60.78%的老年人表示满意,18.19%的老年人感觉一般,1.57%的老年人表示不满意,0.22%的老年人非常不满意。医养结合试点机构入住的老年人整体对机构医疗服务满意度较高,满意度从高到低依次为洛阳市、焦作市、周口市、安阳市、郑州市、信阳市。见表5-14。

表5-14 机构老年人医疗服务整体满意度

| 地区 | 非常满意 | | 满意 | | 一般 | | 不满意 | | 非常不满意 | | 合计 | |
| --- | --- | --- | --- | --- | --- | --- | --- | --- | --- | --- | --- | --- |
| | 频数 | 构成比/% | 频数 | 构成比/% | 频数 | 构成比/% | 频数 | 构成比/% | 频数 | 构成比/% | 频数 | 构成比/% |
| 安阳市 | 36 | 18.56 | 99 | 51.03 | 55 | 28.35 | 4 | 2.06 | 0 | 0.00 | 194 | 100.00 |
| 焦作市 | 18 | 9.38 | 128 | 66.66 | 45 | 23.44 | 1 | 0.52 | 0 | 0.00 | 192 | 100.00 |
| 洛阳市 | 25 | 11.68 | 133 | 62.15 | 56 | 26.17 | 0 | 0.00 | 0 | 0.00 | 214 | 100.00 |
| 信阳市 | 33 | 14.8 | 145 | 65.02 | 33 | 14.8 | 11 | 4.93 | 1 | 0.45 | 223 | 100.00 |
| 郑州市 | 34 | 15.53 | 138 | 63.01 | 42 | 19.18 | 5 | 2.28 | 0 | 0.00 | 219 | 100.00 |
| 周口市 | 111 | 37.76 | 169 | 57.48 | 12 | 4.08 | 0 | 0.00 | 2 | 0.68 | 294 | 100.00 |
| 合计 | 257 | 19.24 | 812 | 60.78 | 243 | 18.19 | 21 | 1.57 | 3 | 0.22 | 1336 | 100.00 |

### (一)医疗康复设备及设施满意度情况

6个省辖市中医养结合试点机构老年人对机构医疗康复设备及设施满意度情况为有17.22%的老年人对机构医疗康复设备及设施非常满意,有59.66%的老年人表示满意,20.36%的老年人感觉一般,有2.62%的老年人表示不满意,有0.15%的老年人感觉非常不满意。医养结合试点机构入住的老年人整体对机构医疗康复设备及设施满意度较高,满意度从高到低依次为周口市、焦作市、郑州市、洛阳市、信阳市、安阳市。见表5-15。

表5-15 机构老年人对机构医疗康复设备及设施满意度

| 地区 | 非常满意 | | 满意 | | 一般 | | 不满意 | | 非常不满意 | | 合计 | |
| --- | --- | --- | --- | --- | --- | --- | --- | --- | --- | --- | --- | --- |
| | 频数 | 构成比/% | 频数 | 构成比/% | 频数 | 构成比/% | 频数 | 构成比/% | 频数 | 构成比/% | 频数 | 构成比/% |
| 安阳市 | 18 | 9.28 | 101 | 52.06 | 66 | 34.02 | 8 | 4.12 | 1 | 0.52 | 194 | 100.00 |
| 焦作市 | 17 | 8.85 | 129 | 67.19 | 44 | 22.92 | 2 | 1.04 | 0 | 0.00 | 192 | 100.00 |

续表 5-15

| 地区 | 非常满意 | | 满意 | | 一般 | | 不满意 | | 非常不满意 | | 合计 | |
|---|---|---|---|---|---|---|---|---|---|---|---|---|
| | 频数 | 构成比% | 频数 | 构成比% | 频数 | 构成比% | 频数 | 构成比% | 频数 | 构成比% | 频数 | 构成比/% |
| 洛阳市 | 18 | 8.41 | 119 | 55.61 | 72 | 33.64 | 5 | 2.34 | 0 | 0.00 | 214 | 100.00 |
| 信阳市 | 35 | 15.7 | 142 | 63.68 | 32 | 14.34 | 14 | 6.28 | 0 | 0.00 | 223 | 100.00 |
| 郑州市 | 30 | 13.7 | 138 | 63.01 | 45 | 20.55 | 6 | 2.74 | 0 | 0.00 | 219 | 100.00 |
| 周口市 | 112 | 38.1 | 168 | 57.14 | 13 | 4.42 | 0 | 0.00 | 1 | 0.34 | 294 | 100.00 |
| 合计 | 230 | 17.21 | 797 | 59.66 | 272 | 20.36 | 35 | 2.62 | 2 | 0.15 | 1336 | 100.00 |

### (二)检查化验项目满意度情况

6个省辖市中医养结合试点机构对检查化验项目满意度情况为,17.07%的老年人对检查化验项目非常满意,58.83%的老年人表示满意,20.43%的老年人感觉一般,3.52%的老年人表示不满意,0.15%的老年人非常不满意。医养结合试点机构入住的老年人整体对检查化验项目满意度较高,满意度从高到低依次为周口市、焦作市、郑州市、信阳市、洛阳市、安阳市。见表5-16。

表 5-16　机构老年人对机构检查化验项目满意度

| 地区 | 非常满意 | | 满意 | | 一般 | | 不满意 | | 非常不满意 | | 合计 | |
|---|---|---|---|---|---|---|---|---|---|---|---|---|
| | 频数 | 构成比% | 频数 | 构成比% | 频数 | 构成比% | 频数 | 构成比% | 频数 | 构成比% | 频数 | 构成比/% |
| 安阳市 | 16 | 8.25 | 96 | 49.48 | 68 | 35.05 | 13 | 6.70 | 1 | 0.52 | 194 | 100.00 |
| 焦作市 | 18 | 9.38 | 126 | 65.63 | 45 | 23.43 | 3 | 1.56 | 0 | 0.00 | 192 | 100.00 |
| 洛阳市 | 19 | 8.88 | 117 | 54.67 | 68 | 31.78 | 10 | 4.67 | 0 | 0.00 | 214 | 100.00 |
| 信阳市 | 32 | 14.35 | 145 | 65.02 | 31 | 13.90 | 15 | 6.73 | 0 | 0.00 | 223 | 100.00 |
| 郑州市 | 30 | 13.70 | 136 | 62.10 | 47 | 21.46 | 6 | 2.74 | 0 | 0.00 | 219 | 100.00 |
| 周口市 | 113 | 38.44 | 166 | 56.46 | 14 | 4.76 | 0 | 0.00 | 1 | 0.34 | 294 | 100.00 |
| 合计 | 228 | 17.07 | 786 | 58.83 | 273 | 20.43 | 47 | 3.52 | 2 | 0.15 | 1336 | 100.00 |

### (三)药品种类满意度情况

6个省辖市中医养结合试点机构老年人对药品种类满意度情况为,16.99%的老年人表示对药品种类非常满意,57.71%的老年人表示满意,21.48%的老年人感觉一般,3.52%的老年人不满意,0.30%的老年人表示非常不满意。医养结合试点机构入住的老年人整体对药品种类满意度较高,满意度从高到低依次为周口市、焦作市、郑州市、信阳市、洛阳市、安阳市。见表5-17。

表 5-17　机构老年人对机构药品种类满意度

| 地区 | 非常满意 | | 满意 | | 一般 | | 不满意 | | 非常不满意 | | 合计 | |
|---|---|---|---|---|---|---|---|---|---|---|---|---|
| | 频数 | 构成比% | 频数 | 构成比% | 频数 | 构成比% | 频数 | 构成比% | 频数 | 构成比% | 频数 | 构成比/% |
| 安阳市 | 14 | 7.22 | 87 | 44.85 | 81 | 41.75 | 10 | 5.15 | 2 | 1.03 | 194 | 100.00 |
| 焦作市 | 16 | 8.33 | 131 | 68.23 | 43 | 22.4 | 2 | 1.04 | 0 | 0.00 | 192 | 100.00 |
| 洛阳市 | 18 | 8.41 | 112 | 52.34 | 73 | 34.11 | 11 | 5.14 | 0 | 0.00 | 214 | 100.00 |
| 信阳市 | 32 | 14.35 | 143 | 64.12 | 32 | 14.35 | 15 | 6.73 | 1 | 0.45 | 223 | 100.00 |
| 郑州市 | 31 | 14.16 | 135 | 61.64 | 44 | 20.09 | 9 | 4.11 | 0 | 0.00 | 219 | 100.00 |
| 周口市 | 116 | 39.46 | 163 | 55.44 | 14 | 4.76 | 0 | 0.00 | 1 | 0.34 | 294 | 100.00 |
| 合计 | 227 | 16.99 | 771 | 57.71 | 287 | 21.48 | 47 | 3.52 | 4 | 0.30 | 1336 | 100.00 |

### (四)医疗服务水平满意度情况

6个省辖市中医养结合试点机构老年人对医疗服务水平满意度情况为,19.24%的老年人对医疗服务水平非常满意,59.43%的老年人表示满意,18.71%的老年人感觉一般,2.47%的老年人不满意,0.15%的老年人非常不满意。医养结合试点机构入住的老年人整体对医疗服务水平满意度较高,满意度从高到低依次为周口市、焦作市、洛阳市、信阳市、郑州市、安阳市。见表5-18。

表 5-18　机构老年人对机构医疗服务水平满意度

| 地区 | 非常满意 | | 满意 | | 一般 | | 不满意 | | 非常不满意 | | 合计 | |
|---|---|---|---|---|---|---|---|---|---|---|---|---|
| | 频数 | 构成比% | 频数 | 构成比% | 频数 | 构成比% | 频数 | 构成比% | 频数 | 构成比% | 频数 | 构成比/% |
| 安阳市 | 25 | 12.89 | 101 | 52.06 | 60 | 30.93 | 8 | 4.12 | 0 | 0.00 | 194 | 100.00 |
| 焦作市 | 20 | 10.42 | 137 | 71.35 | 33 | 17.19 | 2 | 1.04 | 0 | 0.00 | 192 | 100.00 |
| 洛阳市 | 28 | 13.08 | 116 | 54.21 | 67 | 31.31 | 3 | 1.40 | 0 | 0.00 | 214 | 100.00 |
| 信阳市 | 32 | 14.35 | 146 | 65.47 | 33 | 14.80 | 12 | 5.38 | 0 | 0.00 | 223 | 100.00 |
| 郑州市 | 33 | 15.07 | 136 | 62.10 | 41 | 18.72 | 8 | 3.65 | 1 | 0.46 | 219 | 100.00 |
| 周口市 | 119 | 40.48 | 158 | 53.74 | 16 | 5.44 | 0 | 0.00 | 1 | 0.34 | 294 | 100.00 |
| 合计 | 257 | 19.24 | 794 | 59.43 | 250 | 18.71 | 33 | 2.47 | 2 | 0.15 | 1336 | 100.00 |

### (五)医疗服务及时性满意度情况

6个省辖市中医养结合试点机构老年人对医疗服务及时性满意情况为,22.75%的老年人对医疗服务及时性非常满意,60.18%的老年人表示满意,14.45%的老年人感觉一般,2.54%的老年人表示不满意,0.07%的老年人非常不满意,医养结合试点机构入住的老年人整体对医疗服务及时性满意度较高,满意度从高到低依次为周口市、洛阳市、焦作市、郑州市、信阳市、安阳市。见表5-19。

表5-19 机构老年人对机构医疗服务及时性满意度

| 地区 | 非常满意 | | 满意 | | 一般 | | 不满意 | | 非常不满意 | | 合计 | |
| --- | --- | --- | --- | --- | --- | --- | --- | --- | --- | --- | --- | --- |
| | 频数 | 构成比% | 频数 | 构成比% | 频数 | 构成比% | 频数 | 构成比% | 频数 | 构成比% | 频数 | 构成比/% |
| 安阳市 | 46 | 23.71 | 99 | 51.03 | 43 | 22.17 | 6 | 3.09 | 0 | 0.00 | 194 | 100.00 |
| 焦作市 | 20 | 10.42 | 137 | 71.35 | 32 | 16.67 | 3 | 1.56 | 0 | 0.00 | 192 | 100.00 |
| 洛阳市 | 48 | 22.43 | 118 | 55.14 | 45 | 21.03 | 3 | 1.40 | 0 | 0.00 | 214 | 100.00 |
| 信阳市 | 33 | 14.80 | 146 | 65.47 | 29 | 13.00 | 15 | 6.73 | 0 | 0.00 | 223 | 100.00 |
| 郑州市 | 38 | 17.35 | 143 | 65.30 | 31 | 14.15 | 7 | 3.20 | 0 | 0.00 | 219 | 100.00 |
| 周口市 | 119 | 40.48 | 161 | 54.76 | 13 | 4.42 | 0 | 0.00 | 1 | 0.34 | 294 | 100.00 |
| 合计 | 304 | 22.76 | 804 | 60.18 | 193 | 14.45 | 34 | 2.54 | 1 | 0.07 | 1336 | 100.00 |

### (六)就医便利程度满意度情况

6个省辖市中医养结合试点机构老年人对就医便利程度满意度情况为,24.25%的老年人对就医便利程度非常满意,59.36%的老年人表示满意,14.15%的老年人感觉一般,2.1%的老年人不满意,0.15%的老年人非常不满意。医养结合试点机构入住的老年人整体对就医便利程度满意度较高,满意度从高到低依次为周口市、洛阳市、焦作市、郑州市、安阳市、信阳市。见表5-20。

表5-20 机构老年人对机构就医便利程度满意度

| 地区 | 非常满意 | | 满意 | | 一般 | | 不满意 | | 非常不满意 | | 合计 | |
| --- | --- | --- | --- | --- | --- | --- | --- | --- | --- | --- | --- | --- |
| | 频数 | 构成比% | 频数 | 构成比% | 频数 | 构成比% | 频数 | 构成比% | 频数 | 构成比% | 频数 | 构成比/% |
| 安阳市 | 53 | 27.32 | 94 | 48.46 | 41 | 21.13 | 6 | 3.09 | 0 | 0.00 | 194 | 100.00 |
| 焦作市 | 23 | 11.98 | 137 | 71.35 | 30 | 15.63 | 2 | 1.04 | 0 | 0.00 | 192 | 100.00 |
| 洛阳市 | 46 | 21.50 | 124 | 57.94 | 42 | 19.63 | 2 | 0.93 | 0 | 0.00 | 214 | 100.00 |
| 信阳市 | 37 | 16.59 | 143 | 64.13 | 30 | 13.45 | 12 | 5.38 | 1 | 0.45 | 223 | 100.00 |
| 郑州市 | 42 | 19.17 | 137 | 62.56 | 34 | 15.53 | 6 | 2.74 | 0 | 0.00 | 219 | 100.00 |
| 周口市 | 123 | 41.84 | 158 | 53.74 | 12 | 4.08 | 0 | 0.00 | 1 | 0.34 | 294 | 100.00 |
| 合计 | 324 | 24.25 | 793 | 59.36 | 189 | 14.14 | 28 | 2.10 | 2 | 0.15 | 1336 | 100.00 |

### (七)医护人员服务态度满意度情况

6个省辖市中医养结合试点机构老年人对医护人员服务态度满意度情况为,26.12%的老年人对医护人员服务态度非常满意,58.68%的老年人表示满意,12.72%的老年人感觉一般,2.25%的老年人不满意,0.22%的老年人非常不满意。医养结合试点机构入住的老年人整体对医护人员服务态度满意度较高,满意度从高到低依次为周口市、焦作市、洛阳市、安阳市、郑州市、信阳市。见表5-21。

表5-21　机构老年人对机构医护人员服务态度满意度

| 地区 | 非常满意 | | 满意 | | 一般 | | 不满意 | | 非常不满意 | | 合计 | |
| --- | --- | --- | --- | --- | --- | --- | --- | --- | --- | --- | --- | --- |
| | 频数 | 构成比% | 频数 | 构成比% | 频数 | 构成比% | 频数 | 构成比% | 频数 | 构成比% | 频数 | 构成比/% |
| 安阳市 | 66 | 34.02 | 94 | 48.45 | 29 | 14.95 | 5 | 2.58 | 0 | 0.00 | 194 | 100.00 |
| 焦作市 | 31 | 16.15 | 129 | 67.18 | 31 | 16.15 | 1 | 0.52 | 0 | 0.00 | 192 | 100.00 |
| 洛阳市 | 47 | 21.96 | 119 | 55.61 | 43 | 20.09 | 5 | 2.34 | 0 | 0.00 | 214 | 100.00 |
| 信阳市 | 35 | 15.70 | 148 | 66.37 | 25 | 11.20 | 14 | 6.28 | 1 | 0.45 | 223 | 100.00 |
| 郑州市 | 44 | 20.09 | 139 | 63.47 | 30 | 13.70 | 5 | 2.28 | 1 | 0.46 | 219 | 100.00 |
| 周口市 | 126 | 42.86 | 155 | 52.72 | 12 | 4.08 | 0 | 0.00 | 1 | 0.34 | 294 | 100.00 |
| 合计 | 349 | 26.12 | 784 | 58.68 | 170 | 12.72 | 30 | 2.56 | 3 | 0.22 | 1336 | 100.00 |

## 二、生活服务整体满意度情况

6个省辖市中医养结合试点机构老年人对生活服务整体满意度情况为,24.55%的老年人对生活服务整体非常满意,64.37%的老年人表示满意,10.40%的老年人感觉一般,0.52%的老年人不满意,0.15%的老年人非常不满意。医养结合试点机构入住的老年人整体对生活服务满意度较高,满意度从高到低依次为周口市、洛阳市、安阳市、焦作市、郑州市、信阳市。见表5-22。

表5-22　机构老年人对机构生活服务整体满意度

| 地区 | 非常满意 | | 满意 | | 一般 | | 不满意 | | 非常不满意 | | 合计 | |
| --- | --- | --- | --- | --- | --- | --- | --- | --- | --- | --- | --- | --- |
| | 频数 | 构成比% | 频数 | 构成比% | 频数 | 构成比% | 频数 | 构成比% | 频数 | 构成比% | 频数 | 构成比/% |
| 安阳市 | 43 | 22.16 | 133 | 68.56 | 18 | 9.28 | 0 | 0.00 | 0 | 0.00 | 194 | 100.00 |
| 焦作市 | 19 | 9.90 | 136 | 70.83 | 36 | 18.75 | 1 | 0.52 | 0 | 0.00 | 192 | 100.00 |
| 洛阳市 | 41 | 19.16 | 135 | 63.08 | 37 | 17.29 | 1 | 0.47 | 0 | 0.00 | 214 | 100.00 |
| 信阳市 | 45 | 20.18 | 157 | 70.40 | 18 | 8.00 | 2 | 0.90 | 1 | 0.45 | 223 | 100.00 |
| 郑州市 | 61 | 27.85 | 138 | 63.02 | 17 | 7.76 | 3 | 1.37 | 0 | 0.00 | 219 | 100.00 |
| 周口市 | 119 | 40.48 | 161 | 54.76 | 13 | 4.42 | 0 | 0.00 | 1 | 0.34 | 294 | 100.00 |
| 合计 | 328 | 24.55 | 860 | 64.38 | 139 | 10.40 | 7 | 0.52 | 2 | 0.15 | 1336 | 100.00 |

## (一)机构环境整体满意度情况

本次调查1336个老年人中,医养结合试点机构老年人对机构环境整体满意度情况为,27.02%的老年人对机构环境整体非常满意,60.93%的老年人表示满意,11.30%的老年人感觉一般,0.67%的老年人不满意,0.07%的老年人非常不满意。医养结合试点机构入住的老年人整体对机构环境满意度较高,满意度从高到低依次为焦作市、洛阳市、周口市、安阳市、信阳市、郑州市。见表5-23。

表5-23 机构老年人对机构环境整体满意度

| 地区 | 非常满意 | | 满意 | | 一般 | | 不满意 | | 非常不满意 | | 合计 | |
|---|---|---|---|---|---|---|---|---|---|---|---|---|
| | 频数 | 构成比% | 频数 | 构成比% | 频数 | 构成比% | 频数 | 构成比% | 频数 | 构成比% | 频数 | 构成比/% |
| 安阳市 | 62 | 31.96 | 96 | 49.48 | 35 | 18.04 | 1 | 0.52 | 0 | 0.00 | 194 | 100.00 |
| 焦作市 | 21 | 10.94 | 135 | 70.31 | 36 | 18.75 | 0 | 0.00 | 0 | 0.00 | 192 | 100.00 |
| 洛阳市 | 48 | 22.43 | 134 | 62.62 | 32 | 14.95 | 0 | 0.00 | 0 | 0.00 | 214 | 100.00 |
| 信阳市 | 48 | 21.52 | 154 | 69.06 | 18 | 8.07 | 3 | 1.35 | 0 | 0.00 | 223 | 100.00 |
| 郑州市 | 67 | 30.59 | 131 | 59.82 | 16 | 7.31 | 5 | 2.28 | 0 | 0.00 | 219 | 100.00 |
| 周口市 | 115 | 39.12 | 164 | 55.78 | 14 | 4.76 | 0 | 0.00 | 1 | 0.34 | 294 | 100.00 |
| 合计 | 361 | 27.03 | 814 | 60.93 | 151 | 11.30 | 9 | 0.67 | 1 | 0.07 | 1336 | 100.00 |

## (二)床位、卫生间等住宿设施整体满意度情况

本次调查1336个老年人中,医养结合试点机构老年人对床位、卫生间等住宿设施满意度情况为,26.72%的老年人对床位、卫生间等住宿设施非常满意,60.93%的老年人表示满意,11.60%的老年人感觉一般,0.78%的老年人不满意,0.07%的老年人非常不满意。医养结合试点机构入住的老年人整体对床位、卫生间等住宿设施满意度较高,满意度从高到低依次为焦作市、周口市、洛阳市、信阳市、安阳市、郑州市。见表5-24。

表5-24 机构老年人对机构床位、卫生间等住宿设施整体满意度

| 地区 | 非常满意 | | 满意 | | 一般 | | 不满意 | | 非常不满意 | | 合计 | |
|---|---|---|---|---|---|---|---|---|---|---|---|---|
| | 频数 | 构成比% | 频数 | 构成比% | 频数 | 构成比% | 频数 | 构成比% | 频数 | 构成比% | 频数 | 构成比/% |
| 安阳市 | 48 | 24.74 | 108 | 55.67 | 36 | 18.56 | 2 | 1.03 | 0 | 0.00 | 194 | 100.00 |
| 焦作市 | 21 | 10.94 | 133 | 69.27 | 38 | 19.79 | 0 | 0.00 | 0 | 0.00 | 192 | 100.00 |
| 洛阳市 | 50 | 23.36 | 135 | 63.09 | 29 | 13.55 | 0 | 0.00 | 0 | 0.00 | 214 | 100.00 |
| 信阳市 | 48 | 21.52 | 154 | 69.06 | 18 | 8.07 | 3 | 1.35 | 0 | 0.00 | 223 | 100.00 |
| 郑州市 | 67 | 30.59 | 130 | 59.36 | 18 | 8.22 | 4 | 1.83 | 0 | 0.00 | 219 | 100.00 |
| 周口市 | 123 | 41.84 | 154 | 52.38 | 16 | 5.44 | 0 | 0.00 | 1 | 0.34 | 294 | 100.00 |
| 合计 | 357 | 26.72 | 814 | 60.92 | 155 | 11.60 | 9 | 0.78 | 1 | 0.07 | 1336 | 100.00 |

### (三)无障碍设施整体满意度情况

本次调查1336个老年人中,医养结合试点机构老年人对无障碍设施整体满意度情况为,24.63%的老年人对无障碍设施整体非常满意,61.08%的老年人表示满意,13.25%的老年人感觉一般,0.90%的老年人不满意,0.15%的老年人非常不满意。医养结合试点机构入住的老年人整体对无障碍设施整体满意度较高,满意度从高到低依次为焦作市、周口市、洛阳市、郑州市、安阳市、信阳市。见表5-25。

表5-25 机构老年人对机构无障碍设施整体满意度

| 地区 | 非常满意 | | 满意 | | 一般 | | 不满意 | | 非常不满意 | | 合计 | |
|---|---|---|---|---|---|---|---|---|---|---|---|---|
| | 频数 | 构成比% | 频数 | 构成比% | 频数 | 构成比% | 频数 | 构成比% | 频数 | 构成比% | 频数 | 构成比/% |
| 安阳市 | 43 | 22.16 | 109 | 56.19 | 39 | 20.10 | 3 | 1.55 | 0 | 0.00 | 194 | 100.00 |
| 焦作市 | 20 | 10.42 | 131 | 68.23 | 41 | 21.35 | 0 | 0.00 | 0 | 0.00 | 192 | 100.00 |
| 洛阳市 | 34 | 15.89 | 141 | 65.89 | 38 | 17.75 | 1 | 0.47 | 0 | 0.00 | 214 | 100.00 |
| 信阳市 | 46 | 20.63 | 150 | 67.26 | 22 | 9.87 | 4 | 1.79 | 1 | 0.45 | 223 | 100.00 |
| 郑州市 | 62 | 28.31 | 130 | 59.36 | 23 | 10.50 | 4 | 1.83 | 0 | 0.00 | 219 | 100.00 |
| 周口市 | 124 | 42.18 | 155 | 52.72 | 14 | 4.76 | 0 | 0.00 | 1 | 0.34 | 294 | 100.00 |
| 合计 | 329 | 24.63 | 816 | 61.07 | 177 | 13.25 | 12 | 0.90 | 2 | 0.15 | 1336 | 100.00 |

### (四)餐厅、超市等设施满意度情况

本次调查1336个老年人中,医养结合试点机构老年人对餐厅、超市等设施满意度情况为,21.18%的老年人对餐厅、超市等设施非常满意,57.11%的老年人表示满意,19.54%的老年人感觉一般,1.80%的老年人不满意,0.37%的老年人非常不满意。医养结合试点机构入住的老年人整体对餐厅、超市等设施满意度较高,满意度从高到低依次为周口市、焦作市、郑州市、信阳市、安阳市、洛阳市。见表5-26。

表5-26 机构老年人对机构餐厅、超市等设施整体满意度

| 地区 | 非常满意 | | 满意 | | 一般 | | 不满意 | | 非常不满意 | | 合计 | |
|---|---|---|---|---|---|---|---|---|---|---|---|---|
| | 频数 | 构成比% | 频数 | 构成比% | 频数 | 构成比% | 频数 | 构成比% | 频数 | 构成比% | 频数 | 构成比/% |
| 安阳市 | 30 | 15.46 | 99 | 51.03 | 58 | 29.90 | 5 | 2.58 | 2 | 1.03 | 194 | 100.00 |
| 焦作市 | 18 | 9.38 | 130 | 67.71 | 42 | 21.87 | 2 | 1.04 | 0 | 0.00 | 192 | 100.00 |
| 洛阳市 | 15 | 7.00 | 104 | 48.60 | 86 | 40.19 | 8 | 3.74 | 1 | 0.47 | 214 | 100.00 |
| 信阳市 | 45 | 20.18 | 149 | 66.82 | 23 | 10.31 | 5 | 2.24 | 1 | 0.45 | 223 | 100.00 |
| 郑州市 | 51 | 23.29 | 131 | 59.81 | 33 | 15.07 | 4 | 1.83 | 0 | 0.00 | 219 | 100.00 |
| 周口市 | 124 | 42.18 | 150 | 51.02 | 19 | 6.46 | 0 | 0.00 | 1 | 0.34 | 294 | 100.00 |
| 合计 | 283 | 21.18 | 763 | 57.11 | 261 | 19.54 | 24 | 1.80 | 5 | 0.37 | 1336 | 100.00 |

### (五)电视、报纸、棋牌类等娱乐休闲设施满意度情况

本次调查1336个老年人中,医养结合试点机构老年人对电视、报纸、棋牌类等娱乐休闲设施满意度情况为,23.35%的老年人对电视、报纸、棋牌类等娱乐休闲设施非常满意,59.43%的老年人表示满意,15.64%的老年人感觉一般,1.35%的老年人不满意,0.22%的老年人非常不满意。医养结合试点机构入住的老年人整体对电视、报纸、棋牌类等娱乐休闲设施满意度较高,满意度从高到低依次为焦作市,周口市、洛阳市、安阳市、郑州市、信阳市。见表5-27。

表5-27 机构老年人对机构电视、报纸、棋牌类等娱乐休闲设施整体满意度

| 地区 | 非常满意 频数 | 构成比% | 满意 频数 | 构成比% | 一般 频数 | 构成比% | 不满意 频数 | 构成比% | 非常不满意 频数 | 构成比% | 合计 频数 | 构成比/% |
|---|---|---|---|---|---|---|---|---|---|---|---|---|
| 安阳市 | 39 | 20.1 | 98 | 50.52 | 53 | 27.32 | 4 | 2.06 | 0 | 0.00 | 194 | 100.00 |
| 焦作市 | 19 | 9.90 | 134 | 69.79 | 38 | 19.79 | 0 | 0.00 | 1 | 0.52 | 192 | 100.00 |
| 洛阳市 | 28 | 13.08 | 128 | 59.82 | 55 | 25.70 | 3 | 1.40 | 0 | 0.00 | 214 | 100.00 |
| 信阳市 | 45 | 20.18 | 152 | 68.16 | 20 | 8.97 | 5 | 2.24 | 1 | 0.45 | 223 | 100.00 |
| 郑州市 | 57 | 26.03 | 129 | 58.90 | 28 | 12.79 | 5 | 2.28 | 0 | 0.00 | 219 | 100.00 |
| 周口市 | 124 | 42.18 | 153 | 52.04 | 15 | 5.10 | 1 | 0.34 | 1 | 0.34 | 294 | 100.00 |
| 合计 | 312 | 23.36 | 794 | 59.43 | 209 | 15.64 | 18 | 1.35 | 3 | 0.22 | 1336 | 100.00 |

### (六)单、双杠、转腰等体育锻炼设施满意度情况

本次调查1336个老年人中,医养结合试点机构老年人对单、双杠、转腰等体育锻炼设施满意度情况为,21.93%的老年人表示非常满意,58.31%的老年人表示满意,17.66%的老年人感觉一般,1.72%的老年人不满意,0.37%的老年人非常不满意。医养结合试点机构入住的老年人整体对单、双杠、转腰等体育锻炼设施满意度较高,满意度从高到低依次为周口市、焦作市、郑州市、安阳市、洛阳市、信阳市。见表5-28。

表5-28 机构老年人对机构单、双杠、转腰等体育锻炼设施整体满意度

| 地区 | 非常满意 频数 | 构成比% | 满意 频数 | 构成比% | 一般 频数 | 构成比% | 不满意 频数 | 构成比% | 非常不满意 频数 | 构成比% | 合计 频数 | 构成比/% |
|---|---|---|---|---|---|---|---|---|---|---|---|---|
| 安阳市 | 34 | 17.52 | 88 | 45.36 | 68 | 35.05 | 3 | 1.55 | 1 | 0.52 | 194 | 100.00 |
| 焦作市 | 20 | 10.42 | 134 | 69.79 | 37 | 19.27 | 0 | 0.00 | 1 | 0.52 | 192 | 100.00 |
| 洛阳市 | 20 | 9.35 | 121 | 56.54 | 66 | 30.84 | 7 | 3.27 | 0 | 0.00 | 214 | 100.00 |
| 信阳市 | 42 | 18.83 | 149 | 66.81 | 22 | 9.87 | 9 | 4.04 | 1 | 0.45 | 223 | 100.00 |
| 郑州市 | 55 | 25.11 | 131 | 59.82 | 28 | 12.78 | 4 | 1.83 | 1 | 0.46 | 219 | 100.00 |
| 周口市 | 122 | 41.5 | 156 | 53.06 | 15 | 5.10 | 0 | 0.00 | 1 | 0.34 | 294 | 100.00 |
| 合计 | 293 | 21.94 | 779 | 58.31 | 236 | 17.66 | 23 | 1.72 | 5 | 0.37 | 1336 | 100.00 |

### (七)生活照料服务水平满意度情况

本次调查1336个老年人中,医养结合试点机构老年人对生活照料服务水平满意度情况为,28.44%的老年人对生活照料服务水平非常满意,60.93%的老年人整体满意,9.58%的老年人感觉一般,0.82%的老年人不满意,0.22%的老年人非常不满意。医养结合试点机构入住的老年人整体对生活照料服务水平满意度较高,满意度从高到低依次为焦作市、周口市、洛阳市、安阳市、郑州市、信阳市。见表5-29。

表5-29 机构老年人对机构生活照料服务水平整体满意度

| 地区 | 非常满意 | | 满意 | | 一般 | | 不满意 | | 非常不满意 | | 合计 | |
| --- | --- | --- | --- | --- | --- | --- | --- | --- | --- | --- | --- | --- |
| | 频数 | 构成比% | 频数 | 构成比% | 频数 | 构成比% | 频数 | 构成比% | 频数 | 构成比% | 频数 | 构成比/% |
| 安阳市 | 60 | 30.93 | 105 | 54.12 | 27 | 13.92 | 2 | 1.03 | 0 | 0.00 | 194 | 100.00 |
| 焦作市 | 31 | 16.15 | 132 | 68.75 | 29 | 15.10 | 0 | 0.00 | 0 | 0.00 | 192 | 100.00 |
| 洛阳市 | 48 | 22.43 | 139 | 64.96 | 25 | 11.68 | 2 | 0.93 | 0 | 0.00 | 214 | 100.00 |
| 信阳市 | 49 | 21.97 | 153 | 68.61 | 15 | 6.73 | 4 | 1.79 | 2 | 0.90 | 223 | 100.00 |
| 郑州市 | 62 | 28.31 | 136 | 62.10 | 18 | 8.22 | 3 | 1.37 | 0 | 0.00 | 219 | 100.00 |
| 周口市 | 130 | 44.22 | 149 | 50.68 | 14 | 4.76 | 0 | 0.00 | 1 | 0.34 | 294 | 100.00 |
| 合计 | 380 | 28.44 | 814 | 60.93 | 128 | 9.59 | 11 | 0.82 | 3 | 0.22 | 1336 | 100.00 |

### (八)服务人员服务态度满意度情况

本次调查1336个老年人中,医养结合试点机构老年人对服务人员服务态度满意度情况为,30.46%的老年人对服务人员服务态度非常满意,60.18%的老年人整体满意,8.08%的老年人感觉一般,0.90%的老年人不满意,0.37%的老年人非常不满意。医养结合试点机构入住的老年人整体对服务人员服务态度满意度较高,满意度从高到低依次为焦作市、周口市、郑州市、洛阳市、安阳市、信阳市。见表5-30。

表5-30 机构老年人对机构服务人员服务态度满意度

| 地区 | 非常满意 | | 满意 | | 一般 | | 不满意 | | 非常不满意 | | 合计 | |
| --- | --- | --- | --- | --- | --- | --- | --- | --- | --- | --- | --- | --- |
| | 频数 | 构成比% | 频数 | 构成比% | 频数 | 构成比% | 频数 | 构成比% | 频数 | 构成比% | 频数 | 构成比/% |
| 安阳市 | 68 | 35.05 | 108 | 55.67 | 15 | 7.73 | 3 | 1.55 | 0 | 0.00 | 194 | 100.00 |
| 焦作市 | 31 | 16.15 | 134 | 69.79 | 27 | 14.06 | 0 | 0.00 | 0 | 0.00 | 192 | 100.00 |
| 洛阳市 | 54 | 25.23 | 133 | 62.15 | 23 | 10.75 | 3 | 1.40 | 1 | 0.47 | 214 | 100.00 |
| 信阳市 | 50 | 22.42 | 154 | 69.05 | 13 | 5.83 | 3 | 1.35 | 3 | 1.35 | 223 | 100.00 |
| 郑州市 | 70 | 31.97 | 129 | 58.90 | 17 | 7.76 | 3 | 1.37 | 0 | 0.00 | 219 | 100.00 |
| 周口市 | 134 | 45.58 | 146 | 49.66 | 13 | 4.42 | 0 | 0.00 | 1 | 0.34 | 294 | 100.00 |
| 合计 | 407 | 30.46 | 804 | 60.18 | 108 | 8.09 | 12 | 0.90 | 5 | 0.37 | 1336 | 100.00 |

## 第五章　河南省医养结合试点机构服务能力现况

### (九)精神慰藉服务满意度情况

本次调查 1336 个老年人中,医养结合试点机构老年人对精神慰藉服务满意度情况为,25.60% 的老年人表示非常满意,59.51% 的老年人表示满意,13.25% 的老年人感觉一般,1.35% 的老年人不满意,0.30% 的老年人非常不满意。医养结合试点机构入住的老年人整体对精神慰藉服务满意度较高,满意度从高到低依次为周口市、焦作市、郑州市、安阳市、洛阳市、信阳市。见表 5-31。

表 5-31　机构老年人对机构精神慰藉服务满意度

| 地区 | 非常满意 | | 满意 | | 一般 | | 不满意 | | 非常不满意 | | 合计 | |
|---|---|---|---|---|---|---|---|---|---|---|---|---|
| | 频数 | 构成比% | 频数 | 构成比% | 频数 | 构成比% | 频数 | 构成比% | 频数 | 构成比% | 频数 | 构成比/% |
| 安阳市 | 43 | 22.16 | 100 | 51.55 | 47 | 24.23 | 4 | 2.06 | 0 | 0.00 | 194 | 100.00 |
| 焦作市 | 28 | 14.58 | 122 | 63.54 | 39 | 20.32 | 2 | 1.04 | 1 | 0.52 | 192 | 100.00 |
| 洛阳市 | 39 | 18.22 | 136 | 63.55 | 35 | 16.36 | 4 | 1.87 | 0 | 0.00 | 214 | 100.00 |
| 信阳市 | 47 | 21.08 | 153 | 68.61 | 17 | 7.62 | 4 | 1.79 | 2 | 0.90 | 223 | 100.00 |
| 郑州市 | 59 | 26.94 | 130 | 59.36 | 26 | 11.87 | 4 | 1.83 | 0 | 0.00 | 219 | 100.00 |
| 周口市 | 126 | 42.86 | 154 | 52.38 | 13 | 4.42 | 0 | 0.00 | 1 | 0.34 | 294 | 100.00 |
| 合计 | 342 | 25.60 | 795 | 59.50 | 177 | 13.25 | 18 | 1.35 | 4 | 0.30 | 1336 | 100.00 |

### (十)隐私保护满意度情况

本次调查 1336 个老年人中,医养结合试点机构老年人对隐私保护满意度情况为,24.78% 的老年人对隐私保护表示非常满意,61.38% 的老年人表示满意,12.87% 的老年人感觉一般,有 0.75% 的老年人不满意,有 0.22% 的老年人非常不满意,可见医养结合试点机构入住的老年人整体对隐私保护满意度较高,满意度从高到低依次为周口市、安阳市、焦作市、洛阳市、信阳市、郑州市。见表 5-32。

表 5-32　机构老年人对机构隐私保护满意度

| 地区 | 非常满意 | | 满意 | | 一般 | | 不满意 | | 非常不满意 | | 合计 | |
|---|---|---|---|---|---|---|---|---|---|---|---|---|
| | 频数 | 构成比% | 频数 | 构成比% | 频数 | 构成比% | 频数 | 构成比% | 频数 | 构成比% | 频数 | 构成比/% |
| 安阳市 | 57 | 29.38 | 106 | 54.64 | 30 | 15.46 | 1 | 0.52 | 0 | 0.00 | 194 | 100.00 |
| 焦作市 | 24 | 12.50 | 127 | 66.15 | 40 | 20.83 | 1 | 0.52 | 0 | 0.00 | 192 | 100.00 |
| 洛阳市 | 26 | 12.15 | 140 | 65.42 | 46 | 21.50 | 2 | 0.93 | 0 | 0.00 | 214 | 100.00 |
| 信阳市 | 43 | 19.28 | 162 | 72.65 | 15 | 6.72 | 2 | 0.90 | 1 | 0.45 | 223 | 100.00 |
| 郑州市 | 55 | 25.11 | 130 | 59.36 | 29 | 13.24 | 4 | 1.83 | 1 | 0.46 | 219 | 100.00 |
| 周口市 | 126 | 42.86 | 155 | 52.72 | 12 | 4.08 | 0 | 0.00 | 1 | 0.34 | 294 | 100.00 |
| 合计 | 331 | 24.78 | 820 | 61.38 | 172 | 12.87 | 10 | 0.75 | 3 | 0.22 | 1336 | 100.00 |

## 三、收费情况满意度情况

本次调查1336个老年人中,医养结合试点机构老年人对机构收费满意度情况为,17.61%的老年人对收费情况非常满意,58.49%的老年人整体满意,20.44%的老年人感觉一般,3.29%的老年人不满意,0.22%的老年人非常不满意。医养结合试点机构入住的老年人整体对收费情况满意较高,满意度从高到低依次为周口市、焦作市、信阳市、洛阳市、郑州市、安阳市。见表5-33。

表5-33 机构老年人对机构收费情况满意度

| 地区 | 非常满意 | | 满意 | | 一般 | | 不满意 | | 非常不满意 | | 合计 | |
|---|---|---|---|---|---|---|---|---|---|---|---|---|
| | 频数 | 构成比% | 频数 | 构成比% | 频数 | 构成比% | 频数 | 构成比% | 频数 | 构成比% | 频数 | 构成比/% |
| 安阳市 | 23 | 11.86 | 97 | 50.00 | 53 | 27.32 | 21 | 10.82 | 0 | 0.00 | 194 | 100.00 |
| 焦作市 | 9 | 4.69 | 131 | 68.23 | 48 | 25.00 | 4 | 2.08 | 0 | 0.00 | 192 | 100.00 |
| 洛阳市 | 13 | 6.07 | 107 | 50.00 | 87 | 40.66 | 7 | 3.27 | 0 | 0.00 | 214 | 100.00 |
| 信阳市 | 38 | 17.04 | 160 | 71.74 | 20 | 8.97 | 3 | 1.35 | 2 | 0.90 | 223 | 100.00 |
| 郑州市 | 36 | 16.44 | 125 | 57.08 | 49 | 22.37 | 9 | 4.11 | 0 | 0.00 | 219 | 100.00 |
| 周口市 | 115 | 39.12 | 165 | 56.12 | 13 | 4.42 | 0 | 0.00 | 1 | 0.34 | 294 | 100.00 |
| 合计 | 234 | 17.51 | 785 | 58.76 | 270 | 20.22 | 44 | 3.29 | 3 | 0.22 | 1336 | 100.00 |

## 四、投诉与建议受理情况满意度状况

本次调查1336个老年人中,医养结合试点机构老年人对他们投诉与建议受理满意度情况为,18.86%的老年人表示非常满意,58.76%的老年人表示满意,20.88%的老年人感觉一般,1.12%的老年人不满意,0.37%的老年人非常不满意。医养结合试点机构入住的老年人整体对投诉与建议受理情况满意度较高,满意度从高到低依次为周口市、焦作市、洛阳市、安阳市、信阳市、郑州市。见表5-34。

表5-34 机构老年人对机构投诉与建议受理情况满意度

| 地区 | 非常满意 | | 满意 | | 一般 | | 不满意 | | 非常不满意 | | 合计 | |
|---|---|---|---|---|---|---|---|---|---|---|---|---|
| | 频数 | 构成比% | 频数 | 构成比% | 频数 | 构成比% | 频数 | 构成比% | 频数 | 构成比% | 频数 | 构成比/% |
| 安阳市 | 25 | 12.89 | 95 | 48.96 | 71 | 36.60 | 3 | 1.55 | 0 | 0.00 | 194 | 100.00 |
| 焦作市 | 5 | 2.60 | 142 | 73.96 | 44 | 22.92 | 1 | 0.52 | 0 | 0.00 | 192 | 100.00 |
| 洛阳市 | 21 | 9.81 | 94 | 43.93 | 96 | 44.86 | 3 | 1.40 | 0 | 0.00 | 214 | 100.00 |
| 信阳市 | 37 | 16.59 | 164 | 73.55 | 17 | 7.62 | 4 | 1.79 | 1 | 0.45 | 223 | 100.00 |
| 郑州市 | 39 | 17.80 | 134 | 61.19 | 39 | 17.81 | 4 | 1.83 | 3 | 1.37 | 219 | 100.00 |
| 周口市 | 125 | 42.52 | 156 | 53.06 | 12 | 4.08 | 0 | 0.00 | 1 | 0.34 | 294 | 100.00 |
| 合计 | 252 | 18.86 | 785 | 58.76 | 279 | 20.89 | 15 | 1.12 | 5 | 0.37 | 1336 | 100.00 |

### (一) 机构投诉和监督的畅通程度满意度

本次调查1336个老年人中,医养结合试点机构老年人对机构投诉和监督的畅通程度满意度为,18.79%的老年人对机构投诉和监督的畅通程度非常满意,59.43%的老年人表示满意,20.36%的老年人感觉一般,1.05%的老年人不满意,0.37%的老年人非常不满意。医养结合试点机构入住的老年人整体对机构投诉和监督的畅通程度满意度较高,满意度从高到低依次为周口市、焦作市、安阳市、洛阳市、信阳市、郑州市。见表5-35。

表5-35 机构老年人对机构投诉和监督的畅通程度满意度

| 地区 | 非常满意 | | 满意 | | 一般 | | 不满意 | | 非常不满意 | | 合计 | |
| --- | --- | --- | --- | --- | --- | --- | --- | --- | --- | --- | --- | --- |
| | 频数 | 构成比% | 频数 | 构成比% | 频数 | 构成比% | 频数 | 构成比% | 频数 | 构成比% | 频数 | 构成比/% |
| 安阳市 | 26 | 13.40 | 98 | 50.52 | 68 | 35.05 | 2 | 1.03 | 0 | 0.00 | 194 | 100.00 |
| 焦作市 | 5 | 2.60 | 143 | 74.48 | 43 | 22.40 | 1 | 0.52 | 0 | 0.00 | 192 | 100.00 |
| 洛阳市 | 22 | 10.28 | 89 | 41.59 | 99 | 46.26 | 4 | 1.87 | 0 | 0.00 | 214 | 100.00 |
| 信阳市 | 39 | 17.49 | 163 | 73.09 | 16 | 7.18 | 4 | 1.79 | 1 | 0.45 | 223 | 100.00 |
| 郑州市 | 36 | 16.44 | 142 | 64.84 | 35 | 15.98 | 3 | 1.37 | 3 | 1.37 | 219 | 100.00 |
| 周口市 | 123 | 41.84 | 159 | 54.08 | 11 | 3.74 | 0 | 0.00 | 1 | 0.34 | 294 | 100.00 |
| 合计 | 251 | 18.79 | 794 | 59.43 | 272 | 20.36 | 14 | 1.05 | 5 | 0.37 | 1336 | 100.00 |

### (二) 公众投诉或建议的反馈和受理情况满意度

本次调查1336个老年人中,医养结合试点机构老年人对公众投诉或建议的反馈和受理情况为,19.01%的老年人表示非常满意,58.83%的老年人表示满意,20.06%的老年人感觉一般,1.42%的老年人不满意,0.67%的老年人非常不满意。医养结合试点机构入住的老年人整体对公众投诉或建议的反馈和受理情况满意度较高,满意度从高到低依次为周口市、洛阳市、焦作市、郑州市、信阳市、安阳市。见表5-36。

表5-36 机构老年人对机构公众投诉或建议的反馈和受理情况满意度

| 地区 | 非常满意 | | 满意 | | 一般 | | 不满意 | | 非常不满意 | | 合计 | |
| --- | --- | --- | --- | --- | --- | --- | --- | --- | --- | --- | --- | --- |
| | 频数 | 构成比% | 频数 | 构成比% | 频数 | 构成比% | 频数 | 构成比% | 频数 | 构成比% | 频数 | 构成比/% |
| 安阳市 | 27 | 13.92 | 92 | 47.42 | 68 | 35.05 | 3 | 1.55 | 4 | 2.06 | 194 | 100.00 |
| 焦作市 | 5 | 2.60 | 143 | 74.49 | 41 | 21.35 | 3 | 1.56 | 0 | 0.00 | 192 | 100.00 |
| 洛阳市 | 23 | 10.75 | 87 | 40.65 | 100 | 46.73 | 4 | 1.87 | 0 | 0.00 | 214 | 100.00 |
| 信阳市 | 39 | 17.49 | 162 | 72.65 | 15 | 6.72 | 6 | 2.69 | 1 | 0.45 | 223 | 100.00 |
| 郑州市 | 36 | 16.44 | 144 | 65.75 | 33 | 15.07 | 3 | 1.37 | 3 | 1.37 | 219 | 100.00 |
| 周口市 | 124 | 42.18 | 158 | 53.74 | 11 | 3.74 | 0 | 0.00 | 1 | 0.34 | 294 | 100.00 |
| 合计 | 254 | 19.02 | 786 | 58.83 | 268 | 20.06 | 19 | 1.42 | 9 | 0.67 | 1336 | 100.00 |

## 五、老年人对机构整体满意度

本次调查1336个老年人中,医养结合试点机构老年人对机构整体满意度情况为,22.83%的老年人表示非常满意,63.92%的老年人表示满意,12.35%的老年人感觉一般,0.67%的老年人不满意,0.22%的老年人非常不满意。医养结合试点机构入住的老年人整体对机构满意度较高,满意度从高到低依次为周口市、焦作市、信阳市、洛阳市、安阳市、郑州市。

调查结果显示,老年人对机构整体满意度感觉"非常满意"和"满意"的人数占比为86.75%,医疗护理服务的深化,提升了老年人生命健康水平。但总体服务水平偏低,在医疗康复设备及设施、检查化验项目、药品种类方面还有待改进。生活服务整体满意度较高,但服务内容仍有待拓展。老年人对生活服务总体满意度感觉"非常满意"及"满意"的人数占比为85.5%,对十个维度感觉"非常满意"及"满意"的人数占比由高到低的维度分别为服务人员态度、生活照料服务、机构环境、床位卫生间等住宿设施、隐私保护、无障碍设施、精神慰藉服务、电视和报纸等娱乐设施、单双杠等体育锻炼、餐厅、超市等设施。见表5-37。

表5-37 机构老年人对机构整体满意度

| 地区 | 非常满意 | | 满意 | | 一般 | | 不满意 | | 非常不满意 | | 合计 | |
|---|---|---|---|---|---|---|---|---|---|---|---|---|
| | 频数 | 构成比% | 频数 | 构成比% | 频数 | 构成比% | 频数 | 构成比% | 频数 | 构成比% | 频数 | 构成比/% |
| 安阳市 | 37 | 19.07 | 120 | 61.86 | 35 | 18.04 | 2 | 1.03 | 0 | 0.00 | 194 | 100.00 |
| 焦作市 | 13 | 6.77 | 141 | 73.44 | 38 | 19.79 | 0 | 0.00 | 0 | 0.00 | 192 | 100.00 |
| 洛阳市 | 32 | 14.95 | 139 | 64.95 | 42 | 19.63 | 1 | 0.47 | 0 | 0.00 | 214 | 100.00 |
| 信阳市 | 45 | 20.18 | 158 | 70.85 | 18 | 8.07 | 1 | 0.45 | 1 | 0.45 | 223 | 100.00 |
| 郑州市 | 52 | 23.75 | 144 | 65.75 | 17 | 7.76 | 5 | 2.28 | 1 | 0.46 | 219 | 100.00 |
| 周口市 | 126 | 42.86 | 152 | 51.70 | 15 | 5.10 | 0 | 0.00 | 1 | 0.34 | 294 | 100.00 |
| 合计 | 305 | 22.83 | 854 | 63.93 | 165 | 12.35 | 9 | 0.67 | 3 | 0.22 | 1336 | 100.00 |

# 第五节 结论与建议

面对各地存在的难题,各级卫生健康委员会的工作人员也给出了针对性的建议。

## 一、持续完善河南省医养结合服务体系建设,提高机构服务水平

河南省医养结合试点机构能完成大部分的服务项目,服务开展情况较好。顶层设计上还要更完善,资源整合时将养老机构和医疗机构在资金、人力资源、设备、技术管理上

要打通壁垒,真正实现资源共享,清晰界定各部门"医养结合"业务上的职责范围,避免权责交叉、重复,杜绝医养结合养老服务资源浪费。

老年人拥有良好的身体状况能够解决许多日常生活事务,减少社会和个人的养老服务需求。随着人口老龄化的发展,失能、失智、患病的老年人逐渐增多,对日常生活照料和医疗护理需求越来越迫切,这就需要更加全面系统的医养服务体系建设,因此为满足老年人的多样化、个性化的需求,河南省相关部门和医养结合机构应该持续完善医养结合服务。

政府作为医养结合机构的主管部门,要利用有效的宏观调控措施优化资源配置,对社会需求的方向加以引导,并及时有效地督促医养结合机构提升服务水平与品质。对此有以下几点建议:①明确医养结合机构的主要负责部门,加强医养结合机构的管理部门之间沟通,提高各部门的办事效率,整合多方资源,保证医养结合机构的规范化管理,着力构建医养结合服务体系科学规划,保证医养结合的长效机制。②加大医养结合法律政策扶持力度。一方面,河南省应统一全省医养结合服务体系,根据不同地区的差异性,鼓励各地区因地制宜出台相应的优惠扶持政策,为医养结合机构服务发展创造良好的空间。另一方面,加强对医养结合机构的监督体系。要建立专门的监督管理部门保证政策的有效落实,政府应对医养结合机构事前、事中、事后相关工作做好监督和管理,实现专款专用,对资金的用途进行监管。③督促医养结合机构提升服务品质,补齐机构的服务供给短板。当地政府应建立专项的医养结合服务资金,加大政府补贴力度,对将要转型为医养结合机构的给予床位、运营等补贴,以此来支持和发展医养结合机构。

## 二、提高养老机构办医疗卫生机构的医疗水平,保证老人就医需求

按医养结合机构类型分类,养老机构办医疗的试点机构服务开展较完善,其次为医疗卫生机构办养老的试点机构,相比之下,养老机构和医疗卫生机构合作类型的试点机构服务开展情况较差。因此,在医养结合机构发展过程中,不同医养结合类型的试点机构应加强建设弱势项目,继续完善本机构的优势项目促进医养结合事业的高质量发展。

## 三、河南省医养结合试点机构服务水平地区发展不均衡

不同地区之间医养结合试点机构开展的服务项目差别较大,一类地区和省直管县的医养结合试点机构开展的服务项目较完善,而二类地区和三类地区医养结合试点机构开展项目较不完善。在今后的发展中,河南省应更加关注不同地区医养结合试点机构发展的差异,缩小地区之间的差异,补齐机构发展的短板,提高不同地区之间医养结合机构的发展水平。

## 四、加强机构之间合作,提高综合服务水平

明确政府在医养结合发展中的主导作用,和在服务资源提供服务过程的监管责任。打破条块分割的管理机制,明确各方责任,对落实不力的单位给予问责。要进一步加强对全省医养结合工作的指导,研究和解决医养结合工作中的困难问题,根据国家相关政

策,出台相关配套的衔接制度,落实相关部门的责任,切实推动医养结合整体工作上水平,提高河南省医养结合发展水平。在医养结合服务需求日益增长的情况下,需多个主体共同承担责任,合理分配任务,调动多种有效资源并进行整合,保证医养结合服务是个多主体、多元化的服务,从而满足老年人的养老服务需求。

医养结合机构是为入院老年人提供服务,其提供的服务应是"医"和"养"的无缝衔接,将老年人的生活照料与医疗服务进行资源整合,充分发挥二者的资源、信息与技术优势,实现医养功能的深度融合。为加强医疗卫生机构与养老机构合作,提出以下建议:①出台养老机构和医疗卫生机构合作服务实施的相关办法,明确养老机构和医疗卫生机构的合作具体事项、双方责任及义务,使医养结合服务具有合作化、常态化、制度化,保障入住机构老年人的养老和医疗需求。②建立相互衔接的医养结合服务模式,实现老年人在养老机构和医疗卫生机构之间的便捷实用,促进养老机构和医疗卫生机构的相互转诊、医疗结果互认,提高医养结合服务的联动性和便捷性。③建立联合信息共享平台,畅通就诊、入院流程,规范诊疗检查标准,避免出现重复检查的现象,通过联网的共享平台,养老机构和医疗卫生机构均可以掌握入住老年人的身体状况、健康需求,从而为老年人提供多层次、个性化的养老和医疗需求。

积极协调土地、规划、人社等相关部门,做好全市医疗机构设置规划和养老服务设施空间布局规划,完善医养结合服务发展政策,加大宣传和协调力度,推动河南省医疗和养老有关政策衔接,力争探索出一条更加切实可行、高效的医养结合之路。

## 五、加强临终关怀服务宣传,引导机构开展临终关怀服务

临终关怀是人类社会文明的重要标志,是我国对人权、道德的一种提升,更是我国建设社会主义和谐社会的重要内容。严峻的老龄化趋势要求我国在推进老龄事业发展的同时,应该将临终关怀服务作为极为重要的一部分。

为加强医养结合机构对临终关怀服务的意识,给出以下几点建议:①建设临终关怀服务相关体系。借鉴国内外相关标准和指南,细化医养结合机构的临终关怀服务项目及其标准,明确临终关怀服务的实施指南。②引导机构提供个性化临终关怀服务。医养结合机构根据临终患者及其家属的心理需要、生理需求、经济状况以及其他特殊需求,为其提供个性化的定制服务,满足患者及其家属的需求。③加强临终关怀教育宣传,强化民众的健康知识教育。政府可以设置宣讲会、座谈会、播放视频等形式定期进行宣传,向群众普及临终关怀相关知识,同时政府应对医养结合机构的临终关怀服务项目给予精神和物质上支持,减少其在发展过程中遇到困难。

## 六、在政策制定上提高社会对护理人员认可度

加大护理人员的补贴,吸引年轻专业人员加入养老队伍,科学配置医养结合机构人员。

## 七、落实惠老养老政策

建议上级政府、部门应加大资金扶持力度,工作人员岗位编制、经费保障到位,确保

养老服务产业在一个高水平、优质专业化的轨道上前进。县政府在财政预算资金筹措方面应加大对养老机构建设运营补贴的支持和倾斜。养老机构要从多方面筹集资金,改良落后设施环境,提高消防安全保障、人员工资待遇和服务水平。

当前医疗和养老的分离很大程度上源于诊疗机构可实行医保,而养老机构则不能,致使许多患病老人把医院当成养老院,加剧了医疗资源的紧张,使真正需要住院的人住不进来。由于乡镇医疗机构的康复医疗收费及护理费用不纳入医保报销范围,这个情况很大程度上阻碍了基层医疗机构开展康复医疗的步伐。尽管床位使用率不高,但患者因不能报销相关费用,而选择到区级医院康复治疗,进一步增加了区级医院的住院床位压力。

## 第六节 目前存在的问题

### 一、医养结合发展相对缓慢且发展不均衡

由于医养融合模式尚处于起步和探索阶段,一些县区正在进行项目规划、审批过程中,医疗卫生和养老服务融合发展水平还不高。部门协调推进机制尚未有效建立,由于"医""养"分属不同专业领域,相应公共资源由民政、卫生等不同部门分配,而且医和养又受到社保、财政等因素制约,协调推进机制还没有建立,单靠市场驱动作用难以有序快速发展。

通过近两年的试点,河南省医养结合六种模式基本建立,但是总体医疗卫生资源与养老服务融合不足,个别县(区)试点工作推进并未取得实质性突破,医养结合政策体系、服务体系亟待建立,社区养老服务与医疗卫生服务结合不够紧密。

### 二、"医"和"养"衔接存在障碍

一是规划布局衔接还不够。卫计委、民政部门分别编制在医疗机构规划和社会养老体系建设规划,缺乏统一布局。二是政策体系不够完善。扶持政策涉及的卫生、民政、人社、发改、财政、土地、税务、保险、工信、城建、规化等多个部门,尚未形成发展合力。

安阳市对医养结合工作现在还处于摸索阶段。在医养结合方面安阳市在安阳市中心医院、内黄康复医院等医院专门设有部门针对失能、半失能老人进行康复训练。但是由于安阳市的医养结合工作在国家层面是政府引导,而不是政府主导,政府的各项补贴不到位。公立养老院政府投入不多,私立养老院发展限制多,老年人更多地还是选择居家养老。在此情况下依托签约服务,为居家养老的老年人提供服务。

信阳市在医养结合方面面临的主要问题存在以下几个方面:①政策制定时而有互为前置,业务主管部门交叉重叠,各部门职责界定模糊,阻碍"医养结合"养老模式的健康发展。②政策支持上,重硬件建设轻软件服务且政策落实执行难。政府重视度不高,扶持力度跟不上,社会呼吁声响,在实际执行过程中困难重重,让有心人士望而却步。③运行

机制上,医保支付对接困难。即使医养结合机构接入了医保系统,但是只报"医"不报"养",老年人的床位费、护理费等无法纳入医保报销范围,致使一些老人只好到医院"压床"养老,甚至只能回家卧床养老。④人才队伍匮乏。"医养结合"养老服务模式对从业人员要求较高,既要具备医疗技术又要掌握养老护理方面的专业知识,培养时间较长,劳动强度大,工资待遇和社会地位较低,对个人的职业发展有较大影响,因此养老服务工作对年轻人的吸引力不足。

## 三、养老就医报销等相关政策存在欠缺

由于医养结合工作是一个综合性、系统性的工作,尚处于起步和探索阶段,没有现成的模板复制,因没有相应的上级政策支持,实际工作中医疗卫生和养老服务融入发展的水平还不高。医疗机构开展的医养联合体服务尚在起步阶段,现行的医保政策不能把老人日常养护中产生的人工护理费、康复治疗等费用纳入医保报销范围,从而加重入住老人的经济负担,影响入住率。

洛阳市医养结合养老中心的老年人在生病时需要调整楼层或者转入住院部,且无法使用医保卡。医养结合工作并没有真正落实,政府的补贴不到位,入住老人及家属感受不到医养结合的便利之处。社区卫生服务中心存在着场地、资金等问题,使得其只能和辖区内的养老院结合。

目前周口市扶沟县医疗机构的医保资金存在严重的超支状况,医保资金的超支使用,可能会出现推诿重患者的状况。另外商水县的医疗机构多为一级机构,医疗服务水平较低;综合医疗机构多,专科医疗机构少可能是造成县外转诊率高的原因之一。政府部门资金的投入、优惠政策的实施以及具体实施方法还有待进一步完善是当前周口市众多医养结合机构面临的重要难题。

## 四、专业人才队伍短缺且素质偏低

养老机构普遍面临着专业护理人员短缺的问题,服务人员流动性较强,可持续性发展程度低。老年人护理比一般养老机构的护理人员专业性要求更高,特别是对失能、半失能老人的更需要专业的医疗护理人员,医养服务的专业人才十分短缺。且工资低、工作量大,护工短缺也成为养老机构发展的瓶颈。县区及乡镇、社区医疗卫生机构专业技术人员紧缺,床护比例和医护比例失衡问题突出。家庭医生签约的上门服务居家养老模式覆盖不足,全科医生较少,社区养老服务优质医疗资源缺乏。这些都影响了老年护理、家庭护理等护理服务工作的开展。

目前,河南省从事养老护理行业的人员参差不齐,大多数是来自城乡的人员,自身文化素养不高,缺乏医疗专业护理知识,需要经过医疗护理等专业化培训认证后方可从业上岗、提供专业化优质服务。

养老问题关乎到每一个人,发展养老产业是很现实的社会问题。医养结合养老是应对老龄化的一项重要内容,必须从医养结合养老的实际困境出发,深刻剖析困境产生的主客观因素,依赖科学合理的养老服务业综合改革顶层设计,深化新型医疗保险制度改

革,优化城乡医疗资源分配,进一步完善和落实各项优惠扶持政策,引导社会力量积极参与到医养结合养老模式建设中,才能让老年人安度晚年。

## 第七节 医养结合面临的困境

通过对河南省不同市区的数十家医养结合机构的走访调查,发现当前医养结合养老不仅面临着老人经济收入较低、社会认识偏差等主观因素的制约,而且受制于监管体系滞后、人才培养薄弱、医养结合困难等客观因素的制约,面临着诸多困境。深度发掘这些问题,才能更好地解决问题。以下将从医养结合机构的角度详细阐释。

### 一、人才困境

"医护人员不足""护工很难找到""人力资源缺乏""护理员招聘难度大""护工无专业护理培训""护理员素质参差不齐"……调查发现,不论在哪个地区,人员问题都尤为显著,主要有以下几个方面:

首先,医护人员不足,工资水平低。医护人员的数量直接关乎机构服务质量和效率,尤其医养结合机构的服务对象是老年人,要求更高水平、更专业的服务。这主要由于医养结合机构的宣传力度不到位,使得机构对人才的吸引力不足,尤其是民营机构,更加难以吸引到高质量的人才,而且医护人员工资低,工作量较大,社会对护士存在职业偏见,职业荣誉感不强,也使得护工招聘成为难题。

其次,机构中医护人员的专业水平低,素质参差不齐,年轻护理人员数量偏少。养老行业是服务行业,工作人员的专业素养直接关系到养老服务质量,进而关系到老人的切身体验,也决定了机构的发展绩效。医护人员专业化也是医养结合机构与传统养老院的不同之处。传统养老院要求只要会照顾老人就足够,但医养结合机构需要工作人员既要懂"医"又要会"养",以专业知识服务养老,才能让老人科学健康地养老,真正做到医养结合。这一问题的出现主要由于医护人员缺少专业的培训。

最后,医护人员不稳定。这也是目前机构关于人员的一大难题。例如有一些机构的养老护理员由第三方合作托管,导致人员不固定。人员稳定性不高的话专业化培训就成了浪费资源,付出的成本得不到有效的回报。工作人员有了归属感才能有更多的责任感,更好地为机构服务。

### 二、经济困境

"要想把医养结合工作做好、做扎实,首先需要的就是资金的保障。"安阳市汤阴县韩庄镇卫生院的刘志斌院长一语中的。访谈发现,经济问题和人员问题同样普遍,资金不足严重阻碍了机构的发展。

首先,民营机构资金短缺,发展受限。从相关政策支持角度来看,医养结合机构具有公益性,不以盈利为目的,但是民办机构也需要获取一定的利润来维持机构的日常运营及发展。根据相关调查研究,机构发展过程中受资金的影响力度较大。资金不足便难以保证基础设施的建设,遇到的问题有:科室面积不足,地方紧张;消防硬件设施成本高,消防办证难;娱乐设施相对较少;康复科室配备相对缺乏。而且,相比传统的养老机构,医养结合机构除了基本设施以外,还需要增加很多医疗设备,用于老人的治疗和康复理疗等;此外还需要更全面的健身和娱乐设施,以满足老人的精神需求,为老人提供更人性化的服务。

其次,政府补助低,落实不到位。虽然目前政府已经针对民办医养结合机构的发展提出了相关优惠政策补贴,如每张床位给予补贴、政府补助等。但根据现实情况,由于老年人身体的特殊性,这些补助远远不够,不够全面多样化。经调查发现,机构反映出的有关政府资金补助的问题主要有以下:第一,补贴政策不够完善;第二,倾斜力度低,补贴少;第三,补贴不及时、不落实。

最后,机构开支大、收入低、盈利少。目前,我国医养结合机构运营成本高,不论在基础设施建设方面还是人力资源方面,投入成本较高,收入却较低。因为一方面要保证服务的质量,另一方面又要保证养老机构的公益性。因此,机构往往需要承担高投入下可能产生的低收入的风险。尤其是民办养老机构的社会竞争激烈,又难以吸引社会资金,没有公办养老机构发展的优势。甚至有机构表示,即使床位全部住满也无法盈利。入不敷出的情况普遍存在。

## 三、制度与政策困境

首先,医保问题。发展医养结合,必须确保医养结合中各类医疗机构纳入医保的覆盖范围。但目前养老机构中开设的医疗机构纳入医保定点单位、实现医保报销仍有一定的难度。经访谈发现,许多机构存在医保问题:医保不能报销、报销比例低或者只能报销医疗部分而不能报销养老部分。而且机构收入的贫困老人较多,有医保却不能用,这加大了老年人看病的经济负担,不利于医养结合模式的发展。同时,长期护理医疗保险制度仍处于试点起步阶段,在资金筹集、保障人群等方面还不尽人意。

其次,监管问题。医养结合工作涉及民政部门、卫健部门、医保部门,其中民政部门负责养老机构相关工作,卫健委主管医疗机构,医保部门管理医保定点和报销工作,于是就形成了条块分割的管理模式。多头管理使得政策难以实现协同,阻碍了养老和医疗资源的有效衔接,不利于医养结合工作的顺利开展。

## 四、其他困境

### (一)医养还未真正融合

经访谈发现,目前多数医养结合机构并未真正做到"医养结合",医养衔接界限不够明晰。最明显的问题是养老床位与医疗床位的切换问题。老年人属于特殊群体,容易生病且大多合并多种疾病,难免住院时间长或者反复住院。许多老人在养老床位生病后不能直接切换到医疗床位,需要调整楼层或者转院,这对失能和半失能老人造成很大的不便,让工作人员和老人及其家属都感受不到医养结合的便利。另外,政府认为机构把养老床位直接切换为医疗床位有套取医保的嫌疑,这也为床位切换造成很大的困扰。

### (二)居家养老落实困难

家庭医生上门服务、治疗为行动不便的老人带来许多便利,但真正落实起来却存在很多困难。经访谈发现,存在的问题主要有以下 3 点:第一,上门服务距离远,交通不便;第二,家庭病床产生的医疗费用无法报销;第三,没有明确解决医疗纠纷的方式,行医人员和服务对象缺少双向保障。

### (三)机构缺乏信任度,存在信任危机

医养结合机构具有公益性,要求政府和市场多方联动,实现养老主体的多元化。某些机构反映,领导对予医养结合模式不够重视,宣传不到位,民众也不了解,尤其对民办医养结合机构有一种不信任感,不愿意主动加入。

### (四)我国"孝道""养老防老"等传统观念根深蒂固

一方面,父母抚养子女长大,认为子女有责任也有义务赡养自己的双亲;另一方面,老年人认为选择入住养老院会让他们的孩子被批评为不孝,并让自己和子女被别人瞧不起。此外,老年人生理功能和社会角色的变化使他们容易感到陌生和孤独,不愿与陌生人交流。机构养老会让老年人有遗弃感。因此,百姓到养老院的意愿不强,更愿意居家养老。

# 第六章 河南省医疗卫生与养老服务衔接融合研究

## 第一节 河南省医养结合模式

### 一、河南省医养结合模式

根据河南省医养结合试点机构调查结果,目前河南省内医养结合机构注册类型情况如表 6-1 所示。

表 6-1 河南省内医养结合机构注册类型

| 注册类型 | 计数 | 构成比/% |
| --- | --- | --- |
| 医院 | 59 | 32.96 |
| 养老院 | 35 | 19.55 |
| 护理院 | 8 | 4.47 |
| 社区卫生服务中心/乡镇卫生院 | 42 | 23.47 |
| 医养结合机构 | 35 | 19.55 |
| 合计 | 179 | 100.00 |

组建分层级的医疗联合体。郑州市、新乡市探索医养结合"分层级管理"模式,成立医疗联合体,按照三级甲等医院、二级康复医院及其他专科医院(含老年病医院)、社区卫生服务中心(站)"三个层级"开展医养结合工作,医联体内开启绿色通道,及时转诊至上一层级或更高层级的专科或综合医疗机构诊治,病情稳定后再下转回低层级的医疗机构进行康复治疗。全省开设为老年人提供挂号、就医等便利服务绿色通道的一级以上医疗机构达到 7028 家,开通率达到 86%,其中郑州、平顶山、新乡、焦作、三门峡、许昌、南阳、信阳、驻马店、济源绿色通道开通率超过 90%。

加强医疗机构与养老机构协作。积极推进医疗机构与养老机构协作模式,鼓励和引导县乡医疗卫生机构与养老机构签约,为养老机构入住的老年人提供健康管理、开设绿色通道,实现了医疗机构与养老机构的横向结合和资源共享。在医疗机构开展养老机构,二级以上综合医院主要设立老年医院(老年科)、康复医院(康复科)、疗养院和临终关怀(临终关怀)部门,并增加老年床位数量。例如,河南省职工医院是一家三级公立综合医院,2016年医疗康复中心成立,建筑面积为51751.87,有400张床位,为老年人提供医疗、健康管理、疾病诊疗、康复、临终关怀等专业医疗服务,辅以生活护理、文化娱乐、精神文明等其他服务。养老机构内设医疗机构,养老机构根据自身的实际情况和本地区的需要,合理设置诊所、医院或护理站。主要提供健康管理、疾病预防、老年人常见病和多发病的一般诊断、治疗和护理等服务。河南省目前医疗、养老区域设置模式见表6-2。

表6-2 河南省目前医疗、养老区域设置模式

| 单位医疗与养老区域设置模式 | 计数 | 构成比/% |
| --- | --- | --- |
| 分开设置 | 104 | 58.76 |
| 医疗与养老功能根据需要随时调整 | 62 | 35.03 |
| 其他 | 11 | 6.21 |
| 合计 | 177 | 100.00 |

支持医养机构合作。医疗机构和养老机构合作建立医疗保健联盟,为老年居民提供全面、全生命周期的健康管理服务,包括住院、康复、安宁疗护、养老等综合性的健康养老服务。养老机构与医疗卫生机构本着互惠互利的原则,明确双方责任。医疗机构和社区卫生服务机构组成签约服务团队,建立老年人健康档案,建立社区医院与养老机构老人的契约式服务关系,开展上门访视、健康体检、健康咨询等服务。医疗卫生机构开通养老机构预约绿色通道,为老年人提供便利的医疗服务。光大欧安乐龄养老中心隶属于河南光大欧安乐龄医疗养老股份有限公司,占地面积100亩,建筑面积逾72000平方米,老年公寓开放床位1100张,是河南省内省级公办民营养老机构。该项目着力打造集医疗、养老、康复、护理为一体的"医养康护结合体"。目前除为郑州市离退休干部、高级知识分子、企业家及其家属等高端需求人群提供专业的养老综合服务外,也为普通居民提供医疗与养老服务。采取分级照护模式,根据入住老人不同的身体状况、个人情况,制订不同的照护级别,并提供分级别的服务内容。

推进社区开展服务老年人的健康管理服务。依托现有的社区卫生服务网络和医联体平台,构建"分层级管理"医养结合模式。借助家庭医生签约平台,组建由签约医生、社区护士、公共卫生医师、心理咨询师、专科医师、护理员、护工、志愿者组成的签约服务团队,除为老年人提供基本医疗、基本公共卫生和健康管理服务,也可以提供进行日常健康管理,日间照料、机构养老协助服务。全省为老年人健康体检1006.8万余人,健康管理率达到87%。

积极推进健康养老产业。郑州、洛阳、濮阳、漯河、南阳等积极引进社会资本,打造健

康养老示范项目,提升医养结合高品质服务,为老年人提供集候鸟休闲、中医养生、康复护理、生活照料、晚年关怀为一体的养老养生综合体。目前省、市、县三级共确定 510 个健康养老产业示范项目,其中医养结合项目 194 个,各地规划的基地养老项目一般都是医养结合型。

## 二、河南省医养结合分工协作机制

### (一)不同模式的协作机制

"十一五规划"期间上海率先提出了"9073"的养老模式,即:90% 家庭自我照顾、7% 社区居家养老服务、3% 机构养老。这也是现阶段中国众多专家推崇的养老模式。

机构养老是以社会机构,如养老院、敬老院、老年公寓等为养老场所的一种集中养老的模式。由于产业结构及思想观念的变化,宗族主义逐渐弱化,老年人在家族中的威望下降,再加之劳动力市场改革、住房改革、人口流动加剧以及独生子女政策的实施,家庭养老的基础不断受到冲击和削弱,社会化养老方式逐渐兴起,特别是对于失能老人以及患有长期慢性病的老人,机构养老可以提供更为专业的服务。

养老机构主要服务于老年人,具有综合性服务性质,服务内容包括照顾饮食和日常起居,进行个人卫生清洁,提供健康管理,组织文娱活动等。比较常见的养老机构包括养老院、敬老院。养老机构依据自身的现实情况以及所在区域的需求,合理地内设诊所、卫生所、医务室或护理站。养老机构内设的具备条件的医疗机构可作为医院(含中医医院)收治老年人的后期康复护理场所。主要为服务对象提供健康管理、疾病预防、老年保健,常见病、多发病的一般诊疗、护理,诊断明确的慢性病治疗,急诊救护,安宁疗护等服务,有条件的可以采取家庭病床、巡诊等服务方式(表6-3)。

表6-3 养老机构内设医疗机构类型

| 医疗机构类型 | 计数 | 构成比/% |
| --- | --- | --- |
| 医院 | 44 | 49.44 |
| 护理院 | 11 | 12.36 |
| 诊所、卫生所(室)、医务室 | 29 | 32.58 |
| 护理站 | 5 | 5.62 |
| 合计 | 89 | 100.00 |

医疗机构开展养老服务。二级以上综合医院主要以建立老年病院(老年病科)、康复医院(康复科)、护理院、临终关怀(安宁疗护)科,增加老年病床为主。如河南省职工医院是一所公立三级综合医院,2016 年成立河南省医养康复中心,建立医养康复大楼,建筑面积 51751.87 ㎡,设置 400 张床位。开展"医养康护"四位一体服务,包括向老年人提供医疗保健、康复护理、健康管理、疾病诊治、临终关怀等专业医疗服务,辅以生活护理、文化娱乐、精神慰藉等服务。

养老机构与周边的医疗卫生机构本着互利互惠原则,明确双方责任开展多种形式的协议合作。医疗机构、社区卫生服务机构为老年人建立健康档案,建立社区医院与老年人家庭医疗契约服务关系,开展上门诊视、健康查体、保健咨询等服务。

医疗卫生机构为养老机构开通预约就诊绿色通道,为入住老年人提供医疗巡诊、健康管理、保健咨询、预约就诊、急诊急救、中医养生保健等服务,使入住老年人能够得到及时有效的医疗救治。

居家养老主要是指以家庭为老年人生活照料、精神慰藉和经济供养的主要单位。这种养老模式在我国已有上千年的历史,对现今养老模式的发展及变迁有着深远的影响。我国传统文化中存在着大量的"孝"文化因子。孟子曰:"老吾老,以及人之老。"司马迁有云:"父母者,人之本也。"《礼记》中也有记载:"孝有三,大尊尊亲,其次弗辱,其下能养。"我国古代推崇的儿孙绕膝的天伦之乐、养儿防老的家庭观念、老年人安土重迁的恋乡情结等,都说明了家庭养老作为子女赡养父母的一种模式载体,在我国具有非常深厚的文化基础。居家养老,家庭发挥主要作用,社区提供相应资源支持和专业服务,上门满足老人需求,帮助老人解决日常生活需求。服务内容主要有两方面,一是生活照料;二是医疗服务,由接受过专门培训的服务人员上门服务照料老人日常起居。

社区居家养老是指"政府和社会力量依托社区,为居家的老年人提供生活照料、家政服务、康复护理和精神慰藉等方面服务的一种服务形式",是家庭养老和机构养老的有机结合。由于受到传统伦理道德观念以及地缘文化观念的影响,家庭养老在我国依旧是最主要的养老方式。在家庭关系中,长期共同居住生活而形成的亲情关系难以被其他社会关系所替代。社区居家养老使老年人仍居住在常态化的养老环境中,不割裂其原有的社会网络,社区作为政府和社会的代表,为老人提供助医、助餐、助浴、助行等一系列生活照料服务及其他精神康乐服务。国外从实行机构化到去机构化,进而逐步演变为社区居家养老的经验,以及当前我国机构养老模式受思想文化、专业人员、成本资金等制约而发展缓慢的现状表明,社区居家养老正逐渐成为社会养老发展的主流模式。社区养老依然以居家养老为基础,社区机构发挥辅助作用,社区建立日间服务中心,提供日间托管服务,是属于整合社会各界力量的养老模式。这种模式的基本特征是:老人居住在家,获得家人照料的同时,社区相关服务机构也会提供合适的上门或托老服务。

依托现有的社区卫生服务网络,为居家养老的老人提供养老服务。由于一级医院床位空置率较高,可向老人提供照料和康复服务,或者直接转型为医养结合机构。同时依托医联体平台,构建"分层级管理"医养结合模式。借助家庭医生签约平台,组建由签约医生、社区护士、公共卫生医师、心理咨询师、专科医师、护理员、护工、志愿者组成的签约服务团队,除为老年人提供基本医疗、基本公共卫生和健康管理服务,也可以提供进行日常健康管理,日间照料、机构养老协助服务。

河南省不同模式的协作机制如下:

组建分层级的医疗联合体。郑州市、新乡市探索医养结合"分层级管理"模式,成立医疗联合体,按照三级甲等医院、二级康复医院及其他专科医院(含老年病医院)、社区卫生服务中心(站)"三个层级"开展医养结合工作,医联体内开启绿色通道,及时转诊至上一层级或更高层级的专科或综合医疗机构诊治,病情稳定后再下转回低层级的医疗机构进行康复治疗。全省开设为老年人提供挂号、就医等便利服务绿色通道的一级以上医疗机构达到7028家，开通率达到86%，其中郑州、平顶山、新乡、焦作、三门峡、许昌、南阳、信阳、驻马店、济源绿色通道开通率超过90%。

加强医疗机构与养老机构协作。各地积极推进医疗机构与养老机构协作模式，鼓励和引导县乡医疗卫生机构与养老机构签约，为养老机构入住的老年人提供健康管理、开设绿色通道，实现了医疗机构与养老机构的横向结合和资源共享。全省3200多家养老机构，2406家能够以不同形式为入住老年人提供医疗卫生服务，占比达到76.6%。

支持发展医养结合机构。各地优化医疗养老机构申办许可，鼓励支持医养结合机构设立。洛阳、商丘、新乡等支持一批企业医院转型开展医养结合服务，郸城县、睢县妇幼保健计划生育服务中心转型开展集计划生育优质服务、医疗保健和新型医养结合于一体的专业医疗养老服务。2017年有153家养老机构申请设立医疗机构获批。

推进社区开展服务老年人的健康管理服务。全省推进家庭医生签约服务，依托社区基本公共卫生服务为老年人开展健康体检、签约服务和健康管理指导，将医疗卫生服务延伸至群众身边。全省为老年人健康体检1006.8万余人，健康管理率达到87%。

积极推进健康养老产业。郑州、洛阳、濮阳、漯河、南阳等积极引进社会资本，打造健康养老示范项目，提升医养结合高品质服务，为老年人提供集候鸟休闲、中医养生、康复护理、生活照料、晚年关怀为一体的养老养生综合体。目前省、市、县三级共确定510个健康养老产业示范项目，其中医养结合项目194个，各地规划的基地养老项目一般都是医养结合型。

## (二)家庭医生签约服务医养协作机制

"9073"养老服务体系建设缓解了部分养老问题，但大部分选择居家养老的老人由于日托照料机构少、利用率低等问题，其护理需求无法得到满足；已入住机构养老老人的医疗护理需求因养老机构医疗护理能级不足也无法得到满足，供需失衡问题日益突出。针对目前养老中的医疗需求，政府明确提出结合社区卫生改革现况依托基层医疗服务机构探索适宜的医养结合模式。将家庭医生签约服务与"9073"养老服务体系相结合，探索形成以家庭医生为核心的医养结合服务新模式；逐步完善社区老年人的养老机制和服务模式。

郑州市政府及郑州市卫生健康委支持以家庭医生签约服务的医养结合方式。在家庭医生签约服务文件中规定鼓励签约服务团队在提供基本医疗、基本公共卫生和健康管理等服务的基础上，结合自身实际和居民需求，通过不同类型、不同档次的"签约服务包"，为特定对象提供个性化的卫生与健康服务。鼓励签约服务团队根据工作实际和居民需求，依托所在基层医疗卫生机构开展以为失能(失智)、半失能(失智)老人医养照护为主的日间照料服务。社区卫生服务中心(乡镇卫生院)组建的家庭医生团队由全科医生、公共卫生医生、护士、心理学、药剂师、护士和护工组成。同时让二级和三级医院的专家纳入团队，开展签约服务，家庭医生团队通过与日间照料中心或社区养老中心签订家庭医生服务协议，为老年人提供全面、持续的基本医疗、基本公共卫生、健康管理、转诊服务和养老服务。构建为老年人提供预防、治疗、护理、康复、养老的全程健康服务体系。

### (三)医共体医养协作机制

当前,除了正在全面推进的家庭医生制度之外,基层医疗卫生机构是向公民提供基本医疗卫生服务的重要载体,也是当前医疗卫生服务体系的短板。河南省60%~70%的优质医疗资源集中在大城市,城市大医院人满为患。相对来说,虽然农村医疗卫生机构覆盖的人口多,但资源不足、人才短缺、综合服务能力不强,老百姓对基层医疗卫生机构信任度不高。

我省28个试点县(市)已全部出台紧密型县域医共体建设实施方案。力争到2020年底,县域就诊率达到90%,县域内基层就诊率达到65%左右,有效缓解群众"看病难、看病贵"问题。我省医养结合试点机构设置区域分布见表6-4。

表6-4 医养结合试点机构所在区域

| 机构所在区域 | 计数 | 构成比/% |
| --- | --- | --- |
| 市辖区 | 54 | 30.17 |
| 县城 | 60 | 33.52 |
| 乡 | 58 | 32.40 |
| 农村 | 7 | 3.91 |
| 合计 | 179 | 100.00 |

## 第二节 医养结合养老模式发展面临的困境

### 一、我国医养结合主要问题

#### (一)医疗机构缺少老年专科

老年人得不到及时正确救治,医疗资源被浪费。我国目前分类还是以疾病分科为主,缺少针对年龄分类的分科研究。实际上,像儿科一样,老年专科也需要专业化的学科发展和人才队伍,这样既可以满足老年患者的就诊需要,使他们得到更及时、更专业的医疗服务,也可以减少医疗机构的医疗资源浪费。目前老年患者占据了绝大多数医院医疗资源,三级医院急诊均是人满为患,需要长期看护或晚期临终病人没有出口,只能长期滞留于急诊,既没有得到有效、合理的救治,也浪费了大量医疗资源。

#### (二)养老机构不具备医疗服务能力

大多数养老机构以提供简单的生活照料服务为主,医疗服务较少,如北京市约40%的养老机构既无内设医务室,也没有与周边医疗机构合作。瘫痪卧床或患有阿尔茨海默病的老年人是最需要养老服务的群体,但由于养老机构的风险规避和难以提供专业的医疗护理服务,导致养老机构的覆盖人群出现结构性缺陷,即基本生活能够自理的老年人受到欢迎而拒绝失能、失智老年人。目前我国人均养老床位拥有率不仅低于发达国家5%~7%的平均水平,也低于发展中国家2%~3%的水平。从理论上讲,养老床位应该是供不应求,但养老机构的床位闲置率却在50%~60%。如合肥市民办老年公寓普遍有50%的床位闲置,而老年护理院的床位使用率却在95%以上,甚至达到100%。

### (三)社区服务模式暂未形成,缺少合格全科医生队伍

2009年医改以来,进行了基层医疗卫生服务机构综合改革,2011年我国出台了《关于建立全科医师制度的指导意见》等一列政策文件。目前,我国社区全科医生队伍逐步建立起来,但是服务能力与人民群众的健康需求还存在着较大差异。患者不信任社区医疗服务机构和全科医生,分级诊疗的体系仍然没有建立起来,社区对于家庭的健康管理也没有显著成效。

### (四)医养结合机构老年人经济负担较重

与普通养老院相比,医养结合型养老机构因为其更高层次、专业的医疗服务而导致收费较高,这就与失能半失能老年人、残疾老年人、患病老年人、高龄老年人的收入水平不符。如北京市首家提供医养结合服务的恭和苑养老院根据户型每月收费标准分别为7800元、9800元和12800元;合肥市滨湖医院所设的养老院如果只是提供生活照护,每个月的收费在3500~4000元,老年人的医疗费用按照正常的住院费用结算。各地区医养结合型养老机构的收费一般是当地居民人均收入的2~3倍甚至更高,大部分老年人难以负担。通过对合肥市3000位老年人的抽样调查显示,62.91%的老年人每月可承受的服务价格(包括伙食、床位、护理等)不超过500元,0.94%的老年人每月可承受的服务价格在500~800元,只有16.15%的老年人可以承受800元以上的服务价格。医养结合型养老机构收费水平高与老年人消费水平低之间存在矛盾。

### (五)医保基金的困境

社区医疗机构医疗照护能力弱,导致的直接后果是什么?各地调研中看到的一个普遍后果就是,由于公立社区医疗机构与日间照料中心没有积极性也没有能力提高老人所需的医疗服务,居家老人的医疗需求只能去高等级医院获得。而大量此类需求转向医院寻求满足,则导致了医保资金的严重浪费。各地调研中,我们发现地方普遍存在老人在医疗机构"挂床"和"压床"现象。城镇退休职工是主要的"挂床"人群,部分调研地区退休职工年度百人住院人次甚至超过50%。病情稳定、医疗需求不高、主要是需要医疗照护的离退休失能半失能老人则是"压床"的主要人群。医保基金面临的严峻困境是,明明知道通过"挂床"和"压床"方式、利用这些老人套取医保资金已经成为医疗机构的普遍做法,却根本没有能力遏制,更没有能力扭转,因为医疗服务供给体制绝非医保部门能够改变的。具体说来如前所述,公立社区医疗机构没有积极性提供医疗服务,区域卫生规划导致的准入管制以及绝大部分医生拥有事业单位编制身份这一制度,又致使民营基层

医疗机构服务能力严重不足,最终的必然结果就是大量有医疗护理需求的老人涌入医院特别是公立大医院,用住院来替代长期照护,导致严重的医院"压床"现象。我们在某直辖市得到的数据是,连续住院时间超过3个月的离退休老人占三甲医院住院人数的比重只有2%,但占三甲医院住院床日数的比重却高达21%。这里需要指出的一点是,对这些"压床"的老人三甲医院实际上"爱恨交织",一方面,这些老人构成医院及相关科室稳定的收入来源,而且,由于某些老人尤其是离休老人和达到一定级别的退休老人医药费补偿比率很高,致使其本人及其家属不再关注医疗费用,这就给主治大夫和主管护士们提供了很多便利;另一方面,这些老人每床日付费水平明显低于急症手术患者,从经济效益角度看,放任这些老人"压床"明显得不偿失。当然,这是三甲医院的情况,对于床位利用不足的县区级医院来说,不存在后面这个问题。病情稳定、仅仅是需要普通的医疗服务和长期照护的老人所需医疗费用并不高。但是以住院"压床"来获得长期照护,不但浪费了医疗资源,还产生了高额费用。原因在于医院利用"高精尖"设备检查、化验,并开具高价药品,形成了高额医疗费用和医保支付。某地级市的数据明,连续住院时间超过3个月的退休职工占医院住院人数的比重只有2.1%,花费的医保基金却高达医保基金支出的16.4%。尽管各地医保部门普遍采取了总额控制方式控制基金支出增长,但公立大医院都是强势国有部门,医保部门缺乏制衡能力。而且总额控制这一手段只能承认历史,也就是按照历史数据确定各个医疗机构的医保预算额度。换言之,此前老人"压床"现象多的三甲医院得到的医保额度自然也就高,而"压床"现象少的县级医院和社区医疗机构历史上医保支付就少,自然得到的医保额度就低,因此总额控制方式无意间强化了"强者恒强,弱者恒弱"的格局。医保部门明知道这个悖论,却没有政策手段破解:首先是医保部门没有权力和能力调整医疗资源配置和布局;其次是现行法规规定医保基金要按照实际发生医疗费用进行支付,若没有发现"违规",医保部门不能扣减三甲医院的医保支付;与此同时,没有实际提供服务,医保部门也无从通过放宽医保额度的办法扶持一、二级医疗机构发展。

### (六)医养结合的发展障碍

目前,医养结合养老模式得到了政府的高度重视,相关政策支持力度逐渐加大。但是由于医养结合养老模式在中国起步较晚,缺乏充足的理论支撑,且中国老龄人口众多,医养结合养老模式的发展困难重重。第一,"医"与"养"的资源衔接不足。从目前很多实施医养结合的养老服务机构来看,"医"和"养"的边界还没有完全界定清晰,对养老群体的服务需求缺乏详细分类,相关服务体系比较单一,服务内容趋同,这与"医"和"养"之间的双向互动不畅密切相关。作为一种新型养老服务模式,大多开展医养结合的养老机构仍然是以"养"为重心,缺乏"医"的资源融合,"医"和"养"二者没有统一协调。第二,相关服务机构目标定位偏离。党的十九大报告指出,要"积极应对人口老龄化,构建养老、孝老、敬老政策体系和社会环境,推进医养结合,加快老龄事业和产业发展"。医养结合是当前政府大力提倡的一种新型养老服务模式,是老年人安度晚年的重要保障,这一养老政策具有一定的普及性和统筹性。然而,从现阶段各地实践来看,虽然一些医疗与养老机构具备了医养结合的服务基础,但是大多数服务机构将目标市场定位为高收入人群,没有充分考虑地区的整体消费水平和经济负担能力,使得收入较低的老年人无法真正入住医养结合养老机构。由于市场定位较高,相关服务机构的入住率较低,限制了医养结合养老政策的普及与有效实施。第三,缺乏健全的医疗保障体系。当前,一些地区的医保定点覆盖不全面,缺乏健全的长期护理险以及医护险,再加上医疗保障的资金来源单一,集中在政府财政支持上,缺少用于老年人长期护理险的专项支出费用,导致老年人的医疗保障后续发展动力不足。除此之外,部分养老服务机构中,医疗机构内设不足,即使有些大型养老服务机构内设了医疗机构,但也没有被纳入医保定点范畴之内,老年人的医保不能用于相关养老服务机构的结算,在居家养老方面可以使用医保支付护理费的覆盖率较低,与住院医疗覆盖率相比相差甚远,增加了老年人医养结合养老的支出负担。第四,相关人才短缺,服务供需失衡。由于中国养老服务从业人员的数量不多、专业素质偏低,导致老龄事业和产业发展受到了一定的限制。在多数养老服务机构中,缺乏医疗、护理和康复方面的高素质人才,无论是医疗机构转变为护理机构,还是养老机构内设医疗机构,都体现出了具有行医资格的医护人员和高级护理人员数量的不足。相关从业人员数量与质量无法满足当前多元养老需求,这与中国养老服务产业从业人员培训体系不健全、薪酬待遇较低等因素密切相关。

## 二、河南省医养结合机构养老存在的主要问题

通过对河南省郑州市、安阳市、焦作市、洛阳市、信阳市、周口市6个省辖市的卫健委医养结合部门负责人,以及医养结合机构的负责人进行访谈,了解河南省医养结合机构目前发展存在的问题,现整理如下。

### (一)传统养老观念桎梏

老人思想意识问题一直是公寓与家属不能回避解决的问题,部分老人一致认为子女将其送到公寓里是不想管、不孝顺的表现。子女思想意识同样受到周围环境影响,怕亲友说不孝顺才把老人送到老年公寓。

我国"孝道""养老防老"等传统观念根深蒂固。一方面,父母抚养子女长大,子女有责任也有义务赡养自己的双亲。另一方面,老年人认为选择入住养老院会让他们的孩子被批评为不孝,并让自己和子女被别人瞧不起。此外,老年人生理功能和社会角色的变化使他们容易感到陌生和孤独,不愿与陌生人交流。机构养老会让老年人有遗弃感。

目前居家养老模式依然是我国目前大多数的老年人首选,放眼世界范围内,如日本、芬兰等国家,大部分老年人也都趋向于选择居家养老。根据我国老龄科研中心养老居住意愿调查显示,有85.05%的老人希望在家里养老,希望机构养老的只占6.69%。而根据调查发现,河南省的老年人选择居家养老的比例为87.3%,由子女照顾,老年人住在家中可以方便大部分的家人和朋友随时来家中拜访,更加方便老年人与他们子女之间沟通,还方便和孙子孙女多代人一起生活,这些都可以让老年人保持生活的乐趣。更重要的是,老年人亲近自己的家人和朋友意味着他们可以得到更多的关心和帮助,即便是傍晚在家附近和朋友散散步,也是对老年人大有益处的。"亲情关注度"被有关研究证实是老年人长寿的重要因素之一。如果选择离家很远的养老院,即使是最亲的亲属也可能不

得不减少拜访的次数。这会大大减少老年人和亲人在一起的时间。所以如果老年人想要孩子、亲人或者朋友经常过来陪伴自己,目前最好的办法还是住在家里。随着年龄的增长,老年人希望过上自己想要的生活,得到安全感、独立性、舒适感、亲情、便捷性,并且具有经济性——归根结底,最大限度地满足老年人内心需求才是老年人选择居家养老的真正原因所在(表6-5)。

表6-5 老年人养老意愿情况

| 养老意愿 | 计数 | 构成比/% |
|---|---|---|
| 居家,子女照顾 | 4859 | 87.24 |
| 社区/机构养老 | 711 | 12.76 |
| 合计 | 5570 | 100.00 |

此外,由于机构大多收住的是重大残疾人员,心理存在疾病可能性极大,需要心理慰藉,因此,需要政府部门配备心理咨询、心理疏导师等,增加医疗护理服务,最大限度提供给老年人需要的独立空间,同时针对疾病晚期老人要开展安宁疗护,更大限度满足老年人内心需求,只有这样,老年人才会逐渐改变传统的养老观念,享受多元化养老服务。

### (二)护理人员缺乏

养老机构目前面临的最根本的问题,是"服务",说到底,是"护工或护理员"。民营养老机构,无论是医养结合机构还是单纯养老机构,无论硬件设施再完善,没有高素质高水平的数量充足的护理人员,也是无用,先进的仪器设备,始终无法完全替代人的服务,老年人需要的是悉心的照护与陪伴,是情感的支持与安慰。

根据调查发现,医生级别的平均工资在3174.2元左右,而护理级别的平均工资在2610元左右,医生级别的平均服务时间4.51年,护理级别的平均服务时间3.4年,医生级别的平均每天工作时间为8.8 h,护理级别的平均每天工作时间为10 h,医生级别的平均年龄为39.79岁,护理级别的平均年龄为41.37岁,可见现对于医生级别、护理级别的平均年龄高、工资低、服务时间短,而且每天工作时间长(表6-6)。

表6-6 机构工作人员调查情况表

| 项目 | 医生级别 | 护理级别 |
|---|---|---|
| 平均年龄 | 39.79 | 41.37 |
| 平均月收入/元 | 3174.2 | 2610 |
| 平均服务时间/年 | 4.51 | 3.4 |
| 平均每天工作时间/h | 8.8 | 10 |

根据调查发现,机构医生级别在硕士及以上的有11人,占比61.11%,护理级别在硕士及以上的有7人,占比38.89%,医生级别为本科的有350人,占比66.16%,护理级别为本科的有179人,占比33.84%,医生级别为大专的有385人,占比44%,护理级别为大专的有490人,占比56%,医生级别为中专及中技的有133人,占比46.67%,护理级别为中专及中技的有152人,占比53.33%,医生级别为技校的有2人,占比22.22%,护理级别为技校的有7人,占比77.78%,医生级别为高中的有43人,占比17.41%,护理级别为高中的有204人,占比82.59%,医生级别为初中及以下的有19人,占比4.02%,护理级别为初中及以下的有454人,占比95.98%,可见,护理级别的工作人员学历大都比较低(表6-7)。

表6-7 机构工作人员学历情况

| 学历 | 医生级别 | | 护理级别 | |
| --- | --- | --- | --- | --- |
| | 计数 | 构成比/% | 计数 | 构成比/% |
| 硕士及以上 | 11 | 1.17 | 7 | 0.47 |
| 本科 | 350 | 37.12 | 179 | 11.99 |
| 大专 | 385 | 40.83 | 490 | 32.82 |
| 中专及中技 | 133 | 14.10 | 152 | 10.18 |
| 技校 | 2 | 0.21 | 7 | 0.47 |
| 高中 | 43 | 4.56 | 204 | 13.66 |
| 初中及以下 | 19 | 2.01 | 454 | 30.41 |
| 合计 | 943 | 100.00 | 1493 | 100.00 |

因此,因为护理工作又脏又累待遇也不高,年轻人不愿意干,目前从业的护工年龄偏大,护理员招聘难度大、留人难。目前只能先用着,招到更年轻的护理员以替换年龄较大的护理员。护工护理员人员也不够充足,大多文化水平低,护理员素质参差不齐,也缺少系统的培训,大部分不能胜任难度较大的护理工作。人们对养老院的护士存在职业偏见,需要进一步加强养老院护士在社会中的职业荣誉感,晋升通道。

目前缺少专门的护理员培训机构,机构需要自己对护理员进行培训,浪费大量人力、物力、财力。护工能定期参加日常适宜的护理知识培训,进一步提高服务意识和服务能力。机构在招聘护理人员时应当对其进行岗前培训。医护人员、护工的工资建议可以按照事业单位的工资标准进行发放,同时缴纳五险一金,在此基础上就会更容易找到护理人员,同时护理人员队伍将更加稳定,人员流失率也会明显下降。另外,建议可以发动志愿者到医院为老年人进行服务。

(三)医保问题

1. 医疗与养老床位转换问题 现阶段,医保资金控制严格,老年人看病只能走门诊报销,政府怀疑民营医养结合机构套取医保资金,医保规定老年人只能入住医院才能报销,且限制老年人的住院时长,又因老年人的特殊性,住院时间只会长不会短,导致医院不愿接收老年人住院,加重了老年人看病的问题,同时老年人进入医院住院期间护工不能跟随,在医院受到的照护质量差,希望政府可以真正地考虑老年人的特殊性,允许养老床位与医疗床位之间的切换。

2.老年人医保负担　根据调查发现,在所调查的试点机构中,有149家机构是医保定点单位,占比87.1%,未设立医保定点单位的机构有22家,占比12.9%,可见,绝大部分的医养结合试点机构都为医保定点单位(表6-8)。

表6-8　机构医保定点情况

| 是/否为医保定点单位 | 计数 | 构成比/% |
| --- | --- | --- |
| 是 | 149 | 87.13 |
| 否 | 22 | 12.87 |
| 合计 | 171 | 100.00 |

当前针对老年人的医保设置限额,医保要求机构每月住院人数不得超过280人,老年人一次住院自付费用不能超过1800元。医养结合机构的入住老年人多为重度失能老年人,导致入住老年人的费用比较高,另外由于老年人自身疾病问题,大多合并多种疾病,如肺心病、肿瘤等,难以避免会出现反复住院的情况,同时一些老年病和慢性病需要长期治疗,老年人的恢复能力差,住院时间要比正常人长,产生的医疗费用多,医保设置限额后,机构面临着高投资低回报的局面,导致医院不愿意接收老年人住院。所以政府应落实医保政策,对于多次入住医疗机构的老年人报销比例应该放宽,专门为老年人的特殊情况建立医保报销制度或设置一种医疗保险,解决基层医疗机构的限额问题和报销问题。

3.医院机构医保负担　基层医养结合机构的机构性质为一级医院,政府部门却以二级医院进行要求,造成起付线高、用药受到限制,使老年人负担加重。医养结合机构部分入住老年人是因病致贫患者或失能失智的老年人,基础病多,经常住院治疗,产生的医保费用大,机构通常面临超出资金处罚。政府不愿意报销老年人的住院费用,加剧了机构的资金方面的困难。

养老机构办医疗,面临的另一方面的问题是养不起医,医保报销困难,不是专门的医疗机构,对医疗行业不清楚。在今后的发展过程中会尽力地去开办医疗服务的部门,为老年人的看病治疗提供方便。

开设医养结合的医院的老年病科入住老年人兼顾医、养服务,住院周期较长并大都需要康复服务,目前医保实行按病种付费,限制日均费用和住院天数,限制了科室发展,降低了患者满意度。建议增加医养结合床位的补助,无陪护服务的护理费用的医保报销政策欠缺。

4.相关医保政策缺失与建议　河南省卫健委目前没有安宁疗护方面的政策补贴。

针对外地入住的老年人,医保方面无法报销,居民医保无法实现跨地区报销。根据相关政策,养老机构可采用备案制设立诊所、护理站等,为老人就医提供方便,但是诊所内老人就医费用无法纳入医保,老人医疗费用负担仍较重。居家养老的老人,开设的家庭病床,也无法纳入医保。针对失能半失能老人,医保政策倾斜力度不够,建议提高医保报销比例。

建议医保政策的介入,长期养老照护保险的实施,扩大医保支付范围,将入住的老人纳入医保报销范围,给予适当提高报销比例,家庭困难的老人,独生子女的老年人,政府可提供更多的帮助。需要政府增加对医养结合机构的财政补贴,解决医保结算的问题,认可机构内的养老床位与医疗床位之间的转换。政府应出台关于养老床位与医疗床位转换的相关政策,认可医养结合的模式,同时出台如长期照护险的险种,来实现医和养的衔接。政府应该支持医养结合机构开展老年人康复科室,放宽现有政策,政府实施真正意义上的医保总额预付制度,制定和发布长期照护保险,解决现有医保政策在老年人以及医养结合机构内住院的难题。

## (四)医养衔接问题

在此次调查的试点机构中,机构工作人员认为机构存在医养衔接困难的有895人,占比36.7%,不存在医养衔接困难的有1541人,占比63.3%,可见,目前设立的医养结合试点机构医养结合工作还有很大提升空间(表6-9)。

表6-9 机构医养衔接情况

| 医养衔接是否困难 | 计数 | 构成比/% |
| --- | --- | --- |
| 是 | 895 | 36.74 |
| 否 | 1541 | 63.26 |
| 合计 | 2436 | 100.00 |

河南省试点地区的医养结合机构,主要有3种类型,包括养老机构办医疗、医疗机构办养老、医疗机构与养老机构联办。下表为河南省调查的试点机构情况(表6-10)。

表6-10 河南省医养结合试点机构类型

| 类型 | 计数 | 构成比/% |
| --- | --- | --- |
| 养老机构办医疗 | 28 | 15.64 |
| 医疗机构办养老 | 78 | 43.58 |
| 医疗机构和养老机构联办 | 65 | 36.31 |
| 社区/居家养老服务 | 3 | 1.68 |
| 社区居家养老与医疗机构共建的医养联合体 | 5 | 2.79 |
| 合计 | 179 | 100.00 |

其中,医疗机构办养老,乡级医疗医护技术人员少,承担公卫、家庭医生签约履约、健扶贫、日常业务等工作,工作任务繁重,难以满足养老机构老年人就医需求,建议增加医护技术人员。养老院民政有补助,医院没有补助,免费体检成本高。希望能够对老年病医院标准的制定有所探索。例如:多少老年人需要一个医生、护士等。针对护理院能出台相对的医保考核指标;可以推行按病种付费康复区,老年人医保支付方式改革(按床日付费)等。

另外,养老机构办医疗,医养结合方面,医疗方面的投入仍然缺乏,专业技术人员相对较少。医养结合的医生可以让政府出资聘请退休医生来医养结合养老院巡诊。建议医护人员能定期进行康复理疗等专业知识培训。

对于医疗机构与养老机构联办机构,医疗机构对养老院内的老人可能出现耐心不足,不愿主动去为老人提供医疗服务,医生不愿对养老院内的老人进行签约服务。希望政府出台相应政策促进养老院内的老人能够享受医生家庭签约服务。

### (五)资金支持力度不足

根据调查发现,机构中有50.8%的人认为机构存在资金运行困难的问题(表6-11)。

表6-11 机构资金运行情况表

| 资金运行是否困难 | 计数 | 构成比/% |
| --- | --- | --- |
| 是 | 1237 | 50.78 |
| 否 | 1199 | 49.22 |
| 合计 | 2436 | 100.00 |

老人收费较低,大多数机构处于亏损状态,资金上存在一定的困难,难以为入住老年人提供丰富的娱乐活动。由于设备更新换代速度快,所以费用开销方面过多,而民政部门在运营补贴、建设补贴、床位补贴方面不足;政府应增加民营医养机构的保障,对民营的医养结合机构给予一定的奖励。

上级财政部门不解决基层机构的问题,不注重解决基层的难点问题,只做"锦上添花"的好事,不做"雪中送炭"的难事。对地方养老机构投入少,同时地方财政资金不足,对医疗机构的补贴进行拖欠。现阶段政府应调整部门职能与财产的不对等关系。解决基层只有办事的能力,没有办事的财力的现状。资金主要靠财政拨款,资金只能专款专用,资金不足严重阻碍了机构的发展。政府补贴不到位,不能只有文件,需要进行立法支持,须落实。卫生院加盖养老院,需创造条件和资金。

医养结合机构的收入低,民营资本进入少,政府应出台相关政策鼓励民营企业的进入,将养老事业推向市场,设计切合农村基层的实施方案。若想要进一步发展,在基础设施投入方面,建议政府能够多部门协调沟通,加大政策扶持与资金投入。例如,农村贫困老人的危房改造项目,经费为4万元/户,贫困老人入住卫生院的养老公寓,危房改建项目经费实际可以用于卫生院承担老人的医疗照护等服务费用。

### (六)机构建设问题

此次调查发现,医养结合机构总占地面积均值为 18727.3352 $m^2$,其中,医疗功能占地面积平均为 9734.789 $m^2$,养老功能占地面积平均为 10949.1271 $m^2$,可见,医疗和养老占地面积比例接近,养老占地面积稍多于医疗占地面积。机构中建筑面积均值为 15803.7693 $m^2$,其中,医疗功能占地面积平均为 8529.159 $m^2$,养老功能占地面积平均为 6702.7846 $m^2$,可见,医疗占地面积高于养老占地面积。总体来看,机构中医疗用地实际面积多于养老用地实际面积。见表6-12。

表6-12 机构建设基本情况

| 项目 | 均值/$m^2$ | | 标准差 |
| --- | --- | --- | --- |
| 机构总占地面积 | 18727.3352 | ± | 24601.86565 |
| 医疗功能占地面积 | 9734.789 | ± | 19987.23619 |
| 养老功能占地面积 | 10949.1271 | ± | 55009.28191 |
| 建筑面积 | 15803.7693 | ± | 25287.61329 |
| 医疗功能占地面积 | 8529.159 | ± | 14818.03596 |
| 养老功能占地面积 | 6702.7846 | ± | 17893.36645 |

目前医养结合机构的建设方面也存在诸多问题。对于医疗机构办养老来说,养老院的消防等级高,硬件投资太高,也没有政府补贴,消防办证太难。养护中心用房为后期改造,想要通过消防允许,需要没建房之前就要消防设计。科室面积不足,地方紧张,很少有专门针对老年人的娱乐室、康复室。医养结合床位的申请,政府部门没有相关的政策,机构改革导致部门职能不清晰,延缓了医养结合床位的申请。此外,医疗机构的环境设施改造问题突出。老年病科对基础设施较高,智能化要求高,如无障碍设施(电梯、洗漱设备、报警设施等),前期医院投入较大,无法独立完全承担基础设施改造的费用投入,政府投入不足,制约服务环境及质量提升。

对于部分养老机构而言,基础设施不健全,设施摆放凌乱,没有条理和分类。机构内的养老中心内的活动区域少,窗户保护措施不足,在今后的发展中计划扩大养老中心的规模,为老人提供娱乐活动的场所,对老人入住的房间进行改造,加强建设老人房间内的保护设施。

另一方面,政府应落实一些关于机构同时医疗和养老的政策绿色通道,放宽社会办医养结合机构的政策,方便社会资本更好地进入本行业,不再限制机构的养老服务和医疗服务结合的开展。根据相关政策,某机构计划投资扩建以中医养老康复为特色的养老园区,计划投资2.6亿元,用地150亩,设置中医康复、养老床位500张。目前项目用地审批、银行贷款等方面,国家优惠政策支持力度不足以使机构满意发展。某养老公寓面临着融资的问题,新建的公寓项目政府不愿验收,资金无法回流,造成资金困难,希望政府的政策能够完全落实,给予新建的老年公寓验收,机构也将会有更多的资金为老年人提供更优质的服务。

### （七）老年人意外风险预防

养老事业是朝阳产业，但是又是一个投资高回报率低的行业，并且养老风险防不胜防。老人有些意外是无可避免的，即使有足够的医疗设施设备和团队也挽救不了。但是有很多家属不理解，也会采取极端的措施对待养老人员和机构。

医养结合机构的医疗纠纷应规避风险，对于要入住的老人，应签署委托书（有偿照顾老人）和告知书（老人在院期间可能存在的风险）。明确老人可能出现的意外跌倒、非人为原因猝死等情况导致的责任，提前避免可能出现的纠纷。

机构可以为老人购买意外险，建设无障碍设施，对行动不便老人，进行陪护，尽量避免意外发生。同时，加强与老人与家属的情感交流，建立畅通的沟通渠道，在发生纠纷时，及时采取适合的措施进行解决。呼吁政府出台法律、政策，法律责任要理清，减少不必要的风险。根据调查，机构为老年人缴纳的医保情况见表6-13。

表6-13 机构缴纳保险情况

| 缴纳情况 | 计数 | 构成比/% |
| --- | --- | --- |
| 未缴纳保险 | 970 | 39.95 |
| 缴纳1种保险 | 354 | 14.58 |
| 缴纳2种保险 | 178 | 7.33 |
| 缴纳3种保险 | 195 | 8.03 |
| 缴纳4种保险 | 351 | 14.46 |
| 缴纳5种保险 | 369 | 15.20 |
| 缴纳6种保险 | 11 | 0.45 |
| 合计 | 2428 | 100.00 |

### （八）政策支持问题

根据此次调查发现，被调查人员认为试点机构中存在政策支持不足的有1461人，占比60%，不存在政策支持不足的有975人，占比40%，可见，大多数人认为机构存在政策支持不足的情况（表6-14）。

表6-14 机构政策支持情况

| 政策支持不足 | 计数 | 构成比/% |
| --- | --- | --- |
| 是 | 1461 | 59.98 |
| 否 | 975 | 40.02 |
| 合计 | 2436 | 100.00 |

医养结合服务项目作为一个新兴服务,国家偏重养老机构办医疗,医疗机构办养老民政机构无支持,从基础设施、人才培养、配套政策等方面亟须政府提供相应支持。相关政策鼓励医生多点执业,但实际落实过程较难。重要的是,医养衔接界限不清晰,例如住院患者的生活护理等;门诊不报销;目前对"五保老人住院""反复住院"等存在偏见,"套保"审查敏感等政策问题突出。

国家缺少具体针对老年人能力评估的标准,每个机构对老人评定水平不同。建议政府出台明确的试点政策、管理制度以及失能等级标准和服务体系标准,针对经济发展水平的不同,每类地区针对不同失能等级老人收费有建议价格,避免恶性竞争。应提高医养结合的标准化、制度化、规范化、个性化,才能实现对入住机构的老年人精心照料。

## 第三节　河南省老年人医养结合机构养老服务供需求研究

### 一、河南省老年人医养结合机构养老服务需求现状

#### (一)调查对象基本情况

1. 地区分布　本次调查共调查5570位60岁及以上老人,研究覆盖河南省18个省辖市,其中调查人数最多的省辖市为郑州市,共调查754人,占比13.54%,调查人数最少的省辖市为济源市,共调查34人,占比0.61%,其他各省辖市调查人数及占比,见表6-15。

表6-15　调查对象省辖市分布

| 省辖市 | 频数 | 构成比/% |
| --- | --- | --- |
| 郑州市 | 754 | 13.54 |
| 开封市 | 300 | 5.39 |
| 洛阳市 | 408 | 7.32 |
| 平顶山市 | 280 | 5.03 |
| 安阳市 | 369 | 6.62 |
| 鹤壁市 | 51 | 0.92 |
| 新乡市 | 421 | 7.56 |
| 焦作市 | 300 | 5.39 |
| 濮阳市 | 161 | 2.89 |
| 许昌市 | 223 | 4.00 |
| 漯河市 | 89 | 1.60 |

续表6-15

| 省辖市 | 频数 | 构成比/% |
|---|---|---|
| 三门峡市 | 180 | 3.23 |
| 南阳市 | 401 | 7.20 |
| 商丘市 | 329 | 5.91 |
| 信阳市 | 310 | 5.57 |
| 周口市 | 585 | 10.50 |
| 驻马店市 | 375 | 6.73 |
| 济源市 | 34 | 0.61 |
| 合计 | 5570 | 100.00 |

2. 一般情况　本次调查的5570例研究对象中,从年龄分组来看,60~岁年龄组人数最多,占比24.87%,随年龄增加,人数占比递减,90~岁年龄组人数最少,占比1.87%;研究对象中,男性2745人,占比49.28%,女性2825人,占比50.72%;其中4074人来自农村地区,占比73.14%;汉族有5460人,占比98.03%;722人有宗教信仰,占比12.96%;研究对象主要为农、林、牧、渔、水利业生产人员,有2308人,占比41.44%;3797位研究对象的医保支付方式为新型农村合作医疗,占比68.17%;4417位被调查老年人的月收入在2000元以下,占比79.30%。见表6-16。

表6-16　调查对象一般情况

| 变量 | 类型 | 频数 | 构成比/% |
|---|---|---|---|
| 年龄组 | 60~岁 | 1385 | 24.87 |
| | 65~岁 | 1294 | 23.23 |
| | 70~岁 | 1224 | 21.97 |
| | 75~岁 | 782 | 14.04 |
| | 80~岁 | 529 | 9.50 |
| | 85~岁 | 252 | 4.52 |
| | 90~岁 | 104 | 1.87 |
| 性别 | 男 | 2745 | 49.28 |
| | 女 | 2825 | 50.72 |
| 城市性质 | 城市(县城及以上) | 1496 | 26.86 |
| | 农村(乡镇及村) | 4074 | 73.14 |
| 民族 | 汉族 | 5460 | 98.03 |
| | 少数民族 | 110 | 1.97 |
| 文化程度 | 文盲 | 1617 | 29.03 |
| | 小学 | 1978 | 35.51 |

续表6-16

| 变量 | 类型 | 频数 | 构成比/% |
| --- | --- | --- | --- |
| | 初中 | 1151 | 20.66 |
| | 高中/技校/中专 | 576 | 10.34 |
| | 大学专科及以上 | 164 | 2.94 |
| | 不详 | 84 | 1.51 |
| 宗教信仰 | 无 | 4848 | 87.04 |
| | 有 | 722 | 12.96 |
| 婚姻状况 | 未婚 | 137 | 2.46 |
| | 已婚 | 4246 | 76.23 |
| | 丧偶 | 1098 | 19.71 |
| | 离婚 | 23 | 0.41 |
| | 未说明婚姻状况 | 66 | 1.18 |
| 原来的职业 | 国家机关、党群组织、企业、事业单位负责人 | 448 | 8.04 |
| | 专业技术人员 | 281 | 5.04 |
| | 办事人员和有关人员 | 169 | 3.03 |
| | 商业、服务业人员 | 185 | 3.32 |
| | 农、林、牧、渔、水利业生产人员 | 2308 | 41.44 |
| | 生产、运输设备操作人员及有关人员 | 211 | 3.79 |
| | 军人 | 69 | 1.24 |
| | 不便分类的其他从业人员 | 474 | 8.51 |
| | 无职业 | 1425 | 25.58 |
| 医疗费用支付方式 | 城镇职工基本医疗保险 | 743 | 13.34 |
| | 城镇居民基本医疗保险 | 815 | 14.63 |
| | 新型农村合作医疗 | 3797 | 68.17 |
| | 贫困救助 | 41 | 0.74 |
| | 商业医疗保险 | 16 | 0.29 |
| | 全公费 | 28 | 0.50 |
| | 全自费 | 103 | 1.85 |
| | 其他 | 27 | 0.48 |
| 经济收入/(元/月) | 1000及以下 | 3108 | 55.80 |
| | 1001~ | 1309 | 23.50 |
| | 2001~ | 698 | 12.53 |
| | 3001~ | 307 | 5.51 |
| | 4001~ | 89 | 1.60 |
| | 5001~ | 59 | 1.06 |
| 合计 | | 5570 | 100.00 |

3. 居住情况与养老意愿方式　就当前居住情况来看,调查对象主要为与配偶/伴侣居住和与子女居住,分别为3235和1629人,占比为58.08%和29.25%;52.71%的调查对象与主要照顾者同住;79.64%的调查对象表示未来养老希望由子女(亲属)照顾,7.58%的老年人希望居家养老,必要时由医护人员提供上门服务,12.78%的调查对象选择不同类型在内的机构养老,见表6-17。

表6-17　调查对象居住与养老意愿方式

| 变量 | 类型 | 频数 | 构成比/% |
| --- | --- | --- | --- |
| 当前居住情况 | 独居 | 496 | 8.90 |
| | 与配偶/伴侣居住 | 3235 | 58.08 |
| | 与子女居住 | 1629 | 29.25 |
| | 与父母居住 | 18 | 0.32 |
| | 与兄弟姐妹居住 | 24 | 0.43 |
| | 与其他亲属居住 | 38 | 0.68 |
| | 与非亲属关系的人居住 | 12 | 0.22 |
| | 养老机构 | 118 | 2.12 |
| 与主要照顾者居住的距离 | 一起住(含养老院、医养机构) | 2936 | 52.71 |
| | 同小区(自然村) | 633 | 11.36 |
| | 同街道(村) | 853 | 15.31 |
| | 同区(乡) | 385 | 6.91 |
| | 同市(县) | 569 | 10.22 |
| | 其他 | 194 | 3.48 |
| 未来养老意愿方式 | 子女(亲属)照顾 | 4436 | 79.64 |
| | 居家,有医生、护士、护工等上门 | 422 | 7.58 |
| | 住社区/有养老服务的卫生院 | 201 | 3.61 |
| | 住有医生、护士的养老院 | 154 | 2.76 |
| | 住有养老功能的医院 | 58 | 1.04 |
| | 没病住养老院,有病去医院 | 132 | 2.37 |
| | 其他 | 167 | 3.00 |
| 合计 | | 5570 | 100.00 |

4. 失能情况　调查对象日常活动能力评估中,完全自理老人占79.55%,总体失能率为20.45%,其中轻度失能占17.09%,中度失能占1.80%,重度失能占1.56%。

从年龄分组来看,60~岁年龄组失能率为8.45%,随年龄增加,失能率增加;男性老人失能率为17.05%,女性老人失能率为23.75%;城市与农村老人失能率分别为

20.12%与20.57%;汉族与少数民族老人失能率为20.40%和22.73%;文盲老人失能率为28.51%;丧偶老人失能率为36.43%;独居老人失能率为25.60%;从未来养老意愿方式来看,希望由子女(亲属)照顾的老人,失能率较低,为19.91%,希望住有养老功能的医院的老人失能率较高,为32.76%。见表6-18。

表6-18 不同类型调查对象日常活动能力失能情况

| 变量 | 类型 | 能力完好 | | 轻度失能 | | 中度失能 | | 重度失能 | | 总人数 | 失能率/% |
|---|---|---|---|---|---|---|---|---|---|---|---|
| | | 频数 | 构成比/% | 频数 | 构成比/% | 频数 | 构成比/% | 频数 | 构成比/% | | |
| 年龄组 | 60~岁 | 1268 | 91.55 | 107 | 7.73 | 3 | 0.22 | 7 | 0.51 | 1385 | 8.45 |
| | 65~岁 | 1147 | 88.64 | 126 | 9.74 | 11 | 0.85 | 10 | 0.77 | 1294 | 11.36 |
| | 70~岁 | 1043 | 85.21 | 154 | 12.58 | 12 | 0.98 | 15 | 1.23 | 1224 | 14.79 |
| | 75~岁 | 546 | 69.82 | 206 | 26.34 | 14 | 1.79 | 16 | 2.05 | 782 | 30.18 |
| | 80~岁 | 298 | 56.33 | 186 | 35.16 | 30 | 5.67 | 15 | 2.84 | 529 | 43.67 |
| | 85~岁 | 110 | 43.65 | 113 | 44.84 | 16 | 6.35 | 13 | 5.16 | 252 | 56.35 |
| | 90~岁 | 19 | 18.27 | 60 | 57.69 | 14 | 13.46 | 11 | 10.58 | 104 | 81.73 |
| 性别 | 男 | 2277 | 82.95 | 379 | 13.81 | 48 | 1.75 | 41 | 1.49 | 2745 | 17.05 |
| | 女 | 2154 | 76.25 | 573 | 20.28 | 52 | 1.84 | 46 | 1.63 | 2825 | 23.75 |
| 城市性质 | 城市 | 1195 | 79.88 | 248 | 16.58 | 30 | 2.01 | 23 | 1.54 | 1496 | 20.12 |
| | 农村 | 3236 | 79.43 | 704 | 17.28 | 70 | 1.72 | 64 | 1.57 | 4074 | 20.57 |
| 民族 | 汉族 | 4346 | 79.60 | 934 | 17.11 | 95 | 1.74 | 85 | 1.56 | 5460 | 20.40 |
| | 少数民族 | 85 | 77.27 | 18 | 16.36 | 5 | 4.55 | 2 | 1.82 | 110 | 22.73 |
| 文化程度 | 文盲 | 1156 | 71.49 | 377 | 23.31 | 48 | 2.97 | 36 | 2.23 | 1617 | 28.51 |
| | 小学 | 1588 | 80.28 | 332 | 16.78 | 30 | 1.52 | 28 | 1.42 | 1978 | 19.72 |
| | 初中 | 984 | 85.49 | 141 | 12.25 | 12 | 1.04 | 14 | 1.22 | 1151 | 14.51 |
| | 高中/技校/中专 | 509 | 88.37 | 58 | 10.07 | 3 | 0.52 | 6 | 1.04 | 576 | 11.63 |
| | 大学专科及以上 | 130 | 79.27 | 27 | 16.46 | 4 | 2.44 | 3 | 1.83 | 164 | 20.73 |
| | 不详 | 64 | 76.19 | 17 | 20.24 | 3 | 3.57 | 0 | 0.00 | 84 | 23.81 |
| 宗教信仰 | 无 | 3896 | 80.36 | 793 | 16.36 | 83 | 1.71 | 76 | 1.57 | 4848 | 19.64 |
| | 有 | 535 | 74.10 | 159 | 22.02 | 17 | 2.35 | 11 | 1.52 | 722 | 25.90 |
| 婚姻状况 | 未婚 | 112 | 81.75 | 21 | 15.33 | 2 | 1.46 | 2 | 1.46 | 137 | 18.25 |
| | 已婚 | 3543 | 83.44 | 596 | 14.04 | 54 | 1.27 | 53 | 1.25 | 4246 | 16.56 |
| | 丧偶 | 698 | 63.57 | 325 | 29.60 | 43 | 3.92 | 32 | 2.91 | 1098 | 36.43 |
| | 离婚 | 19 | 82.61 | 4 | 17.39 | 0 | 0.00 | 0 | 0.00 | 23 | 17.39 |
| | 未说明婚姻状况 | 59 | 89.39 | 6 | 9.09 | 1 | 1.52 | 0 | 0.00 | 66 | 10.61 |

续表6-18

| 变量 | 类型 | 能力完好 | | 轻度失能 | | 中度失能 | | 重度失能 | | 总人数 | 失能率/% |
|---|---|---|---|---|---|---|---|---|---|---|---|
| | | 频数 | 构成比/% | 频数 | 构成比/% | 频数 | 构成比/% | 频数 | 构成比/% | | |
| 原来的职业 | 国家机关、党群组织、企业、事业单位负责人 | 358 | 79.91 | 73 | 16.29 | 10 | 2.23 | 7 | 1.56 | 448 | 20.09 |
| | 专业技术人员 | 228 | 81.14 | 41 | 14.59 | 7 | 2.49 | 5 | 1.78 | 281 | 18.86 |
| | 办事人员和有关人员 | 128 | 75.74 | 34 | 20.12 | 3 | 1.78 | 4 | 2.37 | 169 | 24.26 |
| | 商业、服务业人员 | 156 | 84.32 | 26 | 14.05 | 2 | 1.08 | 1 | 0.54 | 185 | 15.68 |
| | 农、林、牧、渔、水利业生产人员 | 1862 | 80.68 | 369 | 15.99 | 43 | 1.86 | 34 | 1.47 | 2308 | 19.32 |
| | 生产、运输设备操作人员及有关人员 | 162 | 76.78 | 42 | 19.91 | 3 | 1.42 | 4 | 1.90 | 211 | 23.22 |
| | 军人 | 54 | 78.26 | 13 | 18.84 | 1 | 1.45 | 1 | 1.45 | 69 | 21.74 |
| | 不便分类的其他从业人员 | 400 | 84.39 | 63 | 13.29 | 9 | 1.90 | 2 | 0.42 | 474 | 15.61 |
| | 无职业 | 1083 | 76.00 | 291 | 20.42 | 22 | 1.54 | 29 | 2.04 | 1425 | 24.00 |
| 医疗费用支付方式 | 城镇职工基本医疗保险 | 599 | 80.62 | 115 | 15.48 | 17 | 2.29 | 12 | 1.62 | 743 | 19.38 |
| | 城镇居民基本医疗保险 | 650 | 79.75 | 141 | 17.30 | 15 | 1.84 | 9 | 1.10 | 815 | 20.25 |
| | 新型农村合作医疗 | 3038 | 80.01 | 637 | 16.78 | 63 | 1.66 | 59 | 1.55 | 3797 | 19.99 |
| | 贫困救助 | 19 | 46.34 | 16 | 39.02 | 2 | 4.88 | 4 | 9.76 | 41 | 53.66 |
| | 商业医疗保险 | 13 | 81.25 | 2 | 12.50 | 1 | 6.25 | 0 | 0.00 | 16 | 18.75 |
| | 全公费 | 19 | 67.86 | 9 | 32.14 | 0.00 | 0.00 | 0 | 0.00 | 28 | 32.14 |
| | 全自费 | 70 | 67.96 | 29 | 28.16 | 2 | 1.94 | 2 | 1.94 | 103 | 32.04 |
| | 其他 | 23 | 85.19 | 3 | 11.11 | 0.00 | 0.00 | 1 | 3.70 | 27 | 14.81 |
| 经济收入（元/月） | 1000及以下 | 2354 | 75.74 | 622 | 20.01 | 70 | 2.25 | 62 | 1.99 | 3108 | 24.26 |
| | 1001~ | 1116 | 85.26 | 169 | 12.91 | 14 | 1.07 | 10 | 0.76 | 1309 | 14.74 |
| | 2001~ | 591 | 84.67 | 93 | 13.32 | 7 | 1.00 | 7 | 1.00 | 698 | 15.33 |
| | 3001~ | 250 | 81.43 | 48 | 15.64 | 5 | 1.63 | 4 | 1.30 | 307 | 18.57 |
| | 4001~ | 69 | 77.53 | 14 | 15.73 | 2 | 2.25 | 4 | 4.49 | 89 | 22.47 |
| | 5001~ | 51 | 86.44 | 6 | 10.17 | 2 | 3.39 | 0 | 0.00 | 59 | 13.56 |

续表6-18

| 变量 | 类型 | 能力完好 频数 | 能力完好 构成比/% | 轻度失能 频数 | 轻度失能 构成比/% | 中度失能 频数 | 中度失能 构成比/% | 重度失能 频数 | 重度失能 构成比/% | 总人数 | 失能率/% |
|---|---|---|---|---|---|---|---|---|---|---|---|
| 当前居住情况 | 独居 | 369 | 74.40 | 113 | 22.78 | 12 | 2.42 | 2 | 0.40 | 496 | 25.60 |
| | 与配偶/伴侣居住 | 2731 | 84.42 | 430 | 13.29 | 37 | 1.14 | 37 | 1.14 | 3235 | 15.58 |
| | 与子女居住 | 1194 | 73.30 | 358 | 21.98 | 41 | 2.52 | 36 | 2.21 | 1629 | 26.70 |
| | 与父母居住 | 14 | 77.78 | 2 | 11.11 | 1 | 5.56 | 1 | 5.56 | 18 | 22.22 |
| | 与兄弟姐妹居住 | 20 | 83.33 | 3 | 12.50 | 1 | 4.17 | 0 | 0.00 | 24 | 16.67 |
| | 与其他亲属居住 | 29 | 76.32 | 6 | 15.79 | 2 | 5.26 | 1 | 2.63 | 38 | 23.68 |
| | 与非亲属关系的人居住 | 6 | 50.00 | 4 | 33.33 | 2 | 16.67 | 0 | 0.00 | 12 | 50.00 |
| | 养老机构 | 68 | 57.63 | 36 | 30.51 | 4 | 3.39 | 10 | 8.47 | 118 | 42.37 |
| 与主要照顾者居住的距离 | 一起住(含养老院、医养机构) | 2367 | 80.62 | 459 | 15.63 | 54 | 1.84 | 56 | 1.91 | 2936 | 19.38 |
| | 同小区(自然村) | 497 | 78.52 | 113 | 17.85 | 14 | 2.21 | 9 | 1.42 | 633 | 21.48 |
| | 同街道(村) | 652 | 76.44 | 182 | 21.34 | 9 | 1.06 | 10 | 1.17 | 853 | 23.56 |
| | 同区(乡) | 293 | 76.10 | 81 | 21.04 | 7 | 1.82 | 4 | 1.04 | 385 | 23.90 |
| | 同市(县) | 459 | 80.67 | 90 | 15.82 | 15 | 2.64 | 5 | 0.88 | 569 | 19.33 |
| | 其他 | 163 | 84.02 | 27 | 13.92 | 1 | 0.52 | 3 | 1.55 | 194 | 15.98 |
| 未来养老意愿方式 | 子女(亲属)照顾 | 3553 | 80.09 | 740 | 16.68 | 73 | 1.65 | 70 | 1.58 | 4436 | 19.91 |
| | 居家,有医生、护士、护工等上门 | 336 | 79.62 | 77 | 18.25 | 5 | 1.18 | 4 | 0.95 | 422 | 20.38 |
| | 住社区/有养老服务的卫生院 | 152 | 75.62 | 40 | 19.90 | 6 | 2.99 | 3 | 1.49 | 201 | 24.38 |
| | 住有医生、护士的养老院 | 112 | 72.73 | 32 | 20.78 | 7 | 4.55 | 3 | 1.95 | 154 | 27.27 |
| | 住有养老功能的医院 | 39 | 67.24 | 10 | 17.24 | 5 | 8.62 | 4 | 6.90 | 58 | 32.76 |
| | 没病住养老院,有病去医院 | 104 | 78.79 | 23 | 17.42 | 3 | 2.27 | 2 | 1.52 | 132 | 21.21 |
| | 其他 | 135 | 80.84 | 30 | 17.96 | 1 | 0.60 | 1 | 0.60 | 167 | 19.16 |
| 合计 | | 4431 | 79.55 | 952 | 17.09 | 100 | 1.80 | 87 | 1.56 | 5570 | 20.45 |

5. 经济收入水平　城市老人月收入在3000元及以下占78.48%,农村老年人月收入在2000元及以下的占88.58%。日常活动能力正常的老人中,53.13%的老人月收入在1000元及以下,83.09%的轻度失能的老人月收入在2000元及以下,84.00%的中度失能的老人月收入在2000元及以下,95.40%的老人月收入在3000元及以下。见表6-19。

表6-19 不同失能状况及地区的老年人收入水平(元/月)

| 变量 | 类型 | ≤1000 频数 | 构成比/% | 1001~ 频数 | % | 2001~ 频数 | 构成比/% | 3001~ 频数 | 构成比/% | 4001~ 频数 | 构成比/% | 5001~ 频数 | 构成比/% | 合计 频数 | 构成比/% |
|---|---|---|---|---|---|---|---|---|---|---|---|---|---|---|---|
| 城乡性质 | 城市 | 388 | 25.94 | 420 | 28.07 | 366 | 24.47 | 205 | 13.70 | 70 | 4.68 | 47 | 3.14 | 1496 | 100.00 |
|  | 农村 | 2720 | 66.76 | 889 | 21.82 | 332 | 8.15 | 102 | 2.50 | 19 | 0.47 | 12 | 0.30 | 4074 | 100.00 |
| 日常生活能力等级 | 能力完好 | 2354 | 53.13 | 1116 | 25.19 | 591 | 13.34 | 250 | 5.64 | 69 | 1.56 | 51 | 1.14 | 4431 | 100.00 |
|  | 轻度失能 | 622 | 65.34 | 169 | 17.75 | 93 | 9.77 | 48 | 5.04 | 14 | 1.47 | 6 | 0.63 | 952 | 100.00 |
|  | 中度失能 | 70 | 70.00 | 14 | 14.00 | 7 | 7.00 | 5 | 5.00 | 2 | 2.00 | 2 | 2.00 | 100 | 100.00 |
|  | 重度失能 | 62 | 71.26 | 10 | 11.49 | 7 | 8.05 | 4 | 4.60 | 4 | 4.60 | 0 | 0.00 | 87 | 100.00 |
| 合计 |  | 3108 | 55.80 | 1309 | 23.50 | 698 | 12.53 | 307 | 5.51 | 89 | 1.60 | 59 | 1.06 | 5570 | 100.00 |

6.养老意愿方式 调查对象中,79.64%的老人希望由子女(亲属)照顾,7.58%的老人选择居家养老,必要时由医护人员上门提供服务,3.61%的老人选择住社区或有养老服务的卫生院,2.76%的老人选择住有医护人员的养老院,1.04%的老人选择有养老功能的医院,2.37%的老人希望没病住养老院,有病时去医院治疗,3.00%的老人表示暂时没有考虑过,需要时会视情况而定。

从日常生活能力情况来看,80.19%的日常生活能力正常的老人希望由子女(亲属)照顾,而选择此方式的失能老人为77.52%;78.21%的男性老人选择由子女(亲属)照顾,而选择此方式的女性老人为81.03%;从经济水平来看,月收入越高的老人,越不愿由子女(亲属)照顾。其他内容见表6-20。

表6-20 不同类型调查对象养老意愿方式

| 变量 | 类型 | 调查人数/n | 子女(亲属)照顾/% | 居家,医护人员上门/% | 社区/有养老服务的卫生院/% | 有医护人员的养老院/% | 有养老功能的医院/% | 没病住养老院,有病去医院/% | 其他/% |
|---|---|---|---|---|---|---|---|---|---|
| 日常生活能力 | 正常 | 4431 | 80.19 | 7.58 | 3.43 | 2.53 | 0.88 | 2.35 | 3.04 |
|  | 失能 | 1139 | 77.52 | 7.55 | 4.30 | 3.69 | 1.67 | 2.46 | 2.81 |
| 年龄组 | 60~岁 | 1385 | 80.87 | 6.86 | 3.47 | 3.47 | 0.43 | 2.02 | 2.88 |
|  | 65~岁 | 1294 | 81.38 | 6.88 | 3.63 | 1.78 | 1.00 | 2.55 | 2.78 |
|  | 70~岁 | 1224 | 79.33 | 8.09 | 4.00 | 2.37 | 0.65 | 2.78 | 2.78 |

续表 6-20

| 变量 | 类型 | 调查人数/n | 子女（亲属）照顾/% | 居家，医护人员上门/% | 社区/有养老服务的卫生院/% | 有医护人员的养老院/% | 有养老功能的医院/% | 没病住养老院，有病去医院/% | 其他/% |
|---|---|---|---|---|---|---|---|---|---|
| | 75~岁 | 782 | 78.77 | 8.95 | 2.81 | 3.07 | 1.53 | 2.05 | 2.89 |
| | 80~岁 | 529 | 76.56 | 7.94 | 4.16 | 3.21 | 0.95 | 2.27 | 4.91 |
| | 85~岁 | 252 | 73.02 | 7.14 | 4.37 | 4.37 | 4.76 | 3.17 | 3.17 |
| | 90~岁 | 104 | 83.65 | 8.65 | 1.92 | 1.92 | 1.92 | 0.96 | 0.98 |
| 性别 | 男 | 2745 | 78.21 | 7.98 | 4.04 | 2.91 | 1.20 | 2.37 | 3.29 |
| | 女 | 2825 | 81.03 | 7.19 | 3.19 | 2.62 | 0.88 | 2.37 | 2.72 |
| 居住地 | 城市 | 1496 | 75.87 | 9.63 | 4.41 | 4.14 | 1.34 | 2.07 | 2.54 |
| | 农村 | 4074 | 81.03 | 6.82 | 3.31 | 2.26 | 0.93 | 2.48 | 3.17 |
| 民族 | 汉族 | 5460 | 79.58 | 7.64 | 3.57 | 2.78 | 1.06 | 2.33 | 3.04 |
| | 少数民族 | 110 | 82.73 | 4.55 | 5.45 | 1.82 | 0.00 | 4.55 | 0.90 |
| 文化程度 | 文盲 | 1617 | 79.78 | 7.24 | 3.53 | 2.91 | 1.36 | 2.10 | 3.08 |
| | 小学 | 1978 | 80.49 | 6.88 | 4.30 | 2.02 | 1.11 | 2.53 | 2.67 |
| | 初中 | 1151 | 80.28 | 7.30 | 3.04 | 2.87 | 0.43 | 2.26 | 3.82 |
| | 高中/技校/中专 | 576 | 78.82 | 9.90 | 2.78 | 3.30 | 1.39 | 1.56 | 2.25 |
| | 大学专科及以上 | 164 | 70.12 | 12.80 | 3.66 | 8.54 | 0.61 | 2.44 | 1.83 |
| | 不详 | 84 | 72.62 | 8.33 | 2.38 | 1.19 | 0.00 | 10.71 | 4.77 |
| 宗教信仰 | 无 | 4848 | 79.19 | 7.74 | 3.65 | 2.85 | 1.13 | 2.41 | 3.03 |
| | 有 | 722 | 82.69 | 6.51 | 3.32 | 2.22 | 0.42 | 2.08 | 2.76 |
| 婚姻状况 | 未婚 | 137 | 65.69 | 10.22 | 5.84 | 5.84 | 2.92 | 5.84 | 3.65 |
| | 已婚 | 4246 | 80.55 | 7.82 | 3.04 | 2.57 | 0.89 | 2.10 | 3.03 |
| | 丧偶 | 1098 | 78.23 | 6.10 | 5.46 | 3.19 | 1.46 | 2.82 | 2.74 |
| | 离婚 | 23 | 60.87 | 8.70 | 13.04 | 4.35 | 0.00 | 4.35 | 8.69 |
| | 未说明婚姻状况 | 66 | 80.30 | 10.61 | 1.52 | 1.52 | 0.00 | 4.55 | 1.50 |

续表6-20

| 变量 | 类型 | 调查人数/n | 子女（亲属）照顾/% | 居家，医护人员上门/% | 社区/有养老服务的卫生院/% | 有医护人员的养老院/% | 有养老功能的医院/% | 没病住养老院，有病去医院/% | 其他/% |
|---|---|---|---|---|---|---|---|---|---|
| 原来的职业 | 国家机关、党群组织、企业、事业单位负责人 | 448 | 75.89 | 9.60 | 3.35 | 4.46 | 1.56 | 2.01 | 3.13 |
| | 专业技术人员 | 281 | 75.80 | 11.03 | 3.20 | 4.63 | 0.00 | 3.91 | 1.43 |
| | 办事人员和有关人员 | 169 | 75.15 | 13.61 | 2.96 | 4.14 | 1.78 | 1.18 | 1.18 |
| | 商业、服务业人员 | 185 | 73.51 | 8.65 | 4.32 | 5.95 | 2.70 | 1.62 | 3.25 |
| | 农、林、牧、渔、水利业生产人员 | 2308 | 79.98 | 6.72 | 3.77 | 2.56 | 1.13 | 2.38 | 3.46 |
| | 生产、运输设备操作人员及有关人员 | 211 | 73.93 | 8.06 | 7.11 | 3.79 | 0.47 | 3.79 | 2.85 |
| | 军人 | 69 | 75.36 | 10.14 | 5.80 | 2.90 | 1.45 | 1.45 | 2.90 |
| | 不便分类的其他从业人员 | 474 | 85.44 | 6.33 | 2.53 | 1.69 | 1.69 | 0.84 | 1.48 |
| | 无职业 | 1425 | 81.47 | 7.02 | 3.23 | 1.82 | 0.49 | 2.74 | 3.23 |
| 医疗费用支付方式 | 城镇职工基本医疗保险 | 743 | 76.72 | 10.36 | 3.36 | 5.38 | 0.81 | 2.29 | 1.08 |
| | 城镇居民基本医疗保险 | 815 | 78.77 | 7.73 | 4.17 | 2.58 | 1.10 | 2.21 | 3.44 |
| | 新型农村合作医疗 | 3797 | 80.85 | 6.87 | 3.42 | 2.26 | 0.95 | 2.40 | 3.25 |
| | 贫困救助 | 41 | 65.85 | 9.76 | 4.88 | 9.76 | 4.88 | 2.44 | 2.43 |
| | 商业医疗保险 | 16 | 81.25 | 6.25 | 0.00 | 12.50 | 0.00 | 0.00 | 0.00 |
| | 全公费 | 28 | 57.14 | 17.86 | 10.71 | 0.00 | 3.57 | 10.72 | 0.00 |
| | 全自费 | 103 | 73.79 | 8.74 | 5.83 | 0.97 | 3.88 | 0.97 | 5.82 |
| | 其他 | 27 | 81.48 | 7.41 | 3.70 | 0.00 | 0.00 | 3.70 | 3.71 |

续表6-20

| 变量 | 类型 | 调查人数/n | 子女（亲属）照顾/% | 居家，医护人员上门/% | 社区/有养老服务的卫生院/% | 有医护人员的养老院/% | 有养老功能的医院/% | 没病住养老院，有病去医院/% | 其他/% |
|---|---|---|---|---|---|---|---|---|---|
| 经济收入（元/月） | 1000及以下 | 3108 | 81.92 | 6.34 | 3.22 | 2.19 | 1.00 | 2.51 | 2.82 |
| | 1001~2000 | 1309 | 78.76 | 8.17 | 4.13 | 2.75 | 0.92 | 2.14 | 3.13 |
| | 2001~3000 | 698 | 76.07 | 9.60 | 3.44 | 4.15 | 0.72 | 2.72 | 3.30 |
| | 3001~4000 | 307 | 74.27 | 9.77 | 5.21 | 3.58 | 1.95 | 1.30 | 3.92 |
| | 4001~5000 | 89 | 70.79 | 12.36 | 4.49 | 3.37 | 3.37 | 2.25 | 3.37 |
| | 5001及以上 | 59 | 62.71 | 16.95 | 5.08 | 11.86 | 1.71 | 1.69 | 0.00 |
| 居住情况 | 独居 | 496 | 65.93 | 11.49 | 6.05 | 2.62 | 1.01 | 6.45 | 6.45 |
| | 与配偶/伴侣居住 | 3235 | 80.71 | 7.85 | 2.97 | 2.50 | 0.80 | 1.89 | 3.28 |
| | 与子女居住 | 1629 | 86.62 | 5.65 | 2.09 | 2.09 | 0.37 | 1.53 | 1.65 |
| | 与父母居住 | 18 | 66.67 | 5.56 | 0.00 | 5.56 | 5.56 | 11.11 | 5.54 |
| | 与兄弟姐妹居住 | 24 | 70.83 | 8.33 | 0.00 | 8.33 | 4.17 | 8.34 | 0.00 |
| | 与其他亲属居住 | 38 | 73.68 | 18.42 | 2.63 | 0.00 | 2.63 | 2.64 | 0.00 |
| | 与非亲属关系的人居住 | 12 | 25.00 | 33.33 | 8.33 | 8.33 | 8.33 | 8.33 | 8.35 |
| | 养老机构 | 118 | 22.88 | 4.24 | 33.05 | 18.64 | 14.41 | 6.78 | 0.00 |
| 与主要照顾者居住的距离 | 一起住（含养老院、医养机构） | 2936 | 84.50 | 5.89 | 2.55 | 3.00 | 0.72 | 1.67 | 1.67 |
| | 同小区（自然村） | 633 | 76.30 | 11.22 | 3.95 | 2.21 | 1.42 | 3.16 | 1.74 |
| | 同街道（村） | 853 | 77.37 | 8.44 | 4.57 | 2.58 | 1.06 | 2.23 | 3.75 |
| | 同区（乡） | 385 | 80.26 | 7.53 | 1.56 | 1.56 | 2.08 | 2.86 | 4.15 |
| | 同市（县） | 569 | 68.54 | 8.96 | 7.73 | 2.81 | 1.41 | 3.51 | 7.04 |
| | 其他 | 194 | 58.25 | 13.40 | 6.19 | 4.12 | 1.55 | 6.70 | 9.79 |
| 合计 | | 5570 | 79.64 | 7.58 | 3.61 | 2.76 | 1.04 | 2.37 | 3.00 |

## 二、河南省老年人医养结合机构养老服务供给现状

### （一）调查机构基本情况

根据调查方案，调查河南省18个省辖市和10个省直管县以及下属县（市）全部医养结合试点机构，每个机构填写一份《河南省医养结合试点机构调查表（表一）》。根据河南省卫健委提供的2018年河南省医养结合试点单位名单，除洛阳市、焦作市外，共计

223家医养结合机构,调查共收回179家机构表格,数据收回率为80.27%。

1. 地区分布　本次调查共收集179家医养结合机构的数据,其中调查机构最多的省辖市为南阳市,共调查39家机构,占比21.79%;调查郑州的医养结合机构27家,占比15.08%。其他情况见表6-21。

表6-21　调查机构地区分布情况

| 省辖市/直管县 | 频数 | 构成比/% |
| --- | --- | --- |
| 郑州 | 27 | 15.08 |
| 开封 | 7 | 3.91 |
| 平顶山 | 14 | 7.82 |
| 安阳 | 14 | 7.82 |
| 鹤壁 | 12 | 6.70 |
| 新乡 | 7 | 3.91 |
| 濮阳 | 7 | 3.91 |
| 许昌 | 5 | 2.79 |
| 漯河 | 4 | 2.23 |
| 三门峡 | 3 | 1.68 |
| 南阳 | 39 | 21.79 |
| 商丘 | 8 | 4.47 |
| 信阳 | 1 | 0.56 |
| 周口 | 3 | 1.68 |
| 驻马店 | 12 | 6.70 |
| 济源 | 2 | 1.12 |
| 汝州 | 8 | 4.47 |
| 滑县 | 2 | 1.12 |
| 长垣 | 1 | 0.56 |
| 邓州 | 1 | 0.56 |
| 固始 | 1 | 0.56 |
| 新蔡 | 1 | 0.56 |
| 合计 | 179 | 100.00 |

2. 一般情况　在调查的179家机构中,养老机构办医疗的有28家,占比15.64%;医疗卫生机构办养老有78家,占比43.58%;医疗机构和养老机构合作有65家,占比36.31%;社区/居家养老服务有3家,占比1.68%;社区居家养老与医疗机构共建的医养联合体有5家,占比2.79%。其中,机构所在地为市辖区的有54家,占比30.17%;县域的有60家,占比33.52%;乡的有58家,占比32.40%;村的有7家,占比3.91%;开业时间小于10年的有92家,占比54.44%;公办公营机构有93家,占比51.96%;公办民营机

构有19家,占比10.61%;民办民营机构有67家,占比37.43%。其他内容见表6-22。

表6-22 不同医养结合服务类型机构一般情况特征

| 变量及类型 | | 机构数 | 养老机构办医疗 | | 医疗卫生机构办养老 | | 医疗机构和养老机构合作 | | 社区/居家养老服务 | | 社区居家养老与医疗机构共建的医养联合体 | |
|---|---|---|---|---|---|---|---|---|---|---|---|---|
| | | | 频数 | 构成比/% | 频数 | 构成比/% | 频数 | 构成比/% | 频数 | 构成比/% | 频数 | 构成比/% |
| 机构区域 | 市辖区 | 54 | 12 | 22.22 | 24 | 44.44 | 15 | 27.78 | 2 | 3.70 | 1 | 1.85 |
| | 县城 | 60 | 7 | 11.67 | 29 | 48.33 | 23 | 38.33 | 1 | 1.67 | 0 | 0.00 |
| | 乡 | 58 | 7 | 12.07 | 22 | 37.93 | 26 | 44.83 | 0 | 0.00 | 3 | 5.17 |
| | 村 | 7 | 2 | 28.57 | 3 | 42.86 | 1 | 14.29 | 0 | 0.00 | 1 | 14.29 |
| | 合计 | 179 | 28 | 15.64 | 78 | 43.58 | 65 | 36.31 | 3 | 1.68 | 5 | 2.79 |
| 开业时间(年) | <5 | 62 | 14 | 22.58 | 27 | 43.55 | 18 | 29.03 | 0 | 0.00 | 3 | 4.84 |
| | 5~ | 30 | 5 | 16.67 | 14 | 46.67 | 9 | 30.00 | 2 | 6.67 | 0 | 0.00 |
| | 10~ | 18 | 6 | 33.33 | 5 | 27.78 | 6 | 33.33 | 1 | 5.56 | 0 | 0.00 |
| | 15~ | 12 | 1 | 8.33 | 8 | 66.67 | 2 | 16.67 | 0 | 0.00 | 1 | 8.33 |
| | 30~ | 19 | 0 | 0.00 | 11 | 57.89 | 8 | 42.11 | 0 | 0.00 | 0 | 0.00 |
| | 50~ | 28 | 0 | 0.00 | 10 | 35.71 | 18 | 64.29 | 0 | 0.00 | 0 | 0.00 |
| | 合计 | 169 | 26 | 15.38 | 75 | 44.38 | 61 | 36.09 | 3 | 1.78 | 4 | 2.37 |
| 单位性质 | 公办公营 | 93 | 4 | 4.30 | 47 | 50.54 | 38 | 40.86 | 2 | 2.15 | 2 | 2.15 |
| | 公建民营 | 19 | 7 | 36.84 | 4 | 21.05 | 6 | 31.58 | 1 | 5.26 | 1 | 5.26 |
| | 民建民营 | 67 | 17 | 25.37 | 27 | 40.30 | 21 | 31.34 | 0 | 0.00 | 2 | 2.99 |
| | 合计 | 179 | 28 | 15.64 | 78 | 43.58 | 65 | 36.31 | 3 | 1.68 | 5 | 2.79 |

(二)机构设施情况

1.占地面积与建筑面积 调查机构中,各机构的总占地面积平均值为18727.34 $m^2$,其中医疗功能占地面积平均值为9734.79 $m^2$,养老功能占地面积平均值为10949.13 $m^2$。其中,医疗卫生机构办养老等机构的占地面积较大。

各机构的总建筑面积平均值为15803.77 $m^2$,其中医疗功能建筑面积平均值为8529.16 $m^2$,养老功能建筑面积平均值为6702.78 $m^2$。其中,养老机构办医疗等机构的建筑面积较大。其他内容见表6-23和表6-24。

表6-23  医养服务类型机构占地面积情况/m²

| 医养服务类型 | 机构总占地面积 | | 医疗功能占地面积 | | 养老功能占地面积 | |
|---|---|---|---|---|---|---|
| | 均数 | 标准差 | 均数 | 标准差 | 均数 | 标准差 |
| 养老机构办医疗 | 18551.67 | 19785.86 | 4701.10 | 7309.53 | 13383.46 | 17440.41 |
| 医疗卫生机构办养老 | 22199.26 | 27641.58 | 14258.83 | 26026.75 | 5930.29 | 10676.75 |
| 医疗机构和养老机构合作 | 16418.25 | 23569.70 | 7586.81 | 15289.76 | 16760.12 | 89340.85 |
| 社区/居家养老服务 | 3854.67 | 2580.26 | 2111.17 | 1404.05 | 743.50 | 1173.65 |
| 社区居家养老与医疗机构共建的医养联合体 | 5879.60 | 9087.30 | 1656.00 | 2828.62 | 4183.60 | 6405.24 |
| 合计 | 18727.34 | 24601.87 | 9734.79 | 19987.24 | 10949.13 | 55009.28 |

表6-24  机构建筑面积情况/m²

| 医养服务类型 | 建筑总面积 | | 医疗功能建筑面积 | | 养老功能建筑面积 | |
|---|---|---|---|---|---|---|
| | 均数 | 标准差 | 均数 | 标准差 | 均数 | 标准差 |
| 养老机构办医疗 | 20089.37 | 34856.74 | 5553.86 | 10099.13 | 14337.44 | 31002.82 |
| 医疗卫生机构办养老 | 18509.36 | 26590.99 | 12054.28 | 17846.87 | 6066.23 | 16651.54 |
| 医疗机构和养老机构合作 | 12190.49 | 19201.27 | 6587.91 | 12575.03 | 4706.96 | 10779.64 |
| 社区/居家养老服务 | 4633.33 | 3564.17 | 1266.00 | 1624.71 | 700.67 | 1045.18 |
| 社区居家养老与医疗机构共建的医养联合体 | 4354.40 | 5899.14 | 1203.12 | 1833.32 | 3171.28 | 4239.36 |
| 合计 | 15803.77 | 25287.61 | 8529.16 | 14818.04 | 6702.78 | 17893.37 |

2.床位数  调查机构中,各省辖市医养结合机构的床位总数为50476张,其中医养结合床位总数为16544张,占32.78%,医疗床位20197张,占40.01%,养老床位13735张,占27.21%;各省辖市不同类型床位数,见表6-25。

表6-25  各省辖市不同类型床位数/n

| 变量 | 类型 | 床位总数 | 医养结合床位 | 医疗床位 | 养老床位 |
|---|---|---|---|---|---|
| 地区 | 郑州 | 12356 | 4466 | 6170 | 1720 |
| | 开封 | 2242 | 752 | 280 | 1210 |
| | 平顶山 | 3250 | 1093 | 1319 | 838 |
| | 安阳 | 2135 | 371 | 1197 | 567 |
| | 鹤壁 | 2782 | 505 | 1724 | 553 |
| | 新乡 | 1766 | 347 | 1077 | 342 |

续表 6-25

| 变量 | 类型 | 床位总数 | 医养结合床位 | 医疗床位 | 养老床位 |
| --- | --- | --- | --- | --- | --- |
| | 濮阳 | 1337 | 428 | 664 | 245 |
| | 许昌 | 660 | 194 | 96 | 370 |
| | 漯河 | 1630 | 693 | 198 | 739 |
| | 三门峡 | 684 | 236 | 60 | 388 |
| | 南阳 | 5677 | 2225 | 2457 | 995 |
| | 商丘 | 4025 | 837 | 1784 | 1404 |
| | 周口 | 990 | 100 | 346 | 544 |
| | 驻马店 | 1268 | 379 | 402 | 487 |
| | 济源 | 580 | 390 | 40 | 150 |
| | 汝州 | 6860 | 2815 | 1812 | 2233 |
| | 滑县 | 600 | 45 | 395 | 160 |
| | 长垣 | 800 | 350 | 100 | 350 |
| | 邓州 | 78 | 50 | 18 | 10 |
| | 固始 | 520 | 260 | 50 | 210 |
| | 新蔡 | 236 | 8 | 8 | 220 |
| 医养服务类型 | 养老机构办医疗 | 8768 | 3394 | 1424 | 3950 |
| | 医疗卫生机构办养老 | 24099 | 6977 | 11443 | 5679 |
| | 医疗机构和养老机构合作 | 17034 | 5895 | 7258 | 3881 |
| | 社区/居家养老服务 | 154 | 37 | 37 | 80 |
| | 社区居家养老与医疗机构共建的医养联合体 | 421 | 241 | 35 | 145 |
| 合计 | | 50476 | 16544 | 20197 | 13735 |

### (三)服务内容

各机构提供的服务项目,包括基本生活照料、常用临床护理、疾病诊疗服务等13类,共计112个项目。各调查机构提供服务项目平均数为(83.80±28.87)个。各省辖市机构提供服务项目情况以及不同医养结合服务类型机构提供服务项目情况,见表6-26和表6-27。

表6-26 各省辖市机构提供服务项目情况

| 省辖市 | 基本生活照料(26项) | | 常用临床护理(15项) | | 疾病诊疗服务(10项) | | 康复护理服务(9项) | | 疾病康复治疗(6项) | | 健康教育服务(5项) | | 上门服务(10项) | | 远程服务(3项) | | 健康管理服务(7项) | | 临终关怀服务(4项) | | 陪同代办服务(4项) | | 精神慰藉服务(6项) | | 休闲娱乐服务(7项) | | 提供服务项目总数(112项) | |
|---|---|---|---|---|---|---|---|---|---|---|---|---|---|---|---|---|---|---|---|---|---|---|---|---|---|---|
| | $\bar{x}$ | s | $\bar{x}$ | s | $\bar{x}$ | s | $\bar{x}$ | s | $\bar{x}$ | s | $\bar{x}$ | s | $\bar{x}$ | s | $\bar{x}$ | s | $\bar{x}$ | xs | $\bar{x}$ | s | $\bar{x}$ | s | $\bar{x}$ | s | $\bar{x}$ | s | $\bar{x}$ | s |
| 郑州 | 19.41 | 10.75 | 10.04 | 6.26 | 6.70 | 4.16 | 6.37 | 3.64 | 4.04 | 2.50 | 3.41 | 1.95 | 3.41 | 3.92 | 1.04 | 1.22 | 3.81 | 2.84 | 2.11 | 1.93 | 2.15 | 1.99 | 3.44 | 2.68 | 3.56 | 3.27 | 69.48 | 37.52 |
| 开封 | 21.86 | 9.67 | 11.00 | 5.60 | 6.29 | 3.40 | 6.86 | 3.76 | 3.71 | 2.69 | 4.29 | 1.89 | 5.43 | 3.36 | 0.71 | 1.11 | 5.29 | 2.75 | 2.86 | 1.95 | 2.57 | 1.90 | 3.57 | 2.51 | 5.57 | 2.51 | 80.00 | 38.07 |
| 平顶山 | 21.71 | 9.24 | 11.21 | 5.21 | 6.79 | 3.72 | 6.36 | 4.18 | 3.57 | 2.95 | 3.43 | 2.14 | 3.43 | 4.31 | 1.14 | 1.35 | 4.64 | 3.10 | 2.57 | 1.99 | 2.14 | 1.99 | 4.21 | 2.52 | 4.36 | 2.73 | 75.57 | 38.17 |
| 安阳 | 18.29 | 10.56 | 13.00 | 2.51 | 8.86 | 1.51 | 6.00 | 4.24 | 4.43 | 2.06 | 4.07 | 1.77 | 3.50 | 4.42 | 0.93 | 1.27 | 4.71 | 2.30 | 2.71 | 1.82 | 1.93 | 1.94 | 2.86 | 2.85 | 3.86 | 3.01 | 75.14 | 32.99 |
| 鹤壁 | 24.17 | 2.95 | 13.25 | 1.66 | 8.42 | 2.54 | 8.58 | 1.00 | 5.50 | 0.90 | 4.92 | 0.29 | 3.42 | 4.03 | 1.42 | 1.38 | 4.42 | 2.84 | 3.58 | 1.16 | 3.42 | 1.24 | 5.50 | 0.90 | 5.50 | 1.51 | 92.08 | 13.91 |
| 新乡 | 25.00 | 1.41 | 14.43 | 0.98 | 9.00 | 1.29 | 7.00 | 3.32 | 4.86 | 1.95 | 3.86 | 1.86 | 2.14 | 3.53 | 0.71 | 1.11 | 2.71 | 3.04 | 3.00 | 1.73 | 2.57 | 1.81 | 3.86 | 2.48 | 3.71 | 2.75 | 82.86 | 17.10 |
| 濮阳 | 19.14 | 11.17 | 8.71 | 5.68 | 7.00 | 1.83 | 6.00 | 3.92 | 3.86 | 1.86 | 4.00 | 1.83 | 4.00 | 4.12 | 0.71 | 1.25 | 5.29 | 2.63 | 1.29 | 1.89 | 2.86 | 1.95 | 3.86 | 2.27 | 5.14 | 2.48 | 71.86 | 34.62 |
| 许昌 | 25.80 | 0.45 | 14.60 | 0.55 | 10.00 | 0.00 | 9.00 | 0.00 | 6.00 | 0.00 | 4.80 | 0.45 | 8.40 | 3.05 | 3.00 | 0.00 | 6.00 | 2.24 | 3.20 | 1.79 | 3.20 | 1.79 | 4.80 | 2.68 | 6.20 | 1.10 | 105.00 | 12.35 |
| 漯河 | 22.75 | 6.50 | 14.00 | 0.82 | 9.50 | 0.58 | 8.75 | 0.50 | 5.75 | 0.50 | 4.25 | 0.96 | 7.00 | 2.45 | 2.25 | 0.50 | 5.50 | 1.91 | 3.25 | 1.50 | 4.00 | 0.00 | 5.25 | 1.50 | 5.25 | 2.87 | 97.50 | 17.71 |
| 三门峡 | 26.00 | 0.00 | 15.00 | 0.00 | 10.00 | 0.00 | 9.00 | 0.00 | 6.00 | 0.00 | 5.00 | 0.00 | 7.33 | 4.62 | 2.00 | 1.73 | 7.00 | 0.00 | 4.00 | 0.00 | 4.00 | 0.00 | 6.00 | 0.00 | 7.00 | 0.00 | 108.33 | 6.35 |
| 南阳 | 20.36 | 8.17 | 12.92 | 3.21 | 8.64 | 1.88 | 7.33 | 3.03 | 4.92 | 1.91 | 4.56 | 1.02 | 4.97 | 3.68 | 1.21 | 1.22 | 5.26 | 2.41 | 2.13 | 1.91 | 2.54 | 1.79 | 3.90 | 2.53 | 4.05 | 2.86 | 82.79 | 25.10 |
| 商丘 | 26.00 | 0.00 | 14.50 | 0.76 | 9.00 | 1.60 | 8.88 | 0.35 | 5.63 | 0.74 | 4.88 | 0.35 | 7.88 | 3.80 | 2.25 | 1.16 | 6.38 | 1.19 | 4.00 | 0.00 | 3.50 | 1.41 | 5.63 | 0.74 | 4.75 | 1.91 | 103.25 | 10.33 |
| 信阳 | 24.00 | — | 13.00 | — | 8.00 | — | 7.00 | — | 5.00 | — | 5.00 | — | 0.00 | — | 0.00 | — | 2.00 | — | 3.00 | — | 4.00 | — | 6.00 | — | 4.00 | — | 81.00 | — |
| 周口 | 21.00 | 3.00 | 7.67 | 3.79 | 7.67 | 2.08 | 6.00 | 2.65 | 3.33 | 0.58 | 4.33 | 0.58 | 5.33 | 3.21 | 1.33 | 1.53 | 7.00 | 0.00 | 2.67 | 1.53 | 3.67 | 0.58 | 4.33 | 1.53 | 5.33 | 0.58 | 79.67 | 20.43 |
| 驻马店 | 25.42 | 1.16 | 13.42 | 1.68 | 8.75 | 2.45 | 9.00 | 0.00 | 5.83 | 0.58 | 4.75 | 0.62 | 7.92 | 3.18 | 1.92 | 1.24 | 6.33 | 1.37 | 3.00 | 1.04 | 3.00 | 1.48 | 3.75 | 2.70 | 4.75 | 2.60 | 97.83 | 11.93 |
| 济源 | 26.00 | 0.00 | 14.50 | 0.71 | 9.00 | 1.41 | 5.50 | 4.95 | 6.00 | 0.00 | 5.00 | 0.00 | 7.50 | 3.54 | 2.00 | 1.41 | 6.00 | 1.41 | 2.00 | 2.83 | 4.00 | 0.00 | 4.50 | 2.12 | 6.50 | 0.71 | 98.50 | 19.09 |
| 汝州 | 25.67 | 0.82 | 13.33 | 2.73 | 8.67 | 2.16 | 8.67 | 0.82 | 5.17 | 2.04 | 5.00 | 0.00 | 7.67 | 3.93 | 1.67 | 1.51 | 6.50 | 0.84 | 3.50 | 0.84 | 3.83 | 0.41 | 5.83 | 0.41 | 6.00 | 1.26 | 101.50 | 14.65 |
| 合计 | 21.84 | 7.99 | 12.33 | 4.12 | 8.13 | 2.73 | 7.29 | 3.12 | 4.74 | 2.03 | 4.26 | 1.47 | 4.87 | 4.07 | 1.32 | 1.29 | 5.02 | 2.54 | 2.64 | 1.76 | 2.72 | 1.75 | 4.12 | 2.41 | 4.52 | 2.67 | 83.80 | 28.87 |

表 6-27 不同医养服务类型机构提供服务项目情况

| 医养服务类型 | 基本生活照料(26项) | | 常用临床护理(15项) | | 疾病诊疗(10项) | | 康复护理(9项) | | 疾病康复治疗(6项) | | 健康教育服务(5项) | | 上门服务(10项) | | 远程服务(3项) | | 健康管理服务(7项) | | 临终关怀服务(4项) | | 陪同代办服务(4项) | | 精神慰藉服务(6项) | | 休闲娱乐服务(7项) | | 提供服务项目总数(112项) | |
| --- | --- | --- | --- | --- | --- | --- | --- | --- | --- | --- | --- | --- | --- | --- | --- | --- | --- | --- | --- | --- | --- | --- | --- | --- | --- | --- | --- | --- |
|  | $\bar{X}$ | S | $\bar{X}$ | S | $\bar{X}$ | S | $\bar{X}$ | S | $\bar{X}$ | S | $\bar{X}$ | S | $\bar{X}$ | S | $\bar{X}$ | S | $\bar{X}$ | S | $\bar{X}$ | S | $\bar{X}$ | S | $\bar{X}$ | S | $\bar{X}$ | S | $\bar{X}$ | S |
| 养老机构办医疗 | 25.74 | 0.59 | 13.11 | 3.12 | 8.11 | 3.19 | 8.00 | 2.88 | 5.04 | 2.16 | 4.15 | 1.59 | 5.56 | 4.58 | 1.52 | 1.42 | 5.26 | 2.65 | 3.22 | 1.50 | 3.22 | 1.45 | 4.81 | 2.22 | 5.74 | 1.91 | 93.48 | 23.09 |
| 医疗卫生机构办养老 | 22.91 | 6.45 | 13.36 | 2.83 | 8.86 | 1.75 | 7.92 | 2.39 | 5.28 | 1.49 | 4.61 | 0.96 | 5.04 | 4.00 | 1.50 | 1.27 | 5.31 | 2.36 | 3.05 | 1.53 | 2.86 | 1.73 | 4.32 | 2.26 | 4.53 | 2.59 | 89.57 | 21.62 |
| 医疗和养老机构合作 | 18.94 | 10.01 | 10.97 | 5.12 | 7.57 | 3.02 | 6.35 | 3.69 | 4.11 | 2.26 | 3.95 | 1.75 | 4.35 | 3.93 | 1.02 | 1.21 | 4.75 | 2.57 | 2.02 | 1.88 | 2.38 | 1.82 | 3.57 | 2.53 | 4.05 | 2.85 | 74.02 | 34.15 |
| 社区/居家养老 | 23.50 | 2.12 | 10.00 | 4.24 | 6.50 | 3.54 | 7.50 | 2.12 | 4.50 | 2.12 | 5.00 | 0.00 | 7.00 | 4.24 | 2.00 | 1.41 | 5.50 | 2.12 | 2.00 | 2.83 | 4.00 | 0.00 | 6.00 | 0.00 | 6.50 | 0.71 | 90.00 | 24.04 |
| 社区居家养老与医疗机构共建的医养联合体 | 20.80 | 11.63 | 10.80 | 6.38 | 5.00 | 4.80 | 6.00 | 3.94 | 3.00 | 2.83 | 3.40 | 2.30 | 4.20 | 4.60 | 1.00 | 1.41 | 2.80 | 3.83 | 1.60 | 2.19 | 2.19 | 1.75 | 3.60 | 3.29 | 3.00 | 3.67 | 66.80 | 45.50 |
| 合计 | 21.84 | 7.99 | 12.33 | 4.12 | 8.13 | 2.73 | 7.29 | 3.12 | 4.74 | 2.03 | 4.26 | 1.47 | 4.87 | 4.07 | 1.32 | 1.29 | 5.02 | 2.54 | 2.64 | 1.76 | 2.72 | 1.75 | 4.12 | 2.41 | 4.52 | 2.67 | 83.80 | 28.87 |

调查的171家机构中,提供服务项目数≥90项的医养结合机构有93家,占比54.39%,其中鹤壁、许昌、商丘、漯河、驻马店、汝州等地的医养结合机构提供项目数较多;不同类型的医养结合机构中,养老机构办医疗的机构提供服务项目数≥90项的较多,有22家,占比77.78%,见表6-28。

表6-28 不同地区和类型机构提供服务项目数

| 变量 | 类型 | 机构数 | <90项 频数 | <90项 构成比/% | ≥90项 频数 | ≥90项 构成比/% |
| --- | --- | --- | --- | --- | --- | --- |
| 省辖市 | 郑州 | 27 | 17 | 62.96 | 10 | 37.04 |
|  | 开封 | 7 | 3 | 42.86 | 4 | 57.14 |
|  | 平顶山 | 14 | 7 | 50.00 | 7 | 50.00 |
|  | 安阳 | 14 | 8 | 57.14 | 6 | 42.86 |
|  | 鹤壁 | 12 | 3 | 25.00 | 9 | 75.00 |
|  | 新乡 | 7 | 4 | 57.14 | 3 | 42.86 |
|  | 濮阳 | 7 | 4 | 57.14 | 3 | 42.86 |
|  | 许昌 | 5 | 1 | 20.00 | 4 | 80.00 |
|  | 漯河 | 4 | 1 | 25.00 | 3 | 75.00 |
|  | 三门峡 | 3 | 0 | 0.00 | 3 | 100.00 |
|  | 南阳 | 39 | 20 | 51.28 | 19 | 48.72 |
|  | 商丘 | 8 | 2 | 25.00 | 6 | 75.00 |
|  | 信阳 | 1 | 1 | 100.00 | 0 | 0.00 |
|  | 周口 | 3 | 2 | 66.67 | 1 | 33.33 |
|  | 驻马店 | 12 | 3 | 25.00 | 9 | 75.00 |
|  | 济源 | 2 | 1 | 50.00 | 1 | 50.00 |
|  | 汝州 | 6 | 1 | 16.67 | 5 | 83.33 |
| 医养服务类型 | 养老机构办医疗 | 27 | 6 | 22.22 | 21 | 77.78 |
|  | 医疗卫生机构办养老 | 74 | 30 | 40.54 | 44 | 59.46 |
|  | 医疗机构和养老机构合作 | 63 | 38 | 60.32 | 25 | 39.68 |
|  | 社区/居家养老服务 | 2 | 1 | 50.00 | 1 | 50.00 |
|  | 社区居家养老与医疗机构共建的医养联合体 | 5 | 3 | 60.00 | 2 | 40.00 |
| 合计 |  | 171 | 78 | 45.61 | 93 | 54.39 |

## (四)人才队伍建设

从总体来看,调查机构中,工作人员总数为27400人,其中护理人员有4870人,包括护士、护工、养老护理员等,护理人员占工作人员总数的比例为17.77%,每百位入住老人护理人员人数为27.46人。其中,郑州各医疗机构工作人员总数为9017人,护理人员为534人,占比仅为5.92%,每百位入住老人护理人员人数为19.96人;医疗卫生机构办养老等机构工作人员较多,护理人员占工作人员总数的比例为18.76%,每百位入住老人护理人员人数为57.57人。其他省辖市或医养结合机构的工作人员情况,见表6-29。

表6-29 机构工作人员总数情况

| 变量 | 类型 | 工作人员总数 | 护理人员数 | 入住老年人数 | 护理人员占比/% | 每百位入住老人护理人员人数 |
| --- | --- | --- | --- | --- | --- | --- |
| 省辖市 | 郑州 | 9017 | 534 | 2675 | 5.92 | 19.96 |
| | 开封 | 917 | 171 | 1918 | 18.65 | 8.92 |
| | 平顶山 | 1638 | 705 | 1522 | 43.04 | 46.32 |
| | 安阳 | 3761 | 116 | 634 | 3.08 | 18.30 |
| | 鹤壁 | 907 | 312 | 670 | 34.40 | 46.57 |
| | 新乡 | 463 | 72 | 517 | 15.55 | 13.93 |
| | 濮阳 | 378 | 15 | 686 | 3.97 | 2.19 |
| | 许昌 | 301 | 86 | 500 | 28.57 | 17.20 |
| | 漯河 | 512 | 43 | 167 | 8.40 | 25.75 |
| | 三门峡 | 355 | 179 | 468 | 50.42 | 38.25 |
| | 南阳 | 5873 | 1613 | 3144 | 27.46 | 51.30 |
| | 商丘 | 445 | 66 | 2198 | 14.83 | 3.00 |
| | 信阳 | 8 | 5 | 62 | 62.50 | 8.06 |
| | 周口 | 33 | 27 | 84 | 81.82 | 32.14 |
| | 驻马店 | 2190 | 815 | 1333 | 37.21 | 61.14 |
| | 济源 | 95 | 25 | 56 | 26.32 | 44.64 |
| | 汝州 | 507 | 86 | 1101 | 16.96 | 7.81 |
| 医养服务类型 | 养老机构办医疗 | 2287 | 857 | 4687 | 37.47 | 18.28 |
| | 医疗卫生机构办养老 | 17819 | 3343 | 5807 | 18.76 | 57.57 |
| | 医疗机构和养老机构合作 | 7086 | 636 | 6788 | 8.98 | 9.37 |
| | 社区/居家养老服务 | 100 | | 199 | 0.00 | 0.00 |
| | 社区居家养老与医疗机构共建的医养联合体 | 108 | 34 | 254 | 31.48 | 13.39 |
| 合计 | | 27400 | 4870 | 17735 | 17.77 | 27.46 |

## （五）收费情况

郑州的医养结合机构的收费标准，完全自理、轻度失能、中度失能及重度失能老人的收费标准均高于其他地区。所有调查机构中，入住的自理老人平均收费为（1579.25±710.93）元，入住的轻度失能老人平均收费为（2088.54±855.24）元，入住的中度失能老人平均收费为（2608.25±1042.00）元，入住的重度失能老人平均收费为（3170.54±1275.56）元。其中，养老机构办医疗等机构的不同失能等级的收费标准均高于平均水平。其他内容见表6-30。

表6-30 不同医养结合服务类型机构的收费情况/元

| 医养结合类型 | 完全自理 | | 轻度失能 | | 中度失能 | | 重度失能 | |
| --- | --- | --- | --- | --- | --- | --- | --- | --- |
| | 均数 | 标准差 | 均数 | 标准差 | 均数 | 标准差 | 均数 | 标准差 |
| 养老机构办医疗 | 1768.75 | 644.20 | 2302.92 | 773.18 | 2896.67 | 1063.01 | 3485.00 | 1124.94 |
| 医疗卫生机构办养老 | 1601.41 | 797.91 | 2084.88 | 932.30 | 2570.41 | 1050.33 | 3117.82 | 1359.40 |
| 医疗和养老机构合作 | 1447.66 | 610.17 | 2001.93 | 793.65 | 2551.86 | 1014.32 | 3147.03 | 1255.02 |
| 社区/居家养老服务 | 950.00 | 353.55 | 1100.00 | 424.26 | 1300.00 | 565.69 | 1550.00 | 777.82 |
| 社区居家养老与医疗机构共建的医养联合体 | 1300.00 | 282.84 | 1850.00 | 353.55 | 2200.00 | 141.42 | 2650.00 | 70.71 |
| 合计 | 1579.25 | 710.93 | 2088.54 | 855.24 | 2608.25 | 1042.00 | 3170.54 | 1275.56 |

## 三、河南省老年人医养结合机构养老服务利用现状

### （一）调查对象基本情况

1.地区分布　本次调查共调查1336位60岁及以上老人，研究覆盖河南省6个省辖市54家医养结合试点机构，调查共收回1336份问卷，有效问卷1317份。其中调查人数最多的省辖市为周口市，共调查292人，占比22.17%，其他各省辖市调查人数及占比，见表6-31。

表6-31 调查对象省辖市分布

| 省辖市 | 频数 | 构成比/% |
| --- | --- | --- |
| 郑州市 | 219 | 16.63 |
| 洛阳市 | 207 | 15.72 |
| 安阳市 | 190 | 14.43 |
| 焦作市 | 190 | 14.42 |

续表 6-31

| 省辖市 | 频数 | 构成比/% |
|---|---|---|
| 信阳市 | 219 | 16.63 |
| 周口市 | 292 | 22.17 |
| 合计 | 1317 | 100.00 |

2. 一般情况　本次调查的 1317 例研究对象中,80~岁年龄组人数最多,占比 53.83%,60~岁年龄组人数最少,占比 14.50%;从性别来看,男性 635 人,占比 48.22%,女性 682 人,占比 51.78%;1177 人来自城市,占比 89.37%;其中文盲 1023 人,占比 33.18%;767 人丧偶,占比 58.24%;801 位老年人入住医养结合机构的时间大于等于 1 年,占比 60.82%;研究对象主要为农、林、牧、渔、水利业生产人员,有 482 人,占比 36.60%;954 位老年人患有慢性疾病,占比 72.44%;596 位研究对象的医疗保险类型为城镇职工基本医疗保险,占比 45.25%;年收入存在 206 例缺失,821 位被调查老年人的年收入在 39999 元以下,占比 62.34%。见表 6-32。

表 6-32　调查对象一般情况

| 变量 | 类型 | 频数 | 构成比/% |
|---|---|---|---|
| 年龄组 | 60~岁 | 191 | 14.51 |
|  | 70~岁 | 417 | 31.66 |
|  | 80~岁 | 709 | 53.83 |
| 性别 | 男 | 635 | 48.23 |
|  | 女 | 682 | 51.87 |
| 居住地 | 城市(县城及以上) | 1177 | 89.37 |
|  | 农村(乡镇及村) | 140 | 10.63 |
| 文化程度 | 文盲 | 437 | 33.18 |
|  | 小学 | 284 | 21.56 |
|  | 初中 | 302 | 22.93 |
|  | 高中 | 95 | 7.21 |
|  | 技工学校 | 5 | 0.38 |
|  | 中专 | 66 | 5.01 |
|  | 大专 | 68 | 5.16 |
|  | 本科及以上 | 60 | 4.55 |
| 婚姻状况 | 未婚 | 121 | 9.19 |
|  | 已婚 | 406 | 30.83 |
|  | 丧偶 | 767 | 58.24 |

续表6-32

| 变量 | 类型 | 频数 | 构成比/% |
|---|---|---|---|
| | 离婚 | 17 | 1.29 |
| | 未说明婚姻状况 | 6 | 0.45 |
| 入住时间 | 1年以下 | 516 | 39.18 |
| | 1~ | 339 | 25.74 |
| | 2年及以上 | 462 | 35.08 |
| 原来的职业 | 国家机关、党群组织、企业、事业单位负责人 | 179 | 13.59 |
| | 专业技术人员 | 275 | 20.88 |
| | 办事人员和有关人员 | 104 | 7.90 |
| | 商业、服务业人员 | 78 | 5.92 |
| | 农、林、牧、渔、水利业生产人员 | 482 | 36.60 |
| | 生产、运输设备操作人员及有关人员 | 65 | 4.94 |
| | 军人 | 23 | 1.75 |
| | 不便分类的其他从业人员/无职业 | 111 | 8.42 |
| 慢性疾病 | 否 | 363 | 27.56 |
| | 是 | 954 | 72.44 |
| 医疗保险类型 | 城镇职工基本医疗保险 | 596 | 45.25 |
| | 其他 | 721 | 54.75 |
| 经济收入(元/年) | <4800 | 277 | 21.03 |
| | 4800~ | 544 | 41.35 |
| | 40000~ | 290 | 22.02 |
| 合计 | | 1317 | 100.00 |

## (二)养老服务利用情况

1.基本情况 各机构提供的服务项目,包括医疗服务、健康管理服务、生活服务三大项。各省辖市机构内老年人利用各项服务情况,具体见表6-33~表6-35。

表6-33 医疗服务利用情况

| 项目 | 频数 | 构成比/% |
|---|---|---|
| 医疗巡诊 | 790 | 59.98 |
| 临床治疗 | 494 | 37.51 |
| 医学康复 | 245 | 18.60 |

续表6-33

| 项目 | 频数 | 构成比/% |
| --- | --- | --- |
| 医学护理 | 478 | 36.29 |
| 预约就诊 | 59 | 4.48 |
| 急诊急救 | 31 | 2.35 |
| 转诊 | 16 | 1.21 |
| 中医养生保健 | 44 | 3.34 |
| 保健咨询 | 243 | 18.45 |

表6-34 健康管理服务利用情况

| 项目 | 频数 | 构成比/% |
| --- | --- | --- |
| 建立个人健康档案 | 863 | 65.53 |
| 康复训练 | 230 | 17.46 |
| 健康体检 | 780 | 59.23 |
| 高血压管理 | 625 | 47.46 |
| 糖尿病管理 | 264 | 20.05 |

表6-35 生活服务利用情况

| 项目 | 频数 | 构成比/% |
| --- | --- | --- |
| 助餐 | 549 | 41.69 |
| 助厕 | 568 | 43.13 |
| 助浴 | 679 | 51.56 |
| 心理关怀 | 556 | 42.22 |
| 陪同与代办 | 484 | 36.75 |
| 娱乐 | 601 | 45.63 |

2.医疗服务利用情况 老年人对机构所提供的医疗服务的利用以医疗巡诊为主,而对急诊急救、转诊服务项目的利用率比较低。不同类型调查对象医疗服务利用情况,见表6-36。

3.健康管理服务利用情况 老年人对机构所提供的健康管理服务的利用以建立个人健康档案为主,而对康复训练和糖尿病管理利用率较低。不同类型调查对象健康管理服务利用情况,见表6-37。

4.生活服务利用情况 老年人对机构所提供的生活服务利用包括:助餐、助厕、助浴、心理关怀、陪同与代办和娱乐项目,不同类型调查对象日常活动能力失能情况不同,见表6-38。

## 第六章 河南省医疗卫生与养老服务衔接融合研究

表6-36 不同类型调查对象医疗服务利用情况

| 变量 | | n | 医疗巡诊 频数 | 医疗巡诊 利用率/% | 临床治疗 频数 | 临床治疗 利用率/% | 医学康复 频数 | 医学康复 利用率/% | 医学护理 频数 | 医学护理 利用率/% | 预约就诊 频数 | 预约就诊 利用率/% | 急诊急救 频数 | 急诊急救 利用率/% | 转诊 频数 | 转诊 利用率/% | 中医养生保健 频数 | 中医养生保健 利用率/% | 保健咨询 频数 | 保健咨询 利用率/% |
|---|---|---|---|---|---|---|---|---|---|---|---|---|---|---|---|---|---|---|---|---|
| 性别 | 男 | 635 | 384 | 60.47 | 233 | 36.69 | 103 | 16.22 | 228 | 35.91 | 27 | 4.25 | 11 | 1.73 | 6 | 0.94 | 15 | 2.36 | 114 | 17.95 |
|  | 女 | 682 | 406 | 59.53 | 261 | 38.27 | 142 | 20.82 | 250 | 36.66 | 32 | 4.69 | 20 | 2.93 | 10 | 1.47 | 29 | 4.25 | 129 | 18.91 |
| 年龄(岁) | 60~ | 191 | 107 | 56.02 | 64 | 33.51 | 36 | 18.85 | 65 | 34.03 | 2 | 1.05 | 7 | 3.66 | 5 | 2.62 | 9 | 4.71 | 31 | 16.23 |
|  | 70~ | 417 | 260 | 62.35 | 166 | 39.81 | 88 | 21.10 | 161 | 38.61 | 21 | 5.04 | 8 | 1.92 | 4 | 0.96 | 9 | 2.16 | 69 | 16.55 |
|  | 80~ | 709 | 423 | 59.66 | 264 | 37.24 | 121 | 17.07 | 252 | 35.54 | 36 | 5.08 | 16 | 2.26 | 7 | 0.99 | 26 | 3.67 | 143 | 20.17 |
| 居住地 | 城市 | 1177 | 705 | 59.90 | 429 | 36.45 | 219 | 18.61 | 444 | 37.72 | 54 | 4.59 | 30 | 2.55 | 16 | 1.36 | 41 | 3.48 | 229 | 19.46 |
|  | 农村 | 140 | 85 | 60.71 | 65 | 46.43 | 26 | 18.57 | 34 | 24.29 | 5 | 3.57 | 1 | 0.71 | 0 | 0.00 | 3 | 2.14 | 14 | 10.00 |
| 文化程度 | 文盲 | 437 | 236 | 54.00 | 182 | 41.65 | 81 | 18.54 | 141 | 32.27 | 30 | 6.86 | 10 | 2.29 | 3 | 0.69 | 11 | 2.52 | 61 | 13.96 |
|  | 小学 | 284 | 179 | 63.03 | 108 | 38.03 | 52 | 18.31 | 108 | 38.03 | 11 | 3.87 | 8 | 2.82 | 7 | 2.46 | 5 | 1.76 | 52 | 18.31 |
|  | 初中 | 302 | 197 | 65.23 | 114 | 37.75 | 61 | 20.20 | 126 | 41.72 | 12 | 3.97 | 4 | 1.32 | 1 | 0.33 | 13 | 4.30 | 57 | 18.87 |
|  | 高中 | 95 | 50 | 52.63 | 32 | 33.68 | 16 | 16.84 | 33 | 34.74 | 4 | 4.21 | 5 | 5.26 | 3 | 3.16 | 6 | 6.32 | 22 | 23.16 |
|  | 技工学校 | 5 | 5 | 100.00 | 3 | 60.00 | 1 | 20.00 | 3 | 60.00 | 0 | 0.00 | 0 | 0.00 | 0 | 0.00 | 0 | 0.00 | 1 | 20.00 |
|  | 中专 | 66 | 40 | 60.61 | 15 | 22.73 | 11 | 16.67 | 21 | 31.82 | 0 | 0.00 | 2 | 3.03 | 1 | 1.52 | 2 | 3.03 | 15 | 22.73 |
|  | 大专 | 68 | 48 | 70.59 | 24 | 35.29 | 12 | 17.65 | 29 | 42.65 | 2 | 2.94 | 0 | 0.00 | 0 | 0.00 | 5 | 7.35 | 15 | 22.06 |
|  | 本科及以上 | 60 | 35 | 58.33 | 16 | 26.67 | 11 | 18.33 | 17 | 28.33 | 0 | 0.00 | 2 | 3.33 | 1 | 1.67 | 2 | 3.33 | 20 | 33.33 |
| 婚姻状况 | 未婚 | 121 | 65 | 53.72 | 50 | 41.32 | 16 | 13.22 | 25 | 20.66 | 5 | 4.13 | 0 | 0.00 | 0 | 0.00 | 1 | 0.83 | 7 | 5.79 |
|  | 已婚 | 406 | 249 | 61.33 | 154 | 37.93 | 82 | 20.20 | 171 | 42.12 | 15 | 3.69 | 16 | 3.94 | 6 | 1.48 | 19 | 4.68 | 89 | 21.92 |
|  | 丧偶 | 767 | 464 | 60.50 | 284 | 37.03 | 145 | 18.90 | 274 | 35.72 | 39 | 5.08 | 13 | 1.69 | 8 | 1.04 | 23 | 3.00 | 140 | 18.25 |
|  | 离婚 | 17 | 11 | 64.71 | 5 | 29.41 | 2 | 11.76 | 7 | 41.18 | 0 | 0.00 | 1 | 5.88 | 1 | 5.88 | 0 | 0.00 | 5 | 29.41 |
|  | 未说明婚姻状况 | 6 | 1 | 16.67 | 1 | 16.67 | 0 | 0.00 | 1 | 16.67 | 0 | 0.00 | 1 | 16.67 | 1 | 16.67 | 1 | 16.67 | 2 | 33.33 |

续表6-36

| 变量 | | n | 医疗巡诊 频数 | 医疗巡诊 利用率/% | 临床治疗 频数 | 临床治疗 利用率/% | 医学康复 频数 | 医学康复 利用率/% | 医学护理 频数 | 医学护理 利用率/% | 预约就诊 频数 | 预约就诊 利用率/% | 急诊急救 频数 | 急诊急救 利用率/% | 转诊 频数 | 转诊 利用率/% | 中医养生保健 频数 | 中医养生保健 利用率/% | 保健咨询 频数 | 保健咨询 利用率/% |
|---|---|---|---|---|---|---|---|---|---|---|---|---|---|---|---|---|---|---|---|---|
| 入住时间(年) | <1 | 516 | 319 | 61.82 | 214 | 41.47 | 101 | 19.57 | 197 | 38.18 | 24 | 4.65 | 14 | 2.71 | 7 | 1.36 | 17 | 3.29 | 91 | 17.64 |
| | 1~ | 339 | 208 | 61.36 | 122 | 35.99 | 72 | 21.24 | 135 | 39.82 | 12 | 3.54 | 4 | 1.18 | 1 | 0.29 | 8 | 2.36 | 72 | 21.24 |
| | 2~ | 462 | 263 | 56.93 | 158 | 34.20 | 72 | 15.58 | 146 | 31.60 | 23 | 4.98 | 13 | 2.81 | 8 | 1.73 | 19 | 4.11 | 80 | 17.32 |
| 原来的职业 | 国家机关、党群组织、企业、事业单位负责人 | 179 | 115 | 64.25 | 55 | 30.73 | 26 | 14.53 | 75 | 41.90 | 8 | 4.47 | 10 | 5.59 | 4 | 2.23 | 6 | 3.35 | 44 | 24.58 |
| | 专业技术人员 | 275 | 169 | 61.45 | 107 | 38.91 | 53 | 19.27 | 109 | 39.64 | 8 | 2.91 | 6 | 2.18 | 4 | 1.45 | 14 | 5.09 | 55 | 20.00 |
| | 办事人员和有关人员 | 104 | 61 | 58.65 | 30 | 28.85 | 21 | 20.19 | 41 | 39.42 | 5 | 4.81 | 2 | 1.92 | 1 | 0.96 | 2 | 1.92 | 19 | 18.27 |
| | 商业、服务业人员 | 78 | 53 | 67.95 | 31 | 39.74 | 11 | 14.10 | 29 | 37.18 | 0 | 0.00 | 1 | 1.28 | 2 | 2.56 | 4 | 5.13 | 12 | 15.38 |
| | 农、林、牧、渔、水利业生产人员 | 482 | 274 | 56.85 | 204 | 42.32 | 91 | 18.88 | 147 | 30.50 | 30 | 6.22 | 7 | 1.45 | 3 | 0.62 | 10 | 2.07 | 71 | 14.73 |
| | 生产、运输设备操作人员及有关人员 | 65 | 40 | 61.54 | 27 | 41.54 | 16 | 24.62 | 31 | 47.69 | 0 | 0.00 | 2 | 3.08 | 1 | 1.54 | 3 | 4.62 | 15 | 23.08 |
| | 军人 | 23 | 11 | 47.83 | 6 | 26.09 | 2 | 8.70 | 5 | 21.74 | 1 | 4.35 | 0 | 0.00 | 1 | 4.35 | 1 | 4.35 | 4 | 17.39 |
| | 不便分类的其他从业人员/无职业 | 111 | 67 | 60.36 | 34 | 30.63 | 25 | 22.52 | 41 | 36.94 | 7 | 6.31 | 3 | 2.70 | 0 | 0.00 | 4 | 3.60 | 23 | 20.72 |
| 慢性疾病 | 否 | 363 | 207 | 57.02 | 79 | 21.76 | 45 | 12.40 | 101 | 27.82 | 8 | 2.20 | 5 | 1.38 | 3 | 0.83 | 12 | 3.31 | 65 | 17.91 |
| | 是 | 954 | 583 | 61.11 | 415 | 43.50 | 200 | 20.96 | 377 | 39.52 | 51 | 5.35 | 26 | 2.73 | 13 | 1.36 | 32 | 3.35 | 178 | 18.66 |
| 医疗保险类型 | 城镇职工保险 | 596 | 406 | 68.12 | 276 | 46.31 | 135 | 22.65 | 237 | 39.77 | 40 | 6.71 | 15 | 2.52 | 7 | 1.17 | 18 | 3.02 | 118 | 19.80 |
| | 其他 | 721 | 384 | 53.26 | 218 | 30.24 | 110 | 15.26 | 241 | 33.43 | 19 | 2.64 | 16 | 2.22 | 9 | 1.25 | 26 | 3.61 | 125 | 17.34 |
| 经济收入(元/年) | <4800 | 277 | 174 | 62.82 | 100 | 36.10 | 49 | 17.69 | 86 | 31.05 | 11 | 3.97 | 6 | 2.17 | 3 | 1.08 | 7 | 2.53 | 42 | 15.16 |
| | 4800~ | 544 | 332 | 61.03 | 226 | 41.54 | 105 | 19.30 | 207 | 38.05 | 30 | 5.51 | 10 | 1.84 | 5 | 0.92 | 17 | 3.13 | 117 | 21.51 |
| | 40000~ | 290 | 172 | 59.31 | 84 | 28.97 | 52 | 17.93 | 98 | 33.79 | 10 | 3.45 | 6 | 2.07 | 4 | 1.38 | 13 | 4.48 | 68 | 23.45 |

表6-37 不同类型调查对象健康管理服务利用情况

| 变量 | | n | 建立个人健康档案 频数 | 利用率/% | 康复训练 频数 | 利用率/% | 健康体检 频数 | 利用率/% | 高血压管理 频数 | 利用率/% | 糖尿病管理 频数 | 利用率/% |
|---|---|---|---|---|---|---|---|---|---|---|---|---|
| 性别 | 男 | 635 | 404 | 63.62 | 113 | 17.80 | 383 | 60.31 | 290 | 45.67 | 119 | 18.74 |
|  | 女 | 682 | 459 | 67.30 | 117 | 17.16 | 397 | 58.21 | 335 | 49.12 | 145 | 21.26 |
| 年龄(岁) | 60~ | 191 | 122 | 63.87 | 39 | 20.42 | 113 | 59.16 | 95 | 49.74 | 52 | 27.23 |
|  | 70~ | 417 | 275 | 65.95 | 85 | 20.38 | 246 | 58.99 | 208 | 49.88 | 87 | 20.86 |
|  | 80~ | 709 | 466 | 65.73 | 106 | 14.95 | 421 | 59.38 | 322 | 45.42 | 125 | 17.63 |
| 城市性质 | 城市 | 1177 | 765 | 65.00 | 205 | 17.42 | 685 | 58.20 | 542 | 46.05 | 243 | 20.65 |
|  | 农村 | 140 | 98 | 70.00 | 25 | 17.86 | 95 | 67.86 | 83 | 59.29 | 21 | 15.00 |
| 文化程度 | 文盲 | 437 | 277 | 63.39 | 70 | 16.02 | 259 | 59.27 | 203 | 46.45 | 78 | 17.85 |
|  | 小学 | 284 | 180 | 63.38 | 53 | 18.66 | 177 | 62.32 | 139 | 48.94 | 64 | 22.54 |
|  | 初中 | 302 | 208 | 68.87 | 57 | 18.87 | 177 | 58.61 | 161 | 53.31 | 72 | 23.84 |
|  | 高中 | 95 | 63 | 66.32 | 21 | 22.11 | 59 | 62.11 | 39 | 41.05 | 18 | 18.95 |
|  | 技工学校 | 5 | 3 | 60.00 | 1 | 20.00 | 3 | 60.00 | 3 | 60.00 | 1 | 20.00 |
|  | 中专 | 66 | 42 | 63.64 | 9 | 13.64 | 38 | 57.58 | 31 | 46.97 | 12 | 18.18 |
|  | 大专 | 68 | 49 | 72.06 | 11 | 16.18 | 36 | 52.94 | 27 | 39.71 | 11 | 16.18 |
|  | 本科及以上 | 60 | 41 | 68.33 | 8 | 13.33 | 31 | 51.67 | 22 | 36.67 | 8 | 13.33 |
| 婚姻状况 | 未婚 | 121 | 76 | 62.81 | 20 | 16.53 | 81 | 66.94 | 58 | 47.93 | 25 | 20.66 |
|  | 已婚 | 406 | 290 | 71.43 | 83 | 20.44 | 238 | 58.62 | 199 | 49.01 | 77 | 18.97 |
|  | 丧偶 | 767 | 484 | 63.10 | 124 | 16.17 | 451 | 58.80 | 356 | 46.41 | 157 | 20.47 |
|  | 离婚 | 17 | 9 | 52.94 | 3 | 17.65 | 6 | 35.29 | 11 | 64.71 | 4 | 23.53 |
|  | 未说明婚姻状况 | 6 | 4 | 66.67 | 0 | 0.00 | 4 | 66.67 | 1 | 16.67 | 1 | 16.67 |

续表6-37

| 变量 | | n | 建立个人健康档案 | | 康复训练 | | 健康体检 | | 高血压管理 | | 糖尿病管理 | |
|---|---|---|---|---|---|---|---|---|---|---|---|---|
| | | | 频数 | 利用率/% | 频数 | 利用率/% | 频数 | 利用率/% | 频数 | 利用率/% | 频数 | 利用率/% |
| 入住时间(年) | <1 | 516 | 352 | 68.22 | 89 | 17.25 | 290 | 56.20 | 251 | 48.64 | 110 | 21.32 |
| | 1~ | 339 | 226 | 66.67 | 61 | 17.99 | 208 | 61.36 | 150 | 44.25 | 65 | 19.17 |
| | ≥2 | 462 | 285 | 61.69 | 80 | 17.32 | 282 | 61.04 | 224 | 48.48 | 89 | 19.26 |
| 原来的职业 | 国家机关、党群组织、企业、事业单位负责人 | 179 | 107 | 59.78 | 40 | 22.35 | 94 | 52.51 | 67 | 37.43 | 31 | 17.32 |
| | 专业技术人员 | 275 | 190 | 69.09 | 61 | 22.18 | 175 | 63.64 | 137 | 49.82 | 56 | 20.36 |
| | 办事人员和有关人员 | 104 | 75 | 72.12 | 17 | 16.35 | 71 | 68.27 | 42 | 40.38 | 17 | 16.35 |
| | 商业、服务业人员 | 78 | 55 | 70.51 | 13 | 16.67 | 41 | 52.56 | 46 | 58.97 | 17 | 21.79 |
| | 农、林、牧、渔、水利业生产人员 | 482 | 315 | 65.35 | 57 | 11.83 | 292 | 60.58 | 240 | 49.79 | 98 | 20.33 |
| | 生产、运输设备操作人员及有关人员 | 65 | 38 | 58.46 | 17 | 26.15 | 39 | 60.00 | 34 | 52.31 | 13 | 20.00 |
| | 军人 | 23 | 16 | 69.57 | 3 | 13.04 | 14 | 60.87 | 10 | 43.48 | 6 | 26.09 |
| | 不便分类的其他从业人员/无职业 | 111 | 67 | 60.36 | 22 | 19.82 | 54 | 48.65 | 49 | 44.14 | 26 | 23.42 |
| 慢性疾病 | 否 | 363 | 225 | 61.98 | 28 | 7.71 | 204 | 56.20 | 105 | 28.93 | 46 | 12.67 |
| | 是 | 954 | 638 | 66.88 | 202 | 21.17 | 576 | 60.38 | 520 | 54.51 | 218 | 22.85 |
| 医疗保险类型 | 城镇职工保险 | 596 | 461 | 77.35 | 101 | 16.95 | 424 | 71.14 | 341 | 57.21 | 146 | 24.50 |
| | 其他 | 721 | 402 | 55.76 | 129 | 17.89 | 356 | 49.38 | 284 | 39.39 | 118 | 16.37 |
| 经济收入/(元/年) | <4800 | 277 | 191 | 68.95 | 33 | 11.91 | 167 | 60.29 | 121 | 43.68 | 54 | 19.49 |
| | 4800~ | 544 | 376 | 69.12 | 126 | 23.16 | 349 | 64.15 | 277 | 50.92 | 118 | 21.69 |
| | 40000~ | 290 | 188 | 64.83 | 39 | 13.45 | 142 | 48.97 | 125 | 43.10 | 39 | 13.45 |

表6-38 不同类型调查对象生活服务利用情况

| 变量 | | n | 助餐 频数 | 助餐 利用率/% | 助厕 频数 | 助厕 利用率/% | 助浴 频数 | 助浴 利用率/% | 心理关怀 频数 | 心理关怀 利用率/% | 陪同与代办 频数 | 陪同与代办 利用率/% | 娱乐 频数 | 娱乐 利用率/% |
|---|---|---|---|---|---|---|---|---|---|---|---|---|---|---|
| 性别 | 男 | 635 | 262 | 41.26 | 269 | 42.36 | 309 | 48.66 | 242 | 38.11 | 229 | 36.06 | 292 | 45.98 |
| | 女 | 682 | 287 | 42.08 | 299 | 43.84 | 370 | 54.25 | 314 | 46.04 | 255 | 37.39 | 309 | 45.31 |
| 年龄(岁) | 60~ | 191 | 79 | 41.36 | 83 | 43.46 | 96 | 50.26 | 77 | 40.31 | 61 | 31.94 | 80 | 41.88 |
| | 70~ | 417 | 167 | 40.05 | 180 | 43.17 | 209 | 50.12 | 167 | 40.05 | 154 | 36.93 | 193 | 46.28 |
| | 80~ | 709 | 303 | 42.74 | 305 | 43.02 | 374 | 52.75 | 312 | 44.01 | 269 | 37.94 | 328 | 46.26 |
| 城市性质 | 城市 | 1177 | 507 | 43.08 | 525 | 44.60 | 628 | 53.36 | 505 | 42.91 | 431 | 36.62 | 540 | 45.88 |
| | 农村 | 140 | 42 | 30.00 | 43 | 30.71 | 51 | 36.43 | 51 | 36.43 | 53 | 37.86 | 61 | 43.57 |
| 文化程度 | 文盲 | 437 | 186 | 42.56 | 199 | 45.54 | 243 | 55.61 | 198 | 45.31 | 165 | 37.76 | 190 | 43.48 |
| | 小学 | 284 | 120 | 42.25 | 125 | 44.01 | 146 | 51.41 | 123 | 43.31 | 109 | 38.38 | 128 | 45.07 |
| | 初中 | 302 | 130 | 43.05 | 141 | 46.69 | 168 | 55.63 | 124 | 41.06 | 114 | 37.75 | 136 | 45.03 |
| | 高中 | 95 | 38 | 40.00 | 38 | 40.00 | 44 | 46.32 | 29 | 30.53 | 29 | 30.53 | 39 | 41.05 |
| | 技工学校 | 5 | 2 | 40.00 | 1 | 20.00 | 2 | 40.00 | 3 | 60.00 | 2 | 40.00 | 3 | 60.00 |
| | 中专 | 66 | 24 | 36.36 | 21 | 31.82 | 23 | 34.85 | 27 | 40.91 | 23 | 34.85 | 39 | 59.09 |
| | 大专 | 68 | 29 | 42.65 | 24 | 35.29 | 27 | 39.71 | 30 | 44.12 | 19 | 27.94 | 32 | 47.06 |
| | 本科及以上 | 60 | 20 | 33.33 | 19 | 31.67 | 26 | 43.33 | 22 | 36.67 | 23 | 38.33 | 34 | 56.67 |
| 婚姻状况 | 未婚 | 121 | 26 | 21.49 | 33 | 27.27 | 39 | 32.23 | 36 | 29.75 | 40 | 33.06 | 49 | 40.50 |
| | 已婚 | 406 | 183 | 45.07 | 190 | 46.80 | 214 | 52.71 | 174 | 42.86 | 147 | 36.21 | 193 | 47.54 |
| | 丧偶 | 767 | 330 | 43.02 | 335 | 43.68 | 413 | 53.85 | 337 | 43.94 | 291 | 37.94 | 350 | 45.63 |
| | 离婚 | 17 | 7 | 41.18 | 7 | 41.18 | 9 | 52.94 | 7 | 41.18 | 4 | 23.53 | 9 | 52.94 |
| | 未说明婚姻状况 | 6 | 3 | 50.00 | 3 | 50.00 | 4 | 66.67 | 2 | 33.33 | 2 | 33.33 | 0 | 0.00 |

续表 6-38

| 变量 | | n | 助餐 | | 助厕 | | 助浴 | | 心理关怀 | | 陪同与代办 | | 娱乐 | |
|---|---|---|---|---|---|---|---|---|---|---|---|---|---|---|
| | | | 频数 | 利用率/% | 频数 | 利用率/% | 频数 | 利用率/% | 频数 | 利用率/% | 频数 | 利用率/% | 频数 | 利用率/% |
| 入住时间 | <1 | 516 | 227 | 43.99 | 234 | 45.35 | 268 | 51.94 | 212 | 41.09 | 196 | 37.98 | 230 | 44.57 |
| | 1~ | 339 | 138 | 40.71 | 137 | 40.41 | 178 | 52.51 | 149 | 43.95 | 116 | 34.22 | 153 | 45.13 |
| | ≥2 | 462 | 184 | 39.83 | 197 | 42.64 | 233 | 50.43 | 195 | 42.21 | 172 | 37.23 | 218 | 47.19 |
| 原来的职业 | 国家机关、党群组织、企业、事业单位负责人 | 179 | 99 | 55.31 | 95 | 53.07 | 107 | 59.78 | 75 | 41.90 | 60 | 33.52 | 62 | 34.64 |
| | 专业技术人员 | 275 | 114 | 41.45 | 115 | 41.82 | 139 | 50.55 | 113 | 41.09 | 101 | 36.73 | 131 | 47.64 |
| | 办事人员和有关人员 | 104 | 44 | 42.31 | 48 | 46.15 | 56 | 53.85 | 43 | 41.35 | 49 | 47.12 | 53 | 50.96 |
| | 商业、服务业人员 | 78 | 20 | 25.64 | 30 | 38.46 | 33 | 42.31 | 27 | 34.62 | 28 | 35.90 | 43 | 55.13 |
| | 农、林、牧、渔、水利业生产人员 | 482 | 196 | 40.66 | 199 | 41.29 | 246 | 51.04 | 203 | 42.12 | 174 | 36.10 | 215 | 44.61 |
| | 生产、运输设备操作人员及有关人员 | 65 | 30 | 46.15 | 33 | 50.77 | 35 | 53.85 | 28 | 43.08 | 17 | 26.15 | 32 | 49.23 |
| | 军人 | 23 | 7 | 30.43 | 8 | 34.78 | 10 | 43.48 | 9 | 39.13 | 8 | 34.78 | 15 | 65.22 |
| | 不便分类的其他从业人员/无职业 | 111 | 39 | 35.14 | 40 | 36.04 | 53 | 47.75 | 58 | 52.25 | 47 | 42.34 | 50 | 45.05 |
| 慢性疾病 | 否 | 363 | 114 | 31.40 | 116 | 31.96 | 156 | 42.98 | 148 | 40.77 | 109 | 30.03 | 173 | 47.66 |
| | 是 | 954 | 435 | 45.60 | 452 | 47.38 | 523 | 54.82 | 408 | 42.77 | 375 | 39.31 | 428 | 44.86 |
| 医疗保险类型 | 城镇职工保险 | 596 | 278 | 46.64 | 285 | 47.82 | 353 | 59.23 | 309 | 51.85 | 272 | 45.64 | 338 | 56.71 |
| | 其他 | 721 | 271 | 37.59 | 283 | 39.25 | 326 | 45.21 | 247 | 34.26 | 212 | 29.40 | 263 | 36.48 |
| 经济收入/（元/年） | <4800 | 277 | 107 | 38.63 | 111 | 40.07 | 133 | 48.01 | 120 | 43.32 | 99 | 35.74 | 127 | 45.85 |
| | 4800~ | 544 | 246 | 45.22 | 250 | 45.96 | 303 | 55.70 | 221 | 40.63 | 200 | 36.76 | 238 | 43.75 |
| | 40000~ | 290 | 112 | 38.62 | 106 | 36.55 | 125 | 43.10 | 120 | 41.38 | 94 | 32.41 | 149 | 51.38 |

## 四、讨论

### (一)入住需求与床位供给能力之间的差距

2017年,省政府出台《关于全面放开养老服务市场提升养老服务质量的实施意见》等政策性文件,各级民政部门,通过"放管服"改革,充分发挥市场在资源配置中的决定性作用,激发市场活力,用市场"这只看不见的手"有效解决了养老资源分配不均、养老服务水平不高等突出问题。目前,全省养老机构发展到3200多家,每千名老人拥有床位33.2张,建成城市社区养老服务设施1845个、农村幸福院8639个。养老服务、医疗卫生服务加速融合,医养结合机构发展到260多家。

省民政厅厅长鲍常勇说:"现在的养老模式是'9073',即90%的老人居家养老、7%的老人在社区养老、3%的老人进机构养老。"然而,本次调查的4167例65岁以上老年人中,有7.46%的老人希望将来入住社区/有养老服务的卫生院、有医护人员的养老院或有养老功能的医院等医养结合机构进行养老。2018年数据表明,河南省65岁以上人口数为974.08万人,占常住人口的10.19%。经计算,河南省内约有72.67万65岁以上老人希望入住医养结合机构养老,通过对河南省内(除洛阳、焦作外)医养结合机构的调查,各省辖市医养结合机构的床位总数为50476张,远远不能满足老年人的养老需求。

虽然从数字上看养老机构的床位规模不能满足老年人对入住养老机构的需求,但实际上所调查的医养结合机构的总体入住率仅为35.55%左右,从总体上看机构养老服务尚未达到供不应求的状态。一方面老年人对机构养老有着巨大需求,另一方面又存在机构养老服务利用不足的问题,这种矛盾的存在与养老机构的服务水平、服务质量有着密不可分的关系,说明部分养老机构在服务方面达不到老年人的要求,使得老年人虽有入住养老机构的需求但并未选择入住养老机构。因此,政府部门在制定养老机构的发展规划时不仅要关注机构的硬件建设、床位数量的增加,更应该加强对养老机构的监管,促使养老机构投入更多精力进行服务质量管理,开展护理人员专业培训,提升服务的内涵和水平,从而加快养老机构的发展,满足老年人对机构养老服务不同层次的需求。

### (二)机构养老服务项目的数量与质量之间的差距

无论是农村地区还是城市地区、日常活动能力正常还是失能老人,大多数老年人都希望医养结合机构能够提供日常生活照料、医疗服务、文化娱乐、康复训练等服务项目。在河南省医养结合机构的调查中,共调查包括基本生活照料、常用临床护理、疾病诊疗服务等13类共计112个服务项目的开展情况。从总体情况来看,各调查机构提供服务项目平均数为(83.80±28.87)个,提供服务项目数≥90项的医养结合机构有93家,占比54.39%,其中鹤壁、许昌、商丘、漯河、驻马店、汝州等地的医养结合机构提供项目较为丰富;不同类型的医养结合机构中,养老机构办医疗的机构提供服务项目数≥90项的最多,有22家,占比77.78%。通过比较以上结果可以发现,在提供服务的种类方面,目前养老机构的服务是能满足老年人需求的。但是,如果考虑到养老机构服务的水平、质量和专业化程度,需求和供给之间可能仍存在一定差距。

本研究结果显示,从总体来看,所调查机构中,工作人员总数为27400人,其中护理人员有4870人,包括护士、护工、养老护理员等,护理人员占工作人员总数的比例为17.77%,每百位入住老人护理人员人数为27.46人。由于各地区、各类型的医养结合机构中,医生和护士的配备情况不一,养老机构办医疗的机构中,专职的医护人员较少,当入住老人患病时可陪同老人就医,或需要由家属接出养老机构到其他医疗机构中进行诊治。本研究中,96.41%的调查机构对工作人员组织过在职培训,其中97.65%的机构对工作人员进行过专业技能方面的培训。但是由于养老护理员或护工通常年龄偏大,文化水平偏低,理论知识的系统学习还比较欠缺,导致多数养老机构中的服务质量多处于低水平。

另外,老年人随着年龄的增长,身体健康状况和活动能力都呈现下降趋势,适应环境的能力降低,对他人照料的依赖程度越来越高。同时,随着年龄的增长,老年人的精神状况、性格脾气也可能发生变化,需要更为专业的生活护理、医疗护理和心理护理等。但养老服务机构中护理人员在数量上存在不足的问题且专业化和职业化程度较低,难以满足老年人不同层次的需求。而解决这一矛盾,需从加强护理工作人员的培训和专业化教育入手,为入住老人开展个体化服务,针对入住老年人的个体情况制订相应的服务计划。

### (三)老年人收入水平与养老机构收费之间的差距

老年人的收入水平普遍较低,尤其是失能老人、农村老人。本次调查结果显示,城市老人月收入在3000元及以下占78.48%,农村老年人月收入在2000元及以下的占88.58%。日常活动能力正常的老人中,53.13%的老人月收入在1000元及以下,83.09%的轻度失能的老人月收入在2000元及以下,84.00%的中度失能的老人月收入在2000元及以下,95.40%的老人月收入在3000元及以下。

河南省医养结合机构调查中,入住的自理老人平均收费为(1579.25±710.93)元,入住的轻度失能老人平均收费为(2088.54±855.24)元,入住的中度失能老人平均收费为(2608.25±1042.00)元,入住的重度失能老人平均收费为(3170.54±1275.56)元。其中,养老机构办医疗等机构的不同失能等级的收费标准均高于平均水平。对比老年人的月收入水平与养老机构的月平均收费标准可见,总体上看,医养结合机构的平均入住费用远高于农村失能老年人的月收入水平。农村老年人普遍缺乏机构养老服务的支付能力,如果得不到子女或其他渠道的资金支持,农村老年人则难以利用机构养老服务养老。

目前,医养结合的养老机构的收费标准多是由养老机构本着自主经营、自主定价的原则,根据机构的设施条件、服务内容等设立收费项目,进行自行定价,然后报物价部门审核,并没有相应的医养结合机构收费标准的指导价格。各种类型的养老机构之间存在市场竞争,收费高低也是他们竞争的一个手段,自行定价无可厚非。但在允许医养结合机构自行制定收费标准的同时也要考虑到如何保护入住老人利益的问题。如果医养结合机构存在乱收费,由于没有关于收费标准的相应文件规定,老年人将缺乏维权依据,这势必会侵害入住老人的权益。因此,政府部门需重视并认真对待这一问题,及时发现各种类型的医养结合机构收费中存在的问题,保护老年人的合法权益,同时为养老机构之间的有序竞争创造一个公平的环境。

## 第四节 建 议

## 一、国内外的医养结合经验给我们的启示

### (一)医养结合养老服务内容的制度设计和政策建议

破除制约医养结合养老服务模式发展的政策障碍,以适度普惠、多元共担、降成本、补短板、提质量为原则,构建适合我国国情的医养结合养老服务新体系。

1. 建立层次分明、种类适度、上下贯通的服务体系,推动医养结合养老服务细化 我国可以借鉴日本的经验,设立服务收费低、服务难度小的老人医院或老人保健康复中心,以改善我国老人专科医院不足的局面。既可以减轻各个家庭的经济负担,也培养了高龄老人自立自强的精神和能力,实现从消极就医到积极预防保健的过渡。依托政府和社会力量,合理配置护理型、助养型、居养型机构比例,并通过不同机构间的衔接与合作形成梯度转诊服务模式,推动养老服务的细化,以满足老年人医疗和护理的多样化需求。

2. 建立分段养老、按收入付费、体现公益性与福利性,构建多元化、特色化、专业化、规范化的医养结合养老服务体系 国际经验表明,老年人入住养老机构费用应受到政府、社会中介、非营利性组织、志愿团队、社会捐赠等资金帮助,应加大资金投入,完善社会保障,加大政策扶持力度,以解决失能老人的养老困难。

3. 分阶段养老,提供特色养老 针对60~70岁老人组,70~80岁老人组,80岁以上老人组的具体情况,结合老年人意愿,将老年人按年龄、身心功能状态及家庭条件划分不同等级,一级居家养老、二级居家/社区养老、三级养老机构养老。在政府保基本、兜底线的基础上,充分发挥市场主体作用,更好地满足多层次、多样化需求。

4. 制定按收入付费的医养结合模式 养老问题的主要矛盾之一是历史上的收入分配不公引起的。在中国2.3亿的老年人里面真正能够有一定保障的,首先是机关和事业单位的公务人员,大概2000万左右,具备一定的购买能力。其次是企业退休职工,到去年为止全国平均工资为2300元,最高的北京能达到3650元。最后,是象征性的保障,农村和城市原来没有工作的每月100元钱。对经济困难的老年人,制定按收入多少的收费标准,重点解决失能、患病、高龄、低收入者的养老问题是当务之急。

5. 依据老年照护需求评估体系,制定梯度服务序列 荷兰、日本等发达国家通过构建养老服务梯度序列形成可持续发展的医养结合养老服务模式值得借鉴。服务梯度序列的形成需要依靠一套完整的老年照护需求评估体系的构建与运转。日本以厚生省的标准为基础,将照顾服务分为7个等级,不同等级享受不同的保险金支持,并开发专门的介护操作规范和训练。他们依据目标市场需求确定设立不同类型模式的养老机构,设定相应的服务产品和管理架构。一般将养老市场细分为居家护理、失能老人日托中心、康复中心、护理宾馆、智障老人住宅、高端私立养老院、适老性住宅、传统护理院8种类型。上述8种类型的老年照护体系基本覆盖了各层次所需照护的养老人群,并形成了服务重

点不同的序列梯度以供选择。我国应组建由民政、卫生、社保及老龄委等相关部门组成的国家健康照护管理委员会,并制定国家层面的老年照护需求评估体系,对老人健康需求进行系统评估,对养老群体进行细分,可将老人依次分为自理老人、半自理老人、半失能老人、完全失能老人、失智老人、植物人、临终关怀老人等。再以需求为核心构建养老服务项目与内容的梯度序列政策,进而构建多层次与递进性的专业化服务序列,并形成居家、社区、机构等医疗服务安排。

6.创新医养结合养老服务业态,满足多样性养老需求  毫无疑问,医养结合模式是健康服务业发展的趋势,但老年人的健康程度不同,收入和支付能力也有差异,健康养老服务呈现多样化需求,要按照医疗服务和养老服务相结合的程度,创新形式各异的健康养老服务业态。美国按照老年人的健康程度和提供的服务差异有种类繁多的养老服务,从对较独立老人提供日常生活协助和照护的寄宿管理机构(residential care facility,RCF)和疗养院(assisted living facility,ALF),到需要提供全天候专业医疗护理的特殊护理机构(skilled nursing facility,SNF),鼓励老人多与动植物或小朋友接触营造家庭氛围的伊甸园(the Eden)(or Green house)alternative,提供日间护理被称作没有围墙的养老院日(the program for all inclusive care)、入住费用可观但健康恶化时在机构内就能获得高水平医疗的持续护理退休(continuing care retirement,CCRCs),以及专门针对退伍军人及其配偶的社区居住军人特别提示(communities special note for Vets)。这些需求被细分后的养老服务业态,能满足多元化、多层次和个性化的养老需求,老年人可根据自身的健康状况、经济状况以及各养老机构的服务和收费情况,做出最合适的选择。西方发达国家较早进入老龄社会,经过不断发展,这些国家在养老方面积累了丰富的经验,可供我国借鉴。当前,我国的养老服务迫切需要改变形式单一的情况,真正打通医疗服务和养老服务双向通道,因地制宜,量体裁衣,从供给上多创新医养结合养老服务业态,重点加强养护型、医护型养老服务,为老年人提供更多的养老选择。例如,针对中国人在观念上不愿意去住养老院的情况,可以发展诸如PACE项目一样的社区日间护理,参与者可以有居家、社区以及PACE中心接受照护的选择。更为重要的是,单一的养老形式往往会造成资源的不合理配置,造成健康老人挤占资源的现象。养老是一个社会问题,公立养老机构的公益性质决定了必须首先收住那些最需要帮助的人群,保障特殊困难老年人的养老服务需求,向"三无"、孤寡、失独、高龄老年人及失能、半失能老年人等提供养老服务。

### (二)医养结合养老服务机制的制度设计和政策建议

1.建立医养结合成本核算系统、支付保障体系  建立医养结合成本核算系统、支付保障体系,整合"碎片化"的社会保障制度为破解我国失能高龄老人养老难题,应及时整合配置到民政部门、老龄部门、卫生部门及医保部门等各职能部门的相应资金。这些资金被分别用于机构养老和居家养老服务的补贴发放、社区的预防保健、医疗机构和家庭病床的老年人医疗项目等。核算各级医院的各级护理每日成本,摸清失能高龄老人的城乡医疗救助基金、基本养老基金、基本医疗基金、工伤保险基金缴费等情况,制定合理的医养结合型养老机构的付费标准及养老补贴金发放标准,建立相对集中、统一和独立的老年人长期照护服务支付体系,为制定长期护理制度打下基础。

2. 建立医养结合监管机制、行业标准,健全法律法规　　法律是保障医养结合模式健康有序发展的前提,应尽快制定诸如老年长期照护保险法等的医养结合养老服务相关法律法规。合理配置医养结合养老服务机构,对建筑规模、设备设施、人员配备、资格认证、准入与退出机制、常规管理、经营范围等方面进行规范化监管。设立功能完善、分类齐全的医养结合养老服务业管理架构,针对服务内容、服务对象、服务项目、收费标准和管理原则、管理流程、管理效果等制定统一的行业标准,使得老年人在消费养老产品和服务时合法利益得到法律的维护。建立质量监管体系(服务技能、服务质量、仪器设备、卫生标准、护理标准、康复标准、老年人满意度、设备设施利用度、宜居环境等监管程序),根据评估结果,奖励执行养老好的机构。

3. 建立医养结合评估机制,搭建服务质量信息共享与社会评估平台　　利用移动互联网、物联网和云计算、大数据等现代化信息技术,依托城乡公共卫生服务信息平台和应急救援服务系统,以高龄、失能、患病、低收入老年人为重点,开发居家、社区及机构养老服务一体化的智能服务信息系统、APP终端、微信公众号等,为有需求的社会单位提供养老服务信息、养老政策指导等,为养老服务业发展提供有效支撑,方便养老服务机构和社会组织向居家老年人提供助餐、助洁、助行、助浴、助医、日间照料等服务。实施"互联网+医养结合养老服务工程",实现远程提醒和控制、自动报警和处置、动态监测和记录等功能。建立社会评估平台,按照有服务、有监督、有考评的要求,形成跨部门合作的质量监控机制,进行全过程全流程的服务质量监督;建立退出机制,对落地后3个月内不开展服务、转让转包服务或经评估服务质量不达标、内部管理不规范、服务对象不满意的养老专业化服务组织,予以退出;为确保评估的科学性和权威性,探索第三方评估机制。

4. 建立医养结合养老人才储备机制,制定与劳动付出相符的薪酬体系　　建立医养结合养老人才储备机制,制定与劳动付出相符的薪酬体系,充分调动服务主体参与的积极性养老护理人员培训是实现养老服务规范化、专业化、职业化的一项基础性工作,是提高养老服务质量和水平的有效途径。拥有跨学科的专业健康医疗团队为项目参与者提供综合性照护,是美国PACE项目成功的关键,而缺乏优质的养老医护专业人员,则是制约我国"医养结合"养老机构发展的重要因素之一。目前,一些地方政府针对养老护理员培训出台了不同程度的补贴政策。各级政府要尽快建立养老服务人才培养体系。应加快制订医养结合服务发展中长期计划,完善养老护理专业人才培养的投入与保障制度;完善养老服务相关的学历教育和职业培训体系,鼓励和引导中高等学校设置老年照护、老年医学及老年事业管理等专业。实施医养结合的养老人才培养工程。实施"四师联动"培养,逐渐进行健康管理师、心理咨询师、公共营养师、临床康复师的培养;鼓励社会服务专业、全科专业及护士专业毕业生到养老服务相关机构从事养老服务工作;加快建立养老服务持证上岗和养老从业人员资格鉴定制度及考核制度;对持有相应等级护理员证书的老人入住养老机构实施优惠政策;开拓养老服务专业人才的选任渠道,吸纳农村剩余劳动力、城镇就业困难人群从事养老服务业,按规定给予职业培训补助;各级社保部门要加强对养老从业人员的培训、考核、评估及管理工作,实施持证上岗和等级待遇挂钩政策,不断提升养老从业人员工作积极性;要建立健全养老从业人员的薪酬保障制度,使其在社会保险、劳动保护等方面获得平等的社会待遇,切实提高养老从业人才的工作待遇和社会地位,让全社会认同养老服务工作。建立专项发展基金,从立法、政策、财政、管理等方面推动养老服务人才全面发展。政府应逐步推行强制性从业人员资格审查和专业技能培训,并加强养老医护人员管理,以提高健康养老医护服务质量。地方政府可给下岗职工和进城务工人员提供免费护理技能培训,帮助其持资格证书上岗为老年人提供生活护理,缓解目前初级护理人员短缺的问题。鼓励具有专业护理知识和技能的退休医务人员加入养老服务业,对护理人员进行集中和专业的培训。从整体上提高护理人员尤其是高级护理人员的薪资福利,对从业年限高的护理人员,可根据年限和职级不同给予差异化补贴。鼓励医药类相关院校设立老年护理专业,通过教育培养满足医养结合养老服务业发展的高级专业性医护人才。有医学、护理、社会学、心理学等相关专业的院校,可以与养老机构签订协议建立教学实践基地,鼓励学生作为社会志愿者为老年人提供各种医护和社会服务,缓解医护人员短缺问题,丰富养老院老年人的社会生活。

### (三)医疗与养老资源整合

在资源整合过程中,应该引导各部门发挥各自特色,而不应当一拥而上,否则就会造成另一种资源浪费。如大型养老机构有足够的资金实力,可以兴办医、养、护一体的高端养老机构;中小型养老机构没有能力提供医疗服务,那么就承接以自理老年人的"养"为主的服务;特色医院可增设老年病房,以"医"为主。不同层次"医养结合"养老服务机构存在医疗水平差异,但是不同医疗层次的"医养结合"养老机构应当分布均衡,尤其医疗水平较高的"医养结合"养老机构其比重应当逐渐提高。民政局和卫生局等政府有关部门也应当发挥其在医疗和养老资源整合过程中的指导和监督作用。

单一机构同时提供医疗康复护理服务和日常生活照料服务,实现医养结合。首先,资金充足、实力雄厚的民办、公办民营大型养老机构可以发展适合高收入老年人的"医养护"相结合的高档养老机构。其次,大型医疗机构可根据自身优势,为老年人建立以病后康复和护理为特色的"医养护"一体的高端护养院和康复院。例如:北京市朝阳区恭和苑试点老年持续照料生活社区,在养老机构设立护理院,同定点医院双向转诊;山东省烟台广济颐养中心也将医护和养老有机结合,成立了烟台首家"医养结合"养老机构。

符合条件的综合医院开设老年病科、老年病房,争取在老年慢性病防治、康复和护理等方面有所突破,并给予基层医疗机构一定的技术指导和培训,建立合作转诊机制,实现不同等级医疗机构之间的双向转诊。例如,黑龙江省大庆市在让北医院、老年医院和普济康复医院三所医疗机构内新增养老功能,建成庆新老年护理院、老年人医养康复中心和大庆普济康复中心,以解决长期患病老年人的医疗护理和生活照料问题。

中小型养老机构与社区卫生服务中心或乡镇卫生院合作,为入住老年人提供医疗服务,建立预约就诊绿色通道和双向转诊通道。如,山东省兖州市由政府出资购买服务,充分利用市中医院的优势,派遣医护人员入驻福利中心,为老年人提供医疗保健、营养膳食等方面的服务。

社区卫生服务中心和乡镇卫生院与家庭建立合作关系,为老年人建立健康档案、上门巡视服务,定期为社区老年人健康查体、开展保健知识普及服务等,积极推进社区卫生服务中心与养老机构合作,进行远程医疗服务试点。

### (四)健全医疗保险制度,扩大医保覆盖范围

从供给方来看,提供高品质、多样化的医养结合服务是发展养老服务业的根本,在目前养老服务供不应求的情况下,需求方能否负担得起是决定有效需求的关键问题,也是产生养老服务业冷热不均和结构性过剩的主因。公立养老机构的受众群体必须是最迫切需要养老和医疗服务的高龄、失能、慢性病老年人,让这些老人无须支付或支付很少的费用就能入住并享受服务。同时,公立养老机构的服务定价不能只考虑成本,还要考虑老年人的收入状况和支付能力,政府应提供财政支持。如 SNF 就规定:如果某些家庭满足财产低于最低额,除了医疗保险支付外,也可以用医疗补助支付出院后在养老院的费用。我国应尽快将护理和医疗项目纳入医保,解决一些慢性病和失能老年人集中在大医院长期住院、压床,加重医院负担,增加医疗卫生服务支出,导致整体资源运行低效率问题。民办营利性养老机构的服务由经营方依据市场自主定价,而民办非营利性养老机构的服务由经营方合理定价,政府依法监管。经济状况良好的老人有高端的养老需求,可选择收费昂贵但服务品质更高的养老机构。针对一些老人没能住进公办养老院,但经济状况又负担不起民营养老院入住费用的情况,应将养老服务纳入医保,降低老人入住医养结合养老机构的费用,增加有效服务需求。养老纳入医保是一个趋势和过程,政府相关部门要审慎界定医保补贴的报销范围,做好医保定点扩面工作,一些护理康复建设项目、养老院的医疗诊治服务、社区医院等诊疗服务,均应纳入医保范围。近期在政府的推动下,合肥、成都、太原相继提出医养结合养老机构符合条件的可纳入医保定点范围,合作的社区卫生服务机构提供基本医疗服务发生的医疗费用,按照老年人参加的城乡医疗保险的规定结算,老人可无须到医院就医,且能享受医保。这种探索也揭示了养老服务纳入医保的可行性。如厦门市规定,生活不能完全自理、70 岁以上患慢性病行动不便、重度残疾患者 3 类人员可以在爱心护理院和市社会福利院等 8 家养老机构刷医保卡报销床位费。

### (五)加大政府投入,多种形式鼓励社会资本进入养老服务业

政府要确保医养结合养老机构水、电、暖缴费享受民用价格。政府可以尝试在符合条件的医养结合养老机构开展巡回医生制度,组织相关科室医生定期巡回提供服务,减轻机构自己养医生的负担。建立医养结合养老机构护理员资格认证制度,对符合要求的人员给予补贴,提高其收入。资金投入不足是养老服务业供不应求问题产生的主因。我国养老服务业的资金主要来源于公共财政和福利彩票公益金,养老服务体系建设存在着巨大的资金缺口。据测算,"十三五"期间,随着中央和地方财政支出增加、彩票公益金收入提高、新增老年人口减少,这一缺口较"十二五"期间有所下降,但资金缺口仍有 3014 亿元,年均资金缺口为 603 亿元。当下,要拓宽医养结合养老服务的资金渠道,投入养老服务的公共财政占比要提升,民政部门一方面应建立专项发展基金或设立养老基金会,另一方面就是要引导社会力量填补资金缺口,鼓励社会资本进入医养结合养老服务业。由于养老机构投资回报周期长、利润低,目前民营资本进入养老服务业的积极性不高,资本的逐利性导致社会资本缺乏驱动力填补养老服务业发展的资金缺口,制约了医

养结合模式的发展。因此,应大力鼓励各种社会力量以及外资兴办养老机构,降低民办养老机构的准入门槛,给予用地、投融资和财税政策方面的优惠措施,调动民营资本投资的积极性。"公办民营"或"公建民营"也是整合公立和民营两种优势、降低民营机构投资压力、调动民间力量投入养老服务机构建设的重要措施。另外,政府可以通过购买服务、以奖代补等方式,对非政府投资建设符合规定条件的养老机构予以补助。

### (六)明确行政主管部门的权责

目前存在各行政主管部门出现的多头管理,权责不明确,各部门所依据的法律规定不统一等状况。

1. 转变政府执政理念　随着社会主义市场经济的快速发展,政府的职能也在发生改变。社会在发展,外部客观因素在改变,当然作为内因的政府执政理念也要转变。在政府的执政理念中,最为重要的要属民主法治理念和执政为民理念。依法执政时践行社会主义法制社会的前提与基础,政府在执政过程中要严格遵守法律的规定,在各级行政管理部门中要牢固树立民主法治思想。执政为民是政府转变执政理念的目的和根本。一切为了人民群众的利益服务。当然,在发展医养结合模式的过程中,政府执政理念的转变尤为重要,医养结合模式的发展,有利于保障老年人的权利和利益,是促进民生发展的重要手段,是保障社会发展的动力。因此,转变政府执政理念是促进医养结合模式发展的重要组成部分。

2. 通过法律制度构建,明确各部门权责　目前,各行政主管部门在履行监督管理职责时,所依据的法规规定,大多以各自所监管的行业内部的法律法规为主,对医养结合的服务产业也适用于此,对医养结合模式发展中所存在的具体问题不能有效地解决,造成行政效率低,干预监管能力弱等现象,阻碍了医养结合服务业的发展。因此,需要制定有针对性的关于医养结合模式发展的配套法律法规,各行政主管部门依据此来行使监督职能,可以提高行政效率,做到有法可依。

3. 完善对老年人护理补贴法律规范　首先加大政府对老年人养老服务的补贴投入,将老年人的医保纳入医养结合养老服务发展中,在医养结合养老机构中接受的医疗服务可以统筹到医保体系中,并且能统筹城乡医保制度,缩短周转周期,建立长期的大病医疗补贴制度。其次,针对老年人享受的养老等服务也应当纳入社保体系,给予老年人相应的生活补贴、补助。

4. 完善税收优惠法律规范　对于医养结合模式的服务机构,政府应当从税收优惠制度和政策补贴多方协调。政府应当减免医养结合服务机构的税收,提供减息或免息支持,从而减少服务机构的运营成本,另一方面应当制定法律法规,协调地方其他部门,在提供土地、场所、基础设施建设方面提供便利。

## 二、河南省医疗卫生与养老服务分工协作机制对策与建议

一是中国现阶段正处于老年建筑发展建设的窗口期,不应再走发达国家的老路,盲目追求养老机构和床位数量,而应在结合我国国情特色的基础上,借鉴发达国家回归社区的发展理念,推进居家养老和社区养老的发展。

医疗卫生服务进社区、进家庭。通过医疗机构与社区、居家养老的老人签订医疗护理协议,开设社区、家庭病床,医院派出医护人员上门提供服务。郑州市中心医院医联体按照三级甲等医院、二级康复医院及其他专科医院(含老年病医院)、社区卫生服务中心(站)"三个层级"开展医养结合工作。以社区居家养老为基础,与民政部门配合,在社区卫生服务中心试点成立了"社区老年人日间照料中心",创立了一套适合老年人"白天入托接受照顾,晚上回家享受生活"的社区养老服务模式。对于基层难以处置的疾患病症,医联体内开启绿色通道,及时转诊至上一层级或更高层级的专科或综合医疗机构诊治,病情稳定后再下转回低层级的医疗机构进行康复治疗。许昌市蓝卡医疗投资管理有限公司入驻河南建业生态新城,与老年人家庭签订服务协议,建立"互联网+健康"的服务模式,为老年人提供连续性、便捷高效的健康管理服务和医疗卫生服务;为社区高龄、重病、失能以及计划生育特殊家庭等行动不便或确有困难的老年人,提供定期体检、上门巡诊、家庭病床、社区护理、健康管理、中医保健等服务。

二是专业服务人才队伍建设,扩大从业人员规模,多渠道吸纳和多形式培训护理服务从业人员;提高从业人员素质。构建护理服务培训体系,发挥本地高校、职业技术学校(技师学院)等学科教育优势,设置护理服务专业,采取定向招生、订单培训等形式,扩大护理服务招生渠道和培训规模;建立从业人员激励机制。强化待遇保障、政策扶持和彰激励,确保吸引和留住护理人才。

三是构建基于家庭医生签约服务的医养结合体系。社区卫生服务中心(乡镇卫生院)利用居民健康档案信息管理平台,通过组建的以全科医生为基础的家庭医生队伍,开展家庭医生服务,家庭医生团队由全科医生、公卫医师、护士、心理咨询师、药剂师、护理员、护工组成,团队中加入二级、三级医院的专科医生与有服务需求意愿的社区老年人家庭签约,建立家庭医生服务关系,根据老年人的需求和身体状况,家庭医生团队提供上门服务,家庭医生团队通过与日间照料中心或社区养老中心与社区老年人家庭签订家庭医生服务协议,为老年人提供综合性的、持续的基本医疗、基本公共卫生、健康管理、转诊服务、日间照料等个性化服务内容,满足社区居家养老老年人基本的医疗卫生保健需求。也可以通过主动上门,为社区内慢性病老人、独居老人、高龄老人、失能半失能老人等特殊老年群体提供慢性病干预指导与基本就医服务。满足老年人的医疗卫生保健服务,构建为老年人提供"防、治、护、康、养"全程健康服务体系。

四是充分利用互联网技术。伴随着计算机技术的不断发展成熟,医养结合养老服务也要充分实现信息化。第一,全面构建服务信息化体系,依托互联网为基础,将医疗、养老机构之间的信息进行有效的传递和交流。第二,进行全面的健康监控,开展良好的健康教育,对健康相关数据进行记录,检测基本健康指标,实施远程医疗服务和指导。第三,针对每个老年人,建立专属电子健康档案,实时地记录老人相关健康指标数据,以便更加全面地掌握老年人的身体状况,更好地进行分析,从而提供更为专业有效的服务。第四,要对电子健康档案进行动态化的管理和调整,确保相关机构之间能够进行共享,确保老年人信息系统和医疗、养老系统有效对接,以便更好诊疗和实时查询等。

综上所述,我国的社会养老、医养结合事业才刚刚起步,有很多的困难需要去解决,养老机制建立、管理有很多优秀经验需要我们去不断发觉、思考。期冀我国社会养老体系能够快速发展,让老人都能拥有愉快、健康的晚年。

## 三、基层(社区)医养结合问题研究的对策建议

### (一)实行"社区养老""居家养老"模式

医疗卫生服务进社区、进家庭。通过医疗机构与社区、居家养老的老人签订医疗护理协议,开设社区、家庭病床,医院派出医护人员上门提供服务。郑州市中心医院医联体按照三级甲等医院、二级康复医院及其他专科医院(含老年病医院)、社区卫生服务中心(站)"三个层级"开展医养结合工作。以社区居家养老为基础,与民政部门配合,在社区卫生服务中心试点成立了"社区老年人日间照料中心",创立了一套适合老年人"白天入托接受照顾,晚上回家享受生活"的社区养老服务模式。对于基层难以处置的疾患病症,医联体内开启绿色通道,及时转诊至上一层级或更高层级的专科或综合医疗机构诊治,病情稳定后再下转回低层级的医疗机构进行康复治疗。许昌市蓝卡医疗投资管理有限公司入驻河南建业生态新城,与老年人家庭签订服务协议,建立"互联网+健康"的服务模式,为老年人提供连续性、便捷高效的健康管理服务和医疗卫生服务;为社区高龄、重病、失能以及计划生育特殊家庭等行动不便或确有困难的老年人,提供定期体检、上门巡诊、家庭病床、社区护理、健康管理、中医保健等服务。

### (二)加强专业护理员队伍建设

一是扩大从业人员规模,多渠道吸纳和多形式培训护理服务从业人员。二是提高从业人员素质。构建护理服务培训体系,发挥本地高校、职业技术学校(技师学院)等学科教育优势,设置护理服务专业,采取定向招生、订单培训等形式,扩大护理服务招生渠道和培训规模。三是建立从业人员激励机制。强化待遇保障、政策扶持和彰激励,确保吸引和留住护理人才。我国也可以从先进国家中学习一些做法和经验,具体要做到以下4点:第一,充分把握市场需求,对老年人在专业护理方面需要的服务进行深入的预测,并结合预测的结果,给予护理人员专业的培训。第二,利用现有高等教育环境,设立专门的老年人护理专业,开设有关的课程,增加相关教师力量,更好地培养出医养结合所需要的人才。第三,要强化对现有养老护理人员的培训,不仅要在相关的院校、技校等大力培养人才,也要在医养相关机构中开展培训,提升现有工作人员的专业水平。第四,实现对基层医疗机构服务团队的建设,要形成全科医生为主,医护人员为辅的模式,通过建立更加全面的绩效考核制度,切实巩固相关工作人员的福利待遇,进一步地保障人才的利益,避免人才流失。

### (三)健全医疗保险机制,使"医养结合"有医保后盾

对于养老机构内设的医疗机构,符合城镇职工(居民)基本医疗保险和新型农村合作医疗定点条件的,可申请纳入定点范围,入住的参保老年人按规定享受相应待遇。对部分老年人常见的慢性病种进行特殊规定,便于老年人在养老过程中申请报销和在就近医疗机构治理,可以无须住院治疗即可享受医保优惠。

### (四)医养结合需要更好的政策保障

在采访中,一些人大代表、政协委员还更进一步地示,医养结合包括了"医"和"养"两个层面的工作,我们在把注意力放在解决养老机构不能"医"的问题的同时,还不能忽略了常规医院不能"养"的问题。张广东委员认为,当前,全国很多地方只有为数不多的养老机构具备医疗职业资格,而且养老服务机构远远满足不了老年人的治疗、康复、护理等方面的服务需求。为解决高质量养老的"供需矛盾",基层医院早就开始探索医养结合模式。但是对于基层医院来说,要想做好医养结合工作最大的挑战是医保报销。现在存在的一个很大的矛盾是,能提供医保报销服务的养老机构少之又少。因此张广东认为,我们除了要尽快明确医养结合医保报销的比例之外,也要结合农村老人养老的特点,出台适合基层医院就医养老的相关政策,为医养结合提供更好的政策保障。全国政协委员、河南省人民医院老年医学科主任黄改荣告诉记者,她在多次调研中了解到,当前有接近90%的老人选择居家和社区养老,因此,医养结合的真正落地,在很大程度上还是依赖基层医疗服务机构。但在目前,我国的基层卫生服务机构分布在社区和乡村,需要在政府部门引导下,把基层卫生服务机构与所在区域的综合医院有机"捆绑",形成医疗服务和医养结合的服务联盟。两会前,黄改荣多次深入社区医院、居民家中走访调研,老年人向她反映最多的事,就是希望能在家里或在社区里养老,但他们需求最大的"求医问药",却成为他们"就近养老"的烦心事,老百姓的这些担忧都被黄改荣装在心里。

### (五)建立多层次医养结合服务体系

我国在医养结合服务体系建设方面和发达国家之间还存在着很大的差距,要进一步的落实和完善。第一,必须要结合目前经济发展情况,充分借鉴发达国家的相关做法和制度,探索出一条具有自身特色的模式,要以居家为核心,依靠社区机构、医疗机构、养老机构来为老人提供最为全面的服务。第二,要将家庭居住式照护作为基础,结合养老机构、医疗机构所提供的服务,结合个体的实际,通过社区医疗机构开展工作,要在社区卫生服务中心、公共医院养老机构、托老所等机构之间建立求紧密联系,从而让每一位老人都可以获得居家式养老服务。第三,随着医养结合服务的需求不断增多,要求更多的医疗机构与养老机构进行合作,从而构建出全面的医养结合服务机构。

### (六)建立以政府为主导的多元化长效筹资机制

要确保医养结合服务模式长期健康发展,那么构建多元化的筹资机制非常必要,那么必须要以足够的资金供给为保障。第一,政府要全面的推行医养结合服务,要构建出具有自身特色的医养结合服务体系,要获得充足的资金,那么就需要引入政府和社会资本合作的方式进行融资;第二,要积极的鼓励民营医养结合机构,具体可以采用税收优惠政策、给予相应的资金补贴、将准入标准降低等方法,形成一条产业化与收益性兼具的道路;第三,要将行业内相关的政策、制度进行统一规范,确保足够的民营资金以及慈善资金进入,有效地将政府财政部门、养老与医疗机构、家庭所承担的负担减轻;第四,要建立起完善的医保基金系统,利用医保基金来保障医养结合体系的实施。要将现阶段的医保基金进行核算,并且科学地划分一部分基金用作医疗、康复、护理等方面,确保更好地报销等。

### (七) 全面推进医养结合信息化进程

伴随着计算机技术的不断发展成熟,医养结合养老服务也要充分实现信息化。第一,全面构建服务信息化体系,依托互联网为基础,将医疗、养老机构之间的信息进行有效地传递和交流;第二,进行全面的健康监控,开展良好的健康教育,对健康相关数据进行记录,检测基本健康指标,实施远程医疗服务和指导;第三,针对每个老年人,建立专属电子健康档案,实时地记录老人相关健康指标数据,以便更加全面地掌握老年人的身体状况,更好地进行分析,从而提供更为专业有效的服务;第四,要对电子健康档案进行动态化的管理和调整,确保相关机构之间能够进行共享,确保老年人信息系统和医疗、养老系统有效对接,以便更好诊疗和实时查询等。

综上所述,我国的社会养老、医养结合事业才刚刚起步,有很多的困难需要去解决,养老机制建立、管理有很多优秀经验需要去不断发觉、思考。期冀我国社会养老体系能够快速发展,让老人都能拥有愉快、健康的我们。

## 四、基于供需研究提出以下建议

### (一) 引导老年人合理选择机构养老服务,加快居家养老服务的发展

老年人对机构养老服务的需求较低,政府和养老机构需要加大对养老机构和机构养老服务的宣传,营造社会认可和支持的氛围,增强老年人对机构养老服务的认识,引导老年人及子女转变传统养老观念,消除对机构养老的偏见,倡导老年人根据自身需要合理选择机构养老。在养老服务体系建设中,秉持以家庭养老为核心、机构养老为补充的理念,以社区为依托大力发展居家养老服务,为老年人提供多元化的养老服务选择。

### (二) 政府可为有机构养老服务需求的老年人提供一定的经济保障

通过本研究的分析发现,目前养老机构的收费标准远高于农村地区老年人的人均收入水平,农村老年人如得不到经济上的资助,则难以利用机构养老服务。针对这一现状,政府可结合新型农村合作医疗、新型农村养老保险的运作,综合考虑地方经济增长率、物价消费指数、农村老年人平均收入和养老机构收费水平等对老年人的机构养老给予一定比例的补贴,为有机构养老需求的老年人提供一定的经济支持。

### (三) 加大对医养结合机构养老服务的扶持力度,加快医养结合机构的建设

医养结合机构养老服务是一个有着广阔发展前景的行业,政府需扩大受益面,加大对医养结合机构尤其是个人兴办养老机构的资金资助力度,并探索形成稳定的长效投入机制。通过完善立法和政策体系,鼓励和吸引更多的社会力量投身机构养老服务行业。此外,政府应在引导和协助养老机构争取与公益组织的合作和募集社会慈善捐款方面做更多努力,鼓励志愿者到医养结合机构提供长期化、常规化的义工服务。在建设方面,硬

件设施建设应根据老年人的生理、心理特点体现人性化,不必盲目追求豪华和高档。考虑到建设医养结合机构的高成本,宏观上应控制新建养老机构的数量和规模,倡导整合社会闲置资源兴办医养结合机构,提高现有资源的利用效率。

### (四)重视老年护理人员队伍建设,加快养老护理人员的专业化和职业化进程

政府应加强对养老机构老年护理人员的管理,推行持证上岗制度,规范护理人员的职业资质,改善人员待遇,稳定老年护理人员队伍。针对老年护理人员缺乏正规培训的现状,政府和养老机构应积极组织并鼓励他们参加继续教育,不断提高养老机构老年护理人员的业务素质、完善知识结构,提高护理服务质量,使其适应养老机构发展的需要。此外,应大力发展老年护理人员的职业化和专业化教育,鼓励卫生专科学校和职业学校顺应时代发展的需要,重视和加强老年医学、老年护理教育,为养老机构输送优秀老年护理人才。

### (五)加强对养老机构服务质量管理,建立和完善质量控制标准

在政府层面上,应加强对养老机构的监督管理,制定明确的质量控制标准和定期考核制度,建立和完善养老机构综合评估机制,倡导医养结合机构对入住老年人实行分类管理、分区居住,满足老年人不同层次的养老服务需求。在养老机构层面上,管理人员应不断提高管理能力和水平,增强服务质量管理意识,努力促进养老机构由经验管理到科学管理的转变。

# 第七章 老年人能力评估报告

## 第一节 河南省老年人的基本情况

### 一、老年人的人口社会学特征

本研究共调查6014名老年人,剔除信息不明确和填写不符合要求者,回收有效问卷5378份(89.42%)。在纳入的5378名老年人中,男性2656名(49.39%);女性2722名(50.61%)。年龄分布方面,老年人平均年龄为(70.88±7.82)岁。其中60~岁组的有2595名(48.25%);70~岁组的有1935名(35.98%);80~岁组的有749名(13.93%);90~岁组的有99名(1.84%)。文化程度方面,小学人数最多,为1931名(35.91%);高中及以上人数最少,为731名(13.59%)。婚姻状况方面,已婚老年人有4080名(75.86%);其他婚姻状况累计占比24.14%。居住情况方面,独居的有468名(8.70%);与配偶居住的有3144名(58.46%);与子女居住的有1556名(28.93%);其他居住状况累计占比3.91%。经济收入方面,老年人月收入在1000元以下的比例最高,达到55.88%。见表7-1。

表7-1 调查对象的人口社会学特征

| 项目 | | 人数 | 构成比/% |
|---|---|---|---|
| 性别 | 男 | 2656 | 49.39 |
|  | 女 | 2722 | 50.61 |
| 年龄(岁) | 60~ | 2595 | 48.25 |
|  | 70~ | 1935 | 35.98 |
|  | 80~ | 749 | 13.93 |
|  | 90~ | 99 | 1.84 |

续表 7-1

| 项目 | | 人数 | 构成比/% |
|---|---|---|---|
| 居住地 | 城市 | 1835 | 34.12 |
| | 农村 | 3543 | 65.88 |
| 文化程度 | 文盲/半文盲 | 1588 | 29.53 |
| | 小学 | 1931 | 35.91 |
| | 初中 | 1128 | 20.97 |
| | 高中及以上 | 731 | 13.59 |
| 婚姻状况 | 未婚 | 131 | 2.44 |
| | 已婚 | 4080 | 75.86 |
| | 丧偶 | 1136 | 21.12 |
| | 离婚 | 31 | 0.58 |
| 居住情况 | 独居 | 468 | 8.70 |
| | 与配偶居住 | 3144 | 58.46 |
| | 与子女居住 | 1556 | 28.93 |
| | 其他 | 210 | 3.91 |
| 经济收入/(元/月) | 0~ | 3005 | 55.88 |
| | 1000~ | 1252 | 23.28 |
| | 2000~ | 674 | 12.53 |
| | 3000~ | 301 | 5.60 |
| | 4000~ | 89 | 1.65 |
| | 5000~ | 57 | 1.06 |
| 合计 | | 5378 | 100.00 |

## 二、老年人的健康相关情况

调查对象 5378 名老人中，有残疾的有 604 名，占比 11.23%。其中肢体残疾的有 207 名，占比 34.27%，视力残疾和听力残疾的分别占 28.81%、25.83%。在痴呆方面，无痴呆的有 5139 名，占比 95.56%；按痴呆程度排序，轻度痴呆者 183 名，中度痴呆者 46 名，重度痴呆者 10 名。在精神疾病方面，无精神疾病的有 5226 名，占比 97.92%；有精神疾病的有 112 名。在慢性疾病方面，慢性病患病率为 51.52%，共病患病率为 18.78%。其中患 1~3 种慢性疾病的人数最多，有 2616 名(48.64%)；患 4~7 种慢性疾病的人数最少，有 155 名(2.88%)。在近 3 个月内意外事件方面，发生过意外的有 567 名，占比 10.54%。见表 7-2。

表7-2 调查对象的健康相关情况

| 项目 | | 人数 | 构成比/% |
|---|---|---|---|
| 残疾 | 无 | 4774 | 88.77 |
| | 有 | 604 | 11.23 |
| 痴呆 | 无 | 5139 | 95.56 |
| | 有 | 239 | 4.44 |
| 精神疾病 | 无 | 5226 | 97.92 |
| | 有 | 112 | 2.08 |
| 慢性病病种数/种 | 0 | 2607 | 48.48 |
| | 1~3 | 2616 | 48.64 |
| | 4~7 | 155 | 2.88 |
| 跌倒 | 无 | 4898 | 91.07 |
| | 有 | 480 | 8.93 |
| 走失 | 无 | 5279 | 98.16 |
| | 有 | 99 | 1.84 |
| 噎食 | 无 | 5187 | 96.45 |
| | 有 | 191 | 3.55 |
| 自杀 | 无 | 5314 | 98.81 |
| | 有 | 64 | 1.19 |
| 合计 | | 5378 | 100.00 |

# 三、河南省老年人的能力状况

## (一)综合能力等级情况

在老年人能力评估中,综合能力完好者2615名,占48.62%,不同程度失能者2763名,占51.38%。其中,轻度失能者2141名,占39.81%,中度失能者405名,占7.53%,重度失能者217名,占4.04%。其中,日常生活活动维度受损率为23.08%,精神状态维度受损率为40.81%,感知觉与沟通维度受损率为23.80%,社会参与维度受损率为20.10%。不同维度下的老年人能力等级分布见表7-3。

## (二)日常生活活动能力等级情况

本次调查的5378名老年人的日常生活活动能力平均得分为(95.05±13.74)分,能力完好得分为(100.00±0.01)分,轻度受损得分为(88.15±8.59)分,中度受损得分为(56.75±4.55)分,重度受损得分为(23.27±14.81)分。日常生活活动维度受损率为23.08%(1241/5378),未受损率为76.92%(4137/5378)。其中,轻度受损率为18.02%

(969/5378)，中度受损率为3.18%（171/5378），重度受损率为1.88%（101/5378）。日常生活活动能力10个条目中，仅有1项受损的老年人最多，为456名（8.48%），2项受损的老年人次之，为201名（3.74%），10项都受损的老年人最少，为35名（0.65%）。就各条目受损程度而言，洗澡的受损率最高，达到15.79%，其次是上下楼梯、床椅转移、平地行走、如厕的受损率，分别为12.94%、11.55%和10.08%，穿衣、修饰的受损率相对较低，占比为4.15%、4.09%，进食的受损率最低，仅为3.31%。中高龄老年人常见的受损组合为洗澡+上下楼梯+如厕。这说明老年人日常生活活动能力的受损从下肢开始，逐渐发展到上肢，按由难到易的顺序发展。见表7-4和表7-5。

表7-3　不同维度下老年人能力等级分布[n(%)]

| 维度 | 能力完好 | | 轻度受损 | | 中度受损 | | 重度受损 | |
|---|---|---|---|---|---|---|---|---|
| | 人数 | 构成比 | 人数 | 构成比 | 人数 | 构成比 | 人数 | 构成比 |
| 日常生活活动 | 4137 | 76.92 | 969 | 18.02 | 171 | 3.18 | 101 | 1.88 |
| 精神状态 | 3183 | 59.19 | 1727 | 32.11 | 421 | 7.83 | 47 | 0.87 |
| 感知觉与沟通 | 4098 | 76.20 | 705 | 13.11 | 497 | 9.24 | 78 | 1.45 |
| 社会参与 | 4297 | 79.90 | 811 | 15.08 | 191 | 3.55 | 79 | 1.47 |

表7-4　日常生活活动能力受损条目

| 受损条目数 | 人数 | 构成比/% |
|---|---|---|
| 0 | 4173 | 76.92 |
| 1 | 456 | 8.48 |
| 2 | 201 | 3.74 |
| 3 | 115 | 2.14 |
| 4 | 102 | 1.90 |
| 5 | 88 | 1.64 |
| 6 | 70 | 1.30 |
| 7 | 65 | 1.21 |
| 8 | 61 | 1.13 |
| 9 | 48 | 0.89 |
| 10 | 35 | 0.65 |
| 合计 | 5378 | 100.00 |

表7-5 日常生活活动能力各条目受损情况

| 项目 | 正常 | | 受损 | | 排序 |
|---|---|---|---|---|---|
| | 人数 | 构成比/% | 人数 | 构成比/% | |
| 进食 | 5200 | 96.69 | 178 | 3.31 | 10 |
| 洗澡 | 4529 | 84.21 | 849 | 15.79 | 1 |
| 修饰 | 5158 | 95.91 | 220 | 4.09 | 9 |
| 穿衣 | 5155 | 95.85 | 223 | 4.15 | 8 |
| 大便控制 | 5005 | 93.06 | 373 | 6.94 | 6 |
| 小便控制 | 5143 | 95.63 | 235 | 4.37 | 7 |
| 如厕 | 4958 | 92.19 | 420 | 7.81 | 5 |
| 床椅转移 | 4757 | 88.45 | 621 | 11.55 | 3 |
| 平地行走 | 4836 | 89.92 | 542 | 10.08 | 4 |
| 上下楼梯 | 4682 | 87.06 | 696 | 12.94 | 2 |

### (三)精神状态等级情况

本次调查的5378名老年人的精神状态平均得分为(0.53±0.77)分,能力完好得分为(0.00±0.00)分,轻度受损得分为(1.00±0.00)分,中度受损得分为(2.22±0.41)分,重度受损得分为(4.17±0.43)分。精神状态维度受损率为40.81%(2195/5378),未受损率为59.19%(3183/5378)。其中,轻度受损率为32.11%(1727/5378),中度受损率为7.83%(421/5378),重度受损率为0.87%(47/5378)。精神状态3个条目中,仅有一项受损的老年人最多,为1951名(36.28%),两项受损的老年人次之,为201名(3.73%),3项都受损的老年人最少,为43名(0.80%)。就各条目受损程度而言,认知功能的受损率最高,达39.38%,抑郁症状的受损率次之,占比5.26%,攻击行为的受损率最低,为1.50%。这表明认知功能的受损会损害老年人的心理健康,而有抑郁症状的个体更容易冲动和好斗。此外,痴呆、精神疾病老年人都存在着不同程度的精神状态受损。见表7-6和表7-7。

表7-6 精神状态受损条目

| 受损条目数 | 人数 | 构成比/% |
|---|---|---|
| 0 | 3183 | 59.19 |
| 1 | 1951 | 36.28 |
| 2 | 201 | 3.73 |
| 3 | 43 | 0.80 |
| 合计 | 5378 | 100.00 |

表7-7 精神状态各条目受损情况

| 项目 | 正常 | | 受损 | | 排序 |
| --- | --- | --- | --- | --- | --- |
| | 人数 | 构成比/% | 人数 | 构成比/% | |
| 认知功能 | 3260 | 60.62 | 2118 | 39.38 | 1 |
| 攻击行为 | 5297 | 98.50 | 81 | 1.50 | 3 |
| 抑郁症状 | 5095 | 94.74 | 283 | 5.26 | 2 |

### (四)感知觉与沟通等级情况

本次调查的5378名老年人的感知觉与沟通能力平均得分为(1.22±1.78)分,能力完好得分为(0.45±0.62)分,轻度受损得分为(2.72±0.90)分,中度受损得分为(4.27±1.81)分,重度受损得分为(8.32±3.07)分。感知觉与沟通维度受损率为23.80%(1280/5378),未受损率为76.20%(4098/5378)。其中,轻度受损率为13.11%(705/5378),中度受损率为9.24%(497/5378),重度受损率为1.45%(78/5378)。如表7-8和表7-9所示,感知觉与沟通能力4个条目中,仅有一项受损的老年人最多,为382名(7.11%),两项受损的老年人次之,为355名(6.60%),4项都受损的老年人最少,为189名(3.51%)。就各条目受损程度而言,视力的受损率最高,达48.16%,听力的受损率次之,占比22.29%,沟通交流和意识水平的受损率分别为11.64%和6.98%。低龄老年人常见的受损组合为视力+听力,高龄老年人还伴随着沟通交流和意识水平受损。意识是一种特殊而复杂的运动,属于神经系统现象。老年人受损一般先从较为简单的视、听觉开始,逐渐发展为意识障碍。

表7-8 感知觉与沟通能力受损条目

| 受损条目数 | 人数 | 构成比/% |
| --- | --- | --- |
| 0 | 4098 | 76.20 |
| 1 | 382 | 7.11 |
| 2 | 355 | 6.60 |
| 3 | 354 | 6.58 |
| 4 | 189 | 3.51 |
| 合计 | 5378 | 100.00 |

表7-9 感知觉与沟通能力各条目受损情况

| 项目 | 正常 | | 受损 | | 排序 |
| --- | --- | --- | --- | --- | --- |
| | 人数 | 构成比/% | 人数 | 构成比/% | |
| 意识水平 | 5003 | 93.02 | 375 | 6.98 | 4 |
| 视力 | 2788 | 51.84 | 2590 | 48.16 | 1 |
| 听力 | 4179 | 77.71 | 1199 | 22.29 | 2 |
| 沟通交流 | 4752 | 88.36 | 626 | 11.64 | 3 |

### (五)社会参与等级情况

本次调查的5378名老年人的社会参与能力平均得分为(1.67±2.95)分,能力完好得分为(0.53±0.71)分,轻度受损得分为(4.31±1.32)分,中度受损得分为(9.90±1.73)分,重度受损得分为(16.80±1.94)分。社会参与维度受损率为20.10%(1081/5378),未受损率为79.90%(4297/5378)。其中,轻度受损率为15.08%(811/5378),中度受损率为3.55%(191/5378),重度受损率为1.47%(79/5378)。社会参与能力5个条目中,仅有1项受损的老年人最多,为319名(5.93%),2项、3项、4项受损的老年人分别为257名(4.78%)、251名(4.67%)、226名(4.20%),5项都受损的老年人最少,为28名(0.52%)。就各条目的受损程度而言,工作能力的受损率最高,达47.55%,时间/空间定向的受损率次之,占比20.04%,生活能力和社会交往能力的受损率分别为19.25%和13.48%,人物定向的受损率最低,为6.56%。见表7-10和表7-11。

表7-10 社会参与能力受损条目

| 受损条目数 | 人数 | 构成比/% |
|---|---|---|
| 0 | 4297 | 79.90 |
| 1 | 319 | 5.93 |
| 2 | 257 | 4.78 |
| 3 | 251 | 4.67 |
| 4 | 226 | 4.20 |
| 5 | 28 | 0.52 |
| 合计 | 5378 | 100.00 |

表7-11 社会参与能力各条目受损情况

| 项目 | 正常 | | 受损 | | 排序 |
|---|---|---|---|---|---|
| | 人数 | 构成比/% | 人数 | 构成比/% | |
| 生活能力 | 4343 | 80.75 | 1035 | 19.25 | 3 |
| 工作能力 | 2821 | 52.45 | 2557 | 47.55 | 1 |
| 时间/空间定向 | 4300 | 79.96 | 1078 | 20.04 | 2 |
| 人物定向 | 5025 | 93.44 | 353 | 6.56 | 5 |
| 社会交往能力 | 4653 | 86.52 | 725 | 13.48 | 4 |

### (六)河南省老年人能力状况影响因素的单因素分析

1.综合能力影响因素的单因素分析 人口社会学因素对老年人综合能力等级影响调查结果显示,河南省女性老年人综合能力的失能率为56.39%,男性为46.24%,男性老年人失能率低于女性;60~岁老年人的总失能率为42.00%,中重度失能率仅为5.82%,70~岁老年人的总失能率为52.61%,中重度失能率为12.25%,80~岁老年人的总失能率为74.90%,中重度失能率为23.37%,90~岁老年人的总失能率已达到94.95%,中重度失能率为59.59%,年龄越大,失能率越高,能力等级越差;不同城乡分布老年人的综合能力等级无明显差异;文化程度为文盲/半文盲、小学、初中、高中及以上老年人的能力完好所占比重分别为32.05%、48.89%、58.51%、68.67%,不同文化程度老年人的能力等级有差别,且文化程度越低,失能程度越高;无配偶老年人轻度、中度、重度失能率分别为45.84%、11.79%、7.62%,有配偶老年人轻度、中度、重度失能率则为37.89%、6.18%、2.89%,有配偶老年综合能力优于无配偶老年人;与配偶居住老年人的失能率最低,为46.34%,与子女居住老年人的失能率为55.85%,独居老年人的失能率为61.54%,其他居住形式老年人的失能率最高,为70.95%,综合能力等级在独居与子女居住间没有差异;不同医疗保险类型老年人综合能力等级存在差异,城镇职工、城镇居民、新农合医疗保险老年人能力完好所占比重分别为58.65%、53.70%、45.64%,其他医保类型老年人能力完好所占比重为32.05%,无医保老年人能力完好所占比重为37.82%;月收入在5000元以上的老年人能力状况明显优于其他经济收入的老年人,且经济收入越高,能力等级越好;有职业老年人的能力完好所占比例为50.30%,无职业老年人的能力完好所占比例为43.59%,有无职业在老年人综合能力等级之间的差异有统计学意义。见表7-12。

表7-12 人口社会学因素对河南省老年人综合能力等级的影响[n(%)]

| 项目 | 能力完好 | 轻度失能 | 中度失能 | 重度失能 | Z/H/G | P |
|---|---|---|---|---|---|---|
| 性别 | | | | | 6.767 | <0.001 |
| 男 | 1428(53.76) | 938(35.32) | 191(7.19) | 99(3.73) | | |
| 女 | 1187(43.61) | 1203(44.19) | 214(7.86) | 118(4.34) | | |
| 年龄/岁 | | | | | 0.380 | <0.001 |
| 60~ | 1505(58.00) | 939(36.18) | 117(4.51) | 34(1.31) | | |
| 70~ | 917(47.39) | 781(40.36) | 166(8.58) | 71(3.67) | | |
| 80~ | 188(25.10) | 386(51.53) | 93(12.42) | 82(10.95) | | |
| 90~ | 5(5.05) | 35(35.36) | 29(29.29) | 30(30.30) | | |
| 城乡分布 | | | | | 3.148 | 0.076 |
| 城市 | 1012(55.15) | 610(33.24) | 129(7.03) | 84(4.58) | | |
| 农村 | 1603(45.24) | 1531(43.21) | 276(7.80) | 133(3.75) | | |
| 文化程度 | | | | | -0.323 | <0.001 |
| 文盲/半文盲 | 509(32.05) | 827(52.08) | 153(9.64) | 99(6.23) | | |
| 小学 | 944(48.89) | 763(39.51) | 148(7.66) | 76(3.94) | | |

续表 7-12

| 项目 | 能力完好 | 轻度失能 | 中度失能 | 重度失能 | Z/H/G | P |
|---|---|---|---|---|---|---|
| 初中 | 660(58.51) | 374(33.16) | 68(6.03) | 26(2.30) | | |
| 高中及以上 | 502(68.67) | 177(24.21) | 36(4.93) | 16(2.19) | | |
| 婚姻状况 | | | | | 12.966 | <0.001 |
| 无配偶 | 451(34.75) | 595(45.84) | 153(11.79) | 99(7.62) | | |
| 有配偶 | 2164(53.04) | 1546(37.89) | 252(6.18) | 118(2.89) | | |
| 居住情况 | | | | | 122.526 | <0.001 |
| 独居 | 180(38.46) | 217(46.37) | 52(11.11) | 19(4.06) | | |
| 与配偶居住 | 1687(53.66) | 1186(37.72) | 184(5.85) | 87(2.77) | | |
| 与子女居住 | 687(44.15) | 638(41.00) | 145(9.32) | 86(5.53) | | |
| 其他 | 61(29.05) | 100(47.62) | 24(11.43) | 25(11.90) | | |
| 医疗保险类型 | | | | | 53.008 | <0.001 |
| 无 | 45(37.82) | 54(45.38) | 12(10.08) | 8(6.72) | | |
| 城镇职工 | 444(58.65) | 218(28.80) | 60(7.93) | 35(4.62) | | |
| 城镇居民 | 545(53.70) | 360(35.47) | 65(6.40) | 45(4.43) | | |
| 新农合 | 1556(45.64) | 1473(43.21) | 259(7.60) | 121(3.55) | | |
| 其他 | 25(32.05) | 36(46.15) | 9(11.54) | 8(10.26) | | |
| 月经济收入/元 | | | | | −0.253 | <0.001 |
| 0 ~ | 1241(41.30) | 1347(44.83) | 264(8.78) | 153(5.09) | | |
| 1000 ~ | 689(55.03) | 456(36.42) | 77(6.15) | 30(2.40) | | |
| 2000 ~ | 402(59.64) | 210(31.16) | 43(6.38) | 19(2.82) | | |
| 3000 ~ | 191(63.46) | 84(27.91) | 15(4.98) | 11(3.65) | | |
| 4000 ~ | 52(58.43) | 28(31.46) | 5(5.62) | 4(4.49) | | |
| 5000 ~ | 40(70.18) | 16(28.07) | 1(1.75) | 0(0.00) | | |
| 职业 | | | | | 4.841 | <0.001 |
| 无 | 585(43.59) | 562(41.88) | 125(9.31) | 70(5.22) | | |
| 有 | 2030(50.30) | 1579(39.12) | 280(6.94) | 147(3.64) | | |

健康相关因素对老年人综合能力等级影响的结果显示，河南省残疾老年人综合能力状况远不如无残疾者，残疾老年人轻度、中度、重度失能率分别为49.34%、21.36%、19.87%，无残疾老年人轻度、中度、重度失能率分别为38.61%、5.78%、2.03%；痴呆老年人中、重度失能率分别为48.95%、51.05%，无痴呆老年人中、重度失能率分别为5.60%、1.85%，痴呆高于无痴呆；患精神疾病老年人失能率为100.00%，非精神疾病

老年人为50.34%,患精神疾病高于未患精神疾病;患慢性病病种数与老年人综合能力等级相互关联,即随着慢性病病种数增加,老年人能力等级变差;近3个月无意外事件老年人轻度、中度、重度失能率分别为40.80%、4.34%、2.02%,有意外事件老年人轻度、中度、重度失能率则为31.39%、34.57%、21.16%,无意外事件老年人综合能力状况优于有意外事件老年人。见表7-13。

表7-13 健康相关因素对河南省老年人综合能力等级的影响[n(%)]

| 项目 | 能力完好 | 轻度失能 | 中度失能 | 重度失能 | Z/H/G | P |
|---|---|---|---|---|---|---|
| 残疾 | | | | | 25.185 | <0.001 |
| 　无 | 2558(53.58) | 1843(38.61) | 276(5.78) | 97(2.03) | | |
| 　有 | 57(9.43) | 298(49.34) | 129(21.36) | 120(19.87) | | |
| 痴呆 | | | | | 27.290 | <0.001 |
| 　无 | 2615(50.89) | 2141(41.66) | 288(5.60) | 95(1.85) | | |
| 　有 | 0(0.00) | 0(0.00) | 117(48.95) | 122(51.05) | | |
| 精神疾病 | | | | | 16.714 | <0.001 |
| 　无 | 2615(49.66) | 2127(40.39) | 339(6.44) | 185(3.51) | | |
| 　有 | 0(0.00) | 14(12.50) | 66(58.93) | 32(28.57) | | |
| 慢性病病种数/种 | | | | | 0.433 | <0.001 |
| 　0 | 1599(61.33) | 877(33.64) | 105(4.03) | 26(1.00) | | |
| 　1~3 | 945(36.12) | 1218(46.56) | 283(10.82) | 170(6.50) | | |
| 　4~7 | 71(45.81) | 46(29.68) | 17(10.97) | 21(13.54) | | |
| 近3个月内意外事件 | | | | | 26.221 | <0.001 |
| 　无 | 2542(52.84) | 1963(40.80) | 209(4.34) | 97(2.02) | | |
| 　有 | 73(12.88) | 178(31.39) | 196(34.57) | 120(21.16) | | |

2.日常生活活动能力影响因素的单因素分析 人口社会学因素对老年人日常生活活动能力等级的影响结果显示,河南省女性老年人受损率为26.12%,男性为19.96%,老年人日常生活活动能力等级在性别之间有差异;60~岁老年人的总受损率为11.52%,中重度受损率为1.50%,90~岁老年人的总受损率已达到89.90%,中重度受损率为40.40%,年龄越大,受损率越高,受损程度越高;不同城乡分布老年人的日常生活活动能力等级无明显差异;文化程度为文盲/半文盲、小学、初中、高中及以上老年人的未受损率分别为68.89%、77.21%、83.16%、83.99%,不同文化程度老年人的能力等级有差别,且文化程度越低,能力等级越差;无配偶老年人轻度、中度、重度受损率分别为27.58%、5.47%、3.16%,有配偶老年人轻度、中度、重度受损率则为14.98%、2.45%、1.47%,有配偶老年人日常生活活动能力优于无配偶老年人;与配偶居住老年人的受损率为

18.16%，与子女居住老年人的受损率为 29.37%，独居老年人的受损率为 28.63%，其他居住形式老年人的受损率为 37.62%，日常生活活动能力等级在独居与子女居住间没有差异；城镇职工、城镇居民、新农合医疗保险老年人未受损率分别为 77.02%、78.03%、77.38%，其他医保类型老年人未受损率为 53.84%，无医保老年人未受损率为 68.91%；月收入在 5000 元以上的老年人能力状况明显优于其他经济收入的老年人，且经济收入越高，受损程度越低；有职业老年人的未受损率为 78.18%，无职业老年人的未受损率为 73.18%，有无职业在老年人日常生活活动能力等级之间的差异有统计学意义。见表 7-14。

表 7-14 人口社会学因素对河南省老年人日常生活活动能力等级的影响[n(%)]

| 项目 | 能力完好 | 轻度受损 | 中度受损 | 重度受损 | Z/H/G | P |
| --- | --- | --- | --- | --- | --- | --- |
| 性别 | | | | | 5.146 | <0.001 |
| 男 | 2126(80.04) | 401(15.10) | 82(3.09) | 47(1.77) | | |
| 女 | 2011(73.88) | 568(20.87) | 89(3.27) | 54(1.98) | | |
| 年龄/岁 | | | | | 0.579 | <0.001 |
| 60~ | 2296(88.48) | 260(10.02) | 22(0.85) | 17(0.65) | | |
| 70~ | 1466(75.76) | 367(18.97) | 68(3.51) | 34(1.76) | | |
| 80~ | 365(48.73) | 293(39.12) | 54(7.21) | 37(4.94) | | |
| 90~ | 10(10.11) | 49(49.49) | 27(27.27) | 13(13.13) | | |
| 城乡分布 | | | | | 0.467 | 0.640 |
| 城市 | 1418(77.28) | 328(17.87) | 54(2.94) | 35(1.91) | | |
| 农村 | 2719(76.74) | 641(18.09) | 117(3.31) | 66(1.86) | | |
| 文化程度 | | | | | 0.240 | <0.001 |
| 文盲/半文盲 | 1094(68.89) | 374(23.55) | 78(4.92) | 42(2.64) | | |
| 小学 | 1491(77.21) | 351(18.18) | 55(2.85) | 34(1.76) | | |
| 初中 | 938(83.16) | 148(13.12) | 27(2.39) | 15(1.33) | | |
| 高中及以上 | 614(83.99) | 96(13.13) | 11(1.51) | 10(1.37) | | |
| 婚姻状况 | | | | | 12.970 | <0.001 |
| 无配偶 | 828(63.79) | 358(27.58) | 71(5.47) | 41(3.16) | | |
| 有配偶 | 3309(81.10) | 611(14.98) | 100(2.45) | 60(1.47) | | |
| 居住情况 | | | | | 112.316 | <0.001 |
| 独居 | 334(71.37) | 110(23.50) | 20(4.27) | 4(0.86) | | |
| 与配偶居住 | 2573(81.84) | 448(14.25) | 78(2.48) | 45(1.43) | | |
| 与子女居住 | 1099(70.63) | 358(23.01) | 61(3.92) | 38(2.44) | | |

续表 7-14

| 项目 | 能力完好 | 轻度受损 | 中度受损 | 重度受损 | Z/H/G | P |
|---|---|---|---|---|---|---|
| 其他 | 131(62.38) | 53(25.24) | 12(5.71) | 14(6.67) | | |
| 医疗保险类型 | | | | | 28.698 | <0.001 |
| 无 | 82(68.91) | 29(24.37) | 5(4.20) | 3(2.52) | | |
| 城镇职工 | 583(77.02) | 135(17.83) | 23(3.04) | 16(2.11) | | |
| 城镇居民 | 792(78.03) | 176(17.34) | 30(2.96) | 17(1.67) | | |
| 新农合 | 2638(77.38) | 601(17.63) | 109(3.20) | 61(1.79) | | |
| 其他 | 42(53.84) | 28(35.90) | 51(5.13) | 4(5.13) | | |
| 月经济收入/元 | | | | | 0.203 | <0.001 |
| 0~ | 2190(72.88) | 622(20.70) | 123(4.09) | 70(2.33) | | |
| 1000~ | 1035(82.66) | 180(14.38) | 24(1.92) | 13(1.04) | | |
| 2000~ | 554(82.19) | 99(14.69) | 12(1.78) | 9(1.34) | | |
| 3000~ | 239(79.40) | 48(15.95) | 9(2.99) | 5(1.66) | | |
| 4000~ | 69(77.53) | 14(15.73) | 2(2.25) | 4(4.49) | | |
| 5000~ | 50(87.72) | 6(10.53) | 1(1.75) | 0(0.00) | | |
| 职业 | | | | | 3.733 | <0.001 |
| 无 | 982(73.18) | 282(21.01) | 47(3.50) | 31(2.31) | | |
| 有 | 3155(78.18) | 687(17.02) | 124(3.07) | 70(1.73) | | |

健康相关因素对老年人日常生活活动能力等级影响的结果显示，河南省残疾老年人能力状况远不如无残疾者，残疾老年人轻度、中度、重度受损率分别为39.07%、15.56%、10.43%，无残疾老年人轻度、中度、重度受损率分别为15.35%、1.61%、0.80%；痴呆老年人受损率为72.38%，无痴呆老年人为20.78%，痴呆高于无痴呆；患精神疾病老年人受损率为44.64%，非精神疾病老年人为22.62%，患精神疾病高于未患精神疾病；患1~3种、4~7种慢性疾病老年人日常生活活动受损明显高于无慢性疾病老年人；近3个月无意外事件老年人轻度、中度、重度受损率分别为15.13%、2.06%、1.08%，有意外事件老年人轻度、中度、重度受损率则为42.50%、12.70%、8.64%，无意外事件老年人能力状况优于有意外事件老年人。见表7-15。

表7-15　健康相关因素对河南省老年人日常生活活动能力等级的影响[n(%)]

| 项目 | 能力完好 | 轻度受损 | 中度受损 | 重度受损 | Z/H/G | P |
|---|---|---|---|---|---|---|
| 残疾 | | | | | 27.531 | <0.001 |
| 　无 | 3926(82.24) | 733(15.35) | 77(1.61) | 38(0.80) | | |
| 　有 | 211(34.94) | 236(39.07) | 94(15.56) | 63(10.43) | | |
| 痴呆 | | | | | 20.389 | <0.001 |
| 　无 | 4071(79.22) | 886(17.24) | 129(2.51) | 53(1.03) | | |
| 　有 | 66(27.62) | 83(34.73) | 42(17.57) | 48(20.08) | | |
| 精神疾病 | | | | | 6.023 | <0.001 |
| 　无 | 4075(77.38) | 940(17.85) | 163(3.10) | 88(1.67) | | |
| 　有 | 62(55.36) | 29(25.89) | 8(7.14) | 13(11.61) | | |
| 慢性病病种数(种) | | | | | 0.482 | <0.001 |
| 　0 | 2260(86.69) | 314(12.04) | 25(0.96) | 8(0.31) | | |
| 　1~3 | 1773(67.78) | 622(23.78) | 140(5.35) | 81(3.09) | | |
| 　4~7 | 104(67.10) | 33(21.29) | 6(3.87) | 12(7.74) | | |
| 近3个月内意外事件 | | | | | 25.243 | <0.001 |
| 　无 | 3932(81.73) | 728(15.13) | 99(2.06) | 52(1.08) | | |
| 　有 | 205(36.16) | 241(42.50) | 72(12.70) | 49(8.64) | | |

3. 精神状态影响因素的单因素分析　通过比较不同人口学社会因素下老年人精神状态的等级,发现河南省女性的受损率为45.89%,男性受损率为35.62%,女性受损率高于男性;60~岁老年人的中、重度受损率分别为4.74%、0.42%,90~岁老年人的中、重度受损率已达到31.31%、9.09%,受损率和受损程度随着年龄的增长而增加;相对于城市老年人,农村老年人精神状态更脆弱;不同文化程度老年人的精神状态受损状况有差别,且文化程度越低,受损程度越高;无配偶老年人未受损率为45.15%,有配偶老年人未受损率为63.65%,有配偶老年人精神状态优于无配偶老年人;与配偶居住老年人的受损率为36.10%,与子女居住老年人的受损率为44.66%,独居老年人的受损率为52.79%,其他居住形式老年人的受损率为56.19%,精神状态等级在独居与其他居住情况间没有差异;不同医疗保险类型老年人精神状态等级存在差异,城镇职工、城镇居民、新农合医疗保险老年人未受损率分别为71.47%、63.84%、55.74%,其他医保类型老年人未受损率为46.15%,无医保老年人未受损率为48.74%;月收入在3000元以上的老年人能力状况明显优于其他经济收入的老年人,且经济收入越高,受损程度越低;有职业老年人的未受损率为55.29%,无职业老年人的未受损率为60.48%,老年人精神状态等级受到有无职业的影响。见表7-16。

表 7-16 人口社会学因素对河南省老年人精神状态等级的影响 [n(%)]

| 项目 | 能力完好 | 轻度受损 | 中度受损 | 重度受损 | Z/H/G | P |
|---|---|---|---|---|---|---|
| 性别 | | | | | 7.420 | <0.001 |
| 　男 | 1710(64.38) | 740(27.86) | 192(7.23) | 14(0.53) | | |
| 　女 | 1473(54.11) | 987(36.26) | 229(8.41) | 33(1.22) | | |
| 年龄/岁 | | | | | 0.354 | <0.001 |
| 　60～ | 1772(68.29) | 689(26.55) | 123(4.74) | 11(0.42) | | |
| 　70～ | 1099(56.79) | 678(35.04) | 148(7.65) | 10(0.52) | | |
| 　80～ | 307(40.99) | 306(40.85) | 119(15.89) | 17(2.27) | | |
| 　90～ | 5(5.05) | 54(54.55) | 31(31.31) | 9(9.09) | | |
| 城乡分布 | | | | | 6.823 | <0.001 |
| 　城市 | 1220(66.49) | 449(24.47) | 145(7.90) | 21(1.14) | | |
| 　农村 | 1963(55.41) | 1278(36.07) | 276(7.79) | 26(0.73) | | |
| 文化程度 | | | | | 0.374 | <0.001 |
| 　文盲/半文盲 | 659(41.49) | 732(46.10) | 170(10.71) | 27(1.70) | | |
| 　小学 | 1142(59.14) | 625(32.37) | 151(7.82) | 13(0.67) | | |
| 　初中 | 800(70.92) | 259(22.96) | 66(5.85) | 3(0.27) | | |
| 　高中及以上 | 582(79.62) | 111(15.18) | 34(4.65) | 4(0.55) | | |
| 婚姻状况 | | | | | 12.726 | <0.001 |
| 　无配偶 | 586(45.15) | 516(39.75) | 169(13.02) | 27(2.08) | | |
| 　有配偶 | 2597(63.65) | 1211(29.68) | 252(6.18) | 20(0.49) | | |
| 居住情况 | | | | | 101.729 | <0.001 |
| 　独居 | 221(47.21) | 181(38.68) | 56(11.97) | 10(2.14) | | |
| 　与配偶居住 | 2009(63.90) | 921(29.29) | 200(6.36) | 14(0.45) | | |
| 　与子女居住 | 861(55.34) | 547(35.15) | 133(8.55) | 15(0.96) | | |
| 　其他 | 92(43.81) | 78(37.14) | 32(15.24) | 8(3.81) | | |
| 医疗保险类型 | | | | | 67.689 | <0.001 |
| 　无 | 58(48.74) | 44(36.98) | 13(10.92) | 4(3.36) | | |
| 　城镇职工 | 541(71.47) | 148(19.55) | 57(7.53) | 11(1.45) | | |
| 　城镇居民 | 648(63.84) | 276(27.19) | 83(8.18) | 8(0.79) | | |
| 　新农合 | 1900(55.74) | 1227(35.99) | 259(7.60) | 23(0.67) | | |
| 　其他 | 36(46.15) | 32(41.03) | 9(11.54) | 1(1.28) | | |
| 月经济收入/元 | | | | | 0.301 | <0.001 |

续表 7-16

| 项目 | 能力完好 | 轻度受损 | 中度受损 | 重度受损 | Z/H/G | P |
|---|---|---|---|---|---|---|
| 0 ~ | 1543(51.35) | 1154(38.40) | 272(9.05) | 36(1.20) | | |
| 1000 ~ | 808(64.54) | 356(28.43) | 83(6.63) | 5(0.40) | | |
| 2000 ~ | 481(71.36) | 146(21.66) | 45(6.68) | 2(0.30) | | |
| 3000 ~ | 238(79.07) | 47(15.61) | 14(4.65) | 2(0.67) | | |
| 4000 ~ | 68(76.40) | 14(15.73) | 5(5.62) | 2(2.25) | | |
| 5000 ~ | 45(78.95) | 10(17.54) | 2(3.51) | 0(0.00) | | |
| 职业 | | | | | 3.641 | <0.001 |
| 无 | 742(55.29) | 457(34.05) | 132(9.84) | 11(0.82) | | |
| 有 | 2441(60.48) | 1270(31.47) | 289(7.16) | 36(0.89) | | |

通过比较健康相关因素对老年人精神状态等级的影响，发现河南省残疾老年人能力状况远不如无残疾者，残疾老年人轻度、中度、重度受损率分别为42.22%、24.34%、3.80%，无残疾老年人轻度、中度、重度受损率分别为30.83%、5.74%、0.50%；痴呆老年人中度、重度受损率分别为86.61%、13.39%，无痴呆老年人则为4.16%、0.29%，痴呆高于无痴呆；患精神疾病老年人受损率为82.15%，非精神疾病老年人为39.94%，患精神疾病高于未患精神疾病；患1~3种、4~7种慢性疾病老年人精神状态受损明显高于无慢性疾病老年人，且慢性疾病病种数越多，受损程度越严重；近3个月无意外事件老年人轻度、中度、重度受损率分别为31.80%、5.36%、0.27%，有意外事件老年人轻度、中度、重度受损率则为34.74%、28.75%、6.00%，无意外事件老年人能力状况优于有意外事件老年人。见表7-17。

表7-17 健康相关因素对河南省老年人精神状态等级的影响[n(%)]

| 项目 | 能力完好 | 轻度受损 | 中度受损 | 重度受损 | Z/H/G | P |
|---|---|---|---|---|---|---|
| 残疾 | | | | | 18.148 | <0.001 |
| 无 | 3004(62.93) | 1472(30.83) | 274(5.74) | 24(0.50) | | |
| 有 | 179(29.64) | 255(42.22) | 147(24.34) | 23(3.80) | | |
| 痴呆 | | | | | 28.793 | <0.001 |
| 无 | 3183(61.94) | 1727(33.61) | 214(4.16) | 15(0.29) | | |
| 有 | 0(0.00) | 0(0.00) | 207(86.61) | 32(13.39) | | |
| 精神疾病 | | | | | 13.880 | <0.001 |
| 无 | 3163(60.06) | 1717(32.61) | 363(6.89) | 23(0.44) | | |
| 有 | 20(17.85) | 10(8.93) | 58(51.79) | 24(21.43) | | |

续表 7-17

| 项目 | 能力完好 | 轻度受损 | 中度受损 | 重度受损 | Z/H/G | P |
|---|---|---|---|---|---|---|
| 慢性病病种数/种 | | | | | 0.390 | <0.001 |
| 0 | 1825(70.01) | 675(25.89) | 102(3.91) | 5(0.19) | | |
| 1~3 | 1276(48.78) | 1013(38.72) | 299(11.43) | 28(1.07) | | |
| 4~7 | 82(52.90) | 39(25.16) | 20(12.90) | 14(9.04) | | |
| 近3个月内意外事件 | | | | | 18.530 | <0.001 |
| 无 | 3010(62.57) | 1530(31.80) | 258(5.36) | 13(0.27) | | |
| 有 | 173(30.51) | 197(34.74) | 163(28.75) | 34(6.00) | | |

4. 感知觉与沟通能力影响因素的单因素分析 通过比较不同人口社会学因素下老年人的感知觉与沟通能力等级,发现河南省女性的受损率为25.94%,男性受损率为21.60%,女性受损率高于男性;60~岁老年人的受损率为14.45%,70~岁老年人的受损率为24.34%,80~岁老年人的受损率为47.93%,90~岁老年人的受损率已达到75.76%,年龄与受损率与受损程度具有正向关系;相对于农村老年人,城市老年人感知觉与沟通能力更好;不同文化程度老年人的受损状况有差别,且文化程度越低,受损程度越高;有配偶老年人未受损率为80.46%,无配偶老年人未受损率为62.79%,有配偶老年感知觉与沟通能力优于无配偶老年人;与配偶居住老年人的受损率为19.30%,与子女居住老年人的受损率为27.38%,独居老年人的受损率为32.91%,其他居住形式老年人的受损率为44.29%,感知觉与沟通能力等级在独居与与子女居住情况间没有差异;不同医疗保险类型老年人能力等级存在差异,城镇职工、城镇居民、新农合医疗保险老年人未受损率分别为81.64%、79.71%、74.74%,其他医保类型老年人未受损率为55.71%,无医保老年人未受损率为67.23%;月收入在5000元以上的老年人能力状况明显优于其他经济收入的老年人,且经济收入越高,受损程度越低;有职业老年人的未受损率为77.90%,无职业老年人的未受损率为71.09%,有职业老年人能力状况略优于无职业老年人。见表7-18。

表7-18 人口社会学因素对河南省老年人感知觉与沟通能力等级的影响[n(%)]

| 项目 | 能力完好 | 轻度受损 | 中度受损 | 重度受损 | Z/H/G | P |
|---|---|---|---|---|---|---|
| 性别 | | | | | 3.494 | <0.001 |
| 男 | 2082(78.40) | 301(11.33) | 241(9.07) | 32(1.20) | | |
| 女 | 2016(74.06) | 404(14.84) | 256(9.40) | 46(1.70) | | |
| 年龄/岁 | | | | | 0.472 | <0.001 |
| 60~ | 2220(85.55) | 232(8.94) | 131(5.05) | 12(0.46) | | |
| 70~ | 1464(75.66) | 276(14.26) | 166(8.58) | 29(1.50) | | |

续表7-18

| 项目 | 能力完好 | 轻度受损 | 中度受损 | 重度受损 | Z/H/G | P |
|---|---|---|---|---|---|---|
| 80 ~ | 390(52.07) | 178(23.77) | 155(20.69) | 26(3.47) | | |
| 90 ~ | 24(24.24) | 19(19.19) | 45(45.45) | 11(11.12) | | |
| 城乡分布 | | | | | 4.735 | <0.001 |
| 　城市 | 1469(80.06) | 205(11.17) | 132(7.19) | 29(1.58) | | |
| 　农村 | 2629(74.20) | 500(14.12) | 365(10.30) | 49(1.38) | | |
| 文化程度 | | | | | −0.358 | <0.001 |
| 　文盲/半文盲 | 659(41.49) | 732(46.10) | 170(10.71) | 27(1.70) | | |
| 　小学 | 1142(59.14) | 625(32.37) | 151(7.82) | 13(0.67) | | |
| 　初中 | 800(70.92) | 259(22.96) | 66(5.85) | 3(0.27) | | |
| 　高中及以上 | 582(79.62) | 111(15.18) | 34(4.65) | 4(0.55) | | |
| 婚姻状况 | | | | | 13.229 | <0.001 |
| 　无配偶 | 815(62.79) | 247(19.03) | 205(15.79) | 31(2.39) | | |
| 　有配偶 | 3283(80.46) | 458(11.23) | 292(7.16) | 47(1.15) | | |
| 居住情况 | | | | | 121.486 | <0.001 |
| 　独居 | 314(67.09) | 90(19.23) | 57(12.18) | 7(1.50) | | |
| 　与配偶居住 | 2537(80.70) | 353(11.23) | 224(7.12) | 30(0.95) | | |
| 　与子女居住 | 1130(72.62) | 219(14.07) | 175(11.25) | 32(2.06) | | |
| 　其他 | 117(55.71) | 43(20.48) | 41(19.52) | 9(4.29) | | |
| 医保类型 | | | | | 34.503 | <0.001 |
| 　无 | 80(67.23) | 13(10.92) | 25(21.01) | 1(0.84) | | |
| 　城镇职工 | 618(81.64) | 75(9.91) | 48(6.34) | 16(2.11) | | |
| 　城镇居民 | 809(79.71) | 120(11.82) | 73(7.19) | 13(1.28) | | |
| 　新农合 | 2538(74.44) | 487(14.29) | 336(9.86) | 48(1.41) | | |
| 　其他 | 53(67.95) | 10(12.82) | 15(19.23) | 0(0.00) | | |
| 月经济收入/元 | | | | | −0.245 | <0.001 |
| 　0 ~ | 2153(71.65) | 451(15.01) | 348(11.58) | 53(1.76) | | |
| 　1000 ~ | 999(79.79) | 156(12.46) | 88(7.03) | 9(0.72) | | |
| 　2000 ~ | 576(85.46) | 51(7.57) | 37(5.49) | 10(1.48) | | |
| 　3000 ~ | 252(83.73) | 29(9.63) | 15(4.98) | 5(1.66) | | |
| 　4000 ~ | 70(78.65) | 11(12.36) | 7(7.87) | 1(1.12) | | |
| 　5000 ~ | 48(84.21) | 7(12.28) | 2(3.51) | 0(0.00) | | |
| 职业 | | | | | 5.090 | <0.001 |
| 　无 | 954(71.09) | 211(15.72) | 151(11.25) | 26(1.94) | | |
| 　有 | 3144(77.90) | 494(12.24) | 346(8.57) | 52(1.29) | | |

通过比较健康相关因素对老年人感知觉与沟通能力等级的影响,发现河南省残疾老年人能力状况远不如无残疾者,残疾老年人轻度、中度、重度受损率分别为25.66%、29.97%、6.46%,无残疾老年人轻度、中度、重度受损率分别为11.52%、6.62%、0.82%;痴呆老年人受损率为75.32%,无痴呆老年人则为21.41%,痴呆高于无痴呆;患精神疾病老年人受损率为53.57%,非精神疾病老年人为23.17%,患精神疾病高于未患精神疾病;患慢性病病种数在老年人感知觉与沟通能力间的差异具有统计学意义,且随着慢性病病种数增加,老年人能力等级变差;近3个月无意外事件老年人受损率为20.84%,有意外事件老年人受损率则为48.85%,无意外事件老年人能力状况优于有意外事件老年人。见表7-19。

表7-19 健康相关因素对河南省老年人感知觉与沟通能力等级的影响[n(%)]

| 项目 | 能力完好 | 轻度受损 | 中度受损 | 重度受损 | Z/H/G | P |
|---|---|---|---|---|---|---|
| 残疾 | | | | | 24.557 | <0.001 |
| 无 | 3869(81.04) | 550(11.52) | 316(6.62) | 39(0.82) | | |
| 有 | 229(37.91) | 155(25.66) | 181(29.97) | 39(6.46) | | |
| 痴呆 | | | | | 21.000 | <0.001 |
| 无 | 4039(78.59) | 655(12.75) | 400(7.78) | 45(0.88) | | |
| 有 | 59(24.68) | 50(20.92) | 97(40.59) | 33(13.81) | | |
| 精神疾病 | | | | | 8.227 | <0.001 |
| 无 | 4046(76.83) | 685(13.01) | 468(8.89) | 67(1.27) | | |
| 有 | 52(46.43) | 20(17.86) | 29(25.89) | 11(9.82) | | |
| 慢性病病种数 | | | | | 0.457 | <0.001 |
| 0 | 2242(86.01) | 230(8.82) | 119(4.56) | 16(0.61) | | |
| 1~3 | 1754(67.04) | 453(17.32) | 351(13.42) | 58(2.22) | | |
| 4~7 | 102(65.81) | 22(14.19) | 27(17.42) | 4(2.58) | | |
| 近3个月内意外事件 | | | | | 15.615 | <0.001 |
| 无 | 3808(79.16) | 590(12.26) | 359(7.46) | 54(1.12) | | |
| 有 | 290(51.15) | 115(20.28) | 138(24.34) | 24(4.23) | | |

5. 社会参与能力影响因素的单因素分析　人口社会学因素对老年人社会参与能力等级影响调查结果显示,河南省男性老年人的社会参与能力(81.03%)高于女性(78.80%);60~岁老年人能力完好所占比重为89.79%,70~岁老年人为79.48%,80~岁老年人为54.34%,90~岁老年人为22.22%,年龄越低,社会参与能力越高;相比农村老年人,城市老年人社会参与能力更好;文化程度为文盲/半文盲、小学、初中、高中及以上老年人能力完好者所占比重分别为71.66%、78.35%、87.85%、89.61%,不同文化程度老年人的能力等级有差别,且文化程度越低,受损程度越高;无配偶老年人受损率为

34.90%，有配偶老年人受损率为15.39%，无配偶老年人社会参与能力较弱；与配偶居住老年人的受损率最低，为14.73%，与子女居住老年人的受损率为26.41%，独居老年人的失能率为24.36%，其他居住形式老年人的失能率最高，为44.29%，社会参与能力等级在独居与与子女居住间没有差异；不同医疗保险类型老年人社会参与能力等级存在差异，城镇职工、城镇居民、新农合医疗保险老年人未受损率分别为85.07%、81.68%、78.70%，其他医保类型老年人未受损率为69.23%，无医保老年人未受损率为73.11%；月收入在5000元以上的老年人能力状况明显优于其他经济收入的老年人，且经济收入越高，能力状况越好；有职业老年人的能力完好所占比例为81.44%，无职业老年人的能力完好所占比例为75.26%，有无职业在老年人社会参与能力等级之间的差异有统计学意义。见表7-20。

表7-20 人口社会学因素对河南省老年人社会参与能力等级的影响[n(%)]

| 项目 | 能力完好 | 轻度受损 | 中度受损 | 重度受损 | Z/H/G | P |
|---|---|---|---|---|---|---|
| 性别 | | | | | 2.072 | 0.038 |
| 男 | 2152(81.03) | 381(14.34) | 90(3.39) | 33(1.24) | | |
| 女 | 2145(78.80) | 430(15.80) | 101(3.71) | 46(1.69) | | |
| 年龄/岁 | | | | | 0.564 | <0.001 |
| 60~ | 2330(89.79) | 229(8.82) | 22(0.85) | 14(0.54) | | |
| 70~ | 1538(79.48) | 317(16.38) | 52(2.69) | 28(1.45) | | |
| 80~ | 407(54.34) | 233(31.11) | 86(11.48) | 23(3.07) | | |
| 90~ | 22(22.22) | 32(32.32) | 31(31.31) | 14(14.15) | | |
| 城乡分布 | | | | | 3.791 | <0.001 |
| 城市 | 1521(82.89) | 228(12.43) | 56(3.05) | 30(1.63) | | |
| 农村 | 2776(78.35) | 583(16.45) | 135(3.81) | 49(1.39) | | |
| 文化程度 | | | | | -0.319 | <0.001 |
| 文盲/半文盲 | 1138(71.66) | 317(19.97) | 95(5.98) | 38(2.39) | | |
| 小学 | 1513(78.35) | 328(16.99) | 64(3.31) | 26(1.35) | | |
| 初中 | 991(87.85) | 104(9.22) | 24(2.13) | 9(0.80) | | |
| 高中及以上 | 655(89.61) | 62(8.48) | 8(1.09) | 6(0.82) | | |
| 婚姻状况 | | | | | 15.554 | <0.001 |
| 无配偶 | 845(65.10) | 318(24.50) | 94(7.24) | 41(3.16) | | |
| 有配偶 | 3452(84.61) | 493(12.08) | 97(2.38) | 38(0.93) | | |
| 居住情况 | | | | | 187.060 | <0.001 |
| 独居 | 354(75.64) | 93(19.87) | 15(3.21) | 6(1.28) | | |

续表7-20

| 项目 | 能力完好 | 轻度受损 | 中度受损 | 重度受损 | Z/H/G | P |
|---|---|---|---|---|---|---|
| 与配偶居住 | 2681(85.27) | 375(11.93) | 63(2.00) | 25(0.80) | | |
| 与子女居住 | 1145(73.59) | 280(17.99) | 93(5.98) | 38(2.44) | | |
| 其他 | 117(55.71) | 63(30.01) | 20(9.52) | 10(4.76) | | |
| 医疗保险类型 | | | | | 28.975 | <0.001 |
| 无 | 87(73.11) | 24(20.17) | 6(5.04) | 2(1.68) | | |
| 城镇职工 | 644(85.07) | 75(9.91) | 21(2.77) | 17(2.25) | | |
| 城镇居民 | 829(81.68) | 140(13.79) | 33(3.25) | 13(1.28) | | |
| 新农合 | 2683(78.70) | 554(16.25) | 127(3.73) | 45(1.32) | | |
| 其他 | 54(69.23) | 18(23.08) | 4(5.13) | 2(2.56) | | |
| 月经济收入/元 | | | | | -0.279 | <0.001 |
| 0~ | 2261(75.23) | 551(18.34) | 142(4.73) | 51(1.70) | | |
| 1000~ | 1063(84.90) | 149(11.90) | 31(2.48) | 9(0.72) | | |
| 2000~ | 587(87.09) | 64(9.50) | 12(1.78) | 11(1.63) | | |
| 3000~ | 257(85.38) | 34(11.30) | 4(1.33) | 6(1.99) | | |
| 4000~ | 77(86.52) | 10(11.23) | 0(0.00) | 2(2.25) | | |
| 5000~ | 52(91.23) | 3(5.26) | 2(3.51) | 0(0.00) | | |
| 职业 | | | | | 4.923 | <0.001 |
| 无 | 1010(75.26) | 246(18.33) | 60(4.47) | 26(1.94) | | |
| 有 | 3287(81.44) | 565(14.00) | 131(3.25) | 33(1.31) | | |

健康相关因素对老年人社会参与能力等级影响的结果显示,河南省残疾老年人中重度受损率可以达到20.69%,无残疾老年人仅为3.04%,残疾老年人能力状况远不如无残疾者;痴呆老年人受损率为72.37%,无痴呆老年人受损率为17.67%,痴呆高于无痴呆;患精神疾病老年人受损率为47.32%,非精神疾病老年人为19.52%,患精神疾病高于未患精神疾病;患1~3种、4~7种慢性疾病老年人受损状态明显高于无慢性疾病老年人,患慢性病病种数越多,能力状况越差;近3个月有意外事件老年人轻度、中度、重度受损率分别为30.34%、12.87%、5.82%,无意外事件老年人受损率分别为13.28%、2.45%、0.96%,无意外事件老年人能力状况优于有意外事件老年人。见表7-21。

表7-21 健康相关因素对河南省老年人社会参与能力等级的影响[n(%)]

| 项目 | 能力完好 | 轻度受损 | 中度受损 | 重度受损 | Z/H/G | P |
|---|---|---|---|---|---|---|
| 残疾 | | | | | 23.140 | <0.001 |
| 无 | 4021(84.22) | 608(12.74) | 113(2.37) | 32(0.67) | | |
| 有 | 276(45.70) | 203(33.61) | 78(12.91) | 47(7.78) | | |
| 痴呆 | | | | | 22.699 | <0.001 |
| 无 | 4231(82.33) | 743(14.46) | 132(2.57) | 33(0.64) | | |
| 有 | 66(27.63) | 68(28.45) | 59(24.69) | 46(19.25) | | |
| 精神疾病 | | | | | 7.789 | <0.001 |
| 无 | 4238(80.48) | 782(14.85) | 178(3.38) | 68(1.29) | | |
| 有 | 59(52.68) | 29(25.89) | 13(11.61) | 11(9.82) | | |
| 慢性病病种数/种 | | | | | 0.529 | <0.001 |
| 0 | 2341(89.80) | 227(8.71) | 28(1.07) | 11(0.42) | | |
| 1~3 | 1848(70.65) | 557(21.29) | 146(5.58) | 65(2.48) | | |
| 4~7 | 108(69.67) | 27(17.42) | 17(10.97) | 3(1.94) | | |
| 近3个月内意外事件 | | | | | 18.907 | <0.001 |
| 无 | 4008(83.31) | 639(13.28) | 118(2.45) | 46(0.96) | | |
| 有 | 289(50.97) | 172(30.34) | 73(12.87) | 33(5.82) | | |

### (七)河南省老年人能力状况影响因素的多因素分析

采用有序多分类 logistic 回归对老年人综合能力影响因素进行多因素分析,因变量为综合能力等级,自变量为单因素分析中有统计学意义的变量,变量的赋值见表7-22。

表7-22 老年人能力等级影响因素分析的变量赋值

| 变量名称 | 赋值 |
|---|---|
| 因变量 | |
| 综合能力等级 | 能力完好=0;轻度失能=1;中度失能=2;重度失能=3 |
| 自变量 | |
| 性别 | 男性=1;女性=2 |
| 年龄 | 60~岁=1;70~岁=2;80~岁=3;90~岁=4 |
| 文化程度 | 文盲/半文盲=1;小学=2;初中=3;高中及以上=4 |
| 婚姻状况 | 无配偶=0;有配偶=1 |
| 居住情况 | 独居=(0,0,0);与配偶居住=(1,0,0);与子女居住=(0,1,0);其他=(0,0,1) |

续表 7-22

| 变量名称 | 赋值 |
|---|---|
| 医疗保险类型 | 无医保=(0,0,0,0);城镇职工医保=(1,0,0,0);城镇居民医保=(0,1,0,0);新农合医保=(0,0,1,0);其他=(0,0,0,1) |
| 月经济收入 | 0~=1;1001~=2;2001~=3;3001~=4;4001~=5;5000=6 |
| 职业 | 无=0;有=1 |
| 残疾 | 无=0;有=1 |
| 痴呆 | 无=0;有=1 |
| 精神疾病 | 无=0;有=1 |
| 患慢性病病种数 | 0 种=0;1~3 种=1;4~7 种=2 |
| 近 3 个月内意外事件 | 无=0;有=1 |

以综合能力等级为因变量,以单因素分析结果中 $P$ 值小于 0.05 的指标作为自变量,即以性别、年龄、文化程度、婚姻状况、居住情况、医疗保险类型、经济收入、有无职业、有无残疾、有无痴呆、精神疾病情况、患慢性病病种数和近 3 个月内有无意外事件为自变量进行有序多分类 logistic 回归分析。以重度失能为参照,自变量之间无多重共线性(Tolerance>1,VIF<10),平行性假设成立($\chi^2=12.357, P=0.194$),似然比检验显示模型具有统计学意义($\chi^2=2906.023, P=0.000$)。结果表明,年龄、文化程度、居住情况、经济收入、残疾情况、痴呆情况、精神疾病状况、患慢性病病种数和近 3 个月内有无意外事件是影响老年人能力等级的重要因素。其中,年龄是老年人能力等级的危险因素,与 90~岁组老人相比,60~、70~、80~岁老年人能力状况更好,$OR(95\%CI)$ 分别为 0.095(0.061~0.149)、0.124(0.079~0.194)、0.243(0.155~0.382);随着文化程度降低,老年人能力等级类别至少升高一个等级的可能性分别是 2.927 倍、2.56 倍、1.87 倍;与其他居住形式相比,独居、与配偶居住、与子女居住的能力状况更好,$OR(95\%CI)$ 分别为 0.549(0.391~0.771)、0.524(0.379~0.724)、0.580(0.426~0.791);月收入在 5000 元及以上老年人的能力状况优于其他组别($OR$ 值分别为 2.757、2.259、2.075、1.992、1.674);相对于残疾、痴呆、精神疾病、近 3 个月内发生过意外事件老年人,无残疾、无痴呆、无精神疾病、近 3 个月内无意外事件老年人能力更好,$OR(95\%CI)$ 分别为 0.188(0.155~0.228)、0.020(0.014~0.028)、0.099(0.063~0.156)、0.111(0.090~0.136);患 0 种、1~3 种慢性病的老年人比无患 4~7 种慢性病的老年人能力更好,$OR(95\%CI)$ 分别为 0.631(0.447~0.891)、0.811(0.573~1.147)。见表 7-23。

表 7-23　河南省老年人能力等级影响因素的有序多分类 Logistic 回归分析

| 自变量 | 估计 | 标准误 | Wald | 显著性 | OR | 95% 置信区间 | |
|---|---|---|---|---|---|---|---|
| | | | | | | 下限 | 上限 |
| 性别(以男为参照) | | | | | | | |
| 　女 | -0.103 | 0.061 | 2.842 | 0.092 | 0.902 | 0.800 | 1.017 |
| 年龄(以90~岁为参照) | | | | | | | |
| 　60~ | -2.357 | 0.230 | 105.071 | <0.001 | 0.095 | 0.061 | 0.149 |
| 　70~ | -2.085 | 0.229 | 83.027 | <0.001 | 0.124 | 0.079 | 0.194 |
| 　80~ | -1.413 | 0.231 | 37.347 | <0.001 | 0.243 | 0.155 | 0.382 |
| 文化程度(以高中及以上为参照) | | | | | | | |
| 　文盲/半文盲 | 1.074 | 0.117 | 84.434 | <0.001 | 2.927 | 2.327 | 3.681 |
| 　小学 | 0.676 | 0.110 | 37.425 | <0.001 | 1.966 | 1.585 | 2.439 |
| 　初中 | 0.461 | 0.113 | 16.597 | <0.001 | 1.586 | 1.271 | 1.979 |
| 婚姻状况(以有配偶为参照) | | | | | | | |
| 　无配偶 | 0.051 | 0.090 | 0.294 | 0.587 | 1.052 | 0.882 | 1.255 |
| 居住情况(以其他为参照) | | | | | | | |
| 　独居 | -0.599 | 0.173 | 11.985 | 0.001 | 0.549 | 0.391 | 0.771 |
| 　与配偶居住 | -0.646 | 0.165 | 15.268 | <0.001 | 0.524 | 0.379 | 0.724 |
| 　与子女居住 | -0.544 | 0.158 | 11.877 | 0.001 | 0.580 | 0.426 | 0.791 |
| 医疗保险类型(以其他为参照) | | | | | | | |
| 　无医保 | -0.224 | 0.304 | 0.545 | 0.460 | 0.799 | 0.440 | 1.450 |
| 　城镇职工医保 | -0.275 | 0.252 | 1.193 | 0.275 | 0.760 | 0.464 | 1.245 |
| 　城镇居民医保 | -0.340 | 0.244 | 1.951 | 0.162 | 0.712 | 0.441 | 1.149 |
| 　新农合医保 | -0.322 | 0.237 | 1.837 | 0.175 | 0.725 | 0.456 | 1.154 |
| 经济收入(以500~元为参照) | | | | | | | |
| 　0~ | 1.014 | 0.398 | 6.501 | <0.001 | 2.757 | 1.264 | 6.015 |
| 　1000~ | 0.815 | 0.346 | 5.536 | 0.011 | 2.259 | 1.147 | 4.451 |
| 　2000~ | 0.730 | 0.351 | 4.327 | 0.019 | 2.075 | 1.043 | 4.129 |
| 　3000~ | 0.689 | 0.837 | 6.676 | 0.038 | 1.992 | 0.386 | 10.274 |
| 　4000~ | 0.515 | 0.351 | 2.151 | 0.041 | 1.674 | 0.841 | 3.331 |
| 职业(以有为参照) | | | | | | | |
| 　无 | -0.130 | 0.070 | 3.475 | 0.062 | 0.878 | 0.765 | 1.007 |
| 残疾(以有为参照) | | | | | | | |
| 　无 | -1.669 | 0.099 | 285.256 | <0.001 | 0.188 | 0.155 | 0.228 |

续表 7-23

| 自变量 | 估计 | 标准误 | Wald | 显著性 | OR | 95% 置信区间 | |
|---|---|---|---|---|---|---|---|
| | | | | | | 下限 | 上限 |
| 痴呆(以有为参照) | | | | | | | |
| 无 | −3.930 | 0.179 | 482.057 | <0.001 | 0.020 | 0.014 | 0.028 |
| 精神疾病(以有为参照) | | | | | | | |
| 无 | −2.315 | 0.231 | 100.072 | <0.001 | 0.099 | 0.063 | 0.156 |
| 患慢性病病种数(以 4~7 种为参照) | | | | | | | |
| 0 种 | −0.461 | 0.176 | 6.853 | 0.009 | 0.631 | 0.447 | 0.891 |
| 1~3 种 | −0.209 | 0.177 | 1.387 | 0.023 | 0.811 | 0.573 | 1.147 |
| 近 3 个月内意外事件(以有为参照) | | | | | | | |
| 无 | −2.201 | 0.105 | 438.796 | <0.001 | 0.111 | 0.090 | 0.136 |

# 第二节 讨 论

## 一、河南省老年人能力现状分析

### (一)河南省老年人能力状况不容乐观,高于我国平均水平

河南省是老年人口大省。目前国内大多数研究老年人失能率仅保持在 15%~25%。陈晶研究的我国老年人失能率为 22.4%,张娟的研究显示,中部六省山西、河南、湖南、安徽、湖北、江西老年人失能率依次为 29.46%、19.22%、16.87%、15.25%、9.89%、7.03%。然而,本次调查结果显示,河南省老年人综合能力完好者 2615 名,占 48.62%,不同程度失能者 2763 名,占 51.38%,老年人失能率过高,高于陆薇测算的河南省老年人口失能率(2.65%),高于第 4 次中国城乡老年人生活状况抽样调查结果(18.30%)。这是因为多数国内研究对老年人失能状况的考察仅从单一维度进行评估,多采用国际通用的 ADL/IADL 量表评估老年人躯体功能或失能情况。本次调查采用的是民政部 2013 版《老年人能力评估》量表,对于老年人失能的认定不仅是单一的躯体功能受损,还从老年人的心理状况、精神方面、社会参与等角度进行评估,对"能力完好"这一等级的老年人认定要求比较高、条件设置多,只要有一项受损,即为"轻度失能",评估标准严格。例如,赵雅宜发现盐城市不同养老方式下仅有 9.7% 的老年人综合能力完好,王燕君的研究中南京市养老机构老年人的失能发生率已高达 83.7%,刘必琴通过调查发现扬州市居家老年人失能率为 82.10%,失能率均极高。失能率的差异与采用的诊断标准、评估工具及场所等不同有密切的关系。随着生物-心理-社会医学模式的发展,对于老年人能力的界定、失能的诊断也逐渐从单纯关注机体功能发展到目前的生理、精神及社会的综合评定。

### (二)河南省不同失能等级的老年人主要受损维度不同

本次调查显示,河南省老年人群中轻度失能老年人所占比例最大,为39.81%,中度失能老年人占比为7.53%,重度失能老年人占比仅为4.04%。此外轻度失能老年人中精神状况维度受损最为严重(77.32%),日常生活活动和社会参与维度受损程度明显下降(34.70%、27.14%);重度失能老年人日常生活活动维度受损最为严重(96.77%),与陈颖、戴卫东等人的研究结果一致。这一方面强调,我们需要尽可能地控制轻度失能老年人的数量,避免向中重度过渡。另一方面强调,不同失能程度的老年人所需要的养老需求不同。轻度失能老年人更需要精神慰藉和心理疏导,重度失能老年人由于身体功能出现问题较多,则需要更多的临床护理和治疗服务,甚至需要专人负责生活起居。

### (三)河南省老年失能人口将带来新的挑战

①传统的养老模式受到巨大的冲击。失能老人由于身体或心理上的损伤,必须有人进行长期照料。然而现在家庭多为独生子女,当子女远嫁他乡或外出工作时,老年人无法享受到家庭的温暖。此外,老年人对常见病缺乏认知,更谈不上失能的护理。根据《河南统计年鉴》数据显示,在2018年全省老年人中,未上过学的有306万,占比19.07%,小学学历的有676万,占比为42.13%,大学及以上的仅有28万,占比为1.78%。低水平的文化程度,将迫使失能老人走出家门,寻求社会养老。②2017年河南省医保基金累计结余314.9亿元。随着失能人群的日益增多,医保基金必将不堪重负,将不可避免地将失能老人最需要的日常生活照料和非治疗性的康复护理排除在外。通过整理河南省119家医养结合试点机构收费标准,发现轻度失能老人每月照护费用为2115元,中度失能老人为2646元,重度失能老人为3222元。然而,据第六次全国人口普查数据显示,在河南省60岁及以上老年人口的主要生活来源中,依靠子女供养的占41.55%,占比最高;依靠劳动收入的占38.43%;依靠离退休金养老金的仅占13.76%。失能老人难以支付高额的照护费用。③经过对相关文献的整理发现,护理人员与轻度失能的老年人的配置比为1:(4~5),与中度失能的老年人的配置比例为1:(2.0~2.5),与重度失能的老年人的配置比例为1:(1.0~1.5)。据估算,2020年河南省不同失能等级老年人口数分别为653万、108万、52万。按照比例推算,河南省至少需要208万名养老护理员,而实际不足2万人,与需求之间存在巨大的缺口。此外,通过实地考察发现,河南省医养结合机构养老护理员大部分为40~50的下岗妇女,培训就可上岗,专业护理员极度匮乏。

## 二、老年人能力状况的影响因素分析

研究发现,老年人综合能力及各维度能力影响因素既有共性的因素也存在着各自特殊的因素。通过多因素的回归分析,筛选出9个因素:年龄、文化程度、居住情况、经济收入、残疾情况、痴呆情况、精神疾病状况、患慢性病病种数和近3个月内有无意外事件。

### (一)人口社会学因素对老年人能力状况的影响

年龄是影响老年人能力状况的一个不可逆因素。调查结果显示,河南省60~岁老年人的失能率为42.00%,中重度失能率仅为5.82%,90~岁老年人的失能率已高达94.95%,中重度失能率达到59.59%,年龄越高,失能率和失能程度越高。年龄对老年人的综合能力和日常生活活动、精神状态等其他方面均有负面的影响。王丽丽对城市社区不同年龄老年人日常生活能力现状研究中得出年龄越大,日常生活能力越差,郝燕萍等人的研究中,年龄是认知功能障碍和抑郁的危险因素,戴婉薇的研究中,高龄是老年人发生社会参与功能障碍的危险因素。60岁是老年人能力状况转差的关键点。步入老年后,机体组成成分中代谢不活跃的部分比例增加,细胞数量和细胞内液减少,大脑和其他脏器开始萎缩,同时心脏泵血功能和肺的通气、换气功能下降,肝脏解毒功能及肾脏排毒功能衰退,腺体分泌减少,消化、吸收、代谢、排泄及循环功能减退。身体功能的衰退会导致一些基本的日常生活技能如上厕所、洗澡、上下床等都需要有人帮助来完成。日常生活能力的依赖和社会角色的转变,对老年人的自尊心以及信心产生影响,导致其自我价值感降低,产生不安、焦虑等不良情绪,甚至不愿意与人沟通、交流,社会参与功能下降,健康能力全面受损。

从文化程度来看,高中及以上学历老年人失能的风险要明显低于其他学历老年人,文化程度越高,能力等级越好,这与国内外研究一致。杜维婧等人的研究结果显示,较高的教育水平是促进老年人群健康素养的一个因素。对此,我们可以从以下3个方面探讨:①以知为行,知决定行。健康知识的汲取是影响健康生活方式选择的前提。文化程度高者获取健康知识的渠道广泛,具有较强的保健意识,易于采取经常运动,保持清淡饮食等主动促进能力状况的行为,反而对酗酒、吸烟、暴饮暴食等不良健康行为产生较强的约束力。②文化程度高的老年人,在生活中多从事脑力活动,接受新事物能力更强,更容易跟上社会变化的脚步,心理落差较小。③文化水平高的老人拥有更丰富的精神文化生活。他们更愿意与外界接触和与人沟通,更善于调解自身情绪,心事可以得到及时、有效排解。

本次研究发现,其他居住形式(如非直系亲属或非亲属居住)老人比独居、与配偶/伴侣居住和与子女居住的老人失能程度重。据费孝通研究所示,中国社会关系网络呈现出"差序格局",直系亲属与老人的关系最亲密。中国自古追求"少年夫妻老来伴"。对于老年人而言,配偶/伴侣是最可靠的人,也是最适合的照顾者,他们可以互相提供生活照顾和精神支持。在这种家庭氛围中,老年人可以保持良好的生活能力和精神状态,性格更加开朗,人际交往也更加频繁。此外,随着家庭结构小型化,家庭内提供照顾资源的人除了配偶,还有子女。子女也是与老人最亲近的人,他们为老人的照顾提供经济上的支持和心理上的安慰。因此与配偶/伴侣或子女居住能为老年人带来积极影响,减缓其失能程度的加重。独居老年人更为突出的问题是精神状态能力受损。本次调查结果发现,79.80%的独居老人存在不同程度的精神状况能力受损。独居老人由于独自生活,没人与其沟通,无法去倾诉自己的感情,长期缺乏精神支柱与心理慰藉,极易引起抑郁等精神问题。当然,对独居老人的关怀不可忽视,同时我们更应加强对与非直系亲属或非亲属居住的老人的关注。这类老年人极易产生寄人篱下的负面情绪,精神状态维度受损严重。

研究表明,经济收入是影响老年人能力状况的一个关键因素。温兴祥等人的研究显示,收入对精神健康具有促进作用,对高收入者更大。Miller、Musalia 等人的研究发现,经济贫困者对社会具有较低的信任度,也较难参与各项社会活动,社会资本水平较低。本研究结果显示,5000 元及以上老年人的能力等级比其他组别至少升高一个等级的可能性分别是 2.757、2.259、2.075、1.992、1.674。究其原因,一方面是经济水平低的老年人群拥有极少的经济资源,无法投入足够的能够改善自身健康的资源,如膳食营养、医疗保健等。此类人群更容易患病,并且在身体出现不适时,由于经济负担的缘故不会第一时间去就医,直到被耽误成失能。此外,高收入老年人生活环境相对较好,医疗资源相对丰富,获得健康保障的机会大。另一方面,收入低的老年人,即使进入老年生活,仍需要为生活奔波,身体日益拖垮,也没有更多的时间和精力去参与到社会活动中,去丰富其精神生活。然而,高收入老年人在晚年就可以享受生活和儿孙绕膝的天伦之乐了,保持着心情的愉悦,拥有更高的幸福感。

### (二)健康相关因素对老年人能力状况的影响

从慢性病病种数角度来看,患 1~3 种、4~7 种慢性疾病老年人综合能力失能明显高于无慢性疾病老年人;患 4~7 种慢性病的老年人失能率为 54.19%,明显高于患 1~3 种慢性病老年人。众多研究表明,慢性疾病是导致老年人能力受损的重要原因。目前,我国卫生健康服务模式尚未根本转变,"重医轻防"状况明显。随着居民疾病谱和死亡谱的改变,老年人患病多以常见病和慢性病为主。慢性病最大的特点是病程周期较长、并发症多且不容易治愈。公共医疗卫生条件的改善使得寿命延长成为现实,但是在面对诸如高血压、心脑血管疾病、恶性肿瘤等疾病上面临严峻的挑战,治愈率很难获得保证,健康状况差群体被"救"起而继续存活,这类群体的残障率与患病率较高,很大程度上意味着失能与残障。此外,慢性病共病现象更应引起重视。本次调查发现,高血压、糖尿病、冠心病是共病组合模式中常见的慢性病。不同慢性病会造成机体不同部位的损伤,慢性病共病极大地增加了疾病管理的复杂性,增加不良预后风险,严重影响老年患者的功能和生活质量。

痴呆与精神疾病使老年人失能风险增加,这与以往的研究相同。老年痴呆和精神疾病发病机制不同,但都会造成老年人记忆力进行性减退、人格改变和认知障碍,严重者会出现妄想、暴力等怪异行为。痴呆与精神疾病的特点常使患者受到极大的歧视与偏见,家属也由于病耻感而不愿意带老年人参加社会活动,致使对外界事物的感知度下降。认知功能、判断力的下降严重妨碍痴呆老年人的日常生活及社会活动,从而导致痴呆与精神疾病老年人社交隔离、依赖性增加,致使其综合能力下降。此外,多数老年精神疾病患者存在健康困惑,主要表现为总觉得自己有病了(神经官能症)或者担心自己得病了(焦虑障碍)。一旦自我感觉略有不适便容易对身体状况产生怀疑、出现焦虑情绪,一定程度上影响老年人的心理健康状况,从而影响其正常生活活动和社会参与。

研究表明,残疾老年人综合能力状况远不如无残疾者,残疾老年人失能率高达 90.57%,这与陈申等人的研究一致。从日常生活活动和感知觉与沟通两个维度来看,残疾人作为弱势人群,由于一种或多种功能的缺失或异常,在行动、自我照顾、日常活动和言语表达等方面存在必然的限制。在张月云的研究中残疾是日常生活能力的危险因素,高嘉敏等人的研究发现听力残疾老年人认知沟通障碍严重。从精神状态和社会参与能力两个维度来看,生理的缺陷会使老年人敏感、自卑,长期呆在家里不愿意出去与人交流,社会参与度极低,严重者甚至失去对晚年生活的希望,产生自杀的念头。本次调查结果显示,残疾老年人精神状态能力受损率为70.36%,社会参与能力受损率为54.30%。因此,我们应该极为重视残疾失能老人的心理健康问题,避免使其成为"双困人"。同时调查发现,相较于近3个月发生意外的失能老人,没有发生意外的老年人的综合失能程度更轻。老年人身体各器官的功能都在逐渐衰退,耳聋眼花、行动不便、注意力不集中、思维反应迟钝都是常见的情况。然而许多老年人对发生意外的危害重视不够,一旦有意外发生就会对其造成严重的伤残和疾病,甚至失去独立生活的能力或死亡。这无疑会对老年人带来心理打击,产生挫败感。

## 三、对策与建议

### (一)循证构建老年人能力评估体系,保证养老资源的高效配置

《养老机构管理办法》指出,养老机构应当建立入院评估制度,并根据老年人的能力进行分级分类照护。目前,河南省并未制定统一的能力评估标准,养老机构收费标准和服务内容各异。因此,我们需要循证构建河南省老年人能力状况评估体系,从多个维度评价老年人的能力状况,针对具体受损维度,在补贴金额、补助项目上做出区分。相关部门在安排本地区养老服务资源供给时,也可结合本地区老年人能力等级进行高效配置。此外,在长期照护保险实施的前期阶段,如果不分级分类,笼统地为所有的失能老人来设计保险制度显然是不现实的,但是如果以保障中、重度失能人员的照护需求为先来设计制度,然后逐渐考虑扩大甚至达到全覆盖,这样的制度目标则是完全有可能实现的。评估标准越严格,测算的失能率越高,需要照护的人群越多,照护成本越高,缴费水平越高,反之亦然。对此,我们需要在循证构建老年人能力评估标准的基础上,定期对老年人开展科学、客观、动态的能力等级评定,应保尽保,一个不落。

### (二)对于不同能力等级老年人,提供有针对性的养老服务

不同能力等级的老年人受损维度不同,必然存在不同的养老需求,在提供养老服务时应注重其"适老"特色。能力完好老年人应重视健康管理。开展针对老年人的常规健康体检,实行定期巡诊,利用手机APP客户端,对能力状况进行监测。轻度失能老年人精神状况维度受损最为严重,更需要保健服务,更需要精神慰藉和心理疏导。针对其特点,我们可以从以下4个层面提供服务:①社会层面。进一步弘扬敬老爱老的优良传统文化,把感恩和孝道文化融入到家庭教育和学校教育中,鼓励子女在为父母亲提供基本的生活照料外,积极关注老人的精神寄托,增强和父母之间的交流。②家庭层面。子女在周末时带着孩子多陪陪父母,聊聊生活的琐事和难事,让父母凭借生活阅历为自己解疑答惑,增加认同,减少隔阂。③社区层面。增设一些适合轻度失能老年人工作的岗位,定期开展评比比赛,开设老年学堂,邀请高学历老人进行讲学,让老人继续发挥余热,定期举办艺术活动、老年角等娱乐性项目,增进老人间的交流与沟通,帮助其建立社交圈,缓

解孤独感和社交恐惧感。此外,安排专门人员定期上门陪老年人聊天,解决生活难题。④养老机构层面。实施"亲情化"关怀,举办各种形式的活动,丰富老人精神文化生活。同时安排专业的心理咨询师对其进行心理辅导,做好老年人的心理卫生服务。中重度失能老年人更多需要的是生活照护和医疗康复。目前,河南省已初步形成以居家为基础、社区为依托、机构为补充的养老服务体系。因此,一方面我们可以利用老年人喜闻乐见的宣教方法,加大对社区/机构养老模式的宣传,改变传统养老观念。鼓励有经济能力和身体失能严重的老年人从家里走出来,到社区/机构接受专业的医疗护理与养老服务。另一方面,我们需要改善社区/机构的医疗卫生资源,安排具有医学背景的工作人员进行专业护理,制定对突发病、重症病的应急处理办法,利用互联网技术实时动态地对入住老年人的身体状况进行监测,并通过远程会诊系统提供专家诊疗服务。

### (三)加强对高龄、慢性病的预防与干预,提高能力状况

虽然年龄不可逆,但失能是一个动态发展的过程。老年人应该积极参与普及健康教育和疾病预防的活动,树立健康老龄化理念,掌握基础医疗知识;养成健康生活方式,积极参与健身活动,提升自身健康素养水平;参加邻里互助养老,形成互助小组;树立终身发展理念,积极面对老年生活,做出新贡献。

大多数慢性病的发生是可防可控的。为减少慢性病对老年人能力状况的影响,我们可以采取以下措施:①宣传活动。在社区等公共场合可以采取标语、宣传手册、活页、展板等形式,对于不识字或文化水平低的老年人,可以采取定期讲座、广播等形式,因人而异进行慢性病知识的健康宣传活动。②筛查活动。利用世界卫生日、世界糖尿病日等宣传日,开展老年人慢性病筛查活动。③家庭随访。每个月份进行一次家庭随访,了解患病老年人的饮食、运动、生活方式及控制情况,针对具体情况给予正确的指导和帮助。④"互联网+慢病管理"。社区/村委会通过开通微信公众号和手机短信向居民解答问题和动态了解慢性病控制情况,并且给予干预指导。

### (四)改革现有医疗保险制度,切实保障老年人的权益

2016年,河南省启动第一批医养结合试点机构。对于中重度失能老年人而言,医养结合机构是更好的选择。然而医养结合机构与医保报销间存在着一些问题。例如,医保定点资格审批问题。由于医保定点资格审批周期过长,医疗费用不能得到报销,部分老人及家属考虑到经济负担问题,放弃了机构养老;项目纳入问题。现行医保针对老年病报销的病种数量有限,特别是那些需要长期医疗护理、康复护理的失能、半失能老人的医疗护理费,绝大多数没有纳入医保报销范围。对此,有以下几点建议:①对于申办人提出申请新办医养结合机构时,取消行政审批,实行备案管理。申办人向所在地的县级卫生健康行政部门备案即可。②结合老年人康复治疗和护理需求,适当增加康复治疗和照护服务报销项目。③将多数老年慢病必需用药中的中成药注射剂类药品,如丹参川芎注射液、清开灵注射液、双黄连注射液等临床常用药纳入医保目录。④改革住院支付方式。按住院床日付费是比较适用于老年人群的住院支付方式。

### (五)建立老年长期照护保险制度,积极应对人口老龄化挑战

在人口老龄化和现有医保报销弊端的双重压力下,长期照护保险制度的探索迫在眉睫。一方面,掌握老年人(尤其重度失能老人)对建立老年长期照护保险制度的态度和期许,探索影响老年人长期照护保险需求的因素,减少建立新险种的压力。另一方面,在对国内外老年长期照护保险体系进行系统梳理和比较分析的基础上,结合河南省实际情况,研究提出河南省老年长期照护保险政策建议,包括筹资模式、筹资标准、给付标准等建议。

### (六)健全养老护理人才培养机制,加强人才队伍建设

失能老人必然会对养老护理员产生巨大的需求。针对养老市场的供需矛盾,提出6点建议:一是积极鼓励医科院校开设老年护理学、老年康复学、劳动与社会保障学等相关专业,培养专业型养老服务人才。二是引导对口专业毕业生到不同地区就业,保证各地养老护理员队伍的良性增长。三是建立养老护理员岗前培训和持证上岗制度,定期对养老护理员进行培训,使其掌握基本的医疗护理、保健康复知识和技能。四是积极探索老年护理专家的专项薪酬和职称评定机制,培养骨干人才,提高养老行业素养。五是提高养老护理员的薪资待遇,留住干得好的人才,增强职业归属感;六是增广渠道、扩大宣传优秀养老护理员先进事迹,提升养老护理工作的社会认同。

# 第八章 河南省医养结合机构筹资模式研究

## 第一节 医养结合机构经济运行现状

### 一、河南省医养结合机构基本情况

本次调查收集了河南省医养结合机构2015—2018年财务数据,回收问卷中有完整养老服务收支数据的医养结合机构73家,其中,医保定点机构55家,享受财政养老补助机构36家(2018年),连续运营4年的机构35家;入住100人以上机构29家,占比39.73%,平均入住127人。

#### (一)医养结合机构分类分布情况

73家有完整养老服务收支数据的医养结合机构分类分布情况见表8-1。

表8-1 医养结合机构分类分布情况

| 分类依据 | 类别 | 机构数 | 构成比/% |
| --- | --- | --- | --- |
| 经营性质 | 公办公营 | 18 | 24.70 |
|  | 公建民营 | 12 | 16.40 |
|  | 民建民营 | 43 | 58.90 |
| 主办部门 | 卫生部门 | 26 | 35.60 |
|  | 民政部门 | 32 | 43.80 |
|  | 企业 | 10 | 13.70 |
|  | 慈善机构 | 1 | 1.40 |
|  | 非政府组织 | 4 | 5.50 |

续表 8-1

| 分类依据 | 类别 | 机构数 | 构成比/% |
|---|---|---|---|
| 医养服务类型 | 养老机构办医疗 | 20 | 27.40 |
|  | 医疗机构办养老 | 26 | 35.60 |
|  | 医疗和养老机构合作 | 26 | 35.60 |
|  | 社区居家养老与医疗机构共建医养联合体 | 1 | 1.40 |

按照以下聚类因素：人均 GDP、常住人口数、第三批试点机构数、上报机构数、上报率等，将河南省医养结合机构分为 4 类地区：第一类：郑州；第二类：焦作、三门峡、洛阳、许昌、济源；第三类：南阳、信阳、商丘、驻马店、周口、安阳、濮阳、漯河、开封、新乡、平顶山、鹤壁；第四类：省直管县。不同类别地区医养结合机构分布情况见表 8-2。

表 8-2 不同地区医养结合机构分布情况

| 地区类别 | 机构数 | 构成比/% |
|---|---|---|
| 一类 | 7 | 9.60 |
| 二类 | 12 | 16.40 |
| 三类 | 47 | 64.40 |
| 四类 | 7 | 9.60 |
| 合计 | 73 | 100.00 |

本报告拟针对 73 家医养结合机构，按照经营性质及地区类别分析其经济运行状况。

### (二)医养结合机构收费情况

调查显示，医养结合机构收费主要依据入住老年人生活自理能力，按照完全自理、轻度失能、中度失能、重度失能分 4 类，各类机构平均收费情况见表 8-3 和表 8-4。

表 8-3 不同经营性质医养结合机构收费情况(元)

| 经营性质 | 完全自理 | 轻度失能 | 中度失能 | 重度失能 |
|---|---|---|---|---|
| 公办公营 | 1573 | 2153 | 2793 | 3633 |
| 公建民营 | 1748 | 2485 | 3174 | 3875 |
| 民建民营 | 1609 | 2052 | 2601 | 3141 |

表 8-4　不同地区医养结合机构收费情况（元）

| 地区 | 完全自理 | 轻度失能 | 中度失能 | 重度失能 |
|---|---|---|---|---|
| 一类 | 2117 | 3067 | 4150 | 4908 |
| 二类 | 1738 | 2340 | 2854 | 3434 |
| 三类 | 1553 | 2002 | 2545 | 3172 |
| 四类 | 1475 | 1975 | 2450 | 2800 |

# 二、经济运行状况分析

## （一）收入、支出规模及结余变动

医养结合机构总收入包括捐赠收入、提供服务收入、商品销售收入、政府补助收入、投资收益和其他收入。因各年医养结合机构数不同，在分析收入趋势变动时，采用算数均数比较。

1. 收入规模

（1）收入规模变动分析：随着河南省及各地市对养老服务业的支持政策相继出台，各地医养结合服务机构不断发展壮大，河南省医养结合机构总收入规模逐年增加，机构平均收入总体呈现增长趋势。不同经营性质医养结合机构平均收入相差不大，公办公营机构收入累计增长0.63%，明显低于8.14%的总体增长率，公建民营、民建民营增长较快；一类地区医养结合机构收入高于平均水平，平均收入最高达898万余元，显著高于其他地区，但累计增长28.67%，低于二类、四类地区127.06%、89.00%的累计增长，表明地区间发展不均衡。见表8-5～表8-7。

表 8-5　医养结合机构收入情况（万元）

| 年份 | 总收入 | 平均收入 |
|---|---|---|
| 2015 | 9870.85 | 282.02 |
| 2016 | 12742.27 | 277.01 |
| 2017 | 17233.22 | 297.12 |
| 2018 | 22263.81 | 304.98 |

表 8-6　不同经营性质医养结合机构收入情况（万元）

| 年份 | 公办公营 | | 公建民营 | | 民建民营 | |
|---|---|---|---|---|---|---|
| | 总收入 | 平均收入 | 总收入 | 平均收入 | 总收入 | 平均收入 |
| 2015 | 2274.30 | 227.43 | 1726.96 | 287.83 | 5869.59 | 308.93 |
| 2016 | 3218.56 | 268.21 | 2365.45 | 337.92 | 7158.26 | 265.12 |
| 2017 | 3669.01 | 305.75 | 2850.91 | 285.09 | 10713.31 | 297.59 |
| 2018 | 4119.37 | 228.85 | 3907.07 | 325.59 | 14237.37 | 331.10 |

表8-7 不同地区医养结合机构收入情况(万元)

| 年份 | 一类 | | 二类 | | 三类 | | 四类 | |
|---|---|---|---|---|---|---|---|---|
| | 总收入 | 平均收入 | 总收入 | 平均收入 | 总收入 | 平均收入 | 总收入 | 平均收入 |
| 2015 | 4192.08 | 698.68 | 417.51 | 83.50 | 4827.59 | 254.08 | 433.66 | 86.73 |
| 2016 | 4860.01 | 694.29 | 1139.86 | 189.98 | 5932.08 | 219.71 | 810.32 | 135.05 |
| 2017 | 5846.94 | 835.28 | 1546.42 | 193.30 | 8943.74 | 248.44 | 896.12 | 128.02 |
| 2018 | 6292.95 | 898.99 | 2275.19 | 189.60 | 12548.19 | 266.98 | 1147.49 | 163.93 |

(2)收入规模增速比较:河南省医养结合机构平均收入呈现增长趋势。民建民营及一类、三类地区逐年增长,而公办公营、公建民营及二类、四类地区在增长趋势下,分别于2017和2018年出现负增长,表明各年间发展不均衡,养老服务业务经营不稳定。见表8-8~表8-10。

表8-8 医养结合机构收入增长速度(%)

| 年份 | 总收入增长速度 | 年均收入增长速度 |
|---|---|---|
| 2015 | — | — |
| 2016 | 29.09 | -1.78 |
| 2017 | 35.24 | 7.26 |
| 2018 | 29.19 | 2.65 |

表8-9 不同经营性质医养结合机构年均收入增长速度(%)

| 年份 | 公办公营 | 公建民营 | 民建民营 |
|---|---|---|---|
| 2015 | — | — | — |
| 2016 | 17.93 | 17.40 | -14.18 |
| 2017 | 14.00 | -15.63 | 12.25 |
| 2018 | -25.15 | 14.21 | 11.26 |

表8-10 不同地区医养结合机构年均收入增长速度(%)

| 年份 | 一类 | 二类 | 三类 | 四类 |
|---|---|---|---|---|
| 2015 | — | — | — | — |
| 2016 | -0.63 | 127.51 | -13.53 | 55.71 |
| 2017 | 20.31 | 1.75 | 13.08 | -5.21 |
| 2018 | 7.63 | -1.92 | 7.46 | 28.05 |

2. 收入构成　医养结合机构总收入由捐赠收入、提供服务收入、商品销售收入、政府补助、投资收益及其他收入构成,其中提供服务收入是医养结合机构的主要收入来源,政府补助占比在5%左右。根据现场调研的反馈,部分医养结合机构由于民政部门对于养老机构资质认证问题,建设补贴、床位补贴等政府补助未落实到位。见表8-11。

表8-11　医养结合机构总收入构成(%)

| 年份 | 捐赠收入 | 提供服务收入 | 商品销售收入 | 政府补助收入 | 投资收益 | 其他收入 |
| --- | --- | --- | --- | --- | --- | --- |
| 2015 | 1.86 | 83.93 | 0.03 | 3.35 | 0.00 | 10.84 |
| 2016 | 0.45 | 82.42 | 0.60 | 6.91 | 0.33 | 9.29 |
| 2017 | 0.17 | 83.73 | 0.06 | 4.20 | 0.00 | 11.84 |
| 2018 | 0.45 | 83.01 | 0.08 | 4.79 | 0.17 | 11.50 |

(1)不同经营性质机构收入构成变动:照护服务收入是各类医养结合机构的主要收入来源,政府补助在其收入中占比较小。公办公营、公建民营医养结合机构各年照护服务收入约占90%,而民营民建机构基本稳定在80%,其他收入约占15%,收入结构相对多样。见表8-12～表8-14。

表8-12　公办公营医养结合机构收入构成(%)

| 年份 | 捐赠收入 | 提供服务收入 | 商品销售收入 | 政府补助收入 | 投资收益 | 其他收入 |
| --- | --- | --- | --- | --- | --- | --- |
| 2015 | 0.26 | 94.14 | 0.00 | 3.00 | 0.00 | 2.61 |
| 2016 | 0.08 | 86.24 | 1.19 | 7.14 | 0.00 | 5.36 |
| 2017 | 0.02 | 89.21 | 0.22 | 2.59 | 0.00 | 7.96 |
| 2018 | 0.99 | 87.28 | 0.35 | 7.75 | 0.07 | 3.56 |

表8-13　公建民营医养结合机构收入构成(%)

| 年份 | 捐赠收入 | 提供服务收入 | 商品销售收入 | 政府补助收入 | 投资收益 | 其他收入 |
| --- | --- | --- | --- | --- | --- | --- |
| 2015 | 10.29 | 82.57 | 0.00 | 2.31 | 0.00 | 4.83 |
| 2016 | 0.29 | 84.96 | 0.00 | 10.52 | 0.00 | 4.23 |
| 2017 | 0.06 | 91.34 | 0.00 | 5.29 | 0.00 | 3.31 |
| 2018 | 0.01 | 91.30 | 0.00 | 4.35 | 0.88 | 3.46 |

表8-14　民建民营医养结合机构收入构成(%)

| 年份 | 捐赠收入 | 提供服务收入 | 商品销售收入 | 政府补助收入 | 投资收益 | 其他收入 |
|---|---|---|---|---|---|---|
| 2015 | 0.00 | 80.38 | 0.05 | 3.78 | 0.00 | 15.79 |
| 2016 | 0.68 | 79.87 | 0.53 | 5.60 | 0.59 | 12.73 |
| 2017 | 0.25 | 79.83 | 0.02 | 4.46 | 0.00 | 15.44 |
| 2018 | 0.42 | 79.50 | 0.02 | 4.06 | 0.00 | 16.00 |

(2)不同地区机构收入构成变动:一类地区照护服务收入占比较高,2016年后达到97%以上;二类、四类地区政府补助收入占比超过10%,显著超过其他地区。见表8-15~表8-18。

表8-15　一类地区医养结合机构收入构成(%)

| 年份 | 捐赠收入 | 提供服务收入 | 商品销售收入 | 政府补助收入 | 投资收益 | 其他收入 |
|---|---|---|---|---|---|---|
| 2015 | 4.27 | 90.89 | 0.00 | 4.84 | 0.00 | 0.00 |
| 2016 | 0.19 | 97.22 | 0.79 | 1.81 | 0.00 | 0.00 |
| 2017 | 0.03 | 97.75 | 0.14 | 0.00 | 0.00 | 2.08 |
| 2018 | 0.08 | 97.48 | 0.23 | 2.20 | 0.00 | 0.00 |

表8-16　二类地区医养结合机构收入构成(%)

| 年份 | 捐赠收入 | 提供服务收入 | 商品销售收入 | 政府补助收入 | 投资收益 | 其他收入 |
|---|---|---|---|---|---|---|
| 2015 | 1.11 | 95.60 | 0.00 | 3.29 | 0.00 | 0.00 |
| 2016 | 0.00 | 67.33 | 0.00 | 19.55 | 0.00 | 13.12 |
| 2017 | 0.05 | 81.77 | 0.00 | 11.43 | 0.00 | 6.75 |
| 2018 | 1.72 | 82.23 | 0.00 | 11.08 | 0.00 | 4.97 |

表8-17　三类地区医养结合机构收入构成(%)

| 年份 | 捐赠收入 | 提供服务收入 | 商品销售收入 | 政府补助收入 | 投资收益 | 其他收入 |
|---|---|---|---|---|---|---|
| 2015 | 0.00 | 76.01 | 0.06 | 1.77 | 0.00 | 22.16 |
| 2016 | 0.01 | 74.12 | 0.64 | 7.09 | 0.71 | 17.43 |
| 2017 | 0.02 | 75.14 | 0.02 | 4.86 | 0.00 | 19.95 |
| 2018 | 0.45 | 76.31 | 0.02 | 4.30 | 0.30 | 18.62 |

3.支出规模

(1)支出规模变动分析:各类医养结合机构支出规模总体均呈现逐年增长趋势,但第四类地区医养结合机构支出增长为负,其原因是2015年某新建机构基本建设经费投入较高所致,剔除影响后,该类地区医养结合机构支出变动也呈正增长。

表8-18 四类地区医养结合机构收入构成(%)

| 年份 | 捐赠收入 | 提供服务收入 | 商品销售收入 | 政府补助收入 | 投资收益 | 其他收入 |
| --- | --- | --- | --- | --- | --- | --- |
| 2015 | 0.00 | 93.55 | 0.00 | 6.45 | 0.00 | 0.00 |
| 2016 | 5.95 | 75.72 | 0.00 | 18.33 | 0.00 | 0.00 |
| 2017 | 2.79 | 81.42 | 0.00 | 12.47 | 0.00 | 3.32 |
| 2018 | 0.00 | 78.50 | 0.00 | 11.85 | 0.00 | 9.65 |

在医养结合机构总收入增加的同时,支出也在同步增加。与总收入与平均收入相比,不同经营性质机构中,公办公营、公建民营医养结合机构支出变动方向与收入变动方向一致,均呈现增长趋势,但支出增幅高于收入增幅,如公办公营机构总收入及平均收入累计增长分别为81.13%、0.63%,而总支出及平均支出累计增长分别为155.23%、41.8%;公建民营机构总收入及平均收入累计增长分别为126.24%、13.12%,而总支出及平均支出累计增长分别为202.174%、51.08%;上述两类机构年均增长也高于同期收入。民建民营机构总支出变动方向与总收入变动方向一致,呈现增长趋势,但总支出增幅为64.48%,小于总收入142.56%的增幅。见表8-19和表8-20。

表8-19 各类医养结合机构支出变动(万元)

| 年份 | 总支出 | 平均支出 |
| --- | --- | --- |
| 2015 | 12465.82 | 356.17 |
| 2016 | 15618.03 | 339.52 |
| 2017 | 25376.32 | 437.52 |
| 2018 | 24827.09 | 340.10 |

表8-20 不同经营性质医养结合机构支出情况(万元)

| 年份 | 公办公营 | | 公建民营 | | 民建民营 | |
| --- | --- | --- | --- | --- | --- | --- |
| | 总支出 | 平均支出 | 总支出 | 平均支出 | 总支出 | 平均支出 |
| 2015 | 2122.26 | 212.23 | 1741.17 | 290.19 | 8602.38 | 452.76 |
| 2016 | 3401.39 | 283.45 | 3047.54 | 435.36 | 9169.10 | 339.60 |
| 2017 | 8961.31 | 746.78 | 4292.09 | 429.21 | 12122.92 | 336.75 |
| 2018 | 5416.76 | 300.93 | 5261.21 | 438.43 | 14149.12 | 329.05 |

一类、二类、三类地区医养结合机构支出变动方向与收入变动方向一致,均呈增长趋势。其中一类地区总支出及平均支出累计增长分别为99.66%、71.14%,均高出收入增长近1倍,年均支出增长也显著高于收入。见表8-21。

表 8-21 不同地区医养结合机构支出情况(万元)

| 年份 | 一类 | | 二类 | | 三类 | | 四类 | |
|---|---|---|---|---|---|---|---|---|
| | 总支出 | 平均支出 | 总支出 | 平均支出 | 总支出 | 平均支出 | 总支出 | 平均支出 |
| 2015 | 4318.47 | 719.74 | 400.50 | 80.11 | 6042.23 | 318.01 | 1704.59 | 340.92 |
| 2016 | 5838.09 | 834.01 | 1130.45 | 188.41 | 7484.61 | 277.21 | 1164.87 | 194.15 |
| 2017 | 10973.05 | 1567.58 | 2027.53 | 253.44 | 11208.69 | 311.35 | 1167.06 | 166.72 |
| 2018 | 8622.23 | 1231.75 | 2218.80 | 184.90 | 12733.01 | 270.92 | 1253.06 | 179.01 |

(2)支出规模增速比较:医养结合机构总支出呈现增长趋势,但不同经营性质及不同类别地区支出各年间环比增速有起伏,甚至部分年份出现增速为负的情况,表明医养结合机构各年间养老服务业务发展不稳定。见表 8-22~表 8-24。

表 8-22 医养结合机构支出增长速度(%)

| 年份 | 总支出 | 平均支出 |
|---|---|---|
| 2015 | — | — |
| 2016 | 25.29 | -4.67 |
| 2017 | 62.48 | 28.86 |
| 2018 | -2.16 | -22.27 |

表 8-23 不同经营性质医养结合机构支出增长速度(%)

| 年份 | 公办公营 | | 公建民营 | | 民建民营 | |
|---|---|---|---|---|---|---|
| | 总支出 | 平均支出 | 总支出 | 平均支出 | 总支出 | 平均支出 |
| 2015 | — | — | — | — | — | — |
| 2016 | 60.27 | 33.56 | 75.03 | 50.02 | 6.59 | -24.99 |
| 2017 | 163.46 | 163.46 | 40.84 | -1.41 | 32.22 | -0.84 |
| 2018 | -39.55 | -59.70 | 22.58 | 2.15 | 16.71 | -2.29 |

表 8-24 不同地区医养结合机构支出增长速度(%)

| 年份 | 一类 | | 二类 | | 三类 | | 四类 | |
|---|---|---|---|---|---|---|---|---|
| | 总支出 | 平均支出 | 总支出 | 平均支出 | 总支出 | 平均支出 | 总支出 | 平均支出 |
| 2015 | — | — | — | — | — | — | — | — |
| 2016 | 35.19 | 15.88 | 182.24 | 135.20 | 23.87 | -12.83 | -31.66 | -43.05 |
| 2017 | 87.96 | 87.96 | 79.36 | 34.52 | 49.76 | 12.32 | 0.19 | -14.13 |
| 2018 | -21.42 | -21.42 | 9.43 | -27.04 | 13.60 | -12.99 | 7.37 | 7.37 |

**4. 支出构成** 医养结合机构的支出包括业务活动成本、管理费用、筹资费用和其他费用,其中业务活动成本和管理费用在历年支出中约占80%,是主要支出项目。见表8-25。

表8-25 医养结合机构支出构成(%)

| 年份 | 业务活动成本 | 管理费用 | 筹资费用 | 其他费用 |
| --- | --- | --- | --- | --- |
| 2015 | 53.36 | 24.65 | 8.34 | 13.66 |
| 2016 | 61.85 | 22.81 | 6.45 | 8.89 |
| 2017 | 47.65 | 16.85 | 5.00 | 30.49 |
| 2018 | 61.04 | 20.76 | 2.76 | 15.45 |

(1)各类机构支出构成变动分析:各类医养结合机构业务活动成本和管理费用在总支出中均占较大比重,公办公营、公建民营医养结合机构两项费用大多数年份在90%左右,个别年份有波动;民建民营医养结合机构业务活动成本与公办公营、公建民营相近,而管理费用保持在20%左右,显著低于公建民营机构,其筹资费用高于其他机构,公办公营医养结合机构管理费用在总支出构成中逐年下降。见表8-26和表8-27。

表8-26 不同经营性质医养结合机构支出构成(%)

| 年份 | 公办公营 | | | | 公建民营 | | | | 民建民营 | | | |
| --- | --- | --- | --- | --- | --- | --- | --- | --- | --- | --- | --- | --- |
| | 业务活动成本 | 管理费用 | 筹资费用 | 其他费用 | 业务活动成本 | 管理费用 | 筹资费用 | 其他费用 | 业务活动成本 | 管理费用 | 筹资费用 | 其他费用 |
| 2015 | 46.91 | 42.34 | 0.00 | 10.75 | 47.95 | 50.29 | 0.02 | 1.74 | 56.04 | 15.09 | 12.08 | 16.79 |
| 2016 | 73.03 | 23.87 | 0.00 | 3.10 | 63.49 | 33.24 | 2.03 | 1.24 | 57.16 | 18.94 | 10.31 | 13.59 |
| 2017 | 29.53 | 7.34 | 1.58 | 61.56 | 55.84 | 37.41 | 4.69 | 2.07 | 58.15 | 16.60 | 7.65 | 17.60 |
| 2018 | 60.91 | 11.84 | 0.00 | 27.24 | 63.50 | 29.56 | 4.75 | 2.19 | 60.17 | 20.89 | 3.07 | 15.86 |

表8-27 不同地区医养结合机构支出构成(%)

| 年份 | 一类 | | | | 二类 | | | | 三类 | | | | 四类 | | | |
| --- | --- | --- | --- | --- | --- | --- | --- | --- | --- | --- | --- | --- | --- | --- | --- | --- |
| | 业务活动成本 | 管理费用 | 筹资费用 | 其他费用 | 业务活动成本 | 管理费用 | 筹资费用 | 其他费用 | 业务活动成本 | 管理费用 | 筹资费用 | 其他费用 | 业务活动成本 | 管理费用 | 筹资费用 | 其他费用 |
| 2015 | 58.62 | 17.86 | 21.25 | 2.27 | 24.73 | 75.03 | 0.00 | 0.24 | 64.31 | 29.71 | 2.02 | 3.96 | 7.92 | 12.04 | 0.00 | 80.04 |
| 2016 | 60.48 | 24.58 | 14.42 | 0.52 | 68.07 | 23.58 | 0.02 | 8.33 | 61.65 | 20.12 | 2.21 | 16.02 | 63.97 | 30.38 | 0.00 | 5.65 |
| 2017 | 39.88 | 14.77 | 8.43 | 36.92 | 70.64 | 22.59 | 4.13 | 2.64 | 49.73 | 16.52 | 2.34 | 31.41 | 60.80 | 29.54 | 0.00 | 9.66 |
| 2018 | 62.93 | 14.93 | 5.37 | 16.77 | 70.76 | 22.66 | 3.10 | 3.48 | 58.05 | 23.60 | 1.20 | 17.15 | 61.14 | 28.56 | 0.00 | 10.30 |

注:四类地区2015年其他费用占比较高,系因长垣县老年公寓基本建设投资900余万元所致。

(2)人员经费增长速度:人员经费(员工工资)在总支出中占比较大,除2017年为18.62%以外,其他年份均超过总支出的20%。

人员经费总体呈现逐年增长趋势,公办公营、公建民营与收入增长率相近,民营民建机构人员经费增长率高于其收入增长;一类、二类地区医养结合机构人员经费增长与收入增长相近,三类、四类地区医养结合机构人员经费累计增长及年均增长都低于收入增长;而与医养结合机构各年收入增长不均衡相比,各类机构人员经费增速呈现逐年增长趋势。见表8-28~表8-30。

表8-28 员工工资等在总支出中占比(%)

| 年份 | 员工工资 | 日常办公支出 | 基本建设费 | 房屋租赁费 | 食堂支出 | 设备购置费 | 水电费 | 维修费 |
|---|---|---|---|---|---|---|---|---|
| 2015 | 24.50 | 6.42 | 14.92 | 2.22 | 7.01 | 4.15 | 3.23 | 1.31 |
| 2016 | 21.08 | 9.92 | 8.30 | 3.19 | 11.52 | 3.12 | 3.50 | 1.74 |
| 2017 | 18.62 | 4.98 | 1.49 | 2.66 | 6.34 | 1.27 | 2.71 | 1.38 |
| 2018 | 26.09 | 5.89 | 1.44 | 2.67 | 8.86 | 2.53 | 4.09 | 1.60 |

表8-29 不同经营性质医养结合机构人员经费增长速度

| 年份 | 员工工资总额/万元 | | | 增长速度/% | | |
|---|---|---|---|---|---|---|
| | 公办公营 | 公建民营 | 民建民营 | 公办公营 | 公建民营 | 民建民营 |
| 2015 | 1124.07 | 693.47 | 1236.82 | — | — | — |
| 2016 | 1051.36 | 754.74 | 1663.61 | -6.47 | 8.83 | 34.51 |
| 2017 | 1596.80 | 976.47 | 2151.24 | 51.88 | 29.38 | 29.31 |
| 2018 | 1925.04 | 1319.39 | 3231.77 | 20.56 | 35.12 | 50.23 |

表8-30 不同地区医养结合机构人员经费增长速度

| 年份 | 员工工资总额/万元 | | | | 增长速度/% | | | |
|---|---|---|---|---|---|---|---|---|
| | 一类 | 二类 | 三类 | 四类 | 一类 | 二类 | 三类 | 四类 |
| 2015 | 925.93 | 122.99 | 1774.54 | 230.91 | — | — | — | — |
| 2016 | 613.12 | 317.30 | 2060.86 | 301.73 | -33.78 | 157.99 | 16.13 | 30.67 |
| 2017 | 1282.13 | 445.25 | 2664.87 | 332.27 | 109.11 | 40.33 | 29.31 | 10.12 |
| 2018 | 1424.87 | 613.43 | 4067.76 | 370.15 | 11.13 | 37.77 | 52.64 | 11.40 |

5.收支结余概况

(1)总收支结余:虽然各年各类机构收入均呈现增长趋势,但收入的增长难以覆盖前期的建设成本以及各项支出的增加,且部分医养结合机构开展养老服务业务时间较短,未形成规模效益,近年来一直处于亏损状态。

民建民营及四类地区医养结合机构收支结余负增长逐年减少,有向好发展的态势。见表8-31。

表8-31 医养结合机构收支结余(万元)

| 年份 | 总收入 | 总支出 | 结余 |
| --- | --- | --- | --- |
| 2015 | 9870.85 | 12465.82 | -2594.97 |
| 2016 | 12742.27 | 15618.03 | -2875.75 |
| 2017 | 17233.22 | 25376.32 | -8143.10 |
| 2018 | 22263.81 | 24827.10 | -2563.28 |

(2)各类医养结合机构收支结余:各类医养结合机构收支大多为负值,民建民营机构亏损逐年减少,经营状况有改善迹象。见表8-32和表8-33。

表8-32 不同经营性质医养结合机构收支结余(万元)

| 年份 | 公办公营 | 公建民营 | 民建民营 |
| --- | --- | --- | --- |
| 2015 | 152.03 | -14.20 | -2732.80 |
| 2016 | -182.83 | -682.09 | -2010.84 |
| 2017 | -5292.30 | -1441.17 | -1409.62 |
| 2018 | -1297.39 | -1354.13 | 88.25 |

表8-33 不同地区医养结合机构收支结余(万元)

| 年份 | 一类 | 二类 | 三类 | 四类 |
| --- | --- | --- | --- | --- |
| 2015 | -126.39 | 16.99 | -1214.64 | -1270.93 |
| 2016 | -978.08 | 9.40 | -1552.52 | -354.55 |
| 2017 | -5126.11 | -481.11 | -2264.95 | -270.93 |
| 2018 | -2329.28 | 56.39 | -184.82 | -105.56 |

## (二)财政补助情况

1.获得的财政补助金额 各类医养机构获得财政补助金额累计增长222.93%,年均增幅47.81%,呈逐年增长态势,且增幅在不同经营性质及不同地区医养结合机构中均超过其收入增幅,但因其在总收入中比重较小,对医养结合机构盈利影响有限。由2015—2018年政府补助发展速度可以看到,期间出现了负增长现象,表明各年间医养结合机构获得财政补助不稳定。

一类地区甚至在2017年未获得财政补助,这与政府提供的建设补贴、床位补贴、运营补贴等养老财政补助由民政部门发放,而部分医养结合机构因消防检查等因素不符合民政部门评定要求,未获养老机构认证有关。见表8-34~表8-36。

表8-34 医养结合机构获的财政补助总额变动(万元)

| 年份 | 补助总额 | 平均补助金额 |
| --- | --- | --- |
| 2015 | 330.23 | 17.38 |
| 2016 | 879.90 | 35.20 |
| 2017 | 723.51 | 31.46 |
| 2018 | 1066.43 | 30.47 |

表8-35 不同经营性质医养结合机构财政补助总额变动(万元)

| 年份 | 财政补助总额 | | | 增长速度/% | | |
| --- | --- | --- | --- | --- | --- | --- |
| | 公办公营 | 公建民营 | 民建民营 | 公办公营 | 公建民营 | 民建民营 |
| 2015 | 68.25 | 39.90 | 222.09 | — | — | — |
| 2016 | 229.83 | 248.90 | 401.17 | 236.77 | 523.77 | 80.64 |
| 2017 | 94.92 | 150.78 | 477.81 | −58.70 | −39.42 | 19.11 |
| 2018 | 319.11 | 169.86 | 577.46 | 236.20 | 12.65 | 20.85 |

表8-36 不同地区医养结合机构获得财政补助变动(万元)

| 年份 | 财政补助总额 | | | | 增长速度/% | | | |
| --- | --- | --- | --- | --- | --- | --- | --- | --- |
| | 一类 | 二类 | 三类 | 四类 | 一类 | 二类 | 三类 | 四类 |
| 2015 | 202.87 | 13.72 | 85.65 | 27.99 | — | — | — | — |
| 2016 | 87.85 | 222.89 | 420.63 | 148.53 | −56.69 | 1524.14 | 391.10 | 430.63 |
| 2017 | 0.00 | 176.70 | 435.09 | 111.72 | −100.00 | −20.72 | 3.44 | −24.78 |
| 2018 | 138.56 | 252.01 | 539.91 | 135.96 | — | 42.62 | 24.09 | 21.69 |

2.财政补助在总收入中占比 财政补助在公办公营、公建民营、民建民营医养结合机构总收入中所占比重较小,多数年份在5%左右;地区经济发展较好的一类地区医养结合机构获得的财政补助在总收入中占比均不足5%,三类、四类地区2016—2018年连续3年持续超过10%,地区差异较大。

2015—2018年,各年实际获得政府补助的医养结合机构分别有19、25、23、35家,所获政府补助占总收入构成分别为5.91%、10.18%、9.34%、9.13%,占比仍然较小。年度最高补助金额为165万元,最低的仅为0.50万元。见表8-37和表8-38。

表8-37　财政补助在不同经营性质医养结合机构总收入中占比(%)

| 年份 | 公办公营 | 公建民营 | 民建民营 |
| --- | --- | --- | --- |
| 2015 | 3.00 | 2.31 | 3.78 |
| 2016 | 7.14 | 10.52 | 5.60 |
| 2017 | 2.59 | 5.29 | 4.46 |
| 2018 | 7.75 | 4.35 | 4.06 |

表8-38　财政补助在不同地区医养结合机构总收入中占比(%)

| 年份 | 一类 | 二类 | 三类 | 四类 |
| --- | --- | --- | --- | --- |
| 2015 | 4.84 | 3.29 | 1.77 | 6.45 |
| 2016 | 1.81 | 19.55 | 7.09 | 18.33 |
| 2017 | 0.00 | 11.43 | 4.86 | 12.47 |
| 2018 | 2.20 | 11.08 | 4.30 | 11.85 |

## (三)发展能力分析

医养结合机构的发展能力是指其未来经营活动的发展趋势和发展潜能,主要通过自身的经营活动,不断扩大积累形成,依托于不断增长的业务收入、不断增加的资金投入和不断创造的利润。

发展能力指标是将医养结合机构的各项财务指标与往年相比的纵向分析。通过发展能力指标的分析,能够大致判断医养结合机构的变化趋势,从而对机构未来的发展情况做出准确预测。本报告主要通过业务收入增长率、收支结余增长率、业务收支结余增长率、净资产变动额等指标评价医养结合机构发展能力。

1. 业务收入及业务收入增长率　本报告所述业务收入是指提供服务收入。

近年来,河南省各类医养结合机构业务发展较快,业务收入均呈现增长趋势,各年间业务收入增速总体较稳定。

公办公营医养结合机构业务收入年均增长率为18.86%,低于同行业的平均增长率30.66%,增速逐年递减,且低于同行业平均增速;公建民营、民建民营医养结合机构业务收入年均增长率分别为35.75%、33.87%,高于同行业平均水平。提示近年来,由于养老服务市场逐步开放,政府引导民营资本投入养老服务业开始快速增加。

一类地区医养结合机构业务收入年均增长率17.2%,而其他地区年均增长率均在30%以上,增速也较其他地区低,表明近年第二、三、四类地区养老服务业务发展较快,特别是二类地区的业务收入增长率及增速显著高于其他地区。见表8-39~表8-41。

## 第八章 河南省医养结合机构筹资模式研究

表 8-39　医养结合机构业务收入及增长率

| 年份 | 业务收入/万元 | 增长速度/% |
|---|---|---|
| 2015 | 8284.56 | — |
| 2016 | 10502.51 | 26.77 |
| 2017 | 14429.67 | 37.39 |
| 2018 | 18481.67 | 28.08 |

表 8-40　不同经营性质医养结合机构业务收入及增长率

| 年份 | 业务收入/万元 | | | 增长速度/% | | |
|---|---|---|---|---|---|---|
|  | 公办公营 | 公建民营 | 民建民营 | 公办公营 | 公建民营 | 民建民营 |
| 2015 | 2140.94 | 1425.89 | 4717.73 | — | — | — |
| 2016 | 2775.55 | 2009.78 | 5717.18 | 29.64 | 40.95 | 21.18 |
| 2017 | 3273.02 | 2604.11 | 8552.54 | 17.92 | 29.57 | 49.59 |
| 2018 | 3595.22 | 3567.16 | 11319.29 | 9.84 | 36.98 | 32.35 |

表 8-41　不同地区医养结合机构业务收入及增长率

| 年份 | 业务收入/万元 | | | | 增长速度/% | | | |
|---|---|---|---|---|---|---|---|---|
|  | 一类 | 二类 | 三类 | 四类 | 一类 | 二类 | 三类 | 四类 |
| 2015 | 3810.31 | 399.14 | 3669.44 | 405.67 | — | — | — | — |
| 2016 | 4724.80 | 767.46 | 4396.70 | 613.55 | 24.00 | 92.28 | 19.82 | 51.24 |
| 2017 | 5715.17 | 1264.56 | 6720.33 | 729.62 | 20.96 | 64.77 | 52.85 | 18.92 |
| 2018 | 6134.50 | 1870.96 | 9575.41 | 900.80 | 7.34 | 47.95 | 42.48 | 23.46 |

2.总收支结余增速　由2015—2018年收支结余可见,各类医养结合机构总体水平处于亏损状态,各年增速波动较大。

民营民建及四类地区医养结合机构收支结余负增长逐年缩小,环比增速各年均为正值,经营有向好发展态势。

不同经营性质以及不同地区医养结合机构各年间收支结余增速波动较大,显示经营状态不稳定。见表8-42~表8-44。

表 8-42　医养结合机构总收支结余及增速

| 年份 | 收支结余/万元 | 增长速度/% |
|---|---|---|
| 2015 | -2594.97 | — |
| 2016 | -2875.75 | -10.82 |
| 2017 | -8143.10 | -183.16 |
| 2018 | -2563.28 | 68.52 |

表 8-43　不同经营性质医养结合机构总收支结余及增速

| 年份 | 收支结余/万元 | | | 增长速度/% | | |
|---|---|---|---|---|---|---|
| | 公办公营 | 公建民营 | 民建民营 | 公办公营 | 公建民营 | 民建民营 |
| 2015 | 152.03 | −14.20 | −2732.80 | — | — | — |
| 2016 | −182.83 | −682.09 | −2010.84 | −220.26 | −4703.45 | 26.42 |
| 2017 | −5292.30 | −1441.17 | −1409.62 | −2794.66 | −111.29 | 29.90 |
| 2018 | −1297.39 | −1354.13 | 88.25 | 75.49 | 6.04 | 106.26 |

表 8-44　不同地区医养结合机构总收支结余及增速

| 年份 | 收支结余/万元 | | | | 增长速度/% | | | |
|---|---|---|---|---|---|---|---|---|
| | 一类 | 二类 | 三类 | 四类 | 一类 | 二类 | 三类 | 四类 |
| 2015 | −126.39 | 16.99 | −1214.64 | −1270.93 | — | — | — | — |
| 2016 | −978.08 | 9.40 | −1552.52 | −354.55 | −673.86 | −44.67 | −27.82 | 72.10 |
| 2017 | −5126.11 | −481.11 | −2264.95 | −270.93 | −424.10 | −5218.19 | −45.89 | 23.58 |
| 2018 | −2329.28 | 56.39 | −184.82 | −105.56 | 54.56 | 111.72 | 91.84 | 61.04 |

3. 净资产变动额　净资产增长率＝年末净资产增长额/同年初净资产总额,反映净资产增值情况,是评价医养结合机构发展潜力的重要指标。但由于上报数据中有完整净资产变动额的医养结合机构较少,无法计算所有机构的净资产变动情况。也提示需要统一医养结合机构的财务管理制度。

各类医养结合机构各年间净资产变动额波动幅度较大,表明医养结合机构经营状况不稳定。见表 8-45～表 8-47。

表 8-45　医养结合机构净资产变动额及增长速度

| 年份 | 净资产变动额/万元 | 增长速度/% |
|---|---|---|
| 2015 | −353.80 | — |
| 2016 | −221.35 | 37.43 |
| 2017 | 519.74 | 334.80 |
| 2018 | −139.93 | −126.92 |

表 8-46　不同经营性质医养结合机构净资产变动额及增长速度

| 年份 | 净资产变动额/万元 | | | 增长速度/% | | |
|---|---|---|---|---|---|---|
| | 公办公营 | 公建民营 | 民建民营 | 公办公营 | 公建民营 | 民建民营 |
| 2015 | 69.79 | −78.41 | −345.18 | — | — | — |
| 2016 | 90.17 | −221.73 | −89.79 | 29.19 | −182.77 | 73.99 |
| 2017 | 211.37 | −316.71 | 625.07 | 134.42 | −42.83 | 796.16 |
| 2018 | 44.42 | −188.25 | 3.90 | −78.98 | 40.56 | −99.38 |

表 8-47 不同地区医养结合机构净资产变动额及增长速度

| 年份 | 净资产变动额/万元 | | | | 增长速度/% | | | |
| --- | --- | --- | --- | --- | --- | --- | --- | --- |
| | 一类 | 二类 | 三类 | 四类 | 一类 | 二类 | 三类 | 四类 |
| 2015 | -275.91 | -1.84 | -64.63 | -11.42 | — | — | — | — |
| 2016 | -101.35 | 3.45 | -150.35 | 26.89 | 63.27 | 287.50 | -132.63 | 335.46 |
| 2017 | -84.55 | -272.45 | 841.08 | 35.65 | 16.58 | -7997.10 | 659.41 | 32.58 |
| 2018 | -165.52 | 124.67 | -146.83 | 47.76 | -95.77 | 145.76 | -117.46 | 33.97 |

### (四)盈利能力分析

利润是医养结合机构赖以长期生存、发展的物质基础,也是投资者取得投资收益、债权人收取本息资金的来源,是经营者经营业绩和管理效能的集中表现。盈利能力分析是财务状况分析中最基本也是最重要的组成部分,本报告主要分析医养结合机构的经营盈利能力。

1. 经费自给率和百元收入支出  经费自给率=业务收入/业务支出×100%,表示医养结合机构经常性收支平衡能力。百元收入支出=业务支出/业务收入,是指每百元业务收入所产生的支出,反映医养结合机构的支出水平(本报告:业务收入是指提供服务收入,业务支出是指业务活动成本)。

医养结合机构总体经费自给率均小于1,说明其经常性收支难以自给,如果没有政府补助生存将会很困难;百元收入支出反映医养结合机构每百元收入所产生的支出水平较高。

一类地区各年经费自给率均大于1,表明该类地区医养结合机构经常性收支能够自给,值得注意的是近年开始出现下降;三类、四类地区近3年来经费自给率呈现上升趋势,反映该类地区的医养结合机构盈利能力在逐渐增强。见表8-48~表8-50。

表 8-48 医养结合机构经费自给率与百元收入支出

| 年份 | 经费自给率/% | 百元收入支出 |
| --- | --- | --- |
| 2015 | 79.18 | 126.29 |
| 2016 | 81.59 | 122.57 |
| 2017 | 67.91 | 147.25 |
| 2018 | 89.68 | 111.51 |

表 8-49 不同经营性质医养结合机构经费自给率与百元收入支出

| 年份 | 经费自给率/% | | | 百元收入支出 | | |
| --- | --- | --- | --- | --- | --- | --- |
| | 公办公营 | 公建民营 | 民建民营 | 公办公营 | 公建民营 | 民建民营 |
| 2015 | 107.16 | 99.18 | 68.23 | 93.32 | 100.82 | 146.56 |
| 2016 | 94.62 | 77.62 | 78.07 | 128.84 | 128.84 | 128.09 |
| 2017 | 40.94 | 108.27 | 67.91 | 257.90 | 150.55 | 113.16 |
| 2018 | 76.05 | 74.26 | 89.68 | 131.49 | 134.66 | 99.38 |

表 8-50　不同类型地区医养结合机构经费自给率与百元收入支出

| 年份 | 经费自给率/% | | | | 百元收入支出 | | | |
| --- | --- | --- | --- | --- | --- | --- | --- | --- |
| | 一类 | 二类 | 三类 | 四类 | 一类 | 二类 | 三类 | 四类 |
| 2015 | 150.51 | 402.92 | 94.44 | 300.49 | 66.44 | 24.82 | 105.89 | 33.28 |
| 2016 | 133.81 | 99.73 | 95.29 | 82.34 | 74.73 | 100.27 | 104.94 | 121.45 |
| 2017 | 130.59 | 88.29 | 120.55 | 102.83 | 76.58 | 113.26 | 82.95 | 97.25 |
| 2018 | 113.06 | 119.16 | 129.53 | 117.58 | 88.45 | 83.92 | 77.20 | 85.05 |

2. 总收支结余率和业务收支结余率

(1) 总收支结余率：总收支结余率是医养结合机构总收支结余与总收入的比值，衡量每一元收入赚取净收益的数额，表明机构收入的获利水平。各类医养结合机构收支结余率始终为负值，表明近年来医养结合机构整体盈利状况较差，且近几年波动较大，整体盈利水平较差；民建民营机构及四类地区收支结余有向好发展态势。见表8-51～表8-53。

表 8-51　医养结合机构总收支结余率(%)

| 年份 | 收支结余率 |
| --- | --- |
| 2015 | -26.29 |
| 2016 | -22.57 |
| 2017 | -47.25 |
| 2018 | -11.51 |

表 8-52　不同经营性质医养机构总收支结余率(%)

| 年份 | 公办公营 | 公建民营 | 民建民营 |
| --- | --- | --- | --- |
| 2015 | 6.68 | -0.82 | -46.56 |
| 2016 | -5.68 | -28.84 | -28.09 |
| 2017 | -144.24 | -50.55 | -13.16 |
| 2018 | -31.49 | -34.66 | 0.62 |

表 8-53　不同地区医养机构总收支结余率(%)

| 年份 | 一类 | 二类 | 三类 | 四类 |
| --- | --- | --- | --- | --- |
| 2015 | -3.01 | 4.07 | -25.16 | -293.07 |
| 2016 | -20.13 | 0.82 | -26.17 | -43.75 |
| 2017 | -87.67 | -31.11 | -25.32 | -30.23 |
| 2018 | -37.01 | 2.48 | -1.47 | -9.20 |

(2)业务收支结余率:业务收支结余率是业务收支结余与业务收入总额的比值。本报告:业务收支结余率=(提供服务收入-业务活动成本)/提供服务收入×100%,反映每一元养老服务业务收入带来的净收益,表示养老服务业务收入的收益水平以及成本费用的节约程度。

公办公营、公建民营以及民建民营机构近3年来业务收支结余率均为正值,表明养老服务业务整体盈利能力较强,与上述总收支结余率为负不一致,提示医养结合机构需要控制其他成本支出,同时应落实政府补助,提高其盈利能力。

一类地区业务收支结余率始终为正值,而其他地区波动较大,表明一类地区养老服务业务盈利能力较强,地区差异显著。见表8-54~表8-56。

表8-54　医养结合机构业务收支结余率

| 年份 | 业务收入/万元 | 业务支出/万元 | 收支结余率/% |
| --- | --- | --- | --- |
| 2015 | 8284.56 | 6651.31 | 19.71 |
| 2016 | 10502.51 | 9659.76 | 8.02 |
| 2017 | 14429.67 | 12092.85 | 16.19 |
| 2018 | 18481.67 | 15154.40 | 18.00 |

表8-55　不同经营性质医养结合机构业务收支结余率(%)

| 年份 | 公办公营 | 公建民营 | 民建民营 |
| --- | --- | --- | --- |
| 2015 | 53.50 | 41.45 | -2.19 |
| 2016 | 10.50 | 3.73 | 8.33 |
| 2017 | 19.15 | 7.97 | 17.57 |
| 2018 | 8.22 | 6.34 | 24.78 |

表8-56　不同类型地区医养结合机构业务收支结余率(%)

| 年份 | 一类 | 二类 | 三类 | 四类 |
| --- | --- | --- | --- | --- |
| 2015 | 33.56 | 75.18 | -5.89 | 66.72 |
| 2016 | 25.27 | -0.27 | -4.94 | -21.45 |
| 2017 | 23.42 | -13.26 | 17.05 | 2.75 |
| 2018 | 11.55 | 16.08 | 22.80 | 14.95 |

3.照护服务收入成本率　照护服务收入成本率=业务活动成本/提供服务收入×100%,考核业务活动支出对医养结合机构业务收支结余的影响程度。

医养结合机构照护服务收入成本率总体约80%,民建民营机构有下降趋势,与上述民建民营机构业务收支结余逐年增长趋势一致,表明民建民营医养结合机构经营盈利能力近年来逐步增强。见表8-57~表8-59。

表 8-57 医养结合机构照护服务收入成本率(%)

| 年份 | 照护服务收入成本率 |
|---|---|
| 2015 | 80.29 |
| 2016 | 91.98 |
| 2017 | 83.81 |
| 2018 | 82.00 |

表 8-58 不同经济模式医养结合机构照护服务收入成本率(%)

| 年份 | 公办公营 | 公建民营 | 民建民营 |
|---|---|---|---|
| 2015 | 46.50 | 58.55 | 102.19 |
| 2016 | 89.50 | 96.27 | 91.67 |
| 2017 | 80.85 | 92.03 | 82.43 |
| 2018 | 91.78 | 93.66 | 75.22 |

表 8-59 不同地区医养结合机构照护服务收入成本率(%)

| 年份 | 一类 | 二类 | 三类 | 四类 |
|---|---|---|---|---|
| 2015 | 66.44 | 24.82 | 105.89 | 33.28 |
| 2016 | 74.73 | 100.27 | 104.94 | 121.45 |
| 2017 | 76.58 | 113.26 | 82.95 | 97.25 |
| 2018 | 88.45 | 83.92 | 77.20 | 85.05 |

4.管理费用占业务支出比率 管理费用占业务支出比率反映医养结合机构管理费用控制水平,是管理效率的重要体现,是降低成本费用、提高利润率的重要途径。通过该指标纵向及横向比较,以找出差距、控制管理费用开支,引导医养结合机构提高工作效率和管理水平,提高医养结合机构经济效益。

医养结合机构总体管理费用在业务支出中占30%~40%,公建民营机构、第四类地区高于平均水平,应提高工作效率,控制管理费用支出;公办公营医养结合机构管理费用逐年减少,民建民营机构管理费用支出较稳定。见表8-60~表8-62。

表 8-60 医养结合机构管理费用占业务支出比率(%)

| 年份 | 管理费用占业务支出比率 |
|---|---|
| 2015 | 46.19 |
| 2016 | 36.87 |
| 2017 | 35.35 |
| 2018 | 34.00 |

表8-61 不同经营性质医养结合机构管理费用占业务支出比例(%)

| 年份 | 公办公营 | 公建民营 | 民建民营 |
|---|---|---|---|
| 2015 | 90.27 | 104.87 | 26.93 |
| 2016 | 32.69 | 52.35 | 33.14 |
| 2017 | 24.84 | 67.00 | 28.54 |
| 2018 | 19.44 | 55.86 | 34.72 |

表8-62 不同类别地区医养结合机构管理费用占业务支出比例(%)

| 年份 | 一类 | 二类 | 三类 | 四类 |
|---|---|---|---|---|
| 2015 | 30.47 | 303.36 | 46.20 | 152.03 |
| 2016 | 40.64 | 34.64 | 32.64 | 47.48 |
| 2017 | 37.03 | 31.97 | 33.22 | 48.59 |
| 2018 | 23.73 | 32.02 | 40.65 | 46.71 |

### (五)盈利及亏损机构比较

1. 基本情况 截至2018年末,实现盈利的医养结合机构共有37家,医保定点机构29家,平均入住141人,入住100人以上机构17家,占比45.95%;平均盈利41.52万元,盈利超过100万的有4家,超过50万的有11家,最高盈利173.82万元,最低0.10万元。

盈利的民建民营医养结合机构24家,占比64.86%,公办公营医养结合机构占比18.92%。见表8-63。

表8-63 2018年不同经营性质机构盈利情况(万元)

| 经营性质 | 机构数 | 盈利总额 | 平均盈利 |
|---|---|---|---|
| 公办公营 | 7 | 303.06 | 43.29 |
| 公建民营 | 6 | 98.62 | 16.44 |
| 民建民营 | 24 | 1134.54 | 47.27 |
| 合计 | 37 | 1536.22 | 41.52 |

截至2018年末,亏损医养结合机构共有36家,医保定点机构26家,平均入住113人,入住100人以上机构12家,占比33.33%;平均亏损113.87万元,亏损超过100万的有8家,超过50万的有14家,最高亏损1366.48万元,最低0.31万元。

亏损的民建民营医养结合机构19家,占比52.78%,公办公营机构占比30.56%。见表8-64。

表 8-64　2018 年不同经营性质机构亏损情况(万元)

| 经营性质 | 机构数 | 亏损总额 | 平均亏损 |
| --- | --- | --- | --- |
| 公办公营 | 11 | -1600.46 | -145.50 |
| 公建民营 | 6 | -1452.75 | -242.13 |
| 民建民营 | 19 | -1046.29 | -55.07 |
| 合计 | 36 | -4099.50 | -113.87 |

2. 收入构成比较　亏损机构收入构成相对单一,主要依靠提供服务收入,盈利机构除了其他收入显著高于亏损机构,政府补助占比较高。见表 8-65 和表 8-66。

表 8-65　2018 年盈利医养结合机构收入构成(%)

| 年份 | 捐赠收入 | 提供服务收入 | 商品销售收入 | 政府补助收入 | 投资收益 | 其他收入 |
| --- | --- | --- | --- | --- | --- | --- |
| 2015 | 0.22 | 80.05 | 0.05 | 2.16 | 0.00 | 17.53 |
| 2016 | 0.72 | 74.23 | 0.96 | 8.86 | 0.53 | 14.70 |
| 2017 | 0.04 | 79.96 | 0.02 | 4.74 | 0.00 | 15.25 |
| 2018 | 0.08 | 80.75 | 0.14 | 5.62 | 0.00 | 13.40 |

表 8-66　2018 年亏损医养结合机构收入构成(%)

| 年份 | 捐赠收入 | 提供服务收入 | 商品销售收入 | 政府补助收入 | 投资收益 | 其他收入 |
| --- | --- | --- | --- | --- | --- | --- |
| 2015 | 4.43 | 90.04 | 0.00 | 5.21 | 0.00 | 0.32 |
| 2016 | 0.04 | 96.09 | 0.00 | 3.64 | 0.00 | 0.26 |
| 2017 | 0.37 | 89.32 | 0.12 | 3.40 | 0.00 | 6.79 |
| 2018 | 0.92 | 85.85 | 0.00 | 3.74 | 0.38 | 9.11 |

3. 支出构成比较　盈利机构管理费用逐年减少,而亏损机构管理费用各年间波动较大。见表 8-67 和表 8-68。

表 8-67　2018 年盈利医养结合机构支出构成(%)

| 年份 | 业务活动成本 | 管理费用 | 筹资费用 | 其他费用 |
| --- | --- | --- | --- | --- |
| 2015 | 56.54 | 37.54 | 2.07 | 3.85 |
| 2016 | 57.37 | 24.17 | 2.02 | 16.43 |
| 2017 | 53.79 | 18.08 | 2.14 | 25.99 |
| 2018 | 65.79 | 16.97 | 1.31 | 15.93 |

第八章　河南省医养结合机构筹资模式研究

表8-68　2018年亏损医养结合机构支出构成(%)

| 年份 | 业务活动成本 | 管理费用 | 筹资费用 | 其他费用 |
| --- | --- | --- | --- | --- |
| 2015 | 50.54 | 13.23 | 13.89 | 22.34 |
| 2016 | 66.73 | 21.32 | 11.27 | 0.68 |
| 2017 | 41.69 | 15.65 | 7.79 | 34.87 |
| 2018 | 57.35 | 23.70 | 3.88 | 15.08 |

4.经费自给率与百元收入支出比较　盈利机构经费自给率近几年均显著高于亏损机构,表明医养结合机构经常性支出水平的控制对其盈利能力影较大。见表8-69和表8-70。

表8-69　2018年盈利医养结合机构经费自给率与百元收入支出

| 年份 | 经费自给率/% | 百元收入支出 |
| --- | --- | --- |
| 2015 | 145.91 | 68.53 |
| 2016 | 126.53 | 79.04 |
| 2017 | 122.34 | 81.74 |
| 2018 | 114.15 | 71.38 |

表8-70　2018年亏损医养结合机构经费自给率与百元收入支出

| 年份 | 经费自给率/% | 百元收入支出 |
| --- | --- | --- |
| 2015 | 103.40 | 96.71 |
| 2016 | 92.04 | 108.65 |
| 2017 | 115.54 | 86.55 |
| 2018 | 70.65 | 94.55 |

### (六)连续运营4年机构经济运行状况

本报告所述73家医养结合机构中,有35家机构自2015年运营至今,且有较完整的财务状况数据。35家医养结合机构中,盈利机构23家,占比65.71%,医保定点机构22家,占比62.86%,平均入住161人,入住100人以上机构19家,占比54.29%。

下面将以此35家为样本分析其经济运行状况。

1.收支规模及收支结余

(1)收支规模及收支结余变动:医养结合机构总收入、总支出均呈增长趋势,总收入年均增长率为16.03%,高于总支出10.48%的年均增长率;2015年至今,收支结余均为负值,整体医养结合机构仍处于亏损状态,收支结余增速波动较大,表明不同年份经营状况不稳定。见表8-71。

表8-71 医养结合机构总收支规模及收支结余变动

| 年份 | 总收支及结余/万元 | | | 增长速度/% | | |
|---|---|---|---|---|---|---|
| | 总收入 | 总支出 | 收支结余 | 总收入 | 总支出 | 收支结余 |
| 2015 | 9870.85 | 12465.82 | -2594.97 | — | — | — |
| 2016 | 11491.28 | 13908.44 | -2417.16 | 16.42 | 11.57 | 6.85 |
| 2017 | 13758.81 | 19918.99 | -6160.18 | 19.73 | 43.22 | -154.85 |
| 2018 | 15417.43 | 16809.43 | -1392.00 | 12.05 | -15.61 | 77.40 |

（2）收入及支出构成变动：提供服务收入占80%以上，是主要收入来源，政府财政补助占比不到5%，最高151万元，最低只有1万元，机构间差异较大。见表8-72和表8-73。

表8-72 医养结合机构收入构成（%）

| 年份 | 捐赠收入 | 提供服务收入 | 商品销售收入 | 政府补助收入 | 投资收益 | 其他收入 |
|---|---|---|---|---|---|---|
| 2015 | 1.86 | 83.93 | 0.03 | 3.35 | 0.00 | 10.84 |
| 2016 | 0.01 | 84.50 | 0.66 | 4.59 | 0.37 | 9.38 |
| 2017 | 0.02 | 86.36 | 0.01 | 3.13 | 0.00 | 10.48 |
| 2018 | 0.27 | 87.54 | 0.11 | 2.81 | 0.00 | 9.27 |

表8-73 医养结合机构支出构成（%）

| 年份 | 业务活动成本 | 管理费用 | 筹资费用 | 其他费用 |
|---|---|---|---|---|
| 2015 | 53.36 | 24.65 | 8.34 | 13.66 |
| 2016 | 61.83 | 21.61 | 7.24 | 9.32 |
| 2017 | 46.95 | 14.40 | 4.26 | 34.40 |
| 2018 | 62.59 | 16.03 | 2.97 | 18.41 |

2. 发展及盈利能力分析

（1）业务收支增长率：业务收支年均增长率为17.67%，略高于业务支出16.52%的增长率，收支结余年均增长率高于收入及支出增长水平，表明养老服务业务盈利能力逐年增强。见表8-74。

（2）经费自给率和百元收入支出：此35家医养结合机构经费自给率和百元收入支出数据分析结果与73家医养结合机构结果相反，但与前述盈利机构一致，提示能够连续经营4年的机构经常性收支平衡能力较好,盈利能力较强。见表8-75。

表8-74 医养结合机构业务收支及增长率

| 年份 | 业务收支及结余/万元 | | | | 增长速度/% | | |
|---|---|---|---|---|---|---|---|
| | 业务收入 | 业务支出 | 收支结余 | | 业务收入 | 业务支出 | 收支结余 |
| 2015 | 8284.56 | 6651.31 | 1633.25 | 19.71 | — | — | — |
| 2016 | 9710.53 | 8599.25 | 1111.29 | 11.44 | 17.21 | 29.29 | -31.96 |
| 2017 | 11881.94 | 9352.50 | 2529.45 | 21.29 | 22.36 | 8.76 | 127.61 |
| 2018 | 13496.22 | 10521.04 | 2975.18 | 22.04 | 13.59 | 12.49 | 17.62 |
| 累计增长率/% | 62.91 | 58.18 | 82.16 | | — | — | — |
| 年均增长率/% | 17.67 | 16.52 | 22.13 | | — | — | — |

表8-75 医养结合机构经费自给率与百元收入支出

| 年份 | 经费自给率/% | 百元收入支出 |
|---|---|---|
| 2015 | 124.56 | 80.29 |
| 2016 | 112.92 | 88.56 |
| 2017 | 127.05 | 78.71 |
| 2018 | 128.28 | 77.96 |

(3)管理费用占业务支出比率:管理费用在业务支出中占比逐年下降,表明经过几年的经营,医养结合机构对管理费用的控制水平逐年提升,整体盈利能力加强。见表8-76。

表8-76 医养结合机构管理费用占业务支出比率

| 年份 | 业务支出/万元 | 管理费用/万元 | 占业务支出比率/% |
|---|---|---|---|
| 2015 | 6651.31 | 3072.52 | 46.19 |
| 2016 | 8599.25 | 3006.25 | 34.96 |
| 2017 | 9352.50 | 2867.57 | 30.66 |
| 2018 | 10521.04 | 2694.33 | 25.61 |

## 三、讨论与建议

### (一)总体亏损,经营状况不容乐观

从2015年到2018年,在国家和地方政策的大力支持下,河南省医养结合机构有了较大的发展,总收入逐年增加,机构平均收入也在不断增长。

总体看,医养结合机构收支规模变动在不同经营性质机构间以及不同地区间存在一定差异,显示发展不平衡,且各年间波动较大;收入增长不能覆盖支出的增长,导致亏损;收支结余增速及净资产变动额在各年间不平衡,表明机构经营状况不稳定,发展能力不足;照护服务成本率及经费自给率均显示业务收入盈利能力较强,但难以覆盖成本的增长。

在医养结合机构总体经营状况不好的大环境下,民建民营机构年均收入稳步增长,支出逐年减少,到2018年收支结余实现由负转正至88.25万元。

### (二)协调相关管理部门工作,积极落实财政补助

财政补助在总收入中占比较小,且有落实不到位现象。除二类、四类地区外,财政补助在医养结合机构总收入中占比在5%左右,各年间不稳定,对机构盈利影响有限。

财政补助总额以及机构平均补助金额均逐年增长,但从不同经营性质及不同地区医养结合机构享受补贴增速可以看到,期间有负增长,不同年份间政府补贴不均衡,反映针对医养结合机构的政府补贴还未建立可持续的长效机制,或存在因多种原因导致补贴落实不到位的情况。现场调研时,也有不少机构反映因为消防验收不合格等问题,没能获得民政部门养老机构认证,导致不能享受建设补贴、床位补贴以及员工补贴。

建议加大财政投入,积极协调相关管理部门工作,使政策落实到位,引领更多资金投入养老服务业,促进医养结合服务健康发展。

### (三)拓展业务规模,提高管理效率

河南省医养结合机构业务收入逐年增长,但照护服务收入成本率一直维持在80%以上,管理费用占业务支出比率也超过了30%,增长的收入难以覆盖较高的成本支出,导致行业整体亏损。

医养结合服务业一定程度上存在公益、非营利性质,政府财政补助只是补充。医养结合机构的盈利更多地需要积极拓展业务收入,降低管理成本。在本报告中对2018年盈利以及连续运营4年的医养结合机构的分析中可以看到,机构入住老人数显著超过行业平均水平,经费自给率也大于1,整体发展及盈利能力均强于行业平均水平。因此,医养结合机构的可持续发展还需要依靠自身业务能力和管理效率的提升。

### (四)加强财务管理制度建设,健全财务管理体系

医养结合机构的财务管理是一项非常重要的管理内容,对规范医养结合机构的管理行为有重要的影响。

在现场调研以及医养结合机构的问卷调查中发现,医养结合机构上报的财务数据存在收入与支出科目不统一现象,一些收支科目未独立核算,导致财务数据分析难度加大。财务管理是否有序,直接影响机构管理质量和效率,做好医养结合机构的财务管理也是为了追求更好的经济效益。

### (五)完善政府投入机制,构建多元化医养结合服务体系

在现场调研中发现,许多政府主办的基层医养结合机构承担着扶贫助困的任务,起

着部分保基本、兜底的功能,在基层医养结合机构甚至存在着依靠对外的医疗收入补贴养老的现象。从医养结合机构业务收入增长情况可见,2015—2018年,公建民营、民建民营医养结合机构的累计增长超过130%,年均增长也达到30%以上,均显著超过公办公营机构,特别是民建民营机构收支结余负增长逐渐减小,发展态势较好,至2018年已由负转正。

鉴于目前河南省医养结合机构的运营状况,亟需加大政策、资金投入力度,建立公办公营医养结合机构保基本,其他经营形式满足更高层次需求的医养结合服务体系。

## 第二节 河南省医养结合机构补偿机制

### 一、河南省医养结合机构补偿现状

#### (一)政府投入现状

1. 政府购买养老服务　　我省先后制定出台了《关于做好政府购买养老服务工作的指导意见》《河南省政府购买养老服务实施办法》(试行),内容涵盖居家和社区养老服务、机构养老服务、养老服务人员培养、养老服务评估等,并统一编制了《政府购买养老服务合同示范文本》《政府购买养老服务资金绩效评价表》等,下拨政府购买养老服务专项资金达到了6.45亿元。

2. 政府加大资金扶持力度　　"十二五"以来,河南省每年积极争取中央预算内资金1.5亿元左右,累计支持127个养老服务体系项目建设。各级均将50%以上福彩公益金用于支持养老服务业发展,其中支持民办养老服务发展的资金不低于30%。2018年省本级下拨5.1亿元福彩公益金用于支持养老服务体系建设。通过建立引导基金、发行债券等直接融资方式支持养老设施建设,支持各地采用政府和社会资本合作(PPP)模式举办各类养老机构,目前省财政PPP项目库中养老领域项目22个,总投资141.7亿元,9个项目已落地实施,撬动社会资本投资78.4亿元,有效增加了养老服务供给。

3. 政府加强融资支持　　河南省坚持政府引导和市场运作相结合,通过贷款贴息、直接融资补贴、融资担保等办法,使更多信贷资金和社会资金投向养老服务业。鼓励金融机构在符合市场原则的前提下,放宽贷款条件,对养老服务机构及其建设项目积极提供融资便利及实行优惠利率。鼓励和引导慈善资金投向社会养老服务设施建设,用于实施养老救助项目。

2017年,河南省民政部门与国开行河南分行、中原资产管理有限公司签订了开发性金融支持河南省养老体系建设合作协议,截至目前国家开发银行已向养老服务设施项目发放贷款12亿元。2018年,民政厅与中原银行签订了战略合作协议,加大对养老服务发展的金融支持力度。

4. 落实土地供应政策及税费优惠政策　　河南省及各地市均出台了有关落实医养结合机构土地供应及税费优惠政策。

如针对营利性养老服务机构利用存量建设用地建设养老设施,涉及划拨建设用地使用权出让(租赁)或转让的,在原土地用途符合规划的前提下,允许补缴土地出让金(租金),办理协议出让或租赁手续。企事业单位、个人对城镇现有空闲的厂房、学校、社区用房等进行改造和利用,举办养老服务机构,经有关部门批准临时改变建筑使用功能从事非营利性养老服务且连续经营1年以上的,5年以内土地使用性质可暂不作变更。民间资本举办的非营利性养老机构与政府举办的养老机构可依法使用国有划拨土地或农民集体所有土地。对采取政府和社会资本合作方式的养老服务项目,可以国有建设用地使用权作价出资或入股建设。

落实养老服务机构税费优惠政策。对养老服务机构提供的育养服务免征营业税,对非营利性养老服务机构自用房产和土地免征房产税、城镇土地使用税和水利建设专项费;对非营利性养老和医疗机构建设全额免征行政事业性收费,对营利性养老和医疗机构建设减半收取行政事业性收费;养老机构用水、用电、用气、用热按居民生活类价格执行。对企事业单位、社会团体和个人向非营利性养老机构的捐赠,符合相关规定的,准予在计算其应纳税所得额时按税法规定比例扣除。

5.政府引导社会力量积极参与　河南省全面放开了养老服务市场,社会力量正在逐步成为养老服务的主体,正在形成不断完善统一开放、竞争有序的养老服务市场体系。

一是不断深化"放管服"改革。全面落实养老机构取消许可要求,统一实施了设置养老机构备案制改革,承诺1个工作日办结,从事前审核转变为强化事中、事后服务监管。

二是完善发展机制。依法设立的营利性和非营利性养老机构享受同等的补贴政策,对本地投资者和非本地(含境外)投资者实施同等的扶持政策。通过政府购买、委托和PPP等方式,不断引入市场机制、社会力量扩大和优化养老服务供给,逐步让企业、社会组织承接特困人员供养、基本养老服务、服务质量评估等原来由政府直接提供的服务和工作,培育一批具有影响力和竞争力的养老服务企业。

三是健康养老产业投资规模不断扩大。目前,省、市、县三级健康养老"十百千"示范项目累计入库398个,完成投资165亿元。"互联网+养老"、智慧智能养老、旅游养老等多层次、多样化养老服务体系逐步形成,养老产业市场日益壮大。据不完全统计,转型发展以来,我省在建居家社区养老、机构养老、基地养老、医养融合等各类养老机构(设施)326家,新增运营236家,投入使用床位近1.2万张。有一大批正在建设的省级健康养老产业示范基地投资超过亿元,如计划投资21亿元的新乡市原阳县颐养乐福健康养老基地、计划投资10亿元的驻马店市确山县老乐山银发壹族养生养老园等。

## (二)财政补贴

1.建设补贴、运营补贴及岗位补贴　目前,河南省各地均先后出台了相关政策落实养老机构补贴制度,建设补贴为每张床位200~9000元不等,运营补贴为每人每月50~300元不等。各地市针对医养结合机构建设补贴、运营补贴及岗位补贴情况见表8-77。

表 8-77　河南省各地医养结合机构财政补贴情况

| 地区 | 建设补贴/<br>（元/床） | 运营补贴/<br>[元/(人·月)] | 岗位补贴/<br>[元/(人·月)] |
|---|---|---|---|
| 郑州 | 6000～9000 | 200～300 | 100～200 |
| 济源 | 200～400 | 80 | — |
| 焦作 | 1500～2000 | 50～100 | 50～150 |
| 洛阳 | 2000～3000 | 150 | — |
| 鹤壁 | 1000～1500 | 50 | — |
| 许昌 | 1500 | 60 | — |
| 安阳 | 1500～2000 | 60 | — |
| 新乡 | 600～900 | 50 | — |
| 漯河 | 1000～3000 | 60～100 | 50～150 |
| 平顶山 | 2000～3000 | 80 | — |
| 三门峡 | 1000～2000 | 60 | — |
| 南阳 | 1000～1500 | 60 | — |
| 开封 | 1000～2000 | 50 | — |
| 濮阳 | 1000～2000 | 50 | — |
| 信阳 | 700～1000 | 60 | — |
| 商丘 | 600～1000 | 50 | — |
| 驻马店 | 600～1500 | 各县区依财力确定 | — |
| 周口 | 1000～1500 | 50 | — |

注：数据来源于河南省各地区政府相关文件。

河南省各地区因经济发展状况不同，对医养结合机构的财政补贴水平差异较大。各地针对医养结合机构的财政补贴标准大多发布于2010—2015年，之后部分地市的补贴标准有所提高。如郑州市于2018年最新发布的《郑州市资助民办养老机构实施办法》，将养老机构建设补贴标准提高至原来的3倍，由2010年的每床3000元提高到9000元，新设城乡养老服务设施奖补、养老机构星级评定奖励和养老护理员补贴制度及设备配置补贴，为社会资本进入养老服务业发展注入新动能。

各地对医养结合机构的护理员的岗位补贴标准各异，除郑州、焦作、漯河外，多数地市在相关文件中未明确规定岗位补贴标准，但鼓励有条件的县区积极探索或建立养老护理员岗位补贴制度。各地市对医养结合机构的用工及从业人员培训均有相应支持政策，如参加职业培训可享受相关培训补贴政策，对培训后经职业技能鉴定获取相应职业资格证书人员，可申请享受市社会公益性岗位政策等。如洛阳市将养老护理员纳入政府公益性岗位，每年为社会办养老服务机构安排公益性岗位约300个，政府每月补助每个岗位约 2000 多元;实施养老护理员"三金"补贴制度,凡与用工单位签订正式劳务合同的养老护理员,"三金"个人负担部分由市财政全额补助。

在现场调研中也有不少医养结合机构反映,因消防验收不合格等原因未获得养老机构设立许可,实际并未拿到建设补贴、运营补贴及岗位补贴。

2. 保险补贴　各地出台的医养结合相关支持文件中均提出应逐步完善落实医养结合机构相关保险制度。建立风险分担机制,降低养老服务机构运营风险,积极推行养老服务机构责任保险。多个地区提出将公办养老机构的保险费用列入同级财政预算。如洛阳市在全省率先实施了养老机构意外责任险,市财政按每床 100 元标准予以补助。焦作市提出财政给予非营利性养老服务机构的运营补贴,可用于资助养老服务机构投保养老服务责任保险;社会办养老机构运营补贴中,应当确定一定比例,专项用于支付保险费用。

3. 奖励性补贴　为鼓励养老机构争先创优,发挥引领示范作用,提升管理服务水平,一些地区对获得省市一级政府表彰的医养结合机构实施"以奖代补"政策。

如郑州市对管理服务规范、老年人满意度高并获得市级以上表彰的养老机构,给予 5~10 万元奖励;洛阳市对管理规范、老人满意度高,并获得省级以上人民政府或部门(含省级)表彰奖励的社会养老服务机构,由市政府给予 3~5 万元的一次性奖励;平顶山对管理规范、老人满意度高的农村(乡镇以下)养老服务机构,获得省级表彰奖励的,由市政府给予 5 万元奖励,获得市级表彰奖励的,由市政府给予 3 万元奖励。

另外,洛阳市还建立了社会办养老机构消防建设或改造提升补贴制度,对取得消防验收合格手续的养老机构,其消防安全改造费用由市政府资助 30%,最高不超过 50 万元。

### (三)收费情况

医养结合机构通常依据老年人自理情况收费,本次调研医养结合机构反馈数据显示,自理老人 950~3300 元/月,失能老人 1500~6700 元/月,平均 2471 元/月,而河南省人均可支配收入为 1830 元/月,收费显著高于人均可支配收入。入住率低的医养结合机构入院率只有 6.32%,而有的医养结合机构入住率可高达 90% 以上,本次调研机构平均入住率仅有 46.06%。见表 8-78。

表 8-78　河南省各地人均可支配收入、医养结合机构收费及入住率

| 地区 | 人均可支配收入/(元/月) | 月均收费/(元/月) | 入住率/% |
| --- | --- | --- | --- |
| 郑州 | 2754 | 3560 | 39.81 |
| 济源 | 2221 | 1375 | 68.95 |
| 焦作 | 2074 | 3077 | 61.12 |
| 洛阳 | 2074 | 2960 | 59.08 |
| 鹤壁 | 2008 | 2514 | 27.18 |

续表 8-78

| 地区 | 人均可支配收入/(元/月) | 月均收费/(元/月) | 入住率/% |
|---|---|---|---|
| 许昌 | 1985 | 1838 | 57.79 |
| 安阳 | 1902 | 2587 | 48.64 |
| 新乡 | 1883 | 2353 | 43.80 |
| 漯河 | 1882 | 2881 | 35.10 |
| 平顶山 | 1846 | 2060 | 33.50 |
| 三门峡 | 1829 | 2740 | 30.79 |
| 南阳 | 1735 | 2452 | 52.82 |
| 开封 | 1665 | 1963 | 45.07 |
| 濮阳 | 1650 | 2377 | 52.06 |
| 信阳 | 1596 | 2254 | 75.00 |
| 商丘 | 1532 | 2415 | 63.01 |
| 驻马店 | 1499 | 1872 | 43.85 |
| 周口 | 1397 | 2086 | 29.38 |
| 全省平均 | 1830 | 2471 | 46.06 |

注：个别地区由于调查机构较少可能致代表性不足。

### (四) 医保纳入情况

目前医保针对老年病报销的病种较少，尤其是失能、半失能老人的医疗护理费用，绝大多数没有纳入医保报销范围，导致有医疗需求的老年人在养老床位与医疗床位间不停转诊，加重了经济负担。并且许多养老机构结合的医疗机构多为基层医院，在医保用药方面限制较多，致使医养结合机构入住的老人不能得到及时救治，延误病情。

### (五) 补偿机制存在的问题

1. 财政补贴投入不足  财政补贴在各类医养结合机构总收入中所占比重较小，多数年份在 5% 左右，对机构盈利能力影响有限。见表 8-79。

各地区针对医养结合机构的财政补贴标准大多发布于 2010—2015 年。目前，只有郑州市在 2018 年提高了建设补贴、运营补贴和岗位补贴金额；个别地区还在沿用 2011 年的补贴标准，且床位运营补贴未考虑护理等级，多数地区未有明确的养老服务人员岗位补贴标准，对人才培养支持力度亟待加强。

表 8-79　财政补贴在不同经营性质医养结合机构总收入中占比/%

| 年份 | 公办公营 | 公建民营 | 民建民营 |
| --- | --- | --- | --- |
| 2015 | 3.00 | 2.31 | 3.78 |
| 2016 | 7.14 | 10.52 | 5.60 |
| 2017 | 2.59 | 5.29 | 4.46 |
| 2018 | 7.75 | 4.35 | 4.06 |

2.财政补贴效率不高　各地区在推动医养结合工作进程中,不断探索行之有效的补贴方式,政府投入持续增加,工作取得了一定成效,但由于各地经济发展水平限制,补贴对象多限于三无、特困群体,覆盖人群有限。虽然针对医养结合机构有床位运营补贴,但多数地区未按照入住老年人的失能程度分级补贴,入住机构的中重度失能老年人占比不足50%,有限养老服务资源未得到有效利用。见表8-80。

表 8-80　不同经营性质医养结合机构入住老人失能情况

| 经营性质 | 能力完好 | | 轻度失能 | | 中度失能 | | 重度失能 | |
| --- | --- | --- | --- | --- | --- | --- | --- | --- |
| | 人数 | 构成比/% | 人数 | 构成比/% | 人数 | 构成比/% | 人数 | 构成比/% |
| 公办公营 | 644 | 31.11 | 475 | 22.95 | 506 | 24.44 | 445 | 21.50 |
| 公建民营 | 509 | 36.54 | 310 | 22.25 | 305 | 21.90 | 269 | 19.31 |
| 民建民营 | 1582 | 28.47 | 1379 | 24.82 | 1457 | 26.22 | 1139 | 20.50 |

3.医养结合机构补偿渠道单一　截至2018年末,本报告所述73家医养结合机构中,实现盈利的共有37家,平均盈利41.52万元,盈利超过100万的有4家,超过50万的有11家,最高盈利173.82万元,最低仅0.10万元;亏损医养结合机构36家,平均亏损113.87万元,亏损超过100万的有8家,超过50万的有14家,最高亏损1366.48万元,最低0.31万元。多数机构收支结余常年处于盈亏边缘。医养结合机构收入构成中照护费用占比多在80%以上,财政补偿及其他收入占比较低。一方面是有迫切医养服务需求的中重度失能老人难以负担繁重的照护费用,另一方面是医养结合机构普遍入住率不高,经营困难。过度依赖入住老人缴纳的照护费用,这种较单一的补偿渠道也是造成医养结合机构亏损的不可忽视的原因。从养老服务需求不断增长的现状看,亟需建立多渠道的医养结合机构补偿机制,充分利用有限的医养服务资源,促进医养结合服务业可持续发展。

## 二、完善河南省医养结合机构补偿机制的政策建议

借鉴国内外医养结合机构补偿机制的先进经验,依据河南省医养结合服务需求特征、地域经济发展水平、医养结合机构、社会医疗保险基金运营、商业保险发展状况、社会资本及居民参与医养结合事业意愿,建立三层次六维度补偿制度体系,具体如下。

### (一)政府主导,构建整合型补偿制度体系

1. 政府主导统筹社会医疗保险系统和医养结合服务供给系统,形成两个良性循环 一是对于医保基金充裕的地区,"划拨城镇基本医疗保险统筹基金"补偿"由慢性病等衍生出来的有医疗服务和照料服务双重需求人员的照护服务",形成医养结合服务增加→医疗服务需求减少→医保资金节约→划拨医养结合机构→医养结合服务增加的良性循环。二是分化创新医保基金牵引功能,激励医养结合机构主动引导老年人合理就医,并将就诊节约的医保资金划拨到养老基金,或建立单独的基金作为医养结合机构补充性筹资渠道。老年人是医疗高需求人群,而趋高就医问题突出。建议尽快确定一批二级医疗机构和三级医疗机构均能治疗的病种(如2型糖尿病、白内障),测算在不同级别医疗机构就诊所需的费用差额,以及医保支付费用的差额。对于医养结合机构内的老年人,如老年人在二级医疗机构内接受治疗,则将相应差额划拨到养老基金或医养结合机构。形成医养结合机构主动引导老年人合理就医→节约医保资金→划拨医养结合机构→医养结合机构主动引导老年人合理就医的良性循环。

2. 政府主导提升医养结合机构筹资水平,实现化零为整 当前,河南省医养结合机构均为独立筹资,尚未建立各机构间筹资协调联动机制。其缺陷在于仅有少部分机构筹资渠道丰富,服务能力不断提升,而大多数机构普遍面临严重依赖政府财政支持、自身"造血功能"低下的发展困境,导致社会资本对医养结合产业前景信心不足。在这种背景下,建议政府发挥主导作用,先从统筹县(区)级筹资渠道入手,建立辖区内的医养结合资金池(资金规模:医养结合资金池>养老基金),依据辖区内各医养结合机构服务提供和建设发展的实际需求,统一进行资金划拨。同时,逐渐由县(市)级统筹提升到市级统筹,最后达到省级统筹。考虑到我省中原城市群、豫北地区、豫西豫西南地区和黄淮地区4个经济区社会经济发展不均衡,而黄淮地区人口数量多、经济发展滞后,因此应优先在黄淮地区开展提升医养结合机构筹资水平的试点。

### (二)商保协作,探索多元化补偿渠道

1. 养老基金与商业保险机构协同,实现保值增值 当前我国大部分地区养老基金主要有两种资产存在形态,即存入商业银行和购买国家债券。这在一定时期一定程度上保障了基金的安全,但却远远未实现保值增值的任务。随着市场经济的不断发展和完善,人口老龄化所带来的基金支出压力,以及通货膨胀率高涨可能带来的基金贬值风险等新情况的出现,如何在确保养老基金安全性和流动性的前提下,实现收益的最大化,成了解决问题的重中之重。首先,建议将一部分资金委托商业保险机构精英,通过进入金融市场,分散投资于股票、债券、货币等市场,充分分散投资风险。其次,必须保留一定比例的资金存入银行或购买国家债券,原则上比例不低于50%,因为国内顶级的几家商业银行或者国家债券都具有国家性质,信誉高,投资风险基本为零。再次,投资实体经济。通过各种方式,将一定比例的养老基金投资于大型国企央企等信誉较高、投资风险较小的企业,同时,抓住其改制、并购、上市等时机投资入股,使社保基金能够最大化保值增值。最后,购买企业债券。能够发行企业债券的企业一般是信用比较好、国家政策予以

重点扶持并能够提供相应担保的企业,而且企业债券的利率要高于国债。因此,可以选择购买那些信用好、实力强、效益好的企业债券。

2. 探索商保机构筹资、医养结合机构使用、民政部门监管的三方协同机制　一是商保机构在加强保险意识宣教方面有着独特优势和丰富经验,政策上应鼓励40岁以上的人群加入商业医养结合保险项目,并交由商保机构负责筹资。二是创新医养结合机构资金运营方式。首先,医养结合机构可以与商业保险公司展开合作,选择有实力的商业保险公司来运营一部分资金,依靠商业保险公司的专业经验,授权商业保险公司对资金进行投资,此外还可以在商业保险公司对投资资金进行保险,进一步降低资金投资亏损的风险。其次,医养结合机构可以选择一些团队成绩优秀、历史投资回报率高的私募基金管理团队来管理一部分资金,对一些具有项目储备的股权基金开展投资。三是强化民政部门监管。医养结合机构与商保机构开展上述活动,需经民政部门进一步评估备案,确保医养结合资金安全以及两方合作符合相关法规政策。

### (三)鼓励全民参与,建立长期护理保险制度

1. 探索建立低标准广覆盖的长期护理保险制度　在借鉴学习青岛市长期医疗护理保险制度的基础上,建议开展适于我省省情的基于长期医疗护理保险制度的刚性筹资机制试点。一是筹资标准不宜过高。不管是分阶段或者多模式相结合的筹资路径还是关于分群体推进的筹资路径,都是源于当前社会经济发展水平相对较低、人民收入水平不高的社会现实而不得不采取的一种应对方案。因此应充分调研评估各地区居民的保险支付意愿,将基于大样本人群调查结果测算出的最小金额作为参保基准。二是参保年龄关口前移,覆盖更大群体。建议参考借鉴中国2009年新型农村社会养老保险制度以及2010年城镇居民社会养老保险制度试点经验,将覆盖人员的年龄下限设置为45周岁。三是建议建立强制性参保制度。日本、德国长期医疗照护保险制度都采取了强制性参保原则,该原则也被证明是非常有效的,而自愿性参保终将会带来参保人群的不等比例性以及长期照护制度收支平衡与可持续发展的问题。因此,参考借鉴日本、德国长期医疗照护保险制度的成功经验,汲取美国CLASS法案失败的教训,建议采取强制性参保原则。

2. 鼓励以劳代资、以劳蓄资　结合我省劳动力富裕而经济水平总体欠发达的实际,政策应鼓励医养结合机构建立以劳代资、以劳蓄资的筹资机制。

一是开展劳务转换积分模式探索。对医养结合机构服务辐射范围内的45岁以上的居民,均可选择1家医养结合机构作为服务点提供机构所需的劳动服务,如简单照料、基础护理、日常陪护、心理慰藉、健康教育等。医养结合机构将居民提供的劳动服务折算为积分,这些积分可转让给有养老服务需求的其他人,或者储蓄起来,在未来自身有养老服务需求时使用。

二是开展劳务代偿养老金模式探索。以德国为例,德国长期照护保险制度明确规定,如果家庭成员1周内至少提供了14小时的照护工作,长期照护保险制度将承担该服务提供者应该缴纳的社会保险金,并提供一定的服务假期。我省大部分地区劳动力富裕,特别是在农村地区和经济欠发达地区,养老基金应调整缴纳政策,鼓励居民到医养结合机构提供劳动服务,通过一定的折算方法,将劳务折算为应缴纳的养老金。

# 第九章

## 河南省医养结合医保政策研究

## 第一节 老年人医疗需求特点

在老龄化严峻形势下,随着高龄、失独(能)等特殊老年人数量的增加,加之老龄患者存有一人多病的特点,使得老年人对于高质量的医疗需求也在逐渐增加。李志斌等人在对一家基层医院住院患者疾病谱及死亡谱分析结果显示,2012—2016年期间,该院出院的60岁及以上老年患者中,循环系统、呼吸系统、消化系统、内分泌和代谢系统的疾病在疾病谱中一直位列前4位;死因顺位则显示循环系统、恶性肿瘤和呼吸系统疾病是导致老年人死亡的三大危险因素。疾病已经变成了老年人群体生活质量和生命长度的两个重要影响因素。

随着社会的进步和医疗卫生条件的不断改善,老年人的健康状况和生命质量应该是随之增加的。但是,从21世纪前10年的健康普查数据来看,我国老年人中健康群体的比例呈大幅下降的趋势。杜颖等人在对湖南省老年人就医难现状、现状存在的差异及影响差异形成的各个因素进行的研究结果表明,随着老年人年龄的增长,其就医的方便性会变差。老年人患病多以常见病和慢性非传染性疾病为主,而慢性病最大的特点是病程周期较长、治疗费用较高且不容易治愈。黄茂娟等人在对四川省老年人慢病患者住院费用构成及影响费用构成的因素进行分析时发现,该省老年慢性病患者的次均住院费用接近6800元,平均住院日接近10天,患者住院费用中药占比约为40%,检查治疗费约占比35%。

疾病谱和死亡谱的变化,加之老年人患病周期长、慢性病治愈难度大的特点,就医难、就医贵等现实问题必然会导致老年群体在就诊、住院和陪护等医疗方面的需求量持续增加。

### 一、老年人的生理特点

40岁之后,人体的形态和功能逐渐出现衰老。通常认为,45~65岁为初老期,65岁以上为老年期。老年人在身体形态和功能方面均发生一系列的变化,主要表现在:①机体组成成分中代谢不活跃的部分比重增加,细胞数量和细胞内液减少,出现脏器衰缩;②器官功能减退,尤其是消化、吸收、代谢、排泄及循环功能减退。总之,进入老年期后,其大脑开始出现萎缩,心脏泵血功能及肺通气、换气功能下降,肝脏解毒功能及肾脏排毒功能衰退,腺体分泌减少,消化、吸收、合成利用等均出现障碍。

## 二、老年人的心理特点

老年人的社会角色发生急剧变化,容易产生一些不良的心理变化。若再有子女分离、配偶生病或去世,常会导致神经精神调节的障碍。例如,老年人容易有动辄发怒、抑郁、焦虑、孤独、悲凉等体验,还可能产生自卑、衰老感、失落感等消极心理状态,并伴有睡眠不宁、血压波动、食欲缺乏和疲劳等各种不适状态。此外,老年人容易出现失落心理、怀旧心理、淡泊心理、自卑心理和童稚心理等。

## 三、老年人的健康特征

### (一)卫生服务需要增加

生理、心理和社会角色的变化直接影响老年人的身心健康,导致老年人对卫生服务需要的增加。据全国卫生服务调查资料显示,老年人两周患病率和慢性病患病率在各年龄组人群中是最高的,说明老年人具有较高的卫生服务需要。见表9-1。

表9-1 我国居民年龄别两周患病率和慢性病患病率(‰)

| 年龄组 | 2008年 | | 2013年 | |
| --- | --- | --- | --- | --- |
| | 两周患病率 | 慢性病患病率 | 两周患病率 | 慢性病患病率 |
| 0~岁 | 174.2 | 6.4 | 106.0 | — |
| 5~岁 | 76.9 | 8.7 | 53.0 | — |
| 15~岁 | 49.7 | 20.2 | 37.0 | 16.0 |
| 25~岁 | 74.9 | 51.3 | 57.0 | 42.0 |
| 35~岁 | 136.0 | 121.7 | 124.0 | 135.0 |
| 45~岁 | 227.2 | 259.5 | 243.0 | 295.0 |
| 55~岁 | 322.7 | 419.9 | 420.0 | 526.0 |
| 65~岁 | 465.9 | 645.4 | 622.0 | 784.0 |

### (二)卫生服务利用

如表9-2所示,老年人卫生服务利用也较高,但由于社会经济能力较弱、活动受限以及心理问题等多方面的原因,造成老年人未满足的卫生服务需求也较高。老年人卫生服务利用主要表现在:①病情复杂、住院时间长。老年人存在着各器官功能衰退现象,一旦患病,往往是多个系统疾病并存,病情比较复杂,且危重程度较高。这些特点也决定了老年人因病住院的天数较长,据申一帆等人调查,老年患者的平均住院天数31.5天,大大高于普通患者。②医疗需求高,住院花费多。老年人由于病情复杂、行动不便等原因,对医疗、护理的质量及强度要求较高。同时,由于病情复杂、住院时间较长等原因,住院花费也较多。早在1995年,北京市医院管理研究所曾做过调查,发现60岁以上老年病人需要一级护理的占同病例组的61.2%,在万元以上住院病例中,老年病人占27%。见表9-2。

表9-2 我国居民年龄别卫生服务利用情况(‰)

| 年龄组<br>(岁) | 2008年 | | | | 2013年 | | | |
|---|---|---|---|---|---|---|---|---|
| | 两周就诊率 | 两周患病未就诊比例 | 住院率 | 应住院未住院比例 | 两周就诊率 | 两周患病未就诊比例 | 住院率 | 应住院未住院比例 |
| 0~4 | 248.1 | 19.7 | 80.8 | 6.9 | 146.0 | 14.4 | 86.0 | 6.6 |
| 5~14 | 90.6 | 27.8 | 21.1 | 10.1 | 62.0 | 21.8 | 22.0 | 11.0 |
| 15~24 | 46.6 | 38.4 | 46.2 | 8.7 | 34.0 | 31.9 | 50.0 | 7.5 |
| 25~34 | 61.1 | 40.0 | 69.1 | 9.9 | 48.0 | 36.0 | 73.0 | 7.5 |
| 35~44 | 113.6 | 39.6 | 46.8 | 27.4 | 85.0 | 31.4 | 55.0 | 19.3 |
| 45~54 | 159.9 | 41.8 | 61.6 | 34.4 | 137.0 | 29.3 | 73.0 | 23.1 |
| 55~64 | 216.0 | 41.1 | 93.0 | 32.6 | 197.0 | 28.4 | 124.0 | 19.7 |
| ≥65 | 302.9 | 35.8 | 153.2 | 28.0 | 264.0 | 27.6 | 199.0 | 17.7 |
| 合计 | 145.4 | 37.6 | 68.4 | 25.1 | 130.0 | 27.3 | 90.0 | 17.1 |

### (三)老年人患病模式发生改变

慢性病成为影响老年人健康的主要疾病。随着社会的发展,我国老年人口的疾病谱和死因谱发生了明显变化,由原先的以呼吸系统疾病和传染病为主转变为以心脏病、脑血管病、恶性肿瘤和呼吸系统疾病为主。同时,老年人在疾病的表现、诊断、治疗以及预后方面均有与一般人不同的特点:多病共存,发病缓慢,临床表现不典型,发病诱因不典型,易发生并发症或脏器功能衰竭,药物治疗易导致不良反应等。见表9-3。

表9-3 2017年河南省疾病监测地区居民年龄别死亡率(1/10万)

| 年龄组/岁 | 恶性肿瘤 | 糖尿病 | 心脏病 | 高血压病 | 脑血管病 | 肺炎 | 慢性阻塞性肺疾病 | 哮喘 | 消化系统疾病 | 精神障碍 | 神经系统疾病 | 意外跌落 | 循环系统疾病 |
|---|---|---|---|---|---|---|---|---|---|---|---|---|---|
| 0 | 4.05 | 0.00 | 2.43 | 0.00 | 0.00 | 24.71 | 0.00 | 0.00 | 4.46 | 0.00 | 10.53 | 1.18 | 3.24 |
| 1~4 | 2.89 | 0.00 | 0.53 | 0.00 | 0.00 | 1.38 | 0.00 | 0.00 | 0.39 | 0.00 | 2.50 | 0.46 | 0.53 |
| 5~9 | 2.28 | 0.05 | 0.25 | 0.00 | 0.10 | 0.25 | 0.00 | 0.05 | 0.10 | 0.00 | 1.57 | 0.85 | 0.36 |
| 10~14 | 3.09 | 0.20 | 0.59 | 0.00 | 0.07 | 0.13 | 0.00 | 0.00 | 0.26 | 0.00 | 1.31 | 0.67 | 0.66 |

续表9-3

| 年龄组/岁 | 恶性肿瘤 | 糖尿病 | 心脏病 | 高血压病 | 脑血管病 | 肺炎 | 慢性阻塞性肺疾病 | 哮喘 | 消化系统疾病 | 精神障碍 | 神经系统疾病 | 意外跌落 | 循环系统疾病 |
|---|---|---|---|---|---|---|---|---|---|---|---|---|---|
| 15~19 | 3.95 | 0.07 | 1.56 | 0.00 | 1.12 | 0.15 | 0.00 | 0.00 | 0.22 | 0.00 | 1.34 | 1.51 | 2.68 |
| 20~24 | 3.40 | 0.22 | 1.94 | 0.00 | 0.86 | 0.11 | 0.00 | 0.05 | 0.16 | 0.05 | 1.35 | 2.45 | 2.86 |
| 25~29 | 7.28 | 0.00 | 4.28 | 0.04 | 1.71 | 0.25 | 0.00 | 0.00 | 0.46 | 0.21 | 0.75 | 1.18 | 6.20 |
| 30~34 | 11.74 | 0.59 | 8.45 | 0.12 | 5.05 | 0.12 | 0.35 | 0.00 | 0.88 | 0.41 | 1.29 | 3.11 | 13.68 |
| 35~39 | 20.87 | 0.37 | 14.85 | 0.25 | 10.13 | 0.18 | 0.49 | 0.06 | 2.09 | 0.43 | 1.23 | 4.42 | 25.90 |
| 40~44 | 30.63 | 2.04 | 23.22 | 0.00 | 16.52 | 0.33 | 1.14 | 0.09 | 2.28 | 0.38 | 0.95 | 4.65 | 40.88 |
| 45~49 | 70.22 | 3.84 | 43.23 | 0.52 | 45.12 | 0.76 | 1.94 | 0.14 | 4.17 | 1.14 | 1.18 | 6.25 | 89.92 |
| 50~54 | 153.47 | 8.96 | 92.02 | 0.95 | 94.18 | 1.84 | 6.48 | 0.19 | 6.42 | 1.21 | 2.35 | 10.04 | 189.00 |
| 55~59 | 177.75 | 11.46 | 99.01 | 0.46 | 116.20 | 1.78 | 10.06 | 0.23 | 5.81 | 0.85 | 3.02 | 7.28 | 216.99 |
| 60~64 | 333.71 | 24.4 | 183.95 | 2.09 | 232.05 | 3.82 | 24.76 | 0.15 | 8.23 | 1.05 | 3.22 | 9.65 | 420.41 |
| 65~69 | 554.09 | 48.37 | 368.19 | 2.43 | 457.50 | 7.08 | 67.70 | 0.84 | 12.15 | 1.90 | 5.18 | 11.62 | 831.02 |
| 70~74 | 787.54 | 79.19 | 678.97 | 6.97 | 837.50 | 17.26 | 156.88 | 0.66 | 23.41 | 4.65 | 9.63 | 12.45 | 1529.42 |
| 75~79 | 1023.48 | 107.48 | 1141.54 | 13.66 | 1348.35 | 41.19 | 308.12 | 2.86 | 33.48 | 9.47 | 14.32 | 22.47 | 2510.59 |
| 80~84 | 1290.52 | 151.71 | 2155.60 | 18.33 | 2154.02 | 99.56 | 608.75 | 4.74 | 57.21 | 19.91 | 28.76 | 44.88 | 4346.60 |
| ≥85 | 1318.74 | 169.73 | 4749.93 | 38.60 | 3538.08 | 256.33 | 1127.24 | 4.45 | 93.03 | 43.05 | 57.90 | 139.54 | 8360.26 |
| 合计 | 133.93 | 11.97 | 144.59 | 1.34 | 147.89 | 5.65 | 31.16 | 0.27 | 5.12 | 1.33 | 3.03 | 6.31 | 295.26 |

# 第二节 河南省医养结合医保政策研究

## 一、指导思想

全面贯彻党的十九大和十九届三中全会精神,深入贯彻习近平总书记系列重要讲话精神和治国理政新理念、新思想、新战略,按照党中央、国务院决策部署,落实全国卫生与健康大会精神,实现和推进健康老龄化、积极老龄化是我国应对老龄化高速发展态势的必由之路。科学看待人口老龄化的发展过程,全面建立有利于老年健康事业发展的政策体系,全面开发人力资源、推动医养结合、推进长期照护保险和服务体系建设、构建老年友好环境,使老年人及其家庭能够享有更高的生活质量,促进代际关系的和谐,努力实现老龄化背景下的可持续发展。紧紧围绕深化医药卫生体制改革目标,正确处理政府和市场关系,全面建立并不断完善符合我国国情和医疗服务特点的医保支付体系。健全医保支付机制和利益调控机制。

## 二、基本原则

坚持以人为本、统筹推进。把提升全民健康素质和水平作为健康服务业发展的根本出发点、落脚点,切实维护人民群众健康权益。区分基本和非基本健康服务,实现两者协调发展。统筹城乡、区域健康服务资源配置,促进均衡发展。

坚持政府引导、市场驱动。强化政府在制度建设、规划和政策制定及监管等方面的职责。发挥市场在资源配置中的基础性作用,激发社会活力,不断增加健康服务供给,提高服务质量和效率。

坚持深化改革、创新发展。强化科技支撑,拓展服务范围,鼓励发展新型业态,提升健康服务规范化、专业化水平,建立符合国情、可持续发展的健康服务业体制机制。

## 三、政策措施

### (一)机构纳入

1. 养老机构设医疗机构

(1)养老机构申请内部设置诊所、卫生所(室)、医务室、护理站,取消行政审批,实行备案管理。申办人应当向所在地的县级卫生健康行政部门备案。

(2)养老机构申请举办二级及以下医疗机构(不含急救中心、急救站、临床检验中心、中外合资合作医疗机构、港澳台独资医疗机构),设置审批与执业登记"两证合一",卫生健康行政部门不再核发《设置医疗机构批准书》,在受理医疗机构执业登记申请后,经公示、审核合格后发放《医疗机构执业许可证》。

(3)养老机构申请设立三级医疗机构,应当向所在省级或地市级卫生健康行政部门提交申请,卫生健康行政部门依法核发《设置医疗机构批准书》。申办人收到《设置医疗机构批准书》后,申请医疗机构执业登记并提交相关材料。卫生健康行政部门审核合格后,发放《医疗机构执业许可证》。

养老机构设置医疗机构,属于社会办医范畴的,可按规定享受相关扶持政策,卫生健康及相关部门应当及时足额拨付补助,兑现有关政策。

2. 医疗机构设养老机构　各级民政部门不再实施养老机构设立许可。具备法人资格的医疗机构申请设立养老机构的,无须另行设立新的法人,无须另行法人登记。

(1)社会力量举办的非营利性医疗机构申请设立养老机构的,应当依法向县级以上民政部门备案,应当依法向其登记的县级以上民政部门办理章程核准、修改业务范围,并根据修改后的章程在登记证书的业务范围内增加"养老服务"等职能表述。

(2)社会力量举办的营利性医疗机构申请内部设置养老机构的,应当依法向县级以上民政部门备案,应当依法向其登记的县级以上市场监管部门申请变更登记,在经营范围内增加"养老服务"等表述。

(3)公立医疗机构申请设立养老机构的,应当依法向县级以上民政部门备案,应当依法向各级编办提出主要职责调整和变更登记申请,在事业单位主要职责及法人证书"宗旨和业务范围"中增加"养老服务、培训"等职能。

医疗机构设立养老机构符合条件的,享受养老机构相关建设补贴、运营补贴和其他养老服务扶持政策措施,民政及相关部门应当及时足额拨付补助,兑现有关政策。

3. 新建医养结合机构　　对于申办人提出申请新举办医养结合机构的,即同时提出申请举办医疗机构和养老机构,需根据医疗卫生机构和养老机构的类型、性质、规模向卫生健康、民政或市场监督管理部门提交申请。涉及同层级相关行政部门的,当地政务服务机构应当实行"一个窗口"办理,实现"前台综合受理、后台分类审批、综合窗口出件"。未设立政务服务机构的,由当地卫生健康行政部门会同有关部门建立联合办理工作机制和操作流程,优化医养结合机构市场准入环境。

### (二)项目纳入

基本保险制度的建立对于减少老年人的医疗服务费用以及提高其健康水平具有重要意义。老年人作为疾病多发人群与社会重点关注群体,其健康状况日益受到社会关注,加之以老龄化进程的加快,老年人疾病的干预、控制与康复项目的促进与保障,逐渐得到重视。国家在基本保险诊疗项目中,对于老年人的基本生活与常见病、多发病以及慢性病的诊疗项目逐渐普及和多角度覆盖,根据国家对于老年人健康发展的有关文件,各地积极地将长期照护险纳入保障的范围,基本保险诊疗项目对生活长期不能自理、经济困难的老年人,根据其失能程度给予护理补贴,切实保障失能老年人的基本生活权益。根据其需求提供不同等级及层次的医疗健康服务,服务出自于家人、社区、社区团体、护理院等相关机构;服务内容主要包括对失能、半失能老年人的日照照料、医疗护理、康复保健、精神慰藉、临终关怀等,主要涉及物质需求、医疗需求及精神需求3个方面。

由于老龄化速度较快,加之以老年人身体功能的减退,失能、部分失能、半失能的老年人口大幅增加,老年人的重大疾病、常见疾病以及生活照料需求叠加的趋势越来越显著。国家在2015年出台了《国务院办公厅关于全面实施城乡居民大病保险的意见》,大病医疗保险对于老年人的保障作用继续加强,以力争避免城乡居民发生家庭灾难性医疗支出为目标,合理确定大病保险补偿政策,实际支付比例不低于50%,近年来,某些重大疾病的报销比例高达80%,按医疗费用高低分段制定支付比例,医疗费用越高支付比例越高。其中对于城镇老年人大病医疗保险基金支付的项目包含:住院的医疗费用;恶性肿瘤放射治疗和化学治疗、肾透析、肾移植(包括肝肾联合移植)后服抗排异药的门诊医疗费用;急诊抢救留观并收住入院治疗的,其住院前留观7日内的医疗费用;急诊抢救留观死亡的,其死亡前留观7日内的医疗费用。对于患有重大疾病的老年人群的疾病经济负担的减轻有重要意义,对于延长老年人寿命,提高其获取医疗服务的能力也有重要影响。

2016年国家发布《关于将部分医疗康复项目纳入基本医疗保障范围的通知》,把以治疗性康复为目的的运动疗法等9项医疗康复项目纳入基本医疗保障范围,纳入基本医疗保障范围的医疗康复项目,其项目内涵、除外内容、计价单位等,有关规定执行,将更好地保障参保人员特别是残疾人、老年人的基本康复需求,提高基本医疗保障水平。已纳入基本医疗保险基金支付范围的19项医疗康复项目是:康复综合评定、肌电图检查、轮椅功能训练、耐力训练、大关节松动训练、截肢肢体综合训练等。参照全国医疗服务价格项目规范有关规定执行,将更好地保障参保人员特别是残疾人、老年人的基本康复需求。

对于老年人常见的慢性病症和多发病症,老年参保人员可同时认定两种乙类慢性病,并按最先认定的双病种管理,每个病种单独计算起付线。慢性病病种的认定管理、费用支付标准等问题将由人力资源社会保障部门适时调整。慢性病鉴定标准、细则及程序,由相关部门适时调整,真正保障老年人的医疗服务需求,扩大老年医疗服务项目范围。

### (三)药品纳入

近年来,随着老龄化趋势的加快,有关老年人的重大疾病治疗用药、慢性病用药等逐渐纳入医保报销药品范围,表明国家加强了对于老年人健康发展的重视。对于老年人多发的慢性病和常见病,如高血压、脑卒中等心脑血管疾病的经常性服务提供药品已经纳入基本药物目录范围,同时加大补充了抗肿瘤和血液病用药,注重与常见病、多发病以及重大疾病用药的衔接和保障供应,落实基本药物全程监管,确保了基本药物较高的比例报销。2017年国家医疗保障局发布《关于将17种抗癌药纳入国家基本医疗保险、工伤保险和生育保险药品目录乙类范围的通知》,明确了阿扎胞苷等17种药品纳入乙类范围,并确定了医保支付标准,优化老年人大病防治的药品报销状况,保障老年人在大病、恶性病发生时能够得到更大范围的保障。

多数老年慢病必需用药中的中成药注射剂类药品。如丹参川芎注射液、醒脑静注射液、生脉注射液、丹参注射液、脉络宁注射液、红花注射液、血塞通注射液等;喜炎平注射液、痰热清注射液、热毒宁注射液、清开灵注射液、双黄连注射液等临床常用药可以纳入医保目录。

日本、澳大利亚、我国台湾地区纳入医保目录的创新药物对应的治疗病种范围比较广泛,包括糖尿病、高血压、慢性阻塞性肺疾病、丙肝、感染、血友病、罕见病、癌症等;我国大陆地区纳入医保目录的创新药物对应的治疗病种大多为癌症,包括非小细胞肺癌、肾癌、乳腺癌等。见表9-4。据统计,2009年1月至2018年12月,我国大陆地区共上市创新药物105个品种,目前仍有50个未纳入国家医保目录。其中,15个已纳入各省医保药品增补目录,仍有35个未纳入任何省市的医保药品目录。希望可以尽快将创新药物治疗病种纳入医保目录。

表9-4 2014—2018年各国/地区纳入医保目录的创新药物治疗病种

| 日本 | | 澳大利亚 | | 我国台湾地区 | | 我国大陆地区 | |
| --- | --- | --- | --- | --- | --- | --- | --- |
| 病种 | 药品个数 | 病种 | 药品个数 | 病种 | 药品个数 | 病种 | 药品个数 |
| 2型糖尿病 | 11 | 2型糖尿病 | 15 | 2型糖尿病 | 11 | 非小细胞肺癌 | 7 |
| 慢性阻塞性肺疾病 | 10 | 丙肝 | 10 | 高血压 | 9 | 肾癌 | 4 |

续表 9-4

| 日本 | | 澳大利亚 | | 我国台湾地区 | | 我国大陆地区 | |
|---|---|---|---|---|---|---|---|
| 病种 | 药品个数 | 病种 | 药品个数 | 病种 | 药品个数 | 病种 | 药品个数 |
| 丙肝 | 9 | 血友病 A | 9 | 慢性阻塞性肺疾病 | 7 | 白血病 | 4 |
| 多发性硬化症 | 4 | 血友病 B | 8 | 风湿性关节炎 | 6 | 心血管系统疾病 | 3 |
| 非小细胞肺癌 | 4 | 银屑病 | 6 | 感染 | 6 | 多发性骨髓瘤 | 3 |
| 获得性免疫缺陷综合征 | 4 | 获得性免疫缺陷综合征 | 6 | 癫痫 | 5 | 乳腺癌 | 3 |
| 恶性黑色素瘤 | 3 | 多发性骨髓瘤 | 6 | 非小细胞肺癌 | 4 | 淋巴癌 | 3 |
| 非霍奇金淋巴瘤 | 3 | 肺动脉高压 | 5 | 白血病 | 3 | 多种肿瘤 | 2 |
| 高胆固醇血症 | 3 | 慢性阻塞性肺疾病 | 5 | 乳腺癌 | 3 | 脑梗死 | 2 |
| 类风湿性关节炎 | 3 | 非小细胞肺癌 | 5 | 前列腺癌 | 3 | | |

## 四、支付方式

随着我省居民平均寿命的延长，人们的护理和康复服务需求急剧增长。目前，反映最强烈的是康复患者（本文指好转未愈的患者）、长护患者和老年失智者在大医院压床和回家康复困难的问题。老年病作为一种较为特殊的疾病，具有住院时间长、易复发、住院一定天数后费用趋于稳定等特点。各国经验表明，按住院床日付费是比较适用于老年人群的住院支付方式。

按住院床日付费是指在住院治疗中，根据病情的严重程度和治疗中的进展情况进行分类，对各类疾病规定各床日收（付费）标准，患者每天的住院服务按预先规定的固定费用支付给服务供方，不考虑实际服务量和成本，以床日为计价单位的一种付费机制。该制度下，对医疗机构的补偿采取的是"结余留用、超支不补"的原则，通过对支付单元（床日）的定额激励建立医疗机构自我费用约束机制和风险共担机制。实施按床日付费，医疗费用不再受医务人员的诊疗和用药的影响，而是主要决定于该疾病的诊断、医疗机构等级、住院天数，这样就把医疗机构的诊疗、用药、检查从收入转变成了成本，促使医疗机构节约成本，提高效率获得收益。目前我国进行按床日付费的探索的模式主要有传统按床日付费模式和以新型的按疾病分组床日付费模式。

### （一）传统模式

我国较早开展按床日付费实践的是原卫生部卫生经济研究所副所长王禄生带领的研究团队。2007年，该研究团队在云南省禄丰县设计并实施覆盖了该县全部病种的按床日付费的改革，获得了比较理想的效果。

在各地的关注以及国家卫生部领导的重视下，很快禄丰县的经验和做法便得到了迅速推广，我国其他地区相继开展了一些按床日付费方式的探索，大部分地区开展的按床日付费的基本做法与禄丰县相似。禄丰县将全县的医疗机构分为三级，将每一级的住院患者分为急危重症患者、非急危重症患者、择期手术患者和儿科患者4类,并将急危重症患者的支付标准分为特级护理、一级护理、二级护理、三级护理四段,将非急危重症患者的支付标准分为1~2 d、3~12 d、13~20 d、21~30 d、31 d以上5段,将择期手术患者的支付标准分为待术期、术中、术后3段,将儿科病人的支付标准分为1~2 d、3~12 d、13~20 d以上4段;所需的特殊材料、手术和输血治疗,仍实行按项目付费;参合患者按实际发生费用和规定补偿比与医疗机构结算。禄丰县实行按床日付费以来,县医院的分解住院率和重复住院率分别从2006年的0.15%和2.30%下降到2009年的0.07%和1.6%,住院人次增加了34.30%,住院业务收入上涨了54.70%。

2009年,为解决康复患者在大医院压床和回家康复困难的问题,深圳市社会保险局启动了医护康复项目及床日付费制度,并在2014年大力推开。深圳市社保局与本市具备资质的13家医疗机构(3家公立医院、2家三级医院,其余为民营一级和二级医院)订立专项服务协议。2014年深圳市印发的《深圳市社会医疗保险定点医药机构费用结算办法》第七条规定:"康复病种住院及家庭病床等的医疗费用,按床日付费。"2012—2017年的数据显示,此期间康复项目的医疗费用结构比较合理,其中药费20.31%、检查化验费10.14%、材料费1.4%、床位费9.14%、治疗费60.31%。医保支付占90%,个人支付占10%。2014年以来,该市康复患者就诊于三级医院的有570人,占比33.4%;66.6%入住了二级以下医疗机构和民营医疗机构,缓解了三级医院的接诊和压床压力。2017年,清华大学医院管理研究院课题组在深圳市试点医院和临床患者中进行的问卷调查显示,医护康复项目收到较好的社会效益。

精神疾病作为一种较为特殊的疾病,具有住院时间长、易复发等和老年疾病相似的特点。据调查,50%以上的中型精神疾病患者有过两次以上的住院记录。在德国,精神疾病医保大多采用按次收费或者按床日收费,床日无上限。我国目前精神病医保也是按床日付费结算,在该模式下,有总床日上限。

### (二)新型的按疾病分组床日付费

2010年,卫生部卫生发展研究中心支付制度与医学编码研究室副主任赵颖旭带领的研究团队参考了我国传统的按床日付费模式的做法和国际上一些按床日付费的成功经验,成功设计了一个按疾病分组床日付费的模式,并在青海省开始实施,并且取得了较好的效果。其主要做法是:按照资源的消耗、疾病临床的相似性、分组的数量适当地将该地区所有疾病分为内科、手术两大类,分别为10~20个疾病组。该模式的每床日付费标准是通过精确计算各疾病组每床日费用,利用适当的数学模型测算得出。主要是采取以下原则进行设计:第一,不再简单采取时间分段定价或者单一床日价格的方式,可参考上一年度的同一疾病组的次均费用(允许一定的上升幅度)进行相关调整。第二,以平均住院日为节点,分为平均住院日前和平均住院日后两个时间段。平均住院日前的费用标准占总费用标准的大部分。费用变化标准的变化符合该组疾病历史上各床日费用的变化趋势,并且总体上有逐日递减的趋势。这样,费用标准作为一个杠杆,可以促使医疗机构主动缩短住院日。

2012年初,会宁县制定新农合混合支付方式改革计划方案。在开展按病种付费的前提下,辅助开展按疾病诊断分组、床日付费支付方式,综合当地经济发展状况及医院成本核算结果,制定了符合实际的疾病诊断分组方法并确定了疾病诊断组付费标准,确定县人民医院、县中医医院、县第二人民医院、中心卫生院与普通卫生院5个付费等级与80种疾病组,实现了县域内医疗机构和病种全覆盖。付费等级划分方面,县级实行按疾病分组、床日付费制度,乡级实行按疾病分组定额付费制度。80种疾病组中,县级医疗机构非手术治疗疾病共24组,手术治疗疾病共17组,合计41组;中心卫生院非手术治疗疾病共16组,手术治疗疾病共4组,合计20组;普通卫生院非手术治疗疾病共16组,手术治疗疾病共3组,合计19组。患者入院时,将患者按照病种进行分组。符合按病种付费标准的实行按病种付费。暂时不能按病种付费的按照疾病诊断相关组进行分组,即先按照手术操作情况分组,然后综合考虑患者年龄、疾病严重程度以及有无合并症等因素,确定每日床位费、每次住院费、平均住院日标准,实行总额预付费制下的日均住院费用管理。病人出院时按实际发生费用和规定报销比例与定点医疗机构结算。合管办按床日付费定额标准和规定报销比例与定点医疗机构结算。

### (三)建议

国内外多数研究结果表明:医院类型和等级对住院费用的影响并不显著,主要影响因素是住院天数、损伤程度和长期卧床者引起的并发症。

建立科学的老年患者损伤程度和身体功能状况的评估制度。Nancy Harada等人应用Katz日常生活活动量表对康复患者的功能状况进行评估,并将功能评估结果、年龄、性别、发病-入院间隔、外科治疗状况作为自变量,住院天数作为因变量,采用分类回归树的算法将资源消耗相近的患者进行分类,形成33个患者分组,被称为功能相关分组(function related groups,FRGs)。1994年,Stineman等人以FIM量表为评估工具,发展出一系列的功能相关分类法(FIM-FRGs)。该分类法是目前发展较为完备的功能相关分类法,根据评估时点的不同有3种类型,第一种是以入院时功能状况为分类依据的FIM-FRGs;第二种是以出院时功能状况为分类依据的DMFFRGs(discharge motor FIM-FRGs);第三种是以出院时功能进步情况为分类依据的Gain-FRGs。第一种方法是来预测资源耗用量,可适用于医疗保险支付制度;后两种是用来预测出院时患者的功能或功能进展的状态,可应用于医疗质量管理和医疗成本控制领域。建议将设置评审岗位和工作流程作为准入医养结合机构进入社会医疗保险协议机构的必要条件。

改革康复项目的支付方式。在美国,医师可以综合患者的主要损伤类型、入院时的功能状况(包括运动与认知两方面)进行初次分类,再结合患者年龄以及合并症等进行下一步分类。美国总共确定了95个病例组合分组,涵盖21种损伤类别(如脑卒中、脑外伤、截肢等),以及2种特殊情况(住院天数少于3天,住院期间过世)。最终,根据其资源消耗程度测算出相对权重,其数值越高,资源消耗越大,费用越高。费率会根据医院地理位置、地区工资差异以及低收入受益人不均衡的待遇等进行调整。在实际操作中,同一个病例组合分组中会存在一些费用异常高的病例,即异常值,可以根据出院状态支付一定的额外费用。

大力发展院内院外整合型康复项目。中老年脑卒中患者、基于ADL评分的轻度和中度失能老人(71~75岁)是院外康复服务需求的主体,无职业和依赖子女生活的患者得到院外康复服务的愿望最强烈。美国联邦 PACE(programs of all inclusive care for the elderly)联盟是个很好的模式,它是一个非营利的社会企业,有239个中心覆盖美国31个州,为42000位老人提供社区康复服务,康复患者的再入院率仅为19.1%,90%的患者由联邦老遗残医疗保险报销费用的80%、9%由州医疗救助付费、1%由联邦医疗保险和商业健康保险付费。在我国,成立于2004年的青松康复护理集团走出一条整合医养照护的院内院外结合的服务模式,嵌入了社区和家庭。如果开展社区和家庭康复服务包的支付制度,中老年脑卒且轻度失能患者能够在社区和家中得到专业的康复服务,该项目的平均住院天数可以大大减少,由此降低该项目的总成本,更重要的是改善了康复患者的体验和患者家庭的负担。

## 五、基金管理

医疗保险基金是指国家为保障职工的基本医疗,由医疗保险经办机构按国家有关规定,向单位和个人筹集用于职工基本医疗保险的专项基金。基本医疗保险基金包括社会统筹基金和个人帐户两部分,由用人单位和职工个人按一定比例共同缴纳。医疗保险基金的筹集和管理具有强制性,不以营利为目的。我国目前推行的城镇职工基本医疗保险制度的筹集模式是社会统筹与个人账户相结合模式,即通过用人单位和职工按照工资总额的一定比例缴纳基本医疗保险费,形成社会医疗统筹基金和个人医疗账户基金。医保基金是全体参保人员的共同财富,同时也是参保人员的生命健康保障。加强医保基金控费、确保基金可持续运行是"实施健康中国战略"的重要保障。

养老基金实行中央集中运营、市场化投资运作,由省级政府将各地可投资的养老基金归集到省级社会保障专户,同意委托给国务院授权的养老基金管理机构进行投资运营。

基金预算是指各级医疗保险经办机构根据城乡居民基本医疗保险制度的实施计划和任务编制的、经规定程序审批的年度基金财务收支计划。各级医疗保险经办机构应严格按照批复的预算执行,并认真分析基金的收支情况,定期向同级财政部门和人力资源社会保障部门报告预算执行情况。

### (一)指导原则

1. 保障基本　坚持以收定支、收支平衡、略有结余,不断提高医保基金使用效率,着力保障参保人员基本医疗需求,促进医疗卫生资源合理利用,筑牢保障底线。

2. 建立机制　发挥医保第三方优势,健全医保对医疗行为的激励约束机制以及对医疗费用的控制机制。建立健全医保经办机构与医疗机构间公开平等的谈判协商机制、"结余留用、合理超支分担"的激励和风险分担机制,提高医疗机构自我管理的积极性,促进医疗机构从规模扩张向内涵式发展转变。

3. 因地制宜　各地要从实际出发,充分考虑医保基金支付能力、医保管理服务能力、医疗服务特点、疾病谱分布等因素,积极探索创新,实行符合本地实际的医保支付方式。

4. 统筹推进　统筹推进医疗、医保、医药各项改革,注重改革的系统性、整体性、协调性,发挥部门合力,多措并举,实现政策叠加效应。

### (二)测算方法

基于保险精算理论,通过纳入人口、经济、社会等多个方面的经验数据,建立城乡居民医保基金收支预测模型和累计结余预测模型对未来一段时间内的城乡居民医保基金收支状况进行评估和预测,以综合分析基金的支付能力、风险状况及财务运行情况等。

1. 基金收入预测模型　基于理论分析内容可知,$T$ 年城乡居民医保基金收入应等于 $T$ 年城乡居民医保的参保人口数乘以 $T$ 年人均筹资标准,即:

$$(AI)_T = \left(\sum_{x=0}^{100} Nm_{T,x} + \sum_{x=0}^{100} Nf_{T,x}\right) \times (PI)_T$$

$$= \left(\sum_{x=0}^{100} Nf_{T,x} + \sum_{x=0}^{100} Nf_{T,x}\right) \times \left\{ \begin{array}{l} (PA)_{2018} \times \prod_{t=2019}^{T} [1 + \alpha_i + (PB)_{2018}] \\ \times \prod_{t=2019}^{T} (1 + \beta_i) \end{array} \right\}$$

$(AI)_T$ 为 $T$ 年城乡居民医保基金的收入,$Nm_{T,x}$ 和 $Nm_{T,x}$ 分别为 $T$ 年 $x$ 岁的男性和女性城乡居民医保的参保人口数。$(PI)_T$ 为 $T$ 年城乡居民医保的人均筹资标准。$(PA)_{2018}$ 为 2018 年财政补助城乡居民医保人均筹资标准的金额,$(PB)_{2018}$ 为 2018 年城乡居民医保的人均缴费金额。$\alpha_i$ 为 $t$ 年城乡居民医保人均筹资标准中财政补助部分的年均增长率,$\beta_i$ 则为 $t$ 年人均筹资标准中参保者个人缴费部分的年均增长率。

2. 基金支出预测模型　与基金收入预测模型构建原理相同,$T$ 年城乡居民医保基金支出应等于 $T$ 年城乡居民医保的参保人口数乘以 $T$ 年人均补偿支出金额,计算公式如下:

$$(AC)_T = \left(\sum_{x=0}^{100} Nm_{T,x} + \sum_{x=0}^{100} Nf_{T,x}\right) \times (PC)_T$$

$$= \left(\sum_{x=0}^{100} Nf_{T,x}\right) \times (MC)_{2018} \times \prod_{t=2019}^{T} (1 + k_i) \times U_{2018}$$

$(AC)_T$ 为 $T$ 年城乡居民医保基金的支出。$(PC)_T$ 为 $T$ 年城乡居民医保人均补偿支出,又等于 $T$ 年城乡居民医保人均医疗费用乘以实际补偿比,即 $(PC)_T = (MC)_T \times U_T$。其中,$K_i$ 代表第 $T$ 年城乡居民医保人均医疗费用的年均增长率。

### (三)补助范围及比例

国内经济较为发达的地区对于医养结合机构居民基本医保报销比例较大,在原有报销比例的基础上提高一定的比例,如北京、天津、青岛等,职工医疗保险报销比例达到 90% 及以上,城镇居民医疗保险报销比例达到 80% 以上。经济相比于以上地区较弱的地区采取将医养结合机构纳入基本医疗保险定点机构,按原有比例报销,有些城市在此基础上对失能、半失能老人每月发放一定的补助,如淄博市、兰州市、滁州市等。

综合了解其他省市出台的医养结合补偿范围与报销比例政策后,对于河南省探索开展医养结合模式提出以下建议。

1. 将医养结合机构纳入基本医保定点医疗机构　将符合政策要求设置的医养结合

机构纳入医疗保险定点机构,实施基本医保实时报销,在医养结合机构内产生的医疗费用直接报销,简化医保报销流程,为老人养老和看病提供便利。

2. 鼓励民营医养结合机构的进入　河南省医养结合模式建设过程中对民营资本的进入在政策上给予倾斜,鼓励民营资本的进入,减轻政府的负担,形成医养结合市场的竞争氛围,避免医养结合行业垄断现象的产生,做到医养结合模式真正的惠及百姓。

3. 探索"医"和"养"结合的模式　鼓励符合资质的养老机构中设置医疗机构,满足养老服务机构老年人的医疗服务需求,在养老机构中直接接受医疗服务,减少老人在养老机构和医疗机构之间的奔波而产生的不必要的麻烦,同时支持定点医疗机构设置家庭床位,医院直接提供上门服务,让老人在家中就能接收到医院的诊疗服务,在家中养老的同时也能接收到医疗服务,为老人提供真正的便利。

4. 调整医养结合机构基本医保报销比例　对于纳入基本医疗保险定点机构的医养结合机构,老人门诊看病产生医药费用的报销比例进行一定比例的调整,对于入住医养结合机构的老人在医养结合机构产生的门诊医疗费用在现有的医保报销比例基础上建议上调五个百分点,门诊医疗费用报销比例达到65%以上,门诊慢性病报销比例达到70%以上。在医养结合机构产生的住院费用不设置起付标准,报销比例按照县级及以下医院报销比例执行。

5. 探索长期医疗护理保险的设置　参照青岛市长期医疗护理保险模式对参加长期医疗护理保险的居民,在定点医疗机构产生的护理费用或接受家庭医疗护理的参保人,纳入基本医疗保险报销范围。参保人享受长期医疗护理保险待遇期间,不能重复享受住院、门诊大病、普通门诊等应由城镇基本医疗保险基金支付的相关待遇。

6. 失能、半失能老人每月发放一定补助　参照兰州市、滁州市、淄博市的模式,对入住医养结合机构的老人进行能力评估,对于评定为失能或半失能的老人,每月发放一定的补助金,根据河南省的财政预算金额,以及医保基金的筹资情况而定。

## 六、职责与任务

### (一)充分认识加强养老机构医疗服务工作的重要意义

积极推动养老服务机构和医疗服务资源有机融合,有利于保障和改善老年人的身心健康,提高老年人的生活质量,使他们安享晚年生活。各级民政、人力资源社会保障、卫生部门一定要充分认识加强养老机构医疗服务工作的重要意义,采取有效措施,加强养老机构医疗服务功能,推动养老机构与医疗卫生机构的融合式发展,积极为老年人提供便捷高效的医疗卫生服务。

### (二)强化措施,切实完善养老机构医疗服务功能

对于不同规模的养老机构制定不同的方针政策,鼓励和引导基层医疗卫生机构转变服务模式,使不同机构在为老年人提供医疗服务中实现自身发展。

### (三)密切协作,切实把养老机构医疗服务落到实处

加快推进养老机构完善医疗服务功能,为老年人造福,各有关单位责无旁贷。各级民政、人力资源社会保障、卫生部门要加强工作协调,相互配合支持,形成整体合力。对符合条件的老年养护院、老年护理院建设项目,民政部门要及时发放《养老机构设立许可证》,协调落实相关优惠扶持政策。人力资源社会保障、卫生部门要为养老机构申请设立医疗机构和内设医疗机构、申请医保和新型农村合作医疗定点提供便捷服务,优先受理、优先审核。

## 七、监督与管理

1. 加强组织领导　坚持党对养老工作的统一领导,发挥各级党委总揽全局、协调各方的领导核心作用。强化各级政府落实规划的主体责任,将主要任务指标纳入当地经济社会发展规划,纳入为民办实事项目,纳入政府工作议事日程和目标责任考核内容。健全养老工作体制机制,形成推进规划实施的合力。加强专家支持系统建设,建立由多学科、多领域专家参与的专家顾问制度,为规划实施提供技术咨询、评估和指导。

2. 加强督促检查　市老龄办、市民政局、市发展改革委会同有关部门,加强对各级执行规划的督促、指导、检查。根据规划确定的目标任务,结合实际,制定养老事业发展和养老体系建设规划。各级、各部门要根据各自职责,明确目标,落实责任,分解任务,密切配合,抓好落实。强化社会监督,采取自查、督查、第三方评估并举方式,对本级规划的执行情况适时进行评估,并向社会公布评估结果。各级要结合实际制定实施细则,明确责任分工,强化督导考核,确保工作实效。要开拓进取,积极探索,勇于创新,鼓励在关键指标和重点领域取得突破。民政部门应当建立养老服务投诉举报制度,公布投诉举报电话、电子邮箱或者其他受理渠道,在20个工作日内核实处理,提出整改意见和期限,并将处理结果告知投诉人、举报人。对拖延或拒不整改的养老机构,民政部门应当通过约谈、通报、督办等方式督促整改。

## 第三节　对策与建议

### 一、建议设立专业医养结合评估监管机构

从根本意义上避免了实施医养结合时出现行业壁垒、职责交叉、业务交织情况,简化了医养结合机构的审批、设置以及报销流程,同时也可有效防范医养结合机构执行医保政策时因部门较多,衔接管理上出现漏洞。

### 二、借助社会力量,深化医养结合发展

解决养老问题需要动员社会力量,要积极探索建立社会力量参与机制,提高社会力

量的参与度,将社会力量的资源实现统一管理,补足医养结合模式运作过程中出现的资金问题短板。在养老服务发展的过程中,可以通过政府颁布相关政策、财政税收的倾斜等方式,调配市场的资源,引导社会资金进入养老市场,采用市场化运作的模式,加大对老年人的保健、医疗、康复等医疗器械和资源的投入,使市场功能得到全面发挥;同时创建公正平等的竞争环境,全面提高社会各方面力量参与医养结合发展的主动性与积极性,协调各方面资源,促进建立互利共赢的局面。

### 三、大力加强医养专业人才队伍建设

构建一支规模庞大、训练有素的专业养老队伍是促进民办养老机构发展医养结合服务的关键。首先,政府应积极鼓励并扶持高校开设与老年人医疗、护理相关的专业,重点培养有关老年康复、照护、医疗等方面的高素质专业型人才,从根本上解决医护人员水平低下的问题。同时养老机构可以与高校开展合作教学,吸纳更多高水平的护理人员。其次,政府要逐步建立和规范医护人员的管理制度,开展老人护理资格认证体系、考评和激励机制,提高养护人员在护理工作上的成就感,确保其职业的可持续性发展和稳定性。同时养老机构与其合作医疗机构可以通过帮扶等协议,定期增派医护人员进驻机构内进行专业知识培训和指导。

### 四、提高医保定点覆盖率,开设护理保险

如何使老年人负担得起养老机构的服务费用,是当前医养结合型养老机构亟需解决的问题。其中将民办养老机构合作的医疗机构的医护费用纳入医保范围,是有效推行医养结合服务的重要保证。其次,政府还可借鉴美国、德国、法国等老龄化严重的发达国家的经验,结合本地的实际情况,开设长期护理的社会保险,同时加大财政对养老机构的补贴力度,通过政府转换护理补贴等方式扩大长期护理社会保险的筹资渠道。除此之外,对于医养结合型民办养老机构,政府不仅在养老方面要给予补助,在医疗方面也不能单方面落下,在此基础上,还要提高对每位入住老人的床位补贴。

### 五、医保目录和药品纳入调整

第一,结合养老院老人康复治疗和护理需求,合理制定相关的医保政策,适当增加用药和康复治疗报销项目,将老人常用药品纳入医保报销范围,适当增加老人康复治疗穴位个数、次数以及康复时限,制定合理的结算周期等。

第二,对不同药品实行不同动态调整方案。①新批准的药品。新批准的药品由国家进行动态调整,根据其创新程度设置不同的纳入标准。对于境内外均未上市的创新药即"全球新"药品,由于其安全性和临床有效性尚未得到充分证实,政府对其设立2~3年的监测期,若监测期无质量问题和严重不良反应,可将其纳入谈判药品目录,通过药品谈判途径进入医保药品目录。对于首次进口药品、改变给药途径等类型的新药,均应根据其临床风险和监管要求,设置1~2年监测期,待具备足够的临床及药物经济学证据后,进入谈判目录或直接纳入医保药品目录。对于通过一致性评价的首仿药和其他仿制药,应

直接纳入医保药品目录。对于改变剂型但不改变给药途径以及新增适应症的药品,则根据医保药品目录调整周期,2年调整一次。②专利药。专利药的调整由省级部门负责,实时审评,动态调整。首先由企业进行申报,省级部门根据药品临床价值以及替代程度确定是否纳入医保药品目录。对于和现有疗法相比具有明显临床价值且无可替代的专利药,由于其价格通常较为昂贵,省级部门可通过与企业进行谈判的方式纳入省级增补目录。对于和现有疗法相比具有明显临床价值但存在替代药品的专利药,可运用药物经济学手段比较其经济学价值,若其性价比更高,则可通过谈判纳入省级增补目录。同时,对于在医保目录内已过专利期的专利药,若已出现同类型仿制药,应重点监测其价格,企业若不降价则可将其剔除。③非独家品种。非独家品种的调整也由企业申报,省级部门负责药品审评工作,根据药品经济性、本省疾病谱和临床需求考虑是否将其纳入省级增补目录。若药品审评证实其具有疗效证据、质量满足监管要求(包括质量标准提升、仿制药质量一致性评价等),药物经济学亦证实该药具有较好的成本效果比,则可将其纳入医保药品目录。对于长期无销售记录(临床无需求)的药品,在广泛征求各方意见的基础上,将其剔除医保药品目录。

# 第十章 河南省老年长期照护险研究

## 第一节 河南省样本地区社会经济与卫生事业状况

### 一、样本地区基本情况

#### (一)样本地区基本情况

本次调查的样本地区中,调查的省辖市为16个,省直管县为5个,医养结合试点机构为119个。调查地区的总面积为131952平方公里,其中面积最大的是南阳市,为26509平方公里,面积最小的是济源市,为1931平方公里;耕地面积合计6839.3千公顷,其中面积最大的是南阳市,为1052.2千公顷,面积最小的是济源市,为45.7千公顷;城镇化率为50.2%,其中最低的是周口市,为41.2%,最高的是郑州市,为72.2%。见表10-1。

表10-1 样本地区基本情况

| 名称 | 市辖区/个 | 镇/个 | 乡/个 | 总面积/平方公里 | 耕地面积/千公顷 | 城镇化率/% |
|---|---|---|---|---|---|---|
| 郑州市 | 6 | 73 | 13 | 7446 | 315.8 | 72.2 |
| 开封市 | 5 | 31 | 48 | 6226 | 416.3 | 47.4 |
| 平顶山市 | 4 | 53 | 33 | 7882 | 320.4 | 52.4 |
| 安阳市 | 4 | 63 | 26 | 7413 | 407.2 | 50.2 |
| 鹤壁市 | 3 | 14 | 5 | 2182 | 119.6 | 58.8 |
| 新乡市 | 4 | 75 | 43 | 8249 | 472.8 | 52.0 |
| 焦作市 | 4 | 34 | 18 | 4071 | 195.2 | 58.0 |

续表 10-1

| 名称 | 市辖区/个 | 镇/个 | 乡/个 | 总面积/平方公里 | 耕地面积/千公顷 | 城镇化率/% |
|---|---|---|---|---|---|---|
| 濮阳市 | 1 | 40 | 35 | 4188 | 282.8 | 43.7 |
| 许昌市 | 2 | 60 | 16 | 4996 | 336.0 | 51.1 |
| 漯河市 | 3 | 37 | 9 | 2617 | 190.0 | 50.9 |
| 三门峡市 | 2 | 29 | 33 | 10496 | 175.9 | 54.7 |
| 南阳市 | 2 | 154 | 50 | 26509 | 1052.2 | 44.7 |
| 商丘市 | 2 | 95 | 72 | 10704 | 707.8 | 41.7 |
| 周口市 | 1 | 98 | 70 | 11959 | 856.1 | 41.2 |
| 驻马店市 | 1 | 95 | 59 | 15083 | 945.5 | 41.5 |
| 济源市 | 0.00 | 11 | 0.00 | 1931 | 45.7 | 61.1 |

### (二) 样本地区人口学情况

根据样本地区人口学特征和参保情况来看,样本地区常住总人口 8751 万人,65 岁及以上人口数达 1020 万人,医疗保险参保人数为 9481 万人。省辖市中驻马店市老龄化率最高为 13.0%,最低的鹤壁市只有 9.2%。省直管县中固始县老龄化率最高为 14.9%,最低的长垣县和邓州市为 11.2%。样本地区参合率为 97.31%,大部分地区都基本达到全体参保。见表 10-2。

表 10-2 样本地区人口学特征

| 地区 | 常住人口数/万人 | 65 岁及以上人口数/万人 | 65 岁及以上人口占比/% | 老年抚养系数/% | 医疗保险参保人数/万人 |
|---|---|---|---|---|---|
| 省辖市 | | | | | |
| 郑州市 | 988 | 103 | 10.4 | 14.8 | 822 |
| 开封市 | 455 | 54 | 11.9 | 17.8 | 504 |
| 平顶山市 | 500 | 58 | 11.6 | 17.8 | 516 |
| 安阳市 | 513 | 54 | 10.5 | 15.6 | 576 |
| 鹤壁市 | 162 | 15 | 9.2 | 13.1 | 148 |
| 新乡市 | 577 | 59 | 10.3 | 15.2 | 582 |
| 焦作市 | 356 | 40 | 11.2 | 15.7 | 349 |
| 濮阳市 | 364 | 40 | 11.0 | 16.6 | 375 |
| 许昌市 | 441 | 54 | 12.3 | 18.4 | 458 |

续表10-2

| 地区 | 常住人口数/万人 | 65岁及以上人口数/万人 | 65岁及以上人口占比/% | 老年抚养系数/% | 医疗保险参保人数/万人 |
|---|---|---|---|---|---|
| 漯河市 | 265 | 33 | 12.5 | 18.0 | 256 |
| 三门峡市 | 227 | 26 | 11.5 | 15.8 | 220 |
| 南阳市 | 1005 | 116 | 11.5 | 18.1 | 1115 |
| 商丘市 | 730 | 91 | 12.4 | 18.5 | 870 |
| 周口市 | 876 | 111 | 12.6 | 19.2 | 1114 |
| 驻马店市 | 700 | 91 | 13.0 | 20.1 | 840 |
| 济源市 | 73 | 8 | 11.4 | 16.1 | 70 |
| 省直管县 | | | | | |
| 长垣县 | 77 | 9 | 11.2 | 17.0 | 88 |
| 邓州市 | 141 | 16 | 11.2 | 18.2 | 168 |
| 固始县 | 109 | 16 | 14.9 | 24.5 | 160 |
| 新蔡县 | 85 | 12 | 13.9 | 21.7 | 111 |
| 滑县 | 107 | 14 | 12.9 | 21.3 | 139 |

### (三)样本地区社会经济状况

从样本地区的财务数据来看,省辖市中人均GDP最多的是郑州市,为93792元,人均GDP最少的是周口市,为27978元;省直管县中人均GDP最多的是巩义市,为91027元,人均GDP最少的新蔡县,为225058元。财政收支方面,收入为297.14亿元,财政总支出为609.17亿元,其中卫生事业费为44.37亿元。居民消费水平方面,城镇居民消费水平为22183元,农村居民则为12732元。见表10-3。

表10-3 样本地区社会经济状况

| 地区 | 财政收入/亿元 | 财政支出/亿元 | 城镇职工平均工资/元 | 人均GDP/元 | 可支配收入/元 |
|---|---|---|---|---|---|
| 省辖市 | | | | | |
| 郑州市 | 1056.67 | 1514.95 | 69939 | 93792 | 30556 |
| 开封市 | 122.74 | 334.74 | 51642 | 41503 | 18283 |
| 平顶山市 | 137.53 | 317.59 | 51860 | 39961 | 20311 |
| 安阳市 | 129.55 | 316.60 | 50363 | 43846 | 20196 |
| 鹤壁市 | 59.73 | 122.41 | 45915 | 51168 | 22262 |

续表 10-3

| 地区 | 财政收入/亿元 | 财政支出/亿元 | 城镇职工平均工资/元 | 人均 GDP/元 | 可支配收入/元 |
|---|---|---|---|---|---|
| 新乡市 | 159.05 | 368.26 | 48279 | 40962 | 20855 |
| 焦作市 | 133.79 | 239.54 | 50509 | 64173 | 22953 |
| 濮阳市 | 81.11 | 260.18 | 51110 | 43638 | 18197 |
| 许昌市 | 145.28 | 286.43 | 53117 | 59911 | 21816 |
| 漯河市 | 82.65 | 175.26 | 50419 | 44086 | 20750 |
| 三门峡市 | 108.18 | 212.55 | 56271 | 63977 | 20142 |
| 南阳市 | 174.84 | 584.06 | 51696 | 33255 | 19119 |
| 商丘市 | 128.85 | 463.08 | 52128 | 30117 | 16684 |
| 周口市 | 111.83 | 513.34 | 50129 | 27978 | 15226 |
| 驻马店市 | 115.20 | 477.23 | 49437 | 31102 | 16433 |
| 济源市 | 40.41 | 65.01 | 52723 | 81984 | 24479 |
| 省直管县 | | | | | |
| 滑县 | 10.70 | 58.35 | 46040 | 22814 | 14301 |
| 长垣县 | 21.01 | 48.95 | 44565 | 44325 | 20739 |
| 邓州市 | 14.64 | 70.20 | 48735 | 28818 | 18365 |
| 固始县 | 11.78 | 74.65 | 54151 | 29446 | 16941 |
| 新蔡县 | 6.95 | 50.96 | 47361 | 22505 | 14590 |

## 二、样本地区医养结合试点机构情况

样本地区医养结合机构总数为 119 个,其中养老机构办医疗总数为 31 个,占比为 26.05%;医疗卫生机构办养老总数为 55 个,占比为 46.22%;医疗机构和养老机构合作数量为 29 个,占比为 24.37%;社区/居家养老服务数量为 2 个,占比为 1.68%;社区居家养老与医疗机构共建的医养联合体数量为 2 个,占比为 1.68%。不同地区医养结合试点机构情况见表 10-4。

表 10-4 样本地区医养结合试点机构情况(个)

| 地区 | 养老机构办医疗 | 医疗卫生机构办养老 | 医疗机构和养老机构合作 | 社区/居家养老服务 | 社区居家养老与医疗机构共建的医养联合体 | 其他 | 合计 |
|---|---|---|---|---|---|---|---|
| 省辖市 | | | | | | | |
| 郑州市 | 3 | 3 | 3 | 0 | 0 | 0 | 9 |
| 开封市 | 2 | 1 | 1 | 1 | 1 | 0 | 6 |

续表 10-4

| 地区 | 养老机构办医疗 | 医疗卫生机构办养老 | 医疗机构和养老机构合作 | 社区/居家养老服务 | 社区居家养老与医疗机构共建的医养联合体 | 其他 | 合计 |
|---|---|---|---|---|---|---|---|
| 平顶山市 | 4 | 7 | 4 | 0 | 0 | 0 | 15 |
| 安阳市 | 1 | 2 | 1 | 0 | 0 | 0 | 4 |
| 鹤壁市 | 1 | 5 | 3 | 0 | 0 | 0 | 9 |
| 新乡市 | 2 | 3 | 1 | 1 | 0 | 0 | 7 |
| 焦作市 | 6 | 6 | 1 | 0 | 0 | 0 | 13 |
| 濮阳市 | 1 | 5 | 0 | 0 | 0 | 0 | 6 |
| 许昌市 | 0 | 0 | 2 | 0 | 0 | 0 | 2 |
| 漯河市 | 2 | 2 | 0 | 0 | 0 | 0 | 4 |
| 三门峡市 | 0 | 2 | 1 | 0 | 0 | 0 | 3 |
| 南阳市 | 5 | 6 | 7 | 0 | 0 | 0 | 18 |
| 商丘市 | 1 | 4 | 2 | 0 | 0 | 0 | 7 |
| 周口市 | 0 | 2 | 0 | 0 | 1 | 0 | 3 |
| 驻马店市 | 2 | 2 | 1 | 0 | 0 | 0 | 5 |
| 济源市 | 0 | 1 | 1 | 0 | 0 | 0 | 2 |
| 省直管县 | | | | | | | |
| 滑县 | 0 | 2 | 0 | 0 | 0 | 0 | 2 |
| 长垣县 | 0 | 0 | 1 | 0 | 0 | 0 | 1 |
| 邓州市 | 0 | 1 | 0 | 0 | 0 | 0 | 1 |
| 固始县 | 1 | 0 | 0 | 0 | 0 | 0 | 1 |
| 新蔡县 | 0 | 1 | 0 | 0 | 0 | 0 | 1 |
| 合计 | 31 | 55 | 29 | 2 | 2 | 0 | 119 |

## 三、河南省医养结合试点机构收费标准现状

### (一)不同地区收费情况

根据不同地区不同失能等级老人床位收费情况来看,样本地区完全自理老人为 629.66 元,轻度失能老人为 664.09 元,中度失能老人为 690.61 元,重度失能老人为 724.54 元,失能等级越高,床位费用越高。见表 10-5。

表10-5 不同地区不同失能等级老人床位费收费情况(元)

| 地区 | 完全自理 | 轻度失能 | 中度失能 | 重度失能 |
| --- | --- | --- | --- | --- |
| 郑州 | 1040.00 | 1028.89 | 1162.22 | 1145.56 |
| 三门峡 | 713.33 | 746.67 | 846.67 | 813.33 |
| 南阳 | 601.67 | 610.00 | 598.89 | 626.67 |
| 焦作 | 669.23 | 750.00 | 780.77 | 857.69 |
| 安阳 | 675.00 | 675.00 | 675.00 | 750.00 |
| 开封 | 458.33 | 458.33 | 458.33 | 458.33 |
| 鹤壁 | 575.56 | 592.22 | 592.22 | 647.78 |
| 新乡 | 351.43 | 637.14 | 680.00 | 680.00 |
| 驻马店 | 423.00 | 423.00 | 423.00 | 423.00 |
| 商丘 | 614.29 | 614.29 | 621.43 | 621.43 |
| 济源 | 485.00 | 410.00 | 365.00 | 365.00 |
| 许昌 | 400.00 | 400.00 | 400.00 | 400.00 |
| 周口 | 533.33 | 600.00 | 600.00 | 700.00 |
| 漯河 | 812.50 | 812.50 | 812.50 | 850.00 |
| 濮阳 | 743.33 | 785.00 | 876.67 | 893.33 |
| 平顶山 | 590.93 | 620.80 | 660.53 | 749.67 |
| 省直管县 | 741.67 | 741.67 | 750.00 | 766.67 |
| 合计 | 628.21 | 662.94 | 689.69 | 723.90 |

根据不同地区不同失能等级老人护理费收费情况来看,样本地区完全自理老人为453.76元,轻度失能老人为914.40元,中度失能老人为1393.00元,重度失能老人为1922.55元,失能等级越高,护理费用越高,变化幅度极大。见表10-6。

表10-6 不同地区不同失能等级老人护理费收费情况(元)

| 地区 | 完全自理 | 轻度失能 | 中度失能 | 重度失能 |
| --- | --- | --- | --- | --- |
| 郑州 | 577.78 | 1500.00 | 2377.78 | 3222.22 |
| 三门峡 | 513.33 | 1213.33 | 1653.33 | 2053.33 |
| 南阳 | 473.50 | 813.72 | 1272.00 | 1619.44 |
| 焦作 | 614.62 | 1064.62 | 1603.08 | 2210.77 |
| 安阳 | 640.00 | 1050.00 | 1450.00 | 2075.00 |
| 开封 | 216.67 | 650.00 | 966.67 | 1300.00 |

续表 10-6

| 地区 | 完全自理 | 轻度失能 | 中度失能 | 重度失能 |
| --- | --- | --- | --- | --- |
| 鹤壁 | 460.00 | 960.00 | 1468.89 | 2042.22 |
| 新乡 | 278.57 | 1121.43 | 1650.00 | 2157.14 |
| 驻马店 | 276.00 | 566.00 | 766.00 | 1220.00 |
| 商丘 | 485.71 | 900.00 | 1392.86 | 2078.57 |
| 济源 | 705.00 | 655.00 | 805.00 | 955.00 |
| 许昌 | 450.00 | 800.00 | 1000.00 | 1500.00 |
| 周口 | 383.33 | 716.67 | 1060.00 | 1550.00 |
| 漯河 | 425.00 | 800.00 | 1225.00 | 1525.00 |
| 濮阳 | 278.33 | 501.67 | 858.33 | 1375.00 |
| 平顶山 | 472.33 | 853.13 | 1358.73 | 1999.53 |
| 省直管县 | 350.00 | 900.00 | 1416.67 | 1933.33 |
| 合计 | 452.53 | 911.14 | 1387.86 | 1915.11 |

根据不同地区不同失能等级老人伙食费收费情况来看，样本地区完全自理老人为481.60元，轻度失能老人为489.58元，中度失能老人为495.71元，重度失能老人为504.96元，失能等级越高，伙食费用越高，但变化幅度小。见表10-7。

表10-7　不同地区不同失能等级老人伙食费收费情况（元）

| 地区 | 完全自理 | 轻度失能 | 中度失能 | 重度失能 |
| --- | --- | --- | --- | --- |
| 郑州 | 626.67 | 626.67 | 626.67 | 626.67 |
| 三门峡 | 433.33 | 433.33 | 460.00 | 460.00 |
| 南阳 | 536.11 | 544.44 | 552.78 | 563.89 |
| 焦作 | 530.77 | 530.77 | 530.77 | 530.77 |
| 安阳 | 465.00 | 465.00 | 465.00 | 465.00 |
| 开封 | 491.67 | 491.67 | 491.67 | 491.67 |
| 鹤壁 | 516.67 | 516.67 | 527.78 | 550.00 |
| 新乡 | 400.00 | 500.00 | 500.00 | 571.43 |
| 驻马店 | 452.00 | 452.00 | 452.00 | 452.00 |
| 商丘 | 500.00 | 500.00 | 514.29 | 528.57 |
| 济源 | 270.00 | 270.00 | 270.00 | 270.00 |
| 许昌 | 450.00 | 450.00 | 450.00 | 450.00 |

续表 10-7

| 地区 | 完全自理 | 轻度失能 | 中度失能 | 重度失能 |
|---|---|---|---|---|
| 周口 | 466.67 | 466.67 | 533.33 | 533.33 |
| 漯河 | 600.00 | 600.00 | 600.00 | 600.00 |
| 濮阳 | 358.33 | 375.00 | 391.67 | 408.33 |
| 平顶山 | 387.33 | 387.33 | 387.33 | 387.33 |
| 省直管县 | 433.33 | 433.33 | 433.33 | 433.33 |
| 合计 | 482.29 | 490.34 | 496.53 | 505.85 |

根据不同地区不同失能等级老人总收费情况来看,样本地区完全自理老人为1609.67元,轻度失能老人为2118.53元,中度失能老人为2650.71元,重度失能老人为3228.88元,失能等级越高,总费用越高,变化幅度极大。见表10-8。

表 10-8　不同地区不同失能等级老人总收费情况(元)

| 地区 | 完全自理 | 轻度失能 | 中度失能 | 重度失能 |
|---|---|---|---|---|
| 郑州 | 2266.67 | 3177.78 | 4188.89 | 5016.67 |
| 三门峡 | 1693.33 | 2426.67 | 2993.33 | 3360.00 |
| 南阳 | 1654.61 | 2034.83 | 2512.56 | 2921.11 |
| 焦作 | 1857.69 | 2363.08 | 2996.92 | 3704.62 |
| 安阳 | 1780.00 | 2190.00 | 2590.00 | 3290.00 |
| 开封 | 1216.67 | 1650.00 | 1966.67 | 2300.00 |
| 鹤壁 | 1552.22 | 2068.89 | 2588.89 | 3240.00 |
| 新乡 | 1058.57 | 2301.43 | 2872.86 | 3451.43 |
| 驻马店 | 1295.80 | 1625.80 | 2045.80 | 2499.80 |
| 商丘 | 1671.43 | 2085.71 | 2600.00 | 3300.00 |
| 济源 | 1460.00 | 1335.00 | 1440.00 | 1590.00 |
| 许昌 | 1350.00 | 1700.00 | 1900.00 | 2400.00 |
| 周口 | 1416.67 | 1816.67 | 2260.00 | 2850.00 |
| 漯河 | 1887.50 | 2262.50 | 2687.50 | 3025.00 |
| 濮阳 | 1538.33 | 1820.00 | 2260.00 | 2810.00 |
| 平顶山 | 1480.60 | 1911.27 | 2459.93 | 3186.53 |
| 省直管县 | 1550.00 | 2100.00 | 2650.00 | 3183.33 |
| 合计 | 1609.67 | 2118.53 | 2650.71 | 3228.88 |

## (二)不同类型收费情况

根据不同医养服务类型不同失能等级老人床位费收费情况来看,失能等级越高,床位费用越高。样本地区养老机构办医疗类型完全自理、轻度失能、中度失能及重度失能,分别为796.13元、830.00元、896.13元、954.19元;社区/居家养老服务类型完全自理、轻度失能、中度失能及重度失能老人床位费用最低,分别为150.00元、150.00元、200.00元、200.00元。见表10-9。

表10-9 不同医养服务类型不同失能等级老人床位收费情况(元)

| 医养服务类型 | 完全自理 | 轻度失能 | 中度失能 | 重度失能 |
| --- | --- | --- | --- | --- |
| 养老机构办医疗 | 796.13 | 830.00 | 896.13 | 954.19 |
| 医疗卫生机构办养老 | 602.71 | 631.76 | 649.15 | 681.64 |
| 医疗机构和养老机构合作 | 546.55 | 589.66 | 591.38 | 596.55 |
| 社区/居家养老服务 | 150.00 | 150.00 | 200.00 | 200.00 |
| 社区居家养老与医疗机构共建的医养联合体 | 475.00 | 575.00 | 575.00 | 725.00 |
| 合计 | 629.66 | 664.09 | 690.61 | 724.54 |

根据不同医养服务类型不同失能等级老人护理费收费情况来看,失能等级越高,护理费用越高。样本地区完全自理老人医疗卫生机构办养老型收费最高,为516.29元,社区居家养老与医疗机构共建的医养联合体型收费最低,为200.00元;轻度失能老人医疗卫生机构办养老型收费最高,为958.87元,社区/居家养老服务型最低,为450.00元;中度、重度失能老人养老机构办医疗型收费标准最高,分别为1487.42元、2065.48元,社区/居家养老服务型收费最低,分别为600.00元、750.00元。见表10-10。

表10-10 不同医养服务类型不同失能等级老人护理收费情况(元)

| 医养服务类型 | 完全自理 | 轻度失能 | 中度失能 | 重度失能 |
| --- | --- | --- | --- | --- |
| 养老机构办医疗 | 449.68 | 957.74 | 1487.42 | 2065.48 |
| 医疗卫生机构办养老 | 516.29 | 958.87 | 1393.15 | 1902.89 |
| 医疗机构和养老机构合作 | 367.66 | 834.00 | 1383.93 | 1941.17 |
| 社区/居家养老服务 | 300.00 | 450.00 | 600.00 | 750.00 |
| 社区居家养老与医疗机构共建的医养联合体 | 200.00 | 650.00 | 850.00 | 1150.00 |
| 合计 | 453.76 | 914.40 | 1393.00 | 1922.55 |

根据不同医养服务类型不同失能等级老人伙食费收费情况来看,失能等级越高,伙

食费用越高。样本地区完全自理、轻度失能、中度失能、重度失能老人社区居家养老与医疗机构共建的医养联合体型收费最高,分别为575.00元、575.00元、675.00元、675.00元,医疗卫生机构办养老型最低,分别为458.00元、459.82元、463.45元、468.91元。见表10-11。

表10-11　不同医养服务类型不同失能等级老人伙食收费情况(元)

| 医养服务类型 | 完全自理 | 轻度失能 | 中度失能 | 重度失能 |
| --- | --- | --- | --- | --- |
| 养老机构办医疗 | 533.23 | 534.84 | 539.68 | 552.58 |
| 医疗卫生机构办养老 | 458.00 | 459.82 | 463.45 | 468.91 |
| 医疗机构和养老机构合作 | 463.45 | 491.03 | 497.24 | 504.14 |
| 社区/居家养老服务 | 500.00 | 500.00 | 500.00 | 600.00 |
| 社区居家养老与医疗机构共建的医养联合体 | 575.00 | 575.00 | 675.00 | 675.00 |
| 合计 | 481.60 | 489.58 | 495.71 | 504.96 |

根据不同医养服务类型不同失能等级老人总收费情况来看,失能等级越高,总费用越高,且变化幅度极大。样本地区完全自理、轻度失能、中度失能、重度失能老人养老机构办医疗型收费最高,分别为1848.71元、2391.29元、3027.10元、3682.58元,其中重度失能收费水平是完全自理的1.99倍,社区/居家养老服务型最低,分别为950.00元、1100.00元、1300.00元、1550.00元,其中重度失能收费水平是完全自理的1.63倍。见表10-12。

表10-12　不同医养服务类型不同失能等级老人总收费情况(元)

| 医养服务类型 | 完全自理 | 轻度失能 | 中度失能 | 重度失能 |
| --- | --- | --- | --- | --- |
| 养老机构办医疗 | 1848.71 | 2391.29 | 3027.10 | 3682.58 |
| 医疗卫生机构办养老 | 1619.25 | 2096.35 | 2574.36 | 3123.87 |
| 医疗机构和养老机构合作 | 1402.83 | 1957.79 | 2517.38 | 3098.76 |
| 社区/居家养老服务 | 950.00 | 1100.00 | 1300.00 | 1550.00 |
| 社区居家养老与医疗机构共建的医养联合体 | 1300.00 | 1850.00 | 2200.00 | 2650.00 |
| 合计 | 1609.67 | 2118.53 | 2650.71 | 3228.88 |

### (三)不同城乡性质收费情况

根据不同城乡性质完全自理老人收费情况来看,样本地区总收费水平城市是县乡的1.3倍,城乡差距最明显的为驻马店(城乡差距2.0倍)、安阳(城乡差距1.7倍)、郑州、许昌、濮阳(城乡差距1.5倍);最接近的为南阳、焦作、鹤壁、新乡、商丘、平顶山(城乡差距1.2倍)。城市平均收费水平为1816.5元。其中床位费为709.6元,护理费为550.9元,伙食费为508.5元;郑州收费水平最高为2664.3元。其中床位费为1242.9元,护理费为685.7元,伙食费为728.6元;新乡市收费水平最低为1166.7元。其中床位费为566.7元,护理费为287.5元,伙食费为450.0元。县乡平均收费水平为1382.8元。其中床位费为541.5元,护理费为346.4元,伙食费为453.3元;郑州市收费水平最高为1788.0元。其中床位费为330.0元,护理费为200.0元,伙食费为270.0元;新乡市收费水平最低为977.5。其中床位费为190.0元,护理费为266.7元,伙食费为333.3元。见表10-13。

表10-13 完全自理老人平均收费情况城乡对比表(元)

| 地区 | 床位费 | | | | 护理费 | | | | 伙食费 | | | | 总费用 | | | |
|---|---|---|---|---|---|---|---|---|---|---|---|---|---|---|---|---|
| | 城市 | 农村 | 差额 | 倍数 | 城市 | 农村 | 差额 | 倍数 | 城市 | 农村 | 差额 | 倍数 | 城市 | 农村 | 差额 | 倍数 |
| 郑州 | 1242.9 | 330.0 | 912.9 | 3.8 | 685.7 | 200.0 | 485.7 | 3.4 | 728.6 | 270.0 | 458.6 | 2.7 | 2664.3 | 1788.0 | 876.3 | 1.5 |
| 三门峡 | 820.0 | 500.0 | 320.0 | 1.6 | 700.0 | 420.0 | 280.0 | 1.7 | 500.0 | 300.0 | 200.0 | 1.7 | 1980.0 | 1550.0 | 430.0 | 1.3 |
| 南阳 | 604.2 | 596.7 | 7.5 | 1.0 | 710.0 | 355.3 | 354.8 | 2.0 | 537.5 | 533.3 | 4.2 | 1.0 | 1906.7 | 1528.6 | 378.1 | 1.2 |
| 焦作 | 718.8 | 590.0 | 128.8 | 1.2 | 686.3 | 500.0 | 186.3 | 1.4 | 560.0 | 512.5 | 47.5 | 1.1 | 1967.5 | 1682.5 | 285.5 | 1.2 |
| 安阳 | 700.0 | 600.0 | 100.0 | 1.2 | 800.0 | 160.0 | 640.0 | 5.0 | 520.0 | 300.0 | 220.0 | 1.7 | 1780.0 | 1060.0 | 720.0 | 1.7 |
| 开封 | 470.0 | 400.0 | 70.0 | 1.2 | 220.0 | 200.0 | 20.0 | 1.1 | 510.0 | 400.0 | 110.0 | 1.3 | 1260.0 | 1000.0 | 260.0 | 1.3 |
| 鹤壁 | 594.0 | 552.5 | 41.5 | 1.1 | 540.0 | 360.0 | 180.0 | 1.5 | 560.0 | 462.5 | 97.5 | 1.2 | 1694.0 | 1375.0 | 319.0 | 1.2 |
| 新乡 | 566.7 | 190.0 | 376.7 | 3.0 | 287.5 | 266.7 | 20.8 | 1.1 | 450.0 | 333.3 | 116.7 | 1.4 | 1166.7 | 977.5 | 189.2 | 1.2 |
| 驻马店 | 1000.0 | 278.8 | 721.3 | 3.6 | 480.0 | 225.0 | 255.0 | 2.1 | 700.0 | 390.0 | 310.0 | 1.8 | 2180.0 | 1074.8 | 1105.3 | 2.0 |
| 商丘 | 633.3 | 600.0 | 33.3 | 1.1 | 633.3 | 375.0 | 258.3 | 1.7 | 500.0 | 500.0 | 0 | 1.0 | 1866.7 | 1525.0 | 341.7 | 1.2 |
| 济源 | 550.0 | 180.0 | 370.0 | 3.1 | 900.0 | 210.0 | 690.0 | 4.3 | 300.0 | 240.0 | 60.0 | 1.3 | 1380.0 | 1000.0 | 380.0 | 1.4 |
| 许昌 | 500.0 | 300.0 | 200.0 | 1.7 | 600.0 | 300.0 | 300.0 | 1.3 | 500.0 | 500.0 | 0 | 1.0 | 1600.0 | 1100. | 500.0 | 1.5 |
| 周口 | 600.0 | 500.0 | 100.0 | 1.2 | 550.0 | 300.0 | 250.0 | 1.8 | 500.0 | 450.0 | 50.0 | 1.1 | 1650.0 | 1300.0 | 350.0 | 1.3 |
| 漯河 | 1025.0 | 600.0 | 425.0 | 1.7 | 450.0 | 400.0 | 50.0 | 1.1 | 600.0 | 600.0 | 0 | 1.0 | 2125.0 | 1650.0 | 475.0 | 1.3 |
| 濮阳 | 752.0 | 700.0 | 52.0 | 1.1 | 294.0 | 200.0 | 94.0 | 1.5 | 400.0 | 350.0 | 50.0 | 1.1 | 2100.0 | 1426.0 | 674.0 | 1.5 |
| 平顶山 | 630.3 | 433.3 | 197.0 | 1.5 | 473.8 | 466.7 | 7.1 | 1.0 | 400.0 | 384.2 | 15.8 | 1.0 | 1525.8 | 1300.0 | 225.8 | 1.2 |
| 合计 | 709.6 | 541.5 | 168.1 | 1.3 | 550.9 | 346.4 | 204.5 | 1.6 | 508.5 | 453.3 | 55.2 | 1.1 | 1816.5 | 1382.8 | 433.7 | 1.3 |

根据不同城乡性质轻度失能老人收费情况来看,样本地区总收费水平城市是县乡的1.31倍,城乡差距最明显的为驻马店(城乡差距1.56倍)、濮阳(城乡差距1.48倍)、开封(城乡差距1.45倍)、郑州(城乡差距1.44倍);最接近的为新乡(城乡差距1.02倍)、平顶山(城乡差距1.04倍)。城市平均收费水平为2393元,其中床位费为751元,护理费为1075元,伙食费为508.5元;郑州收费水平最高为3750元,其中床位费为1229元,

护理费为1786元,伙食费为729元;济源市收费水平最低为1380元,其中床位费为550元,护理费为900元,伙食费为300元。县乡平均收费水平为1829元,其中床位费为572元,护理费为745元,伙食费为457元;郑州市收费水平最高为2613元,其中床位费为330元,护理费为500元,伙食费为270元;济源市收费水平最低为1200元,其中床位费为180元,护理费为410元,伙食费为240元。见表10-14。

表10-14 轻度失能老人平均收费情况城乡对比表(元)

| 地区 | 床位费 | | | | 护理费 | | | | 伙食费 | | | | 总费用 | | | |
| --- | --- | --- | --- | --- | --- | --- | --- | --- | --- | --- | --- | --- | --- | --- | --- | --- |
| | 城市 | 农村 | 差额 | 倍数 | 城市 | 农村 | 差额 | 倍数 | 城市 | 农村 | 差额 | 倍数 | 城市 | 农村 | 差额 | 倍数 |
| 郑州 | 1229 | 330 | 899 | 3.72 | 1786 | 500 | 1286 | 3.57 | 729 | 270 | 459 | 2.70 | 3750 | 2613 | 1137 | 1.44 |
| 三门峡 | 870 | 500 | 370 | 1.74 | 1500 | 1070 | 430 | 1.40 | 500 | 300 | 200 | 1.67 | 2980 | 2150 | 830 | 1.39 |
| 南阳 | 613 | 608 | 5 | 1.01 | 1040 | 701 | 339 | 1.48 | 546 | 542 | 400 | 1.01 | 2295 | 1905 | 390 | 1.20 |
| 焦作 | 813 | 650 | 163 | 1.25 | 1193 | 860 | 333 | 1.39 | 560 | 513 | 48 | 1.09 | 2493 | 2156 | 337 | 1.16 |
| 安阳 | 700 | 600 | 100 | 1.17 | 1267 | 400 | 867 | 3.17 | 520 | 300 | 220 | 1.73 | 2487 | 2167 | 320 | 1.15 |
| 开封 | 470 | 400 | 70 | 1.18 | 700 | 400 | 300 | 1.75 | 510 | 400 | 110 | 1.28 | 1740 | 1200 | 540 | 1.45 |
| 鹤壁 | 594 | 590 | 4 | 1.01 | 1200 | 660 | 540 | 1.82 | 560 | 463 | 98 | 1.21 | 2354 | 1713 | 642 | 1.37 |
| 新乡 | 967 | 390 | 577 | 2.48 | 1363 | 800 | 563 | 1.70 | 567 | 450 | 117 | 1.26 | 2333 | 2278 | 56 | 1.02 |
| 驻马店 | 1000 | 279 | 721 | 3.59 | 930 | 475 | 455 | 1.96 | 700 | 390 | 310 | 1.79 | 2630 | 1684 | 946 | 1.56 |
| 商丘 | 633 | 600 | 33 | 1.06 | 1033 | 800 | 233 | 1.29 | 500 | 500 | 0.00 | 1.00 | 2267 | 1950 | 317 | 1.16 |
| 济源 | 550 | 180 | 370 | 3.06 | 900 | 410 | 490 | 2.20 | 300 | 240 | 60 | 1.25 | 1380 | 1200 | 180 | 1.15 |
| 许昌 | 500 | 300 | 200 | 1.67 | 900 | 700 | 200 | 1.29 | 500 | 400 | 100 | 1.25 | 1900 | 1500 | 400 | 1.27 |
| 周口 | 600 | 600 | 0.00 | 1.00 | 950 | 600 | 350 | 1.58 | 550 | 500 | 50 | 1.11 | 2050 | 1700 | 350 | 1.21 |
| 漯河 | 1025 | 600 | 425 | 1.71 | 900 | 700 | 200 | 1.29 | 600 | 600 | 0.00 | 1.00 | 2575 | 1950 | 625 | 1.32 |
| 濮阳 | 802 | 700 | 102 | 1.15 | 600 | 482 | 118 | 1.24 | 400 | 370 | 30 | 1.08 | 2500 | 1684 | 816 | 1.48 |
| 平顶山 | 668 | 433 | 234 | 1.54 | 858 | 833 | 250 | 1.03 | 400 | 384 | 16 | 1.04 | 1972 | 1902 | 70 | 1.04 |
| 合计 | 751 | 572 | 179 | 1.31 | 1075 | 745 | 330 | 1.44 | 521 | 457 | 64 | 1.14 | 2393 | 1829 | 564 | 1.31 |

根据不同城乡性质中度失能老人收费情况来看,样本地区总收费水平城市是县乡的1.36倍,城乡差距最明显的为濮阳(城乡差距1.74倍)、郑州(城乡差距1.45倍);最接近的为济源(城乡差距1.02倍)、新乡(城乡差距1.12倍)。城市平均收费水平为3042元,其中床位费为796元,护理费为1656元,伙食费为526元;郑州收费水平最高为4936元,其中床位费为1400元,护理费为2800元,伙食费为729元;济源市收费水平最低为1500元,其中床位费为550元,护理费为900元,伙食费为300元。县乡平均收费水平为2241元,其中床位费为581元,护理费为1116元,伙食费为464元;郑州市收费水平最高为3408元,其中床位费为330元,护理费为900元,伙食费为270元;济源市收费水平最低为1470元,其中床位费为270元,护理费为710元,伙食费为240元。见表10-15。

## 第十章 河南省老年长期照护险研究

表 10-15 中度失能老人平均收费情况城乡对比表(元)

| 地区 | 床位费 | | | | 护理费 | | | | 伙食费 | | | | 总费用 | | | |
|---|---|---|---|---|---|---|---|---|---|---|---|---|---|---|---|---|
| | 城市 | 农村 | 差额 | 倍数 | 城市 | 农村 | 差额 | 倍数 | 城市 | 农村 | 差额 | 倍数 | 城市 | 农村 | 差额 | 倍数 |
| 郑州 | 1400 | 330 | 1070 | 4.24 | 2800 | 900 | 1900 | 3.11 | 729 | 270 | 459 | 2.70 | 4936 | 3408 | 1528 | 1.45 |
| 三门峡 | 1020 | 500 | 520 | 2.04 | 2000 | 1480 | 520 | 1.35 | 540 | 300 | 240 | 1.80 | 3380 | 2800 | 580 | 1.21 |
| 南阳 | 613 | 572 | 41 | 1.07 | 1665 | 1076 | 590 | 1.55 | 567 | 546 | 21 | 1.04 | 2970 | 2284 | 686 | 1.30 |
| 焦作 | 900 | 590 | 310 | 1.53 | 1793 | 1300 | 493 | 1.38 | 560 | 513 | 47 | 1.09 | 3255 | 2584 | 671 | 1.26 |
| 安阳 | 700 | 600 | 100 | 1.17 | 1633 | 900 | 733 | 1.81 | 520 | 300 | 220 | 1.73 | 2853 | 2500 | 353 | 1.14 |
| 开封 | 470 | 400 | 70 | 1.18 | 1000 | 800 | 200 | 1.25 | 510 | 400 | 110 | 1.28 | 2040 | 1600 | 440 | 1.28 |
| 鹤壁 | 594 | 590 | 4 | 1.01 | 1720 | 1155 | 565 | 1.49 | 580 | 463 | 118 | 1.25 | 2894 | 2208 | 687 | 1.31 |
| 新乡 | 1000 | 440 | 560 | 2.27 | 1763 | 1500 | 263 | 1.18 | 567 | 450 | 117 | 1.26 | 3067 | 2728 | 339 | 1.12 |
| 驻马店 | 1000 | 279 | 721 | 3.59 | 1230 | 650 | 580 | 1.89 | 700 | 390 | 310 | 1.79 | 2930 | 2153 | 777 | 1.36 |
| 商丘 | 650 | 600 | 50 | 1.08 | 1783 | 1100 | 683 | 1.62 | 525 | 500 | 25 | 1.05 | 3033 | 2275 | 758 | 1.33 |
| 济源 | 550 | 270 | 280 | 2.04 | 900 | 710 | 190 | 1.27 | 300 | 240 | 60 | 1.25 | 1500 | 1470 | 30 | 1.02 |
| 许昌 | 500 | 300 | 200 | 1.67 | 1100 | 900 | 200 | 1.22 | 500 | 400 | 100 | 1.25 | 2100 | 1700 | 400 | 1.24 |
| 周口 | 600 | 600 | 0.00 | 1.00 | 1480 | 850 | 630 | 1.74 | 550 | 500 | 50 | 1.10 | 2580 | 2100 | 480 | 1.23 |
| 漯河 | 1025 | 600 | 425 | 1.71 | 1450 | 1000 | 450 | 1.45 | 600 | 600 | 0.00 | 1.00 | 3125 | 2250 | 875 | 1.39 |
| 濮阳 | 912 | 700 | 212 | 1.30 | 1600 | 710 | 890 | 2.25 | 400 | 390 | 10 | 1.03 | 3500 | 2012 | 1488 | 1.74 |
| 平顶山 | 717 | 433 | 284 | 1.66 | 1382 | 1267 | 115 | 1.09 | 400 | 384 | 16 | 1.04 | 2550 | 2100 | 450 | 1.21 |
| 合计 | 796 | 581 | 215 | 1.37 | 1656 | 1116 | 540 | 1.48 | 526 | 464 | 63 | 1.14 | 3042 | 2241 | 801 | 1.36 |

根据不同城乡性质中度失能老人收费情况来看,样本地区总收费水平城市是县乡的1.39倍,城乡差距最明显的为濮阳(城乡差距2.11倍)、漯河(城乡差距1.57倍)、周口(城乡差距1.42倍)、许昌(城乡差距1.40倍);最接近的为三门峡(城乡差距1.03倍)、济源(城乡差距1.07倍)。城市平均收费水平为3746元,其中床位费为842元,护理费为2305元,伙食费为536元;郑州收费水平最高为5914元,其中床位费为1379元,护理费为3800元,伙食费为729元;济源市收费水平最低为1920元,其中床位费为550元,护理费为1200元,伙食费为300元。县乡平均收费水平为2695元,其中床位费为605元,护理费为1525元,伙食费为472元;郑州市收费水平最高为4263元,其中床位费为1330元,护理费为1200元,伙食费为270元;济源市收费水平最低为1800元,其中床位费为420元,护理费为1010元,伙食费为240元。见表10-16。

表 10-16 重度失能老人平均收费情况城乡对比表（元）

| 地区 | 床位费 | | | | 护理费 | | | | 伙食费 | | | | 总费用 | | | |
|---|---|---|---|---|---|---|---|---|---|---|---|---|---|---|---|---|
| | 城市 | 农村 | 差额 | 倍数 | 城市 | 农村 | 差额 | 倍数 | 城市 | 农村 | 差额 | 倍数 | 城市 | 农村 | 差额 | 倍数 |
| 郑州 | 1379 | 1330 | 1049 | 4.18 | 3800 | 1200 | 2600 | 3.17 | 729 | 270 | 459 | 2.70 | 5914 | 4263 | 1651 | 1.39 |
| 三门峡 | 970 | 500 | 470 | 1.94 | 2500 | 1830 | 670 | 1.37 | 540 | 300 | 240 | 1.80 | 3390 | 3300 | 90 | 1.03 |
| 南阳 | 646 | 588 | 58 | 1.10 | 2148 | 1355 | 793 | 1.59 | 583 | 554 | 29 | 1.05 | 3487 | 3114 | 373 | 1.12 |
| 焦作 | 1025 | 590 | 435 | 1.74 | 2368 | 1960 | 408 | 1.21 | 560 | 513 | 47 | 1.09 | 3955 | 3304 | 651 | 1.20 |
| 安阳 | 800 | 600 | 200 | 1.33 | 2467 | 900 | 1567 | 2.74 | 520 | 300 | 220 | 1.73 | 3787 | 3100 | 687 | 1.22 |
| 开封 | 470 | 400 | 70 | 1.18 | 1600 | 1240 | 360 | 1.29 | 510 | 400 | 110 | 1.28 | 2400 | 2280 | 120 | 1.05 |
| 鹤壁 | 715 | 594 | 121 | 1.20 | 2320 | 1695 | 625 | 1.37 | 580 | 513 | 68 | 1.13 | 3494 | 2923 | 572 | 1.20 |
| 新乡 | 1000 | 440 | 560 | 2.27 | 2188 | 2117 | 71 | 1.03 | 733 | 450 | 283 | 1.63 | 3850 | 3153 | 698 | 1.22 |
| 驻马店 | 1000 | 279 | 721 | 3.59 | 1800 | 1075 | 725 | 1.67 | 700 | 390 | 310 | 1.79 | 3500 | 2785 | 715 | 1.26 |
| 商丘 | 650 | 600 | 50 | 1.08 | 2617 | 1675 | 942 | 1.56 | 550 | 500 | 50 | 1.10 | 3867 | 3300 | 567 | 1.17 |
| 济源 | 550 | 420 | 130 | 1.31 | 1200 | 1010 | 190 | 1.19 | 300 | 240 | 60 | 1.25 | 1920 | 1800 | 120 | 1.07 |
| 许昌 | 500 | 300 | 200 | 1.67 | 1800 | 1200 | 600 | 1.50 | 500 | 400 | 100 | 1.25 | 2800 | 2000 | 800 | 1.40 |
| 周口 | 750 | 600 | 150 | 1.25 | 2450 | 1100 | 1350 | 2.23 | 550 | 500 | 50 | 1.10 | 3550 | 2500 | 1050 | 1.42 |
| 漯河 | 1100 | 600 | 500 | 1.83 | 1950 | 1100 | 850 | 1.77 | 600 | 600 | 0.00 | 1 | 3700 | 2350 | 1350 | 1.57 |
| 濮阳 | 932 | 700 | 232 | 1.33 | 3100 | 1030 | 2070 | 3.01 | 410 | 400 | 10 | 1.03 | 5000 | 2372 | 2628 | 2.11 |
| 平顶山 | 829 | 433 | 395 | 1.91 | 2074 | 1700 | 374 | 1.22 | 400 | 384 | 16 | 1.04 | 3350 | 2533 | 817 | 1.32 |
| 合计 | 842 | 605 | 237 | 1.39 | 2305 | 1525 | 780 | 1.51 | 536 | 472 | 64 | 1.14 | 3746 | 2695 | 1051 | 1.39 |

表 10-17 介绍了河南省 16 个省辖市城市和县乡医养结合试点机构对完全自理、轻度失能、中度失能和重度失能的总收费水平。从数据分析中可以得出，不管城乡性质如何变化，失能等级越高，收费水平越高。其中城市重度失能收费水平是轻度失能的 2.06 倍，县乡重度失能收费水平是轻度失能的 1.95 倍。

表 10-17 不同失能等级老年人总费用城乡对比表（元）

| 地区 | 完全自理 | | 轻度失能 | | 中度失能 | | 重度失能 | | 倍数 | |
|---|---|---|---|---|---|---|---|---|---|---|
| | 城市 | 农村 | 城市 | 农村 | 城市 | 农村 | 城市 | 农村 | 城市 | 农村 |
| 郑州 | 2664 | 1788 | 3750 | 2613 | 4936 | 3408 | 5914 | 4263 | 2.22 | 2.38 |
| 三门峡 | 1980 | 1550 | 2980 | 2150 | 3380 | 2800 | 3390 | 3300 | 1.71 | 2.13 |
| 南阳 | 1907 | 1529 | 2295 | 1905 | 2970 | 2284 | 3487 | 3114 | 1.83 | 2.04 |
| 焦作 | 1968 | 1682 | 2493 | 2156 | 3255 | 2584 | 3955 | 3304 | 2.01 | 1.96 |
| 安阳 | 1780 | 1060 | 2487 | 2167 | 2853 | 2500 | 3787 | 3100 | 2.13 | 2.92 |
| 开封 | 1260 | 1000 | 1740 | 1200 | 2040 | 1600 | 2400 | 2280 | 1.90 | 2.28 |

续表 10-17

| 地区 | 完全自理 | | 轻度失能 | | 中度失能 | | 重度失能 | | 倍数 | |
|---|---|---|---|---|---|---|---|---|---|---|
| | 城市 | 农村 | 城市 | 农村 | 城市 | 农村 | 城市 | 农村 | 城市 | 农村 |
| 鹤壁 | 1694 | 1375 | 2354 | 1713 | 2894 | 2208 | 3494 | 2923 | 2.06 | 2.13 |
| 新乡 | 1167 | 978 | 2333 | 2278 | 3067 | 2728 | 3850 | 3153 | 3.30 | 3.23 |
| 驻马店 | 2180 | 1075 | 2630 | 1684 | 2930 | 2153 | 3500 | 2785 | 1.61 | 2.59 |
| 商丘 | 1867 | 1525 | 2267 | 1950 | 3033 | 2275 | 3867 | 3300 | 2.07 | 2.16 |
| 济源 | 1380 | 1000 | 1380 | 1200 | 1500 | 1470 | 1920 | 1800 | 1.39 | 1.80 |
| 许昌 | 1600 | 1100 | 1900 | 1500 | 2100 | 1700 | 2800 | 2000 | 1.75 | 1.82 |
| 周口 | 1650 | 1300 | 2050 | 1700 | 2580 | 2100 | 3550 | 2500 | 2.15 | 1.92 |
| 漯河 | 2125 | 1650 | 2575 | 1950 | 3125 | 2250 | 3700 | 2350 | 1.74 | 1.42 |
| 濮阳 | 2115 | 1250 | 2565 | 1448 | 3240 | 1770 | 4240 | 2095 | 2.00 | 1.68 |
| 平顶山 | 1526 | 1300 | 1972 | 1902 | 2550 | 2100 | 3350 | 2533 | 2.20 | 1.95 |
| 总计 | 1817 | 1383 | 2393 | 1829 | 3042 | 2241 | 3746 | 2695 | 2.06 | 1.95 |

## 四、河南省老年人现况调查

### (一)河南省老年人基本情况

本次共调查 6014 例老年人,剔除年龄和性别缺失及填写不符合要求者,共得到样本 5570 例。本研究纳入 5570 名 60 岁及以上的老年人,其中半数以上为女性,共有 2825 人,占比 50.7%,男性有 2745 人,占比 49.3%;在年龄分布上,60~岁组最多,有 2680 人,占比 48.1%,70~岁组 2006 人,占比 36.0%,80~岁组 781 人,占比 14.0%, 90~岁组最少,有 103 人,仅占 1.9%;在城乡分布上,农村 4074 人,占比 73.1%,城市 1496 人,占比 26.9%;在受教育程度上,小学人数最多,有 1978 人,占比 35.5%,大学专科及以上最少,占比 2.9%;在婚姻状况上,在婚老年人居多,有 4246 人,占比 76.2%,其他婚姻状况累计占比 23.8%,其中未婚 137 人,占比 2.5%,离婚 23 人,占比 0.4%,丧偶 1099 人,占比 19.7%;在职业方面,无职业的有 1425 人,占比 25.6%,有职业的有 4145 人,占比 74.4%,其中农、林、牧、渔、水利生产人员最多,为 2308 人,占比 41.4%;在居住情况方面,独居的有 496 人,占比 8.9%;与配偶/伴侣居住的有 3235 人,占比 58.1%;与子女居住的有 1629 人,占比 29.2%;在养老机构居住的有 118 人,占比 2.1%; 其他居住状况累计占比 1.7%。在医疗费用支付方式方面,城镇职工医疗保险付费的有 743 人,占比 13.3%;城镇居民医疗保险付费的有 815 人,占比 14.6%;新型农村合作医疗付费的有 3797 人,占比 68.2,其他付费方式的有 215 人,占比 3.9%。经济收入方面, 每月收入为 1000 元及以下的有 3108 人,占比 55.8%;每月收入为 1001~2000 元的有 1309 人,占比 23.5%;每月收入为 2001~3000 元的有 698 人,占比 12.5%;每月收入为

3001～4000元的有307人，占比5.5%；每月收入为4001～5000元的有89人，占比1.6%；每月收入为5001元及以上的有59人，占比1.1%。

### (二)河南省老年人健康情况

研究对象5570名老人中，无残疾的有4948人，占比88.8%，有残疾的有622人，占比11.2%，其中视力残疾的有181人，占比3.2%，听力残疾的有161人，占比2.9%，言语残疾的有14人，占比0.3%，肢体残疾的有209人，占比3.8%，智力残疾的有13人，占比0.2%，精神残疾的有13人，占比0.2%，其他残疾的有31人，占比0.6%；在痴呆方面，无痴呆的有5316人，占比95.4%，患痴呆的有254人，占比4.6%，其中轻度痴呆者194人，占比3.5%，中度痴呆者49人，占比0.9%，重度痴呆者11人，占比0.2%；在精神疾病方面，无精神疾病的有5447人，占比97.8%，有精神疾病的有123人，占比2.2%，其中精神分裂症患者有63人，占比1.1%，双相情感障碍患者35人，占比0.6%，偏执性精神障碍患者8人，占比0.1%，癫痫所致精神障碍患者5人，占比0.1%，精神发育迟滞伴发精神障碍12人，占比0.2%；在慢性疾病方面，无慢性疾病的有32人，占比为0.6%；患1～3种慢性疾病的有142人，占比为2.5%，患4～6种慢性疾病的有5396人，占比为96.9%；在跌倒方面，近30d内无跌倒的有5074人，占比91.1%，发生过1次跌倒的有301人，占比5.4%，发生过2次跌倒的有136人，占比2.4%，发生过3次及以上跌倒的有59人，占比1.1%；在走失方面，近30d内无走失的有5466人，占比98.1%，发生过1次走失的有56人，占比1.0%，发生过2次走失的有40人，占比0.7%，发生过3次及以上走失的有8人，占比0.1%；在噎食方面，近30d内无噎食的有5376人，占比96.5%，发生过1次噎食的有105人，占比1.9%，发生过2次噎食的有56人，占比1.0%，发生过3次及以上噎食的有33人，占比0.6%；在自杀方面，近30d内无自杀的有5503人，占比98.8%，发生过1次自杀的有32人，占比0.6%，发生过2次自杀的有34人，占比0.6%，发生过3次及以上自杀的有1人，占比0.0%。具体情况见表10-18。

表10-18 老年人健康状况情况

| 项目 | | 人数 | 构成比/% |
| --- | --- | --- | --- |
| 残疾 | 有 | 622 | 11.2 |
| | 无 | 4948 | 88.8 |
| 痴呆 | 无 | 5316 | 95.4 |
| | 轻度 | 194 | 3.5 |
| | 中度 | 49 | 0.9 |
| | 重度 | 11 | 0.2 |
| 精神疾病 | 有 | 123 | 2.2 |
| | 无 | 5447 | 97.8 |

续表 10-18

| 项目 | | 人数 | 构成比/% |
|---|---|---|---|
| 慢性疾病(种) | 0 | 32 | 0.6 |
| | 1~3 | 142 | 2.5 |
| | 4~6 | 5396 | 96.9 |
| 跌倒 | 0 | 5074 | 91.1 |
| | 发生过1次 | 301 | 5.4 |
| | 发生过2次 | 136 | 2.4 |
| | 发生过3次及以上 | 59 | 1.1 |
| 走失 | 0 | 5466 | 98.1 |
| | 发生过1次 | 56 | 1.0 |
| | 发生过2次 | 40 | 0.7 |
| | 发生过3次及以上 | 8 | 0.1 |
| 噎食 | 0 | 5376 | 96.5 |
| | 发生过1次 | 105 | 1.9 |
| | 发生过2次 | 56 | 1.0 |
| | 发生过3次及以上 | 33 | 0.6 |
| 自杀 | 0 | 5503 | 98.8 |
| | 发生过1次 | 32 | 0.6 |
| | 发生过2次 | 34 | 0.6 |
| | 发生过3次及以上 | 1 | 0.0 |
| 合计 | | 5570 | 100.0 |

### (三)老年人日常生活活动的情况

河南省本次调查5570名老年人中,综合能力完好有2760人,占比49.6%,轻度失能的有2291人,占比41.1%,中度失能的有340人,占比6.1%;重度失能的有179人,占比3.2%。根据研究老年人日常生活活动的状况,发现能力完好有4431人,占比79.6%,轻度受损的有952人,占比17.1%,中度受损的有100人,占比1.8%;重度受损的有87人,占比1.6%。根据研究老年人不同精神状态,发现能力完好有3571人,占比64.1%,轻度受损的有1729人,占比31.0%,中度受损的有256人,占比4.6%;重度受损的有14人,占比0.3%。根据研究老年人不同感知觉与沟通能力,发现能力完好有4270人,占比76.7%,轻度受损的有718人,占比12.9%,中度受损的有497人,占比8.9%;重度受损的有85人,占比1.5%。根据研究老年人不同社会参与状况,发现能力完好有4485人,占比80.5%,轻度受损的有806人,占比14.5%,中度受损的有192人,占比3.4%;重度受损的有87人,占比1.6%。不同维度下的老年人失能等级分布,见表10-19。其中,综合能力维度失能率为50.4%,日常生活活动维度失能率为20.5%,精神状态维度失能率为 35.9%，感知觉与沟通失能率为 23.3，社会参与失能率为 17.5%。

表 10-19 不同维度下的老年人失能等级分布（n）

| 维度 | 能力完好 | | 轻度失能 | | 中度失能 | | 重度失能 | |
|---|---|---|---|---|---|---|---|---|
| | 人数 | 构成比/% | 人数 | 构成比/% | 人数 | 构成比/% | 人数 | 构成比/% |
| 日常生活活动 | 4431 | 79.6 | 952 | 17.1 | 100 | 1.8 | 87 | 1.6 |
| 精神状态 | 3571 | 64.1 | 1729 | 31.0 | 256 | 4.6 | 14 | 0.3 |
| 感知觉与沟通 | 4270 | 76.7 | 718 | 12.9 | 497 | 8.9 | 85 | 1.5 |
| 社会参与 | 4485 | 80.5 | 806 | 14.5 | 192 | 3.4 | 87 | 1.6 |
| 综合能力 | 2760 | 49.6 | 2291 | 41.1 | 340 | 6.1 | 179 | 3.2 |

本次调查的 5570 名老年人的日常生活活动能力总得分为 (95.79±12.65) 分，能力完好得分为 (100.00±0.00) 分，轻度受损得分为 (87.31±8.84) 分，中度受损得分为 (54.65±5.28) 分，重度受损得分为 (21.67±15.05) 分。日常生活活动能力 10 个条目中，上下楼梯的受损率最高，达 14.0%，床椅转移的受损率次之，占比 11.1%，进食、洗澡、修饰、穿衣、小便控制、如厕和平地行走受损率分别为 3.7%、8.8%、3.8%、6.7%、3.2%、5.1% 和 9.9%，大便控制这一条目的受损率最低，为 2.7%。见表 10-20。

表 10-20 日常生活活动各条目受损情况

| 项目 | 正常 | | 受损 | |
|---|---|---|---|---|
| | 人数 | 构成比/% | 人数 | 构成比/% |
| 进食 | 5366 | 96.3 | 204 | 3.7 |
| 洗澡 | 5081 | 91.2 | 489 | 8.8 |
| 修饰 | 5356 | 96.2 | 214 | 3.8 |
| 穿衣 | 5199 | 93.3 | 371 | 6.7 |
| 大便控制 | 5417 | 97.3 | 153 | 2.7 |
| 小便控制 | 5394 | 96.8 | 176 | 3.2 |
| 如厕 | 5284 | 94.9 | 286 | 5.1 |
| 床椅转移 | 4950 | 88.9 | 620 | 11.1 |
| 平地行走 | 5016 | 90.1 | 554 | 9.9 |
| 上下楼梯 | 4792 | 86.0 | 778 | 14.0 |

本次调查的 5570 名老年人的精神状态能力总得分为 (0.42±0.66) 分，能力完好得分为 (0.00±0.00) 分，轻度受损得分为 (1.00±0.53) 分，中度受损得分为 (2.21±0.41) 分，重度受损得分为 (5.14±0.95) 分。精神状态能力 3 个条目中，认知功能的受损率最高，达 34.8%，抑郁症状的受损率次之，占比 3.6%，攻击行为这一条目的受损率最低，为 1.2%。见表 10-21。

表10-21　精神状态各条目受损情况

| 项目 | 正常 | | 受损 | |
|---|---|---|---|---|
| | 人数 | 构成比/% | 人数 | 构成比/% |
| 认知功能 | 3629 | 65.2 | 1941 | 34.8 |
| 攻击行为 | 5503 | 98.8 | 67 | 1.2 |
| 抑郁症状 | 5370 | 96.4 | 200 | 3.6 |

本次调查的5570名老年人的感知觉与沟通能力总得分为(1.19±1.82)分,能力完好得分为(0.43±0.61)分,轻度受损得分为(2.73±0.91)分,中度受损得分为(4.23±1.84)分,重度受损得分为(8.75±3.31)分。感知觉与沟通能力4个条目中,视力的受损率最高,达46.8%,听力的受损率次之,占比21.3%,意识水平和沟通交流的受损率分别为7.0%和11.5%。见表10-22。

表10-22　感知觉与沟通各条目受损情况

| 项目 | 正常 | | 受损 | |
|---|---|---|---|---|
| | 人数 | 构成比/% | 人数 | 构成比/% |
| 意识水平 | 5178 | 93.0 | 392 | 7.0 |
| 视力 | 2962 | 53.2 | 2608 | 46.8 |
| 听力 | 4382 | 78.7 | 1188 | 21.3 |
| 沟通交流 | 4929 | 88.5 | 641 | 11.5 |

本次调查的5570名老年人的社会参与能力总得分为(1.64±3.01)分,能力完好得分为(0.50±0.71)分,轻度受损得分为(4.34±1.33)分,中度受损得分为(9.91±1.72)分,重度受损得分为(17.18±2.18)分。社会参与能力5个条目中,工作能力的受损率最高,达45.7%,时间/空间定向的受损率次之,占比19.0%,生活能力和社会交往能力受损率分别为18.9%和13.4%,人物定向这一条目的受损率最低,为6.7%。见表10-23。

表10-23　社会参与各条目受损情况

| 项目 | 正常 | | 受损 | |
|---|---|---|---|---|
| | 人数 | 构成比/% | 人数 | 构成比/% |
| 生活能力 | 4520 | 81.1 | 1050 | 18.9 |
| 工作能力 | 3025 | 54.3 | 2545 | 45.7 |
| 时间/空间定向 | 4511 | 81.0 | 1059 | 19.0 |
| 人物定向 | 5197 | 93.3 | 373 | 6.7 |
| 社会交往能力 | 4823 | 86.6 | 747 | 13.4 |

# 第二节 河南省老年长期照护保险收费标准分级分类管理

## 一、老年长期护理分级现状

根据老人的年龄、生活自理程度、身体状况及特殊要求而分为自理级、介助级、介护级和特护级。

### (一)自理级

日常生活可以自理或年老体弱患有器质性疾病,症状较轻,能够自由活动,日常生活起居不需要照料帮助者或自己能做日常事务,如房间整理、个人卫生、饮食方面等。

### (二)介助级

1. 介助Ⅲ级　凡是符合下列之一者,定为介助Ⅲ级。
(1)年龄在60岁以上,生活起居、饮食需要护理人员协助者。
(2)生活起居、衣食住行、大小便难以自理,需有护理人员协助才能完成者。
(3)肢体功能轻度障碍,不能自由活动,或生活规律失常,衣食起居有困难,需要有护理人员帮助者。
(4)患有其他疾病:如高血压、肺疾病、心血管异常疾病、脑血管意外及老年慢性病等,但病情稳定,不需要大量的医疗范围,日常生活起居,需要有护理人员照料者。
(5)患有多种慢性疾病,年龄在70岁以上,或患有轻度伤残,智力低下,轻度痴呆,不妨碍他们日常生活者。

2. 介助Ⅱ级　凡是符合下列之一者,定为介助Ⅱ级。
(1)在护理人员的指导下,生活饮食起居、大小便需要协助才能完成者。年龄在70岁以上,肢体功能中度障碍,生活规律失常,生活自理方面有一定困难,需要护理人员照料者。
(2)患有不同程度的慢性疾病,病情比较稳定,日常生活起居需要护理人员帮助才能完成者。
(3)患有不同程度的其他疾病,体质较差,表达能力低下,生活自理能力差,患有不同程度的肢体功能障碍,在日常生活起居上需要有人照料者。

3. 介助Ⅰ级　凡是符合下列之一者,定为介助Ⅰ级。
凡符合介助Ⅲ级、Ⅱ级护理标准或在原有不同程度疾病的基础上,比以上情况加重,在日常生活起居中必须有护理人员照料者,定为介助Ⅰ级。

## (三)介护级

1. 介护Ⅲ级　凡符合下列之一者,定为介护Ⅲ级。

(1)凡患有不同程度的疾病,思维能力下降,记忆力减退,大小便及日常生活起居需要有人照顾者。

(2)年龄在80岁以上,饮食及生活起居不能完全自理,听力减退,视力不清,行动不便,需要护理人员照料者。

(3)患有其他疾病或合并症在两种以上者,需要在医疗上协助完成,或在日常生活起居方面有人照料者。

(4)体质尚可,行动自由,年龄在80岁以上者,或精神意识受到轻度影响,在日常生活起居上需要有护理人员照料者。

2. 介护Ⅱ级　凡符合下列之一者,定为介护Ⅱ级。

(1)精神思维能力减退,表达能力差,语无伦次,言行不一致,生活起居不能自理需要有护理人员照料者。

(2)行动不便,视物模糊不清,肢体活动功能轻度障碍,大小便及生活起居需要有护理人员照料者。

(3)患有不同程度的疾病,活动不便,日常生活不能完全自理,在生活及医疗方面需要有护理人员照料者。

(4)年龄在80岁以上,精神有不同程度的障碍,没有语言表达能力,或语无伦次,患有轻度的老年痴呆症状,在日常生活起居方面需要护理人员照料者。

3. 介护Ⅰ级　凡符合下列之一者,定为介护Ⅰ级。

(1)精神意识受到严重障碍,自我表达能力差,患有中度的老年痴呆症,生活完全不能自理,大小便失禁,在日常生活方面需要有护理人员照料者。

(2)年龄在60岁以上,神志清楚,无心脑血管疾病,自己不能下床活动,肢体受到严重功能障碍,需要有人帮助康复训练或室外活动锻炼,在日常生活方面需要有护理人员照料者。

(3)患有两种以上疾病,或在原有疾病的基础上患有两种以上合并症,体质差,需要协助外出就医,在日常生活方面需要有人照料者。

(4)患有某种疾病,在精神上有中度障碍,大小便失禁,生活完全不能自理,需要有护理人员照料者。

## (四)特护级

凡符合下列之一者,定为特护级,实施二对四。

1. 思维功能严重障碍,表达能力差,大小便不能自理,或各种原因造成长期卧床不起,24 h房间需要有护理人员照料者。

2. 生活起居不能自理,双目失明,或肢体伤残,活动功能严重障碍,在日常生活中需要护理人员照料者。

3. 患有其他疾病造成不能下床行走,饮食需要帮助,但神志清醒,大小便有时失禁,日常生活起居需要有专人照顾者。

4. 根据患者或家属要求在原患疾病的护理标准上,提出变更专护标准者。

## 二、老年长期护理分级的理论基础

老年长期护理级别的划分并不是单纯以老人身体指标为依据,而是以护理时间、护理强度为依据进行评估。根据《指导意见》的服务管理意见所言"明确服务内涵、服务标准以及质量评价等技术管理规范,建立长期护理需求认定和等级评定标准体系,制定待遇申请和资格审定及变更等管理办法。"护理等级划分是长期护理保险制度开展的重要基础工作之一,目前我国长期护理保险首批试点城市对于参保人的等级划分参差不齐,而且多数城市,仅对参保人群的确立制定标准,缺失对于参保人群的详细化、多层次的等级划分。上海市将参保人群划分为6级,青岛市将参保人群划分为3级,而南通市将参保人群划分为两级,长春市则缺失对于参保人群的详细化、多层次的等级划分。统一的长期护理等级划分体系,有利于体现长期护理保险制度的规范性与科学性,且利于长期护理保险工作在全国范围内的开展。根据我国人口繁多、地区多样化、民族多元化的国情,提倡各地应因地制宜地发展本地区的长期护理保险制度,这又不利于统一的长期护理等级划分体系在全国范围内的推行。从国际视野上来看,日本是长期护理保险制度的先行者,其分级标准较为完善,且不断地更新发展,日本在建立长期护理保险制度以来,对其分级标准不断细化,以介护认定时间作为分级标准依据,将长期护理服务需求分级标准定为7个等级:要支援Ⅰ级、要支援Ⅱ级(要支援是指生活基本能自理,但社会活动需要帮助的人)、要介护Ⅰ~Ⅴ级(要介护Ⅰ~Ⅴ级按需要护理的程度来划分,依次是需要部分、轻度、中度、重度、最重度的护理)。从国内视野来看,上海市的6级划分走在了制度前列,又将等级划分和程度一一对应,照护二级(轻度)、照护三四级(中度)、照护五六级(重度)。

在现代社会"生物-心理-社会"医学模式的指导下,提示在对参保人员进行评估时,不仅要注重人的生物生存状态,更要注重人的社会生存状态。因此,在原有的对护理服务需求者疾病状态和自理能力状态评估的基础下,更要对其认知、情绪、意志、行为、社会支持等心理社会方面加以评估,做到对护理服务需求者全方位、多层次的综合护理评估,明确护理服务需求者的主要健康问题和医疗护理需求,为其提供多层次、专业化、个性化的医疗护理服务,保证护理服务需求者的满意度,提高护理服务质量。

## 三、河南省失能老人规模预测

使用动态数列分析法和Cox-Stuart趋势检验,描述2008—2017年河南省分年龄组老年人口数变化情况。2008—2017年河南省60~64岁老年人口数增加0.65倍,年均增长率为5.76%;65~69岁老年人口数增加0.70倍,年均增长率为6.09%;70~74岁老年人口数增加0.24倍,年均增长率为2.39%;75~79岁老年人口数增加0.24倍,年均增长率为2.42%;80~84岁老年人口数增加0.50倍,年均增长率为4.64%;85~89岁老年人口数增加 0.37 倍,年均增长率为 3.54%;90~94 岁老年人口数增加 1.19 倍,年均增长率为 9.09%;95 岁及以上老年人口数增加 0.09 倍,年均增长率为 1.01%。经 Cox-Stuart 趋势检验,2008—2017 年河南省各年龄组老年人口数均呈上升趋势($P<0.05$)。见表 10-24。

表 10-24　2008—2017 年河南省分年龄组老年人口数(人)

| 年份 | n | 60~64 岁 | 65~69 岁 | 70~74 岁 | 75~79 岁 | 80~84 岁 | 85~89 岁 | 90~94 岁 | 95 岁及以上 |
|---|---|---|---|---|---|---|---|---|---|
| 2008 | 11822256 | 4066380 | 2677860 | 2281140 | 1487700 | 793440 | 396720 | 99180 | 19836 |
| 2009 | 13375714 | 4554919 | 3159539 | 2521651 | 1754192 | 857162 | 388713 | 119604 | 19934 |
| 2010 | 13275864 | 4560969 | 3110226 | 2317014 | 1742979 | 970641 | 417480 | 125244 | 31311 |
| 2011 | 14925847 | 5139610 | 3461370 | 2622250 | 1992910 | 1048900 | 524450 | 104890 | 31467 |
| 2012 | 16046446 | 5904080 | 3900910 | 2635750 | 1897740 | 1265160 | 316290 | 105430 | 21086 |
| 2013 | 16346742 | 6042570 | 4134390 | 2650250 | 1802170 | 1166110 | 424040 | 106010 | 21202 |
| 2014 | 15801084 | 5864100 | 3838320 | 2665500 | 1812540 | 1066200 | 426480 | 106620 | 21324 |
| 2015 | 16854984 | 6647640 | 4074360 | 2680500 | 1715520 | 1179420 | 428880 | 107220 | 21444 |
| 2016 | 17498136 | 6688560 | 4315200 | 2804880 | 1833960 | 1186680 | 431520 | 215760 | 21576 |
| 2017 | 17929156 | 6728860 | 4558260 | 2821780 | 1845010 | 1193830 | 542650 | 217060 | 21706 |

根据老年人失能等级的划分,本研究对 2017—2022 年不同老年健康状态的人口数进行了预测。见表 10-25。预测结果显示,河南省失能老年人规模庞大、增长迅速:不同程度失能状态的老年总人口将从 2017 年的 3137603 人,增加到 2022 年的 3845635 人,后者为前者约 1.22 倍。中重度失能老人是我国长期照护的重点人群,也是长期照护服务市场的主要需求者。另外,由于本研究也预测了轻度失能老年人的规模趋势,对失能老人的估算更加全面,计算结果更加准确、可信。虽然中重度失能老年人是照护的重点人群,但是轻度失能老年人的照护需要同样不能忽视。因为轻度失能也可能需要长时间、周期性、康复理疗性的照护服务,忽视轻度失能老人的长期照护服务需求,会导致老年长期照护服务市场的严重低估。所以本研究对于老年长期照护人群结构的估计更加准确和全面,可以一定程度上为后续学者研究和相关部门制定照护服务相关政策提供参考。

表 10-25  2017—2022 年河南省不同失能等级老年人口预测(人)

| 年份 | 健康老人 | 失能老人 | | |
|---|---|---|---|---|
| | | 轻度失能 | 中度失能 | 重度失能 |
| 2017 | 14791554 | 2642758 | 259973 | 234872 |
| 2018 | 15559890 | 2780034 | 273477 | 247072 |
| 2019 | 16157895 | 2886877 | 283987 | 256568 |
| 2020 | 16784566 | 2998843 | 295001 | 266519 |
| 2021 | 17441257 | 3116171 | 306543 | 276946 |
| 2022 | 18129425 | 3239124 | 318638 | 287873 |

# 第三节 长期照护保险分级护理标准

## 一、老年人分级护理标准

现阶段老年人慢性病患病率高,患病种类多且随着年龄的增长而增长,同时心理健康问题较多,老年人随着一系列的认知功能的减退、社会家庭角色的改变、环境的改变等,容易产生负面情绪。慢性病及其并发症以及心理健康对老年人的生存生活质量造成了严重的负面影响,尤其是患有多种慢性病的老年人,需要更多的健康关注。在此状况下,对老年人提供满足其身心健康需求的服务便显得尤为重要和紧迫。社会老年人的关注焦点不仅仅包括物质生活照护,也包括老人的医疗健康照护需求。对于老年人采取的照护措施关乎到老人的生存生活质量。WHO 将长期护理定义为"保证不具备完全自我照料能力的人,能继续得到其个人喜欢及较高生活质量,获得最大可能的独立程度、资助、参与、个人满足及人格尊严",主要提供给残疾或有慢性病的患者,主要为老年人服务,直至生命终止。老年护理分级制度是老年护理保障中提供护理服务与支付护理费用时的主要依据,分级护理作为提高老年人生存生活质量和水平的重要手段,其重要性日益凸显。

分级护理是指根据对服务对象病情的轻、重、缓、急以及自理能力的评估结果,给予不同级别的护理。其适用范围也日益扩展。卫生部颁布的《综合医院分级护理指导原则(试行)》指出,分级护理共分为 4 个级别:特级护理、一级护理、二级护理和三级护理。患者入院后,由床位医生根据患者的病情确定护理级别,并下达医嘱,再由临床护士根据医嘱和医师制订的诊疗计划,为患者提供基础护理服务和护理专业技术服务。在此原则指导下,对于养老机构而言,应根据科学的分级护理标准,对入住老年人进行科学、综合的护理分级评估,客观反映老年人个体化的护理需求程度,针对具体情况制订个性化的护理计划,从而提高养老机构入住老年人生存生活质量。

我国最早划分老年人长期护理分级标准的是在 2001 年出台的《老年人社会福利机

构基本规范》。该规范规定:养老机构内老人的护理级别可根据生活自理能力和需求划分为3级,即自理老人护理(指日常生活行为完全自理,不依赖他人护理的老年人,提供一般照顾护理)、介助老人护理(日常生活行为依赖扶手、拐杖、轮椅和升降等设施帮助的老年人,提供半照顾护理)、介护老人护理(日常生活行为依赖他人护理的老年人,提供全照顾护理)。一般照顾护理标准包含老年人身体健康状况尚可,活动功能尚可,活动能力较强,个人日常生活基本能自理,需提供膳食、个人卫生、洗衣、购物和其他必要的服务。半照顾护理标准包含身体健康状况较差,活动功能减退,活动能力受限,部分丧失日常生活自理能力,需提供日常生活起居服务。全照顾护理标准包含老年人身体健康状况较差,活动功能障碍或减退,丧失日常生活自理能力,需有专人照顾料理,提供日常生活起居服务。

在2017年,由国家质量监督检验检疫总局和国家标准化管理委员会联合发布的《养老机构服务质量基本规范》中对养老机构的护理服务的项目与质量要求有了较为明确的规定,是养老机构服务质量管理首个国家标准,标志着全国养老机构服务质量迈入标准化管理的新时代。在护理人员分级护理中按照服务项目的内容进行了划分,包括出入院服务、生活照料服务、膳食服务、清洁卫生服务、洗涤服务、医疗护理服务、文化娱乐服务、安宁服务以及心理/精神支持服务。其中护理服务内容包括但不仅限于常见多发病诊疗、健康指导、预防保健、康复护理、院内感染管理、提供用药等,通过护理干预,对老年人提供连续、综合的健康及医疗照护的活动,为老年人提供健康评估,包括躯体、心理、社会、生存质量等评估,满足老年人的基本健康需求。

随着医养结合以及卫生事业的不断发展,各级医养结合机构也将护理服务范围进行了更为细致的划分,将护理范围分为三级护理、二级护理、一级护理和专门护理。其中三级护理标准包含老年人生活行为能自理者,不依赖他人帮助的、无器质性疾病的老年人以及年龄在80岁以下的老人。二级护理标准为生活行为基本自理的老年人;年龄在80岁以上者或患有1~2种疾病的老人。一级护理标准包括生活行为需要他人帮助或思维功能轻度障碍的老年人;患有2种疾病以上者以及年龄在90岁以上者。专门护理标准为老年人中生活行为依赖他人护理者;思维功能中度以上障碍者;视力障碍、肢体残疾或患有多种疾病者;需要24小时护理者;老人及家属要求提高护理等级,给予特殊照顾者。但是现阶段对于护理分级服务的划分标准单一,使实际的护理级别不能满足老年人的实际需求,照护内容也仅仅局限于日常生活项目,并不能满足老年人实际的个性化服务需求,不利于老年人生存生活质量的提高以及养护安全的保障。对于养老机构入住老年人的护理分级评估缺乏统一的评估工具、程序和规范,使得各地的老年人分级护理较乱,造成养老机构间护理服务差异很大。

## 二、护理分级服务范围

根据现有规范,确定的不同类型老年人的护理服务内容见表10-26。

表 10-26　不同类型老年人的护理服务

| 护理服务级别 | 护理服务服务 | 护理服务内容 |
| --- | --- | --- |
| 自理级 | 凡符合下列条件之一者,称为自理级:<br>1. 日常生活基本自理,能够自由活动<br>2. 年老体弱患有器质性疾病,症状较轻者<br>3. 衣食起居日常生活不需要照料帮助者或自己能做日常事务,如:房间整理、个人卫生、饮食方面等 | (1)每天清扫室内卫生1次,室内应无蝇、无蚊、无鼠、无蟑螂等 |
| | | (2)提供干净、得体的服装并定期换洗,冬、春、秋季每周1次,夏季经常换洗。保持室内空气新鲜,无异味 |
| | | (3)每周洗涤被套、床单、被套1次(冬天),夏季为每周2次 |
| | | (4)整理抽屉、衣柜、床头柜等 |
| | | (5)协助老人整理床铺 |
| | | (6)代订牛奶、报纸、杂志等 |
| | | (7)提供亲情沟通,坚持每天和长者聊天不少于20 min |
| | | (8)建立健身、娱乐设施,组织开展文体健身活动,每周不少于2次 |
| | | (9)建立健康档案,每周测量血压、体温1次 |
| | | (10)督促老人洗头、理发、修剪指甲,夏季每周洗澡2次,其他季节每周1次 |
| | | (11)服务人员24 h值班,实行程序化个案护理。视情况调整护理方案 |
| 介助级 | 凡符合下列条件之一者,称为介助Ⅲ级;同时符合2~3个条件的,为介助Ⅱ级;3个以上的为介助Ⅰ级:<br>1. 在护理人员的指导下饮食、起居能自理者<br>2. 在护理人员的督促和帮助下,大小便能自理者<br>3. 肢体功能中等障碍或生活规律有时失常,自理生活有一定困难者<br>4. 患有严重疾病(高血压、肺源性心脏病、心律失常、脑血管意外等)情绪比较稳定。但日常生活需要予以帮助者<br>5. 患有多种慢性疾病,不宜多活动者或体质尚可。年龄70岁以上者<br>6. 患有轻度痴呆症、弱智、无危害精神病史 | (1)清洗床单、被罩、衣物(手洗除外),日用品及用具如:毛巾、水杯、痰盂等,便器每周消毒1次 |
| | | (2)定期由心理咨询师提供专业的心理辅导 |
| | | (3)协助老人洗头、修剪指甲。定期上门理发,保持老人仪表端正 |
| | | (4)协助行动不便的长者到医务室就医 |
| | | (5)端、倒洗脸水、洗脚水 |
| | | (6)端送饭到房间 |
| | | (7)协助老人进行康复锻炼 |
| | | (8)配药,每天测量血压、体温,巡查房间 |
| | | (9)专业的营养师对各种慢性疾病提供配餐、食疗等服务 |
| | | (10)Ⅰ度压疮发生率低于5%,Ⅱ度压疮发生率为零,入院前发生严重低蛋白血症,全身高度浮肿、癌症晚期、恶液质等患者除外。对因病情不能翻身而患疮的情况应有详细记录,并尽可能提供防护措施 |

续表10-26

| 护理服务级别 | 护理服务服务 | 护理服务内容 |
| --- | --- | --- |
| 介护级 | 凡符合下列条件之一者,称为介护Ⅲ级;同时符合2~3个条件的,为介护Ⅱ级;3个以上的为介护Ⅰ级:<br>1. 思维能力有较严重障碍,言行不能自控及大小便轻度不能自控者<br>2. 饮食起居有部分困难需护理员给予协助者<br>3. 视觉模糊或肢体功能障碍行动稍有困难者<br>4. 体质情况尚可,80岁以上年龄者<br>5. 精神上有轻度障碍或患有老年痴呆症者 | (1) 协助起卧<br>(2) 协助老人如厕并便后擦洗<br>(3) 协助穿脱衣服、鞋袜<br>(4) 提示服药<br>(5) 协助老人变换体位<br>(6) 协助老人使用代步工具<br>(7) 帮助老人喂饭<br>(8) 每天早晚要进行两次口腔护理、洗脸、洗手、梳头、晚上帮助老人清洗臀部<br>(9) 每天皮肤护理,受压部按摩,定时翻身<br>(10) 及时为老人清理床上大小便 |
| 特护级 | 凡符合下列条件之一者,称为特护:<br>1. 思维功能严重障碍,完全不能自理或自理大小便者<br>2. 因各种原因长期卧床不起不能下地行走者<br>3. 不能自理饮食,一日三餐需护理人员帮助者<br>4. 患有严重疾病(高血压、肺源性心脏病、心律失常、脑血管意外等)病情正处于活动期必须绝对卧床者<br>5. 病情危重、生命体征不稳定,随时会出现病情变化而需要密切观察或监护抢救治疗者<br>6. 双目失明或肢体残疾,功能严重丧失、生活需特殊照顾者<br>7. 因特殊原因须特护者<br>8. 入院者及家属要求提高护理等级,在生活上和医疗服务等方面给予特殊照顾者 | (1) 每天早晚要进行两次口腔护理、洗脸、洗手、梳头、晚上帮助老人清洗臀部<br>(2) 对有可能恢复自理能力的老年人,使用安慰性、鼓励性语言,使其协助料理<br>(3) 定期为老人沐浴<br>(4) 每日更换内裤,每周洗涤外衣一次<br>(5) 为发生呕吐的老人及时清理并更换衣物<br>(6) 及时为老人清理床上大小便<br>(7) 为大小便失禁和卧床不起的老人,做到勤查看、勤换尿片、勤清洗下身,更换衣服被褥,保持老人清洁<br>(8) 饭菜、茶水供应到床边,按时喂饭、喂水、喂药<br>(9) 加强巡视居室,观察年长者睡眠情况,发现异常及时报告,及时处理<br>(10) 细心观察并掌握年长者饮食起居及思想情绪、精神状态等情况<br>(11) 医务人员每日上下午各查房一次,做到随叫随到,及时处理,做到用药、治疗到床边 |

# 第四节　河南省长期照护保险筹资机制设计

## 一、长期照护保险筹资框架探讨

当前,河南省迫切需要建立社会性质的老年长期照护保险,而且,其定位应当是与医疗保险相衔接的、独立的社会保险计划。老年长期照护保险是针对失能老年人建立的、旨在为失能老年人支付基本照护服务的,尽可能地保持老人生活质量和独立、自主、参与、个人充实和人类尊严地生活的独立的基本社会保险。老年长期照护保险筹资、补偿方案的优化设计,应当首先对长期照护保险的基本问题进行讨论和设定,这是照护保险筹资、补偿方案优化的前提和基础。

### (一)参保对象

参保对象反映制度属性,体现制度本质。老年长期照护保险应是强制性和义务性的,是覆盖全民的。一方面,无论是从国外还是国内部分实施这一制度的城市来看,覆盖全民是长期照护保险制度发展的方向。另一方面,失能风险的发生并不仅仅局限于城镇职工,城乡居民同样面临失能风险,同样需要长期照护。所以,从制度公平的角度出发,长期照护保险筹资机制的设计也不应排除城乡居民。2017年初,河南省已初步落实了省内城镇居民基本医保与新农合医疗在制度上的整合安排,构建起了城乡居民医保制度,为把农村居民纳入到老年长期照护保险的覆盖范围中提供了可能。河南省长期照护保险制度与医疗保险体系关系紧密,长期照护保险的覆盖人群与医疗保险体系覆盖的人群应当一致。考虑到河南省基本医疗保险体系已经基本实现全面覆盖,本研究将长期照护保险的参保对象拟定为16周岁及以上城镇职工和城乡居民基本医疗保险的参保人。

### (二)筹资渠道

在福利国家,长期照护保险的资金来源主要是国家税收。在实行社会保险或其他建立长期照护保险的国家或地区中,政府财政补助、企业缴费与参保者个人缴费是其长期照护保险的主要筹资渠道,也是大多数国家的做法。这种共同分担的筹资方式有利于避免造成单方负担过重的局面,体现了社会保险的互助共济性,从而有利于制度自身的可持续发展。河南省长期照护保险筹资机制的设计,在筹资渠道方面也应采取多方共同负担的做法,以"政府财政补助+用人单位缴费+参保者个人缴费"为主,同时辅以一定比例的福利彩票收入、国有资产划拨收入以及社会捐赠,不能过度依赖医保基金,而且还要逐步探索摆脱医保基金的办法。对于筹集的长期照护保险基金,要注重入账资金的投资运营,做大存量,提升增量,不断夯实长期照护保险基金的基础。

### (三)筹资模式

部分累积制能够保障基金在一定时期内实现基本的收支平衡,无须依赖于准备金的提存,这是此制度最大优势之所在。然而它也不可避免地存在管理成本偏高、费率制定困难等一系列问题。当前,我国推行的社保模式如医疗保险和养老保险等均在使用该制度,即统账结合的模式。针对个人与企业的缴费行为建立对应的个人账户与社会统筹账户,前者缴纳的部分划入个人账户中,而后者缴纳的部分直接划入到社会统筹账户中。所以,通过对比分析部分累积制、完全累积制以及现收现付制这几种筹资模式的优点与缺陷,部分累积制的优势是非常突出的。但是在制度初建时期,资金积累比较缓慢。为此,本文建议河南省在设计老年长期照护保险制度的初期,可选择使用现收现付制的筹集模式,直至制度基本成熟了再逐渐转变为部分积累制。

### (四)统筹层次与范围

遵循"框架一致、尊重实际"的原则拟定长期照护保险的筹资机制,在全省范围内建立框架基本一致的老年照护保险制度框架体系,避免制度碎片化,降低人口流动、制度整合的潜在成本。同时,又应当充分尊重地方实际,特别是地方的人均可支配收入水平、地方财政承受能力等,允许在保障水平方面存在差别。河南省照护保险遵循统一的缴费比例框架,但缴费基数可以是地方的人均可支配收入,从而实现制度构建的框架一致、标准有别。另外,为避免区域碎片化,构建老年长期照护保险时,应当至少以市为统筹单位。

## 二、长期照护保险筹资水平测算

### (一)模型构建

为更加直观地说明河南省长期照护保险的具体筹资水平,需要对其进行测算,研究采用国内外所广泛认可并加以应用的 ILO 筹资模型。ILO 筹资模型是在 2000 年被国际劳工组织和国际社会保障协会共同向全球卫生保健领域推广的建模思路,该模型"主要是基于保险精算方法,以概率论和数理统计为基础,综合运用经济、人口和社会等学科知识,从基金平衡角度去研究保险筹资水平"。ILO 筹资模型的核心原则是遵循基金总体均衡,这就意味着某一特定时期内长期照护保险计划的支出现值应该等于该时期内该保险计划的收入现值。基于此原则,可将基金平衡等式列为:

$$R(0) + \sum_{t=1}^{T} CR(t) \times TAB(t) \times v^t = \sum_{t=1}^{T} TE(t) \times v^t \qquad 公式(10-1)$$

其中 $R(0)$ 表示 0 年末的储备金,$CR(t)$ 表示第 $t$ 年的保险缴费率,$TAB(t)$ 表示第 $t$ 年缴费人群的总收入,$v^t$ 表示折现率 $v=1/(1+i)$ 的 $t$ 次幂,$TE(t)$ 表示第 $t$ 年的总支出。根据 ILO 筹资模型原理,可建立长期照护保险精算模型。该模型包括人口统计与经济模型、收入估计模型、成本估计模型与结果模型四个子模型,通过相关数据对四个子模型进行参数计算,进而估计某一时期内长期照护保险的筹资水平。不仅如此,ILO 筹资模型对不同财务运作模式(无论是现收现付制还是完全积累制亦或是部分积累制)均可适用。

1. 人口与经济模型

(1)人口模型:构建人口模型的主要目的是得出缴费人数。当前,我国长期照护保险还处于试点阶段,统一的长期照护保险制度尚未正式建立,需在借鉴国际经验的基础上,通过实证研究对缴费人口规模等进行测算。一般而言，社会保险的参保人群为全部人口或大部分人口，本文在结合河南省实际基础上，将模型中的参保人群分成两类，第一类为在岗的城镇职工医疗保险参保人员；第二类为城乡居民医疗保险参保人数。$LF(t)$表示第$t$年长期照护保险的参保总人数，$POPACT_1(t)$表示第$t$年的劳动年龄人口数，$r(t)$表示第$t$年的城镇职工参保比例，$POPACT_2(t)$为城乡居民医疗保险参保人数。具体模型表达如下：

$$LF(t) = LF_1(t) + LF_2(t) \qquad 公式（10-2）$$
$$LF_1(t) = POPACT_1(t) \times r(t) \qquad 公式（10-3）$$
$$LF_2(t) = POPACT_2(t) \qquad 公式（10-4）$$

（2）经济模型：作为社会保险的重要分支，长期照护保险筹资机制必须与社会经济发展水平相适应，不能过高或过低。以 GDP、城镇在岗职工平均工资、城乡居民可支配收入等数据为基础，可以构建预测期内的就业或工资水平模型。$E(t)$表示第$t$年城镇单位就业人数，$GDP(t)$表示第$t$年的国内生产总值，$LPROD(t)$表示第$t$年的劳动生产率；$W(t)$为第$t$年在岗职工平均工资水平，$ws(t)$表示第$t$年城镇单位就业人员平均工资占 GDP 的比重。具体模型表达如下：

$$E(t) = GDP(t)/LPROD(t) \qquad 公式（10-5）$$
$$W(t) = GDP(t) \times ws(t)/E(t) \qquad 公式（10-6）$$

2. 收入估计模型　收入估计模型主要是对长期照护保险的总收入进行预估。基于人口与经济模型估计得出的相关经济与人口统计指标，并结合经济与人口增长因素，可以对长期照护保险的总收入进行总体预估。与养老、医疗保险类似，长期照护保险的总收入主要来自政府财政补助、参保者缴纳保险费、保费投资运营收益以及国有资产划拨等，其中，参保者缴纳的保险费收入占有较大部分。本文将主要从缴费人数、缴费基数和其他收入来源3个方面考虑并构建收入估计模型。

（1）缴费人数：明确缴费人群是预估收入的关键。本文中长期照护保险覆盖在岗的城镇职工和城乡居民。$CONT(t)$表示第$t$年长期照护保险计划应缴费的总人数；$CONT_i(t)$表示第$t$年第$i$类人群的缴费人数；$cov r_i(t)$表示第$t$年该类保险计划在第$i$类人群中的覆盖率；$contr_i(t)$表示第$t$年第$i$类人群中应缴费人数的比例。具体模型表达如下：

$$CONT(t) = CONT_1(t) + CONT_2(t) \qquad 公式（10-7）$$
$$CONT_i(t) = E(t) \times cov r_i(t) \times contr_i(t) \qquad 公式（10-8）$$

（2）缴费基数：即缴费人群在缴费时基准额，也是影响收入水平的关键因素。通常而言，国际国内都将在职职工的工资总额作为社会保险的缴费基数；然而由于不同用人单位的经济实力不同，实际中往往有些用人单位为了减轻自身负担而以低于实际支付的工资总额进行缴费，导致参保职工未来的待遇水平受损。$AB_i(t)$表示第$t$年第$i$类缴费人群的平均缴费基数；$compr_i(t)$表示实际缴费人数占应该缴费人数的比例；$TAB(t)$表示第$t$年缴费人群缴费基数的总和；$CI(t)$表示第$t$年总的预算保费收入；$CR(t)$表示第$t$年保险计划的筹资比例。计算公式如下：

$$AB_i(t) = W(t) \times compr_i(t) \qquad 公式（10-9）$$
$$TAB(t) = CONT_i(t) \times AB_i(t) \qquad 公式（10-10）$$

$$CI(t) = TAB(t) \times CR(t) \qquad 公式(10-11)$$

(3)其他收入来源:除了政府财政补助以及保险费收入以外,包括国有资划拨、福利彩票收入等在内的其他收入也是长期照护保险资金收入的主要来源之一。但由于缺乏统一固定的计算方法对其加以计算或统计,因此对这部分收入的计算或统计往往是根据以往经验进行估算,进而算入总收入。根据收入估计模型:

$$TI(t) = CI(t) + OI(t) + GI(t) \qquad 公式(10-12)$$

3. 成本估计模型

(1)长期照护保险成本构成:成本估计模型,主要是通过对长期照护保险的各项成本支出进行估算进而得出总成本,从而促进长期照护保险的收支平衡。一般而言,长期照护保险的支出成本由照护费用、管理费用和其他费用3部分构成。其中,照护成本费用是总成本中的主要部分,占总成本的80%~90%,主要是用于对失能、半失能等老年人的生活照料和医疗护理。管理成本费用也是长期照护保险总成本中的重要组成部分,它主要包括对人力资源的培训与工资以及日常的管理费用等,一般应将其控制在5%~8%。除此之外,还有一部分其他成本费用,占总成本支出的比重很低,可粗略估算得出。

(2)长期照护保险覆盖人群的估算:长期照护保险覆盖人群的多少,直接影响着照护费用支出的高低,决定着总成本的多少,因此,估计长期照护保险的成本支出,首先需要估计长期照护保险的覆盖人群。

(3)照护成本费用的估计:ILO护理成本估计主要以服务项目和服务项目的使用频率作为计算依据,$j$为护理服务项目,$COVPOP(t)$表示第$t$年长期照护保险计划的覆盖人群数,$CONT(t)$表示第$t$年长期照护保险计划的总缴费人数,$BE_j(t)$表示第$t$年第$j$项护理项目的补偿支出,$ur_j(t)$表示第$t$年第$j$项护理项目所提供护理服务的平均成本,$TE(t)$表示第$t$年长期照护保险计划的总成本,$BE(t)$表示第$t$年长期照护保险计划的补偿支出,$AE(t)$表示第$t$年长期照护保险的管理支出,$OE(t)$表示第$t$年长期照护保险计划的其他支出。

$$COVPOP(t) = CONT(t) \qquad 公式(10-13)$$
$$BE(t) = \sum BE_j(t) \qquad 公式(10-14)$$
$$BE_j(t) = COVPOP_j(t) \times ur_j(t) \times UC_j(t) \qquad 公式(10-15)$$
$$TE(t) = BE(t) + AE(t) + OE(t) \qquad 公式(10-16)$$

4. 结果模型 基于人口与经济模型、收入估计模型和成本估计模型3个模型的估算结果,可以得知长期照护保险的总收入与总成本。按照"收支平衡"的原理,得到两类参保人的筹资比例的公式:$PAYGR_1(t)$表示第$t$年城镇职工长期照护保险计划的筹资比例,$PAYGR_2(t)$表示第$t$年城乡居民长期照护保险计划的筹资金额。通常情况下,可以通过上述模型进行求解,并根据实际情况对变量做出相应调整。

$$PAYGR_1(t) = [TE(t) - OI(t)]/TAB(t) \qquad 公式(10-17)$$
$$PAYGR_2(t) = [TE(t) - OI(t)]/CONT_2(t) \qquad 公式(10-18)$$

鉴于河南省长期照护保险财务运作模式为现收现付制,因此通过上述四个模型的测算,可以得到筹资水平。但在特殊情况下,则需要对上述几个模型中的相关参数做适度调整,以便获得更加符合实际的结果。

## (二)实证研究

1. 人口与经济模型 构建人口与经济模型的主要目的在于计算保险基金的缴费人数和就业水平等。本研究根据文献归纳与河南省实际情况,将模型中的参保人群拟定为两类。据2018年国家统计局数据显示,河南省医疗保险参保人数为10410.70万人。其中城镇职工医疗保险参保人员(不含退休人员)为883.9万人,城乡居民医疗保险参保人员为9182.5万人。因此2017年第一类参保人人数 $LF_1(t)=883.9$ 万人,第二类参保人人数 $LF_2(t)=9182.5$ 万人,总人数 $LF=10066.4$ 万人。据测算,2012—2017年河南省第一类、第二类参保人数的年均增长率分别为0.76%、0.26%。即使每年参保人数略有不同,但为了简化计算,假设未来五年参保人数不变。

据《2018年河南省统计年鉴》数据显示,2017年河南省城镇单位就业人员年平均工资为55495元,城镇居民人均可支配收入为29558元,农村居民人均可支配收入为12719元。因此,2017年第一类参保人群城镇职工的年平均工资则为 $W_1(t)=55495$ 元,第二类参保人群城乡居民的年平均收入则为 $W_2(t)=42277$ 元。根据河南省统计年鉴相关数据,经计算,2012—2017年河南省地区生产总值(GDP)年均增长率为6.62%,在岗职工年平均工资增长率为7.25%,城乡居民年均收入增长率为7.89%。考虑到河南省经济转型升级及未来发展趋势,河南省经济增长速度将放缓,故假设河南省城镇职工和城乡居民收入按年增长率4%、3%来测算。见表10-27。

表10-27 2012—2017年河南省人口与经济模型参数

| 年份 | 在岗城镇职工参保人数/万人 | GDP/亿元 | 在岗职工年平均工资/元 | 城镇居民年人均可支配收入/元 | 农村居民年人均可支配收入/元 |
| --- | --- | --- | --- | --- | --- |
| 2012 | 789.0 | 29681.79 | 37338 | 20443 | 7525 |
| 2013 | 826.8 | 32278.04 | 38301 | 22398 | 8475 |
| 2014 | 855.2 | 35026.99 | 42179 | 23672 | 9966 |
| 2015 | 864.1 | 37084.20 | 45403 | 25576 | 10853 |
| 2016 | 882.7 | 40249.23 | 49505 | 27233 | 11697 |
| 2017 | 883.9 | 44552.83 | 55495 | 29558 | 12719 |

资料来源:《中国统计年鉴》(2013—2018)。

2. 收入估计模型 考虑到长期照护保险属于社会保险险种,具有强制性与公平性等特点,所以 $covr_i(t)=contr_i(t)=100\%$,那么,河南省长期照护保险的参保缴费人数为 $CONT(t)=(883.9+9182.5)$ 万人 $\times 100\% \times 100\% = 10064.6$ 万人。

第二类参保人群不以工资总额为缴费基数,所以此处只考虑第一类参保人群的长期照护保险缴费基数。鉴于长期照护保险的属性是准公共物品,且具有强制性特征,故假设长期照护保险的实际缴费基数等于名义缴费基数,即 $compr_i(t)=100\%$。因此,2017年第一类参保人群的平均缴费基数为 $AB_1(t)=55495\,元\times100\%=55495\,元$，缴费总和为 $TAB(t)=CONT_i(t)\times AB(t)=883.9\,万人\times100\%\times100\%\times5.5495\,万=4905.2\,亿元$。2017—2022 年第一类人群的缴费基数总和如表 10-28 所示。

表 10-28 2017—2022 年河南省居民收入与缴费总和预测值

| 年份 | 职工年平均工资/元 | 城乡居民年平均收入/元 | 缴费基数总和/万元 |
| --- | --- | --- | --- |
| 2017 | 55495 | 42277 | 49052030.5 |
| 2018 | 57715 | 43545 | 51014288.5 |
| 2019 | 60024 | 44851 | 53055213.6 |
| 2020 | 62425 | 46197 | 55177457.5 |
| 2021 | 64922 | 47583 | 57384555.8 |
| 2022 | 67519 | 49010 | 59680044.1 |

3. 成本估计模型

（1）长期照护保险需求人数估算：长期照护保险的主要服务对象为失能老人，因此在计算长期照护保险的成本时，主要以失能老人的需求为计算依据。首先，以 2010 年河南省第 6 次人口普查、《中国人口和就业统计年鉴》以及《河南省统计年鉴》等数据为基础，构建 GM(1,1) 预测模型，预测出 2018—2022 年分年龄的老年人口数。其次，根据实地调研资料，对不同等级失能率进行年龄标化，得出河南省 2017 年能力完好老人占老龄人口的 82.50%，轻度失能老人占 14.74%，中度失能老人占 1.45%，重度失能老人占 1.31%。最后，根据失能率可以测算出河南省第一、二类参保人群中不同失能等级老人的人数。见表 10-29。

表 10-29 2017—2022 年长期照护保险需求人群估算（万人）

| 年份 | n | 第一类参保人数 | | | 第二类参保人数 | | |
| --- | --- | --- | --- | --- | --- | --- | --- |
| | | 轻度失能 | 中度失能 | 重度失能 | 轻度失能 | 中度失能 | 重度失能 |
| 2017 | 291.01 | 21.52 | 2.12 | 1.91 | 223.60 | 21.99 | 19.87 |
| 2018 | 324.17 | 22.64 | 2.23 | 2.01 | 253.24 | 23.14 | 20.91 |
| 2019 | 317.97 | 23.52 | 2.31 | 2.09 | 244.31 | 24.03 | 21.71 |
| 2020 | 330.29 | 24.43 | 2.40 | 2.17 | 253.78 | 24.96 | 22.55 |
| 2021 | 343.17 | 25.38 | 2.50 | 2.26 | 263.66 | 25.94 | 23.43 |
| 2022 | 356.72 | 26.38 | 2.60 | 2.34 | 274.08 | 26.96 | 24.36 |

（2）月均长期护理费用估算：本研究以医养结合试点机构护理成本作为估算的参考标准，机构护理成本等于床位费、护理费用和其他费用之和。通过整理河南省16个地市，119家试点机构收费标准，计算出河南省各地区试点机构护理费用的平均值。经测算，轻度失能老人每月照护费用为2115元，中度失能老人为2646元，重度失能老人为3222元。由于通货膨胀、工资增长等因素的变化，老年长期照护服务的成本也逐渐发生变化，需要根据收入进行相应调整。照护成本的快速上涨包括多个方面费用的增长，其中主要是由于人力成本的增长，而人力成本的增长主要体现为照护人员工资的增长。鉴于此，本文假设照护成本费用的增长速度略高于职工工资和城乡居民收入增长速度，2018—2022年长期照护成本的年均增长速度分别为5%和4%，并以此进行测算，可得出成本增长情况。见表10-30。

表10-30　2017—2022年河南省医养结合试点机构照护成本费用（元）

| 年份 | n | 第一类参保人数 | | | 第二类参保人数 | | |
| --- | --- | --- | --- | --- | --- | --- | --- |
| | | 轻度失能 | 中度失能 | 重度失能 | 轻度失能 | 中度失能 | 重度失能 |
| 2017 | 15966 | 2115 | 2646 | 3222 | 2115 | 2646 | 3222 |
| 2018 | 16685 | 2221 | 2778 | 3383 | 2200 | 2752 | 3351 |
| 2019 | 17436 | 2332 | 2917 | 3552 | 2288 | 2862 | 3485 |
| 2020 | 18220 | 2448 | 3063 | 3730 | 2379 | 2976 | 3624 |
| 2021 | 19041 | 2571 | 3216 | 3916 | 2474 | 3095 | 3769 |
| 2022 | 19900 | 2699 | 3377 | 4112 | 2573 | 3219 | 3920 |

（3）保险成本估算：根据河南省目前长期照护保险的需求人群和月均费用的估算，可以得出护理成本的计算方式为：

$$BE(t) = \sum_{i=1}^{m} P_i(t) \times S_i(t)$$

其中，$BE(t)$为第$t$年长期照护保险的护理成本，$P_i(t)$为第$t$年失能等级为i的老年人口数，$S_i(t)$为失能等级为i的平均照护成本。本研究假设长期照护保险护理成本占比为85%，管理成本为15%。以2017年数据为例，则第一类参保人群保险成本为：

$$BE_1 = 21.52 \times 2115 + 2.12 \times 2646 + 1.91 \times 3222 = 57278.34 \text{ 万元}$$

$$TE_1 = BE_1 \div 85\% = 67386.28 \text{ 万元}$$

第二类参保人群护理成本为：

$$BE_2 = 223.60 \times 2115 + 21.99 \times 2646 + 19.87 \times 3222 = 595120 \text{ 万元}$$

$$TE_2 = BE_2 \div 85\% = 700141.98 \text{（万元）}$$

由此类推，可以得到2018—2022年参保人群保险成本。见表10-31。

表10-31　2017—2022年河南省长期照护服务成本预测值(万元)

| 年份 | 第一类参保人群 | | 第二类参保人群 | |
|---|---|---|---|---|
| | 护理成本 | 保险成本 | 护理成本 | 保险成本 |
| 2017 | 57278.34 | 67386.28 | 595120.68 | 700141.98 |
| 2018 | 63278.21 | 74444.95 | 690878.69 | 812798.46 |
| 2019 | 69010.59 | 81188.93 | 703414.49 | 827546.46 |
| 2020 | 75249.94 | 88529.34 | 759744.78 | 893817.39 |
| 2021 | 82142.14 | 96637.81 | 820886.81 | 965749.19 |
| 2022 | 89601.90 | 105414.00 | 887483.28 | 1044097.98 |

4.结果模型　如果将河南省失能老人纳入长期照护保险,并将符合条件的医养结合试点单位设为定点报销单位。结合以上计算结果,可以得出2017年第一类参保人群缴费费率为：$PAYGR_1 = 67386.28 \div 49052000 = 0.14\%$,每个月缴费约为$0.14\% \times 55495$元/年$/12 = 6.5$元/月。第二类参保人群缴费费率为：$PAYGR_2 = 700141.98 \div 9182.5 = 76$元/年。2017—2022年河南省长期照护保险的缴费情况见表10-32。

表10-32　2017—2022年河南省长期照护保险的缴费情况

| 年份 | 第一类参保人群/% | 第二类参保人群/元 |
|---|---|---|
| 2017 | 0.14 | 76 |
| 2018 | 0.15 | 89 |
| 2019 | 0.15 | 90 |
| 2020 | 0.16 | 97 |
| 2021 | 0.17 | 105 |
| 2022 | 0.18 | 114 |

根据人社部的《指导意见》,对于那些符合标准的长期照护费用支出,基金的支付比例维持在七成左右,那么本文将个人缴费部分确定为占总筹资责任的30%。此外,关于政府在长期照护保险的筹资责任上,不同国家的政府所负担的筹资比例也不相同,例如,德国政府补贴长期护理保险的比例达到33.3%以上,日本政府则补贴约50%。借鉴德国、日本等国家的有益经验,并结合河南省经济发展总体态势,本文将分别探讨政府在长期照护保险中筹资责任占总筹资的30%、40%和50%时的3种方案,具体见表10-33～表10-35。

表 10-33　方案一:政府负担30%,个人负担30%

| 年份 | 总体缴费率/% | 政府/% | 企业/% | 个人/% |
| --- | --- | --- | --- | --- |
| 2017 | 0.14 | 0.042 | 0.056 | 0.042 |
| 2018 | 0.15 | 0.045 | 0.060 | 0.045 |
| 2019 | 0.15 | 0.045 | 0.060 | 0.045 |
| 2020 | 0.16 | 0.048 | 0.064 | 0.048 |
| 2021 | 0.17 | 0.051 | 0.068 | 0.051 |
| 2022 | 0.18 | 0.054 | 0.072 | 0.054 |

表 10-34　方案二:政府负担40%,个人负担30%

| 年份 | 第一类参保人群 | | 第二类参保人群 | |
| --- | --- | --- | --- | --- |
| | 护理成本/元 | 保险成本/元 | 护理成本/元 | 保险成本/元 |
| 2017 | 57278.34 | 67386.28 | 595120.68 | 700141.98 |
| 2018 | 63278.21 | 74444.95 | 690878.69 | 812798.46 |
| 2019 | 69010.59 | 81188.93 | 703414.49 | 827546.46 |
| 2020 | 75249.94 | 88529.34 | 759744.78 | 893817.39 |
| 2021 | 82142.14 | 96637.81 | 820886.81 | 965749.19 |
| 2022 | 89601.90 | 105414.00 | 887483.28 | 1044097.98 |

表 10-35　方案三:政府负担50%,个人负担30%

| 年份 | 总体缴费率/% | 政府/% | 企业/% | 个人/% |
| --- | --- | --- | --- | --- |
| 2017 | 0.14 | 0.070 | 0.028 | 0.042 |
| 2018 | 0.15 | 0.075 | 0.030 | 0.045 |
| 2019 | 0.15 | 0.075 | 0.030 | 0.045 |
| 2020 | 0.16 | 0.080 | 0.032 | 0.048 |
| 2021 | 0.17 | 0.085 | 0.034 | 0.051 |
| 2022 | 0.18 | 0.090 | 0.036 | 0.054 |

3种方案中,个人负担均为30%,企业的负担因政府所分担的比例不同而不同。方案一中,各责任主体的分担比与城镇职工医疗保险负担比例的设计相类似,该方案有利于长期照护保险与其他险种相衔接,制度上容易操作,但该方案下,企业负担会进一步加重,进而导致企业转嫁负担成本。方案二中,各方责任比例的分担体现出德国、日本及韩国等国家责任分担的有效做法,个人与企业负担比例相同,较好地平衡了作为劳资双方的雇主与雇员的责任关系。方案三中,各方负担的比例设计尤为强调了政府责任,同时相对于缴费水平最低的企业而言,也突出了个人责任,但该方案下政府负担要比前两种

方案中的政府负担更重。此外,从其他实行社会长期照护保险的国家来看,企业与个人的责任分担往往是按照3∶1、2∶1或1∶1比例分担,而不是企业负担轻个人负担重,长远来看也不利于长期照护保险的可持续发展。

作为一个新险种,长期照护保险性质上也是一种社会保险,因此其运行所需的大部分资金应来源于保险缴费。然而,由于人口老龄化、高龄化速度的不断加快,社会经济转型发展以及经济增速降低的特殊情况,人口红利的高效应越发减弱。不仅如此,随着经济发展的转型升级,企业的用人成本不断上升,企业已无力承担缴费责任的增加;同时,政府也在不断强调为企业减轻负担,因此,本文认为在实施新的险种时应本着尽可能减轻或不增加企业负担的原则。结合河南省经济发展总体形势,借鉴国内外经验,一般企业与个人均是各负担缴费责任的一半。鉴于企业减负需要,还可以通过进行结构性调整,调剂医疗保险等其他社会保险险种的费率等途径来为长期照护保险缴费。总之,企业与个人一同缴费且缴费水平相同或差距较小,不仅有助于减轻各责任主体的筹资负担,体现社会保险的权利与义务对等原则,同时也有利于强化雇主和雇员的社会保险意识。

## 第五节　研究结论与政策建议

### 一、建立健全长期照护保险法律法规体系

荷兰在1968年就出台《特殊医疗费用支出法》为长期照护保险保驾护航。德国有《长期照护保险法》,日本和韩国分别有《介护保险法》《老人长期照护保险法》。因此,全国范围内建立长期照护保险,其法律的建立势在必行。老年人及全民的长期照护都涉及社会保险部门、经办机构、照护机构等,涉及范围很广,需要专门的长期照护保险法对其进行规范。现有的《中华人民共和国老年人权益保障法》并没有涵盖老年人护理保险的具体内容。因此,也可以考虑把长期照护保险纳入《社会保险法》,对长期照护保险制度建立、资金筹集、资金使用、待遇支付等各内容有具体的法律规定,做到有法可依,杜绝套取长期照护保险资金等行为的发生。同时可以直接规范社会上的长期护理时长,促进整个失能照护市场的蓬勃健康发展。河南地方政府也可以根据实际情况设定法规,切实解决河南人口老龄化严重、失能人口总量大的问题。只有建立健全法律法规体系,完善长期照护保险制度,为推行保险做好法律保障,才能为失能对象提供稳定可持续的保障,从而促进市场的良序发展,减轻社会和家庭面临长期照护压力时的财政负担。

### 二、建立安全储备金,防范基金风险

长期照护保险的财务运作模式,主要有现收现付制、完全累积制和部分累积制。现收现付制,以短期横向收支平衡为原则,不积累不提存准备金,由当期在职参保人员缴纳的保费支付当期保险给付对象所需的长期照护费用,是一种互助型财务运作模式。简单

地说,就是年轻一代支付上一代的费用,是一种隔代赡养的保险模式。随着老龄化加深,呈现出人口分布倒金字塔,主要因为人口出生率下降,年轻人减少老年人增多,相应照护的压力增大。德国、日本的长期照护保险费用就是采用现收现付制,同样受人口结构影响很大,存在一定的代际风险。在此情况下就要增加缴费率或者降低照护费用水平来维持平衡,如德国的缴费率由最初1996年时工资基数的1.7%上升到了2017年的2.55%,加大在职人员的经济负担。但是,很多国家仍然选用这一模式,其优点是:首先,基金筹资以支定收,可行性强,特别适合保险初期的运作;其次,没有基金累积,基金管理成本与风险很小,与此相关的制度设置简单,所以推行初期的成本更低。

完全积累制是以收定支,在职时为未来所需支出储备基金,通过精算确定储存金额及比例、累积到足够的费用后申请领取,强调公平性的一种财务运作模式。养老保险、年金保险等长期性社会保险多采用此种模式。该模式效率上,不如现收现付制广泛推广性强。目前,只有美国采取的是完全积累制,其医疗主要通过政府的救助。

部分累积制是一种以上两种制度的折中方案。既有一定数额的预留储备金,又通过代际分担风险。我国的社保中的养老保险、医疗保险目前采取这种统账结合的模式。部分累积制优势在于既能和现收现付制一样满足支出的需求达到收支平衡,而且有一定的结余储备资金用来应付风险,然而它在兼具优点的同时也存在基金管理成本高、费率制定复杂、制度设立困难等一系列问题。

国际上施行长期照护保险的国家和地区都采用现收现付制。但是这一模式的缺点很明显:首先,我国面临人口断崖式下跌,老年人口激增,人口自然增长率有下降趋势,负担上一代人的长期照护成本缺乏富足的劳动力。人口变迁带来的老龄化和少子化将造成缴费人口减少、给付人口增多,影响财务稳定性。我国针对此,鼓励生育,取消独生子女政策,但是未来10年甚至20年仍然无法消除生育高峰带来的巨大压力。其次,由于现收现付制没有提存准备金,当出现财务失衡的状况,只能通过调节筹资费率和金额来应对。影响保险基金收支的因素有很多,经济增长、社会变革等都会造成财务失衡。因此,为了应对突发状况,此类模式国家大多建立"安全储备金"。储备金一般相当于若干月份的给付额,解决短期的财务失衡。

人口老龄化是长期照护保险费用成本的主要社会风险。现今,代际压力和代内不公平的问题已经困扰制度的推行,缴费人群大多是负担上一代的照护费用,而低生育率陷阱也预示着下一代的财务负担更大。所以,我国的社会保险,包括养老保险、医疗保险都采取部分累积制,也就是会预存一部分"安全储备金",来应对基金风险。这种储备机制,是维持长期照护保险所必要的,从而达到保险的永续性经营和财务稳定。当然,安全储备金的来源非常广泛,可以通过政府的财政拨款、社会保险结余资金、社会捐款、福利彩票余额划转等。总之,河南在建立长期照护保险的同时,要建立安全储备机制,应对和防范基金风险。

## 三、实现多元化筹资,鼓励非营利组织参与

15个试点城市中对长期照护保险的筹资分为两种:一是独立缴费方式。由雇主、雇员缴费,财政补助,通过精算方法确定长期护理保险的缴费费率;二是基金划拨。除了广

州和宁波完全依赖医保基金,采用基金划拨的单一渠道筹资,其余的都是通过医保基金、政府财政补助、单位和个人缴费共同承担,属于多渠道筹资。大致分为两种做法：一是长期照护保险纳入医疗保险。长期照护需求者中绝大多数是因为疾病导致的生活无法自理,在手术、住院之后康复期需要医疗康复护理和生活照料,因此长期照护与医疗有着密切和延伸性的关系。以此为代表的青岛,就是将医保资金划出一部分建立长期照护保险。让参加职工医疗保险的缴费人群同步参加职工护理保险,居民医保缴费人群同步参加居民护理保险。另外一种是建立和医疗保险相独立的长期照护保险,比如南通市,在已有的社会保险体系中单设一个长期照护保险,参保人群定为职工和城乡居民医疗保险人群,有政府补助、医保统筹、个人缴费筹资。同时,南通市财政每年在福利彩票公益金也会划拨一部分资金用于基本照护保险。国际上,德国长期照护保险资金由企业、雇员和国家三方,2017年单位和个人合计缴费比例为月工资2.55%；日本长期照护保险由社会保险和税收共同筹资,自付比例为10%,剩余90%费用由保费和税收各负担1/2,税收中,国家、都道府县和市町村政府负担比例为2∶1∶1。从长期来看,医保基金要维持自身的运营,也会存在收不抵支的问题,划拨医保基金,不仅一方面会影响医保的待遇水平,对长期照护保险的运营也会提供不稳定因素。所以,应当把长期照护保险目标定位成一项独立的社会保险制度,并拥有稳定、固定的筹资渠道。

我国的社会保险主要的筹资渠道为政府、企业和个人三方筹资,长期照护总费用的快速上涨是必然趋势。而政府和企业负担过重,在河南地区的参保企业承担了30%以上的各类保险,不断提高的社会保险费率不仅会增加企业的用人成本,也会阻碍制度的推广和发展。长期照护成本是构建长期照护保险制度面临的首要挑战之一,因此,应该在三方筹资的基础上,拓宽筹资渠道。发展前期可以充分利用各类社会保险的结余资金,为长期照护保险最初的实施打下基础,尤其是医疗保险基金,在长期照护保险的筹资比例上承担主要份额。但是未来将同样面临医疗费用的大幅上涨,以及长期照护需求的扩大,如果继续依赖医疗保险基金划转,将不利于长期照护保险基金的可持续发展。长期照护保险应当按照《指导意见》真正建立互助共济、责任共担的多渠道筹资机制。除了参保对象的缴费之外,要利用社会捐助、发行福利彩票、社会公益组织等多方面的力量和资金,甚至可以考虑将国有企业的盈利结余利润投入到长期照护保险的建设。

从政府出台的政策指导来看,居家养老将覆盖90%以上的老年人,也是今后长期照护的发展主方向。政府对于社会福利保障的支出有限,无法满足老年人日益增加对专业照护机构和福利设施的需求。经过多方宣传,倡导健康中国的理念,老年人也开始积极养生和锻炼身体,寻求健康寿命的延长,降低失能发生风险。而非营利组织的加入,将能很好补足这方面的需求。通过组织为老年人提供丰富多样的社团活动,建立养老互助机制,实施个性化服务。面对独生子女政策的影响,和少子化的社会趋势,低龄可以自理的老年人也可以作为志愿者的身份参与到长期照护的服务当中。

## 四、倡导社会保险为主,商业长期照护保险作为补充

OECD国家的长期照护筹资模式按照资金来源可以分为三大类：单一普惠型制度以税收为基础的,如北欧诸国；单一普惠型以社会保险为基础的,如德国、日本、韩国、荷兰

等;补缺型安全网模式,如美国、英格兰等。其中,税收制指以税收的方式来筹集资金,一般承担主体为政府;保险制指以保费的方式筹集资金,依据缴费强制性划分为社会性和商业性保险。部分国家保险制的筹资也会加上税收,即"混合制"筹资方式,多方共同分担。

在具体的实践过程中,北欧一些实施长期照护制度的高福利发达国家,税负比较高,以雄厚的税收财源作为后盾,根据世界经济论坛(WEF)发布的《2017—2018 全球竞争力指数报告》瑞典总体税率达49.1%、挪威39.5%;目前东亚许多国家,例如日本、韩国在内,大多采用"税收+保险"的混合方式,日本的介护保险制度费用政府和个人各承担50%,韩国社会保险方式占60%,税收方式占20%,个人20%。保费为主的筹资方式好处:一是一定程度上降低了财政负担;二是引进社会资本,通过购买服务来参与设施建设,让政府能够引导资源配置;三是购买服务结构可更多强调以"消费者"为导向和"消费者选择机制"的市场竞争机制的应用。

中国仍属发展中国家,没有强大的财政能力支撑全社会的长期照护保险制度。考虑到政府的主导在长期照护保险推行中起关键的作用,也要考虑市场进入后的增强灵活性和补充不足,社会保险为主,商业保险为辅的长期照护保险制度将是中国及人口大省河南的优先选择。政府将一直对长期照护保险起主导作用,无论作为社会保险还是商业保险形式。为了让所有的失能老人都享受到社会长期照护服务,需要建立强制性和不变性的社会保险形式。无法像北欧高福利国家提供很高水平的照护服务,只能提供满足最基本、必要的需求服务。

商业保险具有灵活性和个性化的特点就凸显出来。人均的收入水平相同,对长期照护的要求也不同,建议经济实力强的个体依照自身高层次的需求,可以通过商业长期照护保险的补充,达到满足多样化、高标准的护理需求。开发不同种类的长期照护保险的险种,是政府需要出台政策倡导保险公司行动。例如,对于购买长期照护保险类别的企业和个人出台税收优惠政策,冲抵个人所得税额。商业长期照护保险的发展,将有利于降低一些经济收入高、照护需求高的群体对社会长期照护保险的依赖性,充分调动个人的资金和积极性来缓解对政府施行长期照护保险的压力。此外,政府还要对不能参加社会长期照护保险的贫困、低收入人群提供社会救助,即完善社会救助体系。建立以社会保险为主,商业保险为补充的长期照护保险体系,灵活地应对各失能等级、不同层次人员对长期护理保险的需求,从而变相减轻失能失智或慢性病人群的长期护理费用压力。

### (一)完善相应的法律建设

老龄化最大的负面影响之一是医疗费用的飙升。如果继续让医疗保险来承担失能老人的长期照护费用,医保基金必将不堪重负。随着失能人群的日益增多,医疗保险将不可避免地将失能老人最需要的日常生活照料和非治疗性的康复护理排除在外。为了避免这一弊端,一些国家和地区建立了独立的长期照护保险制度,为长期照护服务筹集资金。

筹资机制的构建和稳健运行离不开法律法规的强制性保障。长期照护保险作为第6险种,在我国尚未建立起专门的长期照护保险法律法规,筹集资金缺乏法制保障。为了确保长期照护保险顺利筹资,我国应尽快将"长期照护保险"纳入《社会保险法》,并从从法律上对参保对象、筹资主体、筹资渠道、缴费年限、缴费水平以及资金的分配等筹资机制的多个方面做出法律规定。此外,河南省应结合本省实际情况,在法律规定范围内制定本省的行政法规,切实为失能老人提供照护保障。

### (二)扩宽筹资渠道

长期照护服务的提供离不开资金支持。据第六次全国人口普查数据显示,在河南省60岁及以上老年人口的主要生活来源中,依靠子女供养的占41.55%,占比最高;依靠劳动收入的占38.43%;依靠离退休金养老金的仅占13.76%;依靠政府补贴的占3.60%;财产性收入仅占0.27%。然而,目前河南省老年服务机构的收费应该在3000元左右,养老保障不足,老年服务需求难以转变为有效需求。

通过对相关文献的梳理发现,目前已经建立的长期照护保险筹资主体包括政府、企业和个人三方。此外,谭睿提出,台湾最早的失能老人照护机构是由非营利组织筹资建立、经营的。因此,我们可以在建立政府、非营利组织、企业和个人四方共担的筹资方式的基础上,探索多元化的筹资渠道。据此,本研究认为可以考虑的筹资渠道包括养老保险(结余资金)、医疗保险(结余资金)、住房公积金(退休时积累的资金)、残疾人保障金(残疾人中50%以上是老年人)、彩票公益金(按一定比例用于老年事业的部分)等。目前长期照护保险试点城市中,上海、宁波和成都市城镇职工缴费比例为0.1%,南通和上饶市城镇居民筹集标准暂定为100元/年。经测算,2019年河南省城镇职工缴费水平为0.15%,城乡居民缴费金额为90元/年,说明这样的标准是合理的,并且大多数参保人群应该可以负担得起。当然,如果政府投入占一半筹资,政府只需拿出财政收入不到0.73%,加上个人少量筹资,就可实现近300万失能人员的照护服务保障。可以说,这是一个多赢的解决方案。因此,河南省应进一步探索多方共担的多元化筹资渠道的长期照护险制度,做好中长期测算,根据人口年龄结构和各年龄失能发生率预测失能人口规模,在不增负、稳待遇的前提下,尽可能扩大覆盖面,实现"全人群"覆盖,应保尽保,一个不落。

### (三)完善成本控制机制

第一,借鉴医疗保险成本控制的经验。随着老龄化程度的不断加深,只有建立科学合理的成本控制机制,才能保证老年长期照护保险的健康运转。近年来,我国在医疗保险费用控制方面不断创新和发展,医疗保险费用控制机制有了新发展。因此,借鉴医疗保险制度设计的成熟经验,本研究认为,长期照护保险应当在满足老年人基本照护需求的基础上,通过设起付线、封顶线、按比例补偿等经济手段制约参保者的过度或超前的照护需求。此外,对照护服务提供方可以通过加强服务监督和费用意识教育等方式,减少诱导需求。

第二,建立科学的第三方评估机制。在长期照护保险实施的前期阶段,如果不分级分类,笼统地为所有的失能老人来设计保险制度显然是不现实的,但是如果以保障中、重度失能人员的照护需求为先来设计制度,然后逐渐考虑扩大甚至达到全覆盖,这样的制度目标则是完全有可能实现的。评估标准较严格,测算的失能率越高,需要照护的人群越多,照护成本越高,缴费水平越高,反之亦然。因此,我们需要在循证构建河南省老年人综合健康状况量化评估指标体系、制定规范的失能评定标准的基础上,应当特别重视建立独立、科学的第三方评估机制,对老年人开展科学、客观、动态的失能照护等级评定。

## 五、构建统一失能等级评价指标体系

科学合理的需求评估体系是合理利用资源的前提,也是界定老年人所需服务数量及失能程度、付费水平的依据。就需求评估体系而言,其评估内容不仅只涉及身体状况,还包括心理及社交状态,且多达85项具体项目;评估过程不只是简单地填表问答,在评估过程中,有计算机做辅助性、科学性的分析,在初次测算需求时间的基础上会进一步对其进行专业、合理的判断;评估机构、人员具备有医学、护理、社会工作等学科基础,并有充足的工作经验。我国虽在2011年出台了《老年人社会福利机构基本规范》,将护理划分为自理、介助和介护3个等级,但该规范没有进一步明确护理服务的具体标准,也没有发布针对我国失能、失智老年人所需护理服务种类的护理标准。因此,为进一步完善我国养老服务体系,建立健全长护险制度,我国应建立一套适合我国老年人护理需求水平的科学完备的需求评估体系。

## 六、规范长期护理服务市场

第一,构建长期照护服务等级标准。老年人的失能程度会影响其对长期照护服务的需求,并直接决定了长期照护服务的内容和规范,从而决定了长期照护服务的人力和成本。因此,长期照护服务等级评估不仅为制定相应照护服务规范和标准奠定基础,也是长期照护筹资和提供补偿的前提,对于预测照护提供者数量和质量水平等也有重要意义。需要在掌握失能老年人的失能程度现状及变化规律的基础上,构建长期照护服务等级标准,明确某一失能等级的老年人应该接受的相应照护服务内容及照护服务时间。如组建包括老年科医生、护士、康复治疗师、社会工作者等在内的专业化的评估团队,对老年人的基础性日常生活能力和工具性日常生活能力等进行综合评估,以判定其失能等级,并以此确定服务等级和补偿方案。

第二,统一护理服务内容及定价。就保障模式而言,规范化管理长期护理服务市场才是关键。政府出台的制度政策只能提供理论依据,真正的价格均衡依然需要通过服务的交易与行业的实践。既存在市场机制,那么长期护理服务的提供方也必然有待统一规范,部分试点制度中也有关于护理机构准入标准等明确要求,但对更加细节化的服务内容与服务定价等就没有加以详细规定。若要进一步完善全国范围的长期护理保险制度,那么统一好各机构的准入条件、服务内容、服务费用等至关重要。

第三,培养并管理专业化护理人员。长期护理服务市场的规范化管理不可避免地会涉及护理人员的培养与管理问题。据了解,目前护理市场上专业化的护理人员数量并不稀少,但是愿意从事为失能人员提供长期护理的护理人员数量就明显下降了很多,造成这样的局面与行业前景和社会舆论有关。可以从增加本源的角度考虑,定向培养一批专业对口老年护理或长期护理的专业性护理人才,为市场提供更专业、高质量、高水平的服务。

## 七、以法定形式从顶层设计规范长期护理保险运行机制

当前,我国失能老人数量与日俱增,护理服务需求呈现出多样化特点,仅仅依托于基本医疗保险的长期护理保险显然无法有效满足失能老人护理服务需求,同时,为基本医疗保险带来巨大负担,因此,我国应明确长期护理保险作为养老保险、医疗保险、工伤保险、失业保险外的第五大险种,从而确保人们在面对失能风险时得到及时、有效的制度保障。注重市场主体发展,探索多层次的长期护理保险制度。长期护理保险作为一项重要的社会保险项目,其发展与完善并不排斥市场主体的参与,良好的制度设计须同时发挥政府和市场双重机制的作用,兼顾实现社会公平与效率的双重目标。长期护理保险对风险管理和服务质量的要求更高,需要有完善的监管体系和监管标准作为支撑。一方面,长期护理保险对产品精算设计水平要求较高,需要对长寿风险和护理成本进行更加严格、更有针对性的估算。另一方面,长期护理保险对护理服务的分类和范围提出较高要求,需要对老年人看护的分级标准和具体服务指标加以细化,才能做到精准化、可实施。

从国际经验来看,多数国家以立法形式规范和管理长期护理保险的运行机制,通过建立稳健、统一的行业标准和产品标准,并辅之以完备的配套政策支持,达到从整体上提高长期护理保险产品质量稳定性和安全性的目的。以法定形式加强对长期护理保险的规范和管理,对长期护理保险市场行稳致远具有重要意义。从行业监管来看,有利于监管部门更全面地规范市场运行,在发现风险、化解风险和处置风险的过程中有法可循、有法可依。从行业发展来看,有利于商业保险机构有针对性地制定多样化、差异化的长期护理保险产品方案,满足不同年龄、不同健康状况老年人的护理需求。从产品设计来看,有利于更好地保障投保人权益,明晰对核心指标和重要条款的法定标准,可以有效降低长期护理保险产品自身的风险,提高产品的保障属性,回归保险保障本源。

## 八、建立健全长期护理保险监管体系

第一,促进各部门协同合作。明确要求政府各个部门之间,相互联合,推动其顺利进行。因此,加强各个部门的合作,是保障试点工作开展的基础。促进各部门协同合作是建立健全长期护理保险监管体系工作的重中之重。政府部门作为制度的制定者与监管者,在完整的长期护理保险制度运营中起到举足轻重的作用,一个制度的好坏,离不开政府层面的合理运作与管理。通过对制度的分析可以看出,长期护理保险制度的落实需要政府、社保机构、商保公司、医疗机构、护理机构等多个部门的共同运转,各部门仅仅做到各司其职是不够的,还需相互之间加强协调,上下联动,才能确保制度的完整落实,那么可理解为促进各部门的协同合作才是建立长期护理保险制度监管体系的根本原则。

第二,全面统筹并单独管理长期护理保险基金。长期护理保险基金的统筹工作也会面临同样的问题,如何实现资金的全面统筹工作,可参照社保基金的决策与发展。《指导

意见》当中规定对于用于长期护理保险制度的资金需要专人管理与专项使用,目的是为了保障其资金充足。坚决落实这样的管理方针,为长期护理保险制度资金、保证等方面的后期管理提供坚实的基础。

## 九、合理的费用支付,推动居家与机构照护平衡发展

我国长期护理服务的机构、人员都存在着短缺现象,多个试点城市提出引导社会力量、社会组织协同提供长期照护服务。不少城市在选择定点照护机构时会将企业及社会组织运营的照护机构包括在内。相对于照护机构,居家照护服务存在更大缺口,为居家照护提供专业支持的机构和人员也存在较大不足。

其实,居家照护相对于机构照护更有优势,更适于满足老年人的个性化需求以及我国养老传统。长期护理保险在经办中要引导保障对象优先利用居家照护,建议通过合理确定居家与机构照护的待遇支付标准予以引导,即便对居家照护中非专业人员,也应给予必要补贴,以鼓励家人、亲属及邻居等参与照护的积极性,并引导其通过专业培训提高照护的能力与技巧,而当其提升到专业人员水平时,可按照专业人员标准给予补贴。对照护机构同样需要合理确定待遇支付的标准,既要通过支持鼓励政策引导照护机构的新建、扩建及照护规模的扩展,更要鼓励支持照护人员专业知识技能的改善及照护质量的提升,还要引导照护机构对居家照护的失能人员开展上门支持性照护服务,并对承担居家照护人员给予适度的培训指导。要通过部门机构人员协同,引导失能人员根据自身需求等现状,向居家照护、机构照护及巡回护理等多元化方向发展,推动长期护理保险与现行医养结合工作有机融合对接,为失能老人提供个性化照护服务。

## 参考文献

[1] 关信平.社会政策概论[M].北京:高等教育出版社,2009.
[2] 王志理.世界人口增速放缓人类进入低增长时代:《世界人口展望2019》研讨会在京召开[J].人口与健康,2019(7):14-15.
[3] 杨贞贞.医养结合的社会养老服务筹资模式构建与实证研究[D].杭州:浙江大学,2014.
[4] 王伟,岳博.中国老年人口数量预测分析[J].合作经济与科技,2019(24):166-168.
[5] 陈芊宇.西安养老机构设施、环境现状及需求研究[D].西安:西安建筑科技大学,2007.
[6] 彭小京.基于持续照护模式的养老服务机构设施规划研究[D].广州:华南理工大学,2018.
[7] 罗椅民.团体标准《养老机构设施设备配置规范》解析[J].标准科学,2019(3):121-124.
[8] 赵若辰,余子寒,余佳岭,等.合阳县医养结合社区居家养老状况研究[J].法制与社会,2019(14):185-186.
[9] 河南省民政厅、河南省发展和改革委员会印发河南省民政事业发展第十三个五年规

划(豫民文〔2016〕453 号)[M].http://www.henanmz.gov.cn/system/2016/11/29/010686623.shtml.2016-11-21.
[10]河南省市人民政府印发关于加快发展养老服务业的意见(豫政办〔2014〕24 号)[M].https://www.henan.gov.cn/2014/03-31/238856.html.2014-03-19.
[11]河南省人民政府转发关于推进医疗卫生与养老服务相结合的实施意见(豫政办〔2016〕133 号)[M].https://www.henan.gov.cn/2016/08-23/248171.html.2016-08-02.
[12]苏永刚.健康中国视域下的临终关怀[N].中国人口报,2019-03-29(003).
[13]杜鹏,王永梅.中国老年临终关怀服务的实践与制度探索[J].中国特色社会主义研究,2015(5):95-101.
[14]杨柳,李远珍,汪苗.医养结合背景下的老年群体临终关怀问题探析[J].锦州医科大学学报(社会科学版),2018,16(3):19-21.
[15]王长海,王贞丽,石桦.以基层医疗卫生机构为主导型医养结合模式的 PEST-SWOT 分析[J].卫生软科学,2019,33(11):15-19.
[16]戴锦,陈亚光,高学义,等.以基层医疗机构为主导的社区医养结合模式研究[J].卫生经济研究,2019,36(7):52-55,66.
[17]刘浩,邹玲.基于互联网+的智慧型医养新模式探讨[J].中国医院管理,2018,38(5):56-57.
[18]黄佳豪,孟昉."医养结合"养老模式的必要性、困境与对策[J].中国卫生政策研究,2014,7(6):63-68.
[19]张旭,师成,辛越,等.医养结合视角下"医中有养"服务模式研究:以山西省某三甲医院为例[J].中国老年保健医学,2019,17(1):149-151.
[20]张阳."医养结合"机构养老服务研究[D].大连:大连海事大学,2017.
[21]周颖颖.泰安市医养结合型机构养老服务发展研究[D].泰安:山东农业大学,2017.
[22]孙迎春.国外政府跨部门合作机制的探索与研究[J].中国行政管理,2010(7):102-105.
[23]徐淑娟.呼和浩特市医养结合养老服务研究[D].呼和浩特:内蒙古大学,2018.
[24]王芳.医养结合机构怎么服务更规范[N].健康报,2020-01-08(006).
[25]王硕.城市"医养结合"养老问题与对策研究[D].合肥:安徽大学,2017.
[26]奚雨廷.齐齐哈尔市某公立医院医养结合的问题及对策研究[D].长春:吉林大学,2019.
[27]丁静,薛瑶艳.我国老年临终关怀服务体系现状研究:以江苏省临终关怀机构为例[J].人口与社会,2019,35(6):15-23.
[28]黄俊,宋绍征.我国临终关怀现状及研究进展[J].现代医药卫生,2020,36(2):214-216.
[29]房莉杰,杨维.长期照护筹资模式:OECD 国家的经验与中国三城市的实践[J].社会发展研究,2016,3(3):150-169,245.
[30]林姗姗.我国长期照护保险制度的构建与财务平衡分析[J].福建师范大学学报(哲